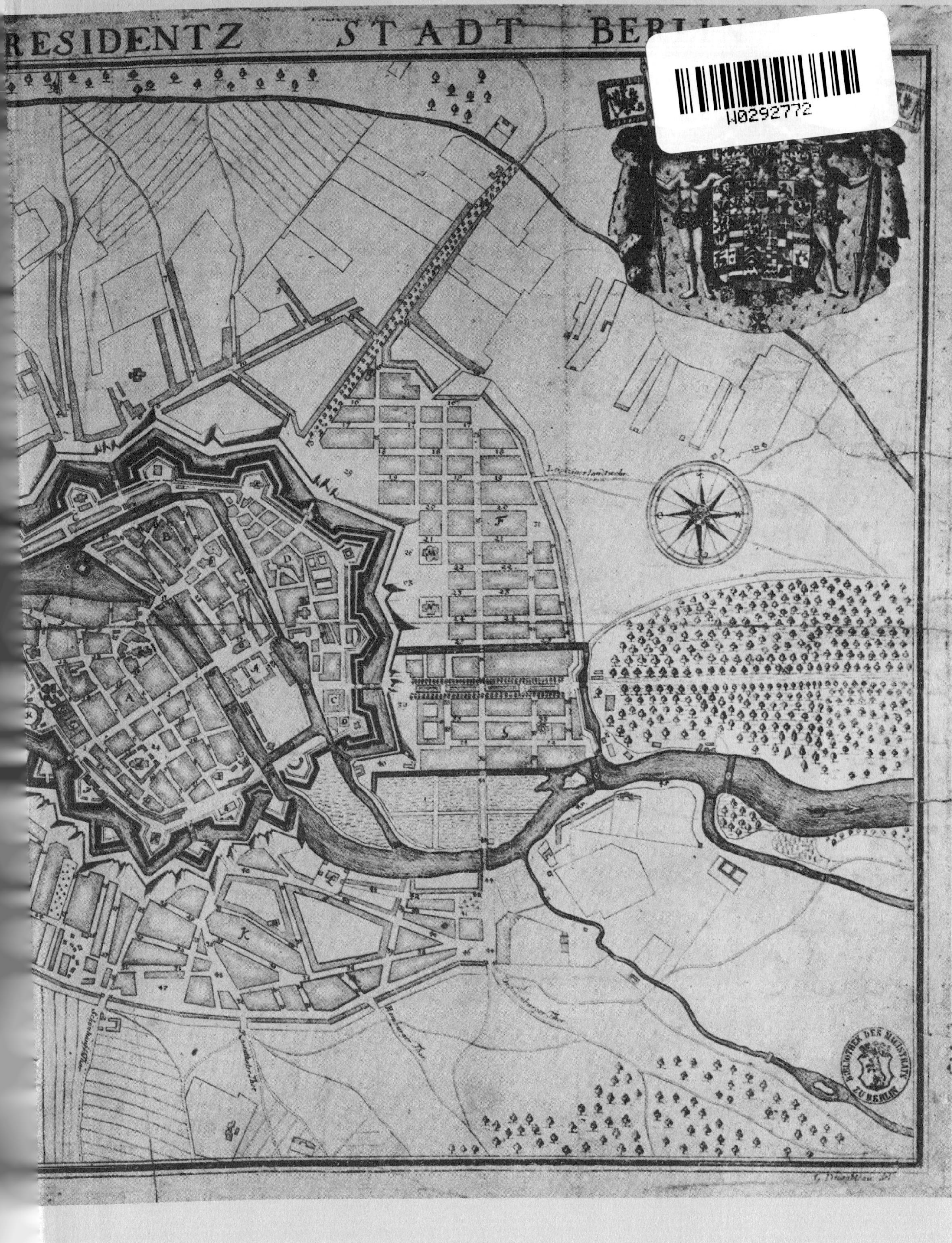
RESIDENTZ STADT BERLIN

FRIEDRICH NICOLAI
Beschreibung der königlichen
Residenzstadt Berlin

C. F. Nicolai.

FRIEDRICH NICOLAI

Beschreibung der königlichen Residenzstadt Berlin

EINE AUSWAHL

Mit 229 zeitgenössischen Abbildungen

Verlag Philipp Reclam jun.
Leipzig 1987

HERAUSGEGEBEN VON KARLHEINZ GERLACH

Mit 68 Farbabbildungen und 161 Schwarzweißabbildungen

Vorsatzblätter:
G. Dusableau/Georg Paul Busch, Plan von Berlin, 1723
Berlin und Umgebung, um 1770

Frontispiz:
Johann Michael Siegfried Lowe, Friedrich Nicolai, 1806

ISBN 3-379-00195-3

Dieser Ausgabe zugrunde liegt Friedrich Nicolais »Beschreibung der Königlichen Residenzstädte Berlin und Potsdam, aller daselbst befindlicher Merkwürdigkeiten, und der umliegenden Gegend«, dritte, völlig umgearbeitete Auflage, Berlin 1786.

INHALT

Von den zur Militar-, bürgerlichen und Polizeiregierung der Residenzen gehörigen Kollegien und andern zum Nutzen derselben gestifteten Kollegien und Anstalten

231

Von Kaufmannschaft, Manufakturen und Fabriken, freien und mechanischen Künsten und allem andern Gewerbe und Nahrung überhaupt

245

Von den Religionen der Einwohner

Von milden Stiftungen

271

Von Akademien, gelehrten Gesellschaften, öffentlichen Vorlesungen, Gymnasien und Schulen

Von Bibliotheken und Sammlungen aller Art

Spaziergänge und Spazierfahrten, öffentliche Schauspiele und verschiedene andere Merkwürdigkeiten

Von den in der Gegend um Berlin liegenden königlichen Lustschlössern und merkwürdigen Städten und Dörfern

ANHANG

Nikolaus Leutinger

Es sind von der ersten Anbauung Berlins und von der Geschichte dieser Stadt im ersten Jahrhunderte ihres Daseins eigentlich gar keine Nachrichten vorhanden. Es finden sich keine Urkunden von der Zeit der Stiftung und der nächstfolgenden; und auch gleichzeitige Schriftsteller berichten nichts davon. Hierdurch haben aber neuere Schriftsteller sich nicht abhalten lassen, von der Entstehung Berlins, was ihnen beliebt, zu erzählen; und durch diese öftere Wiederholungen offenbarer Falschheiten und unbewiesener Sätze ist endlich die alte Geschichte Berlins so verwirret worden, daß die historische Wahrheit ganz verdunkelt ist. Eine Stadt wie Berlin sollte nun sehr alt sein! Leutinger leitet sie lieber gar von Arminius her und gibt vor, daß Markgraf Albrecht der Bär diese uralte Stadt nur erweitert und mit Mauern versehen habe. Andere, unter denen Süßmilch ist, die sahen ein, wie ungereimt die Annehmung solchen Ursprunges ist, und glauben, näher bei der Geschichte zu bleiben, wenn sie sagen, Albrecht der Bär habe, nachdem er die Wenden gänzlich bezwungen, 1140 diese Stadt angelegt. Sie glauben dabei, im Namen der Stadt und im Bären, den sie im Wappen führet, den Beweis an der Hand zu haben. Sie vermeinen überdem, daß Markgraf Albrecht, was er angelegt, mit seinem Beinamen bezeichnet habe; und auch umgekehrt, daß, was so bezeichnet scheint, von ihm müsse angelegt sein: daher Bernstein, Bärwalde, Bernau und Bernäuchen, Berlin und Berlinchen von ihm erbauet wären.

Den Ursprung von Kölln wissen sie ebenso leicht anzugeben. Die Kolonien, die Markgraf der Bär aus Holland dahin sendete, haben dieser Stadt den Namen gegeben; oder, wenn ihnen einfällt, daß diese Kolonien doch eigentlich nach Berlin gekommen sind, so bestimmen sie entweder genauer, daß diejenigen Einwohner, welche dahin gekommen, aus Köln am Rhein gewesen, oder sie erzählen ganz treuherzig, es hätten in der Gegend von Kölln viel Kohlenbrenner gewohnt; oder sie berichten mit einer possierlich-gelehrten Miene, daß unter den Sueben und Markomannen eine Nation gewesen, welche Koldni geheißen und welche Kölln wohl würden angebaut haben. Eine solche Herleitung des Namens Kölln ist geradezu ungereimt. Es scheint vielmehr die Herleitung aus dem Wendischen die natürlichste und sicherste zu sein. Auf wendisch heißt *koll* ein ins Wasser gestoßener Pfahl, und *kollne* heißen einzelne Gebäude, welche in morastigen und wasserreichen Gegenden auf solchen erhabenen Pfählen stehen und zu welchen man, wenn das Wasser hoch ist, mit Kähnen fahren muß. Es gibt in mehreren Brüchern in der Mark noch jetzt dergleichen auf Pfählen stehende einzelne Häuser; und in der Gegend um Cottbus werden sie noch jetzt *Kollne* genannt. Dies kommt mit der Lage von Kölln zwischen morastigen Wassern sehr überein, und dieser wendische Namen bringt mich nebst verschiedenen andern merkwürdigen Umständen auf die Vermutung, daß in Kölln lange, ehe Berlin erbauet worden, schon Wohnplätze der Wenden gewesen seien.

Zwar hat man auch von dem Namen Berlin eine wendische Herleitung, welche ganz natürlich scheint. *Ber-linu* heißt: *Nimm Lehm.* Es sind um Berlin verschiedene Dörfer, welche noch jetzt den wendischen Namen Glienicke führen, und eins ist auf der berlinischen Seite. Indessen, da verschiedene historische Umstände, besonders die größeren Freiheiten, die Berlin vom Anfang an besaß, die beständige alte Tradition bestätigen, daß Berlin eine Kolonie von Deutschen und Niederländern ist, so ist wohl nicht zu bezweifeln, daß auch der Namen niederdeutschen Ursprungs sei. Dies zeigt noch besonders der vom ersten Anfange an gewöhnliche völlig deutsche Beisatz *to dem Berlin.* Zugleich zeigt auch dieser Beisatz, daß Berlin nicht ein bloßes Nomen proprium ohne Bedeutung ist, sondern eine wirkliche Sache und sehr wahrscheinlich den Ort und die Beschaffenheit des Orts anzeige, worauf sich die Eroberer anbauten.

Daß Berlin von dem Beinamen Markgraf Albrechts des Bären, von dem Bären, der das Wappen des Hauses Anhalt ist, und von dem Bären, den Berlin selbst jetzt im Wappen führet, benennt worden sei, ist ganz ungegründet, obgleich eine Menge Schriftsteller diese falsche Behauptung einander nachgeschrieben haben. Berlin hat in ältern Zeiten nicht einen Bären, sondern einen Adler im Wappen geführt, der von zwei Bären gehalten wurde. Auch führte Albrecht der Bär nicht etwan, wie sich manche vorgestellt haben, den anhaltschen Bären im Wappen, sondern den ballenstädtschen Balken oder einen Adler. Daher fällt diese Vermutung auf alle Weise weg. [...]

Ich habe eine Ableitung des Namens Berlin aus der keltischen Sprache gefunden, die der Lage von Berlin ziemlich entsprechen könnte. Diese Sprache redeten die Vorfahren der Niederländer und Rheinländer, denen Berlin seinen Ursprung zu danken hat, und man findet Spuren davon in allen europäischen Sprachen. *Ber* heißt im Keltischen Krümmung und *lin* ein Fluß. Es könnte der Namen *to dem Berlin* daher kommen, daß sich die Niederländer wirklich an einer Krümmung der Spree anbauten. Ich würde diese Herleitung allen andern vorziehen, wenn nur diese Bedeutung auf die andern Plätze, welche auch der Berlin heißen, sich passete. Ich habe die Benennung *der Berlin*, so viel ich auch nachgesucht habe, in Deutschland nur viermal finden können. (1) Die jetzige Stadt Berlin. Sie hieß in den ältesten Zeiten bis ins fünfzehnte Jahrhundert allezeit *to dem Berlin.* (2) Der große und kleine Berlin, zwei Seen bei Wittstock in der Prignitz. (3) Der große und kleine Berlin, zwei Plätze in Halle. [...] (4) Der Berlin, ein Platz eine Meile von der Stadt Nordheim. [...] Dieser Platz, wie ihn mir, auf meine Bitte, Hr. D. Rüling aus der handschriftlichen Nachricht des Hrn. Predigers Wüstefeld näher beschreibt, ist: »Eine Länderei, welche gar kein Wasser oder Fluß in der Nähe hat, also noch weniger ein Wassergebäude oder Mühle. Sie ist in alten Zeiten, wie der Augenschein an den noch vorhandenen Furchen zeigt, wüste liegenblieben, aber dienet jetzt noch ungebauet zur Viehweide. Nachdem sie wüste gelegen, ist sie mit Buschwerk bewachsen.« Diese Beschreibung des Berlins bei Nordheim scheint mir merkwürdig. Sie kann eher allen Plätzen zukommen, die diesen Namen führen, als eine andere und auf eine bessere Etymologie der Benennung der Stadt Berlin führen. Die Gegend bei den Seen bei Wittstock, die den Namen Berline führen, hat etwas Ähnliches. Daß die Plätze in Halle vor Erbauung oder Erweiterung dieser Stadt vorzeiten auch so beschaffen und eine wüste gelassene Gemeinweide gewesen, ist gar nicht widersprechend. Ich finde auch Spuren, die ähnliche Benennung von ähnlichen Orten anzeigen. *Berlia* heißt im Lateine des mittlern Zeitalters eine weidende Herde; und fast scheint es, dies Wort habe auch den Grund bedeutet, worauf die Herde weidet, weil es mit *matata* gleichbedeutend ist, welches mit dem deutschen Mahd, Matte (Wiese, oder was gemähet wird) übereinstimmet. Dazu kommt, daß *berle* im Niederbretagnischen eine Brache oder ungebautes Land bedeutet. Bei den aus dem alten Gallien abstammenden Niederländern kann gar wohl im 12. Jahrhunderte von dieser Bedeutung noch eine Spur übrig gewesen sein.

Die Wenden hatten sich wahrscheinlich vor Ankunft Albrechts des Bären zu beiden Seiten der Spree angebauet. Es scheint mir sehr natürlich, daß bei Ankunft seines Heeres, welches von der Altmark nordöstlich und also von der berlinischen Seite anrückte, sich die Wenden hinter die Spree nach Kölln zurückzogen, wo sie in ihren Wohnungen auf Pfählen, im Sumpfe zwischen zwei Wassern, sicherer waren. Ihr Acker jenseit der Spree blieb unbebauet, ward in einigen Kriegsjahren mit Buschwerk bewachsen und hatte also eben das Ansehen wie ungefähr der Berlin bei Nordheim. Als sich die Sieger der Wenden hier an der Spree anbauen wollten, so hatten sie gute Ursachen, gerade die östliche Seite zu wählen, denn auf der köllnischen Seite, nach Potsdam und Brandenburg, waren die Wenden noch nicht vertilgt, sondern machten öftere Anfälle. Die niederländischen Sieger zogen also, der Sicherheit wegen, den schlechten Boden vor und bauten sich auf dem wüsten Acker oder to dem Berlin an; dagegen die Wenden, wenn ja noch welche da waren, in ihrem Sumpfe in Kölln blieben. Da beide Parteien noch mißtrauisch aufeinander blieben, so trennte sie die Spree beiderseitig. Daß die Niederländer den Wehr in der Spree oder den jetzigen Mühlendamm angelegt haben, will ich wohl glauben, aber es scheint doch, daß sie dieses nicht eher werden getan haben, als bis die Wenden völlig überwunden und sie ganz sicher waren.

Sowenig man bisher die Benennung Berlins einigermaßen gründlich untersucht hat, ebensowenig ist auch die Geschichte dieser Stadt gründlich dargestellt worden. Ich habe es daher für sehr nötig gehalten, den Ursprung Berlins nochmal genau zu untersuchen, damit die vielen falschen und der wahren Geschichte widersprechenden willkürlichen Meinungen einmal ganz verworfen und die wenigen Wahrheiten, die man in der Geschichte findet, festgesetzet würden.

In der Gegend um Berlin so wie in dem ganzen Striche an der Ostsee von der Trave bis zur Weichsel, in Mecklenburg, Brandenburg und Pommern haben Wenden oder Slawen gewohnt, und zwar zuerst gewohnt. Als diese gesamte Gegend unter Karl dem Großen der deutschen Welt und überhaupt in der Geschichte bekannt ward, waren nichts als Wenden hier ansässig. Dies ist ausgemacht. Besonders kommt ein wendischer Gau, Zpriawani, vor, welcher die Gegend an der Spree bei Köpenick und Berlin mit begreifet. Markgraf Albrecht der Bär hat späterhin die Wenden in der Mark heftig bekriegt, und da sie an einigen Orten ganz ausgerottet wurden, Kolonien aus den Niederlanden eingeführet. Das ist gleichfalls ausgemacht. Wie weit aber eigentlich seine Eroberungen gegangen und besonders, zu welcher Zeit er in die Gegend von Berlin gekommen, ist noch in großer Dunkelheit und wird alsdann, oder gar nicht, näher aufgeklärt werden, wenn der vortreffliche Gercken die Lebensbeschreibung Markgraf Albrechts des Bären herausgeben wird, die er schon vor zwanzig Jahren versprochen hat. Indessen, bis dieser große Geschichtskundige die Untersuchung dieser Materie erschöpfen wird, will ich wenigstens zur Aufklärung derselben, soviel Berlin betrifft, etwas weniges beitragen.

Markgraf Albrecht der Bär kann unmöglich 1140 Berlin erbauet haben, denn er nahm 1144 erst den Namen eines Markgrafen von Brandenburg an. Daher glaubt Hr. Gercken, er müsse vor diesem Jahre die Stadt Brandenburg erobert haben (ob er sie gleich nicht lange behalten hat) und nach Berlin vorgerückt sein. Erst 1157 eroberte er mit Hilfe des Erzbischofs Wichmann von Magdeburg die Stadt Brandenburg gänzlich; und erst nach dieser Zeit kann er vielleicht weiter bis nach der jetzigen Gegend von Berlin zu mit seinem Heere vorgedrungen sein. Dies war dazumal wohl nicht so leicht. Er mag jenseit der Havel von der havelländischen Seite oder diesseits von der zauchischen und teltowschen Seite gekommen sein, so mußte er den potsdamschen Werder, eine Gegend voll Inseln, Sümpfe, Wälder, Berge und Defileen, welche die Wenden gewiß werden besetzt gehalten haben und die er als ein erfahrner Feldherr nicht hinter sich lassen konnte, erst mit Mühe und Blut erobern. Helmold setzt in der sehr bekannten Stelle die Zeit, da Markgraf Albrecht die Wenden an der Havel und Elbe unterjochet und nach ihrem Untergange Kolonisten aus den Niederlanden und vom Rhein hat kommen lassen, ums Jahr 1162. Hr. Kirchenrat Wundt nimmt zwar an, daß die Einwanderung der Holländer von 1141 an geschehen sei. Er setzt daher die Bevölkerung der Altmark durch dieselben ins Jahr 1151 und möchte auch die Ankunft derselben in die Mittelmark früher als 1162 annehmen. Allein, vor der Eroberung von Brandenburg war hieran wohl nicht zu gedenken. Dazu kommt, daß die Wenden nicht auf einmal vertilgt wurden. Helmold, nachdem er von Albrecht erzählt hat: »Denn er unterwarf das ganze Land der Brizanen, der Stodoranen und vieler Völker, welche an der Havel und Elbe wohnten, und zügelte die Aufsässigen unter ihnen«, setzt ausdrücklich hinzu: »Zuletzt, da die Slawen allmählich verschwanden, schickte er nach Utrecht und den Rheingegenden, ferner zu denen, die am Ozean wohnen und von der Gewalt des Meeres zu leiden hatten, nämlich an die Holländer, Seeländer und Flamen, und zog von dort gar viele Ansiedler herbei, die er in den Burgen und Flecken der Slawen wohnen ließ.« Markgraf Albrecht schickte also erst, sowie der Abgang der eingebornen Untertanen sichtbar ward, nach den Niederländern, welche auch eine weite Reise zu tun hatten; daher wird der erste Anfang Berlins nicht vor 1162, sondern vielmehr später anzunehmen sein. Bedenkt man nun ferner, daß Markgraf Albrecht mit Herzog Heinrich dem Löwen und dem Könige Waldemar von Dänemark 1163 einen großen Zug wider die Wenden in Mecklenburg und Vorpommern unternahm, daß er 1165 bis 1168 mit Herzog Heinrich dem Löwen einen schweren Krieg führte, wodurch die Wenden ziemlich wieder müssen Luft bekommen haben, und daß er schon 1170 starb, so kann man sehr deutlich sehen, daß der Anfang, den Berlin unter Markgraf Albrecht dem Bären gehabt haben kann, wenn es ja noch unter demselben zu bauen angefangen worden ist, äußerst geringe gewesen sein müsse.

Man weiß nicht ganz genau, wie weit Markgraf Albrecht der Bär mit seinen Eroberungen in der Mark gekommen ist. Man kann es aber doch aus einem Vergleichsinstrumente des Bischofs von Merseburg Ekkehard von 1238 schließen, wodurch ein Streit beigelegt ward, den die Markgrafen Johann I. und Otto III. um 1234 mit dem Bischofe von Brandenburg hatten. Diese wackeren Markgrafen, welche nicht wie ihr schwacher Oheim Otto II. aus übelverstandener Andacht ihre besten Einkünfte den Geistlichen lassen wollten, verlangten, wie schon Markgraf Albrecht II. dem Papste vorgeschlagen hatte, zwei Drittel der Zehenten in den neu eroberten Ländern, welche Markgraf Albrecht II. und seine nächsten Vorfahren den Wenden abgenommen hatten, und wollten nur ein Drittel zur Erbauung der Kirche in Brandenburg anwenden. Diese neuen Länder werden in dem 1230 darüber errichteten Vergleiche [...] deutlich folgendermaßen bezeichnet: Wenn man von Spandau aus die Spree rechts und die Havel links zu Grenzen annimmt und die Havel hinauf gehet bis da, wo das Flüßchen Massow in die Havel fällt und aufwärts mit dem Rhin Gemeinschaft hat, und den Rhin herunter bis da, wo er in die Havel fällt. Alles, was über diese Grenzen ist, sind neu eroberte Länder. Das heißt, wie man mit einem Blick auf die Karte sehen kann: Von der jetzigen Mittelmark gehörte der ganze Ruppinsche, Niederbarnimsche und Oberbarnimsche Kreis zu den nach Markgraf Albrechts des Bären Zeiten eroberten Ländern, und so könnte es beinahe scheinen, Berlin, da es jenseit der Spree im Niederbarnimschen Kreise liegt, habe zu den Zeiten dieses Fürsten gar nicht angelegt werden können.

Indessen, wenngleich Markgraf Albrechts des Bären Nachfolger die Gegend des Niederbarnimschen Kreises wieder erobert haben, so folgt nicht, daß Albrecht selbst nie zuvor über die Spree gegangen sei. Es ist vielmehr sehr wahrscheinlich, daß er bei dem oben erwähnten großen Zuge 1163 wider die Wenden seinen Weg durch diese Gegenden genommen habe. Es ist sehr wahrscheinlich, daß sich die Wenden nachher, als Albrecht 1165 bis 1168 mit Heinrich dem Löwen kriegte, wieder frei gemacht haben, die nachher Albrecht II. wieder unterjocht hat. Dieses wird dadurch bestätigt, daß Papst Gregor in einem Schreiben an den Bischof von Merseburg 1234 ausdrücklich meldet, »die Einwohner der neueroberten Länder wären nicht des Unglaubens wegen, sondern weil sie sich der Oberherrschaft der Markgrafen entzogen, bekriegt worden«.

Man kann daher, der allgemeinen Tradition, daß Berlin noch unter Markgraf Albrecht dem Bären angelegt worden, bis jetzt freilich nicht mit historischen Gründen widersprechen. Aber sie beruht auch auf gar keinen historischen Gründen. Wenn es mit einem Ablaßbriefe, welchen der Kardinal und päpstliche Legat Raimund 1202 der Nikolaikirche gegeben haben soll, seine Richtigkeit hat, so muß die Stadt wenigstens unmittelbar nach Albrechts Regierung noch im 12ten Jahrhundert angelegt worden sein. So viel ist zuverlässig, daß die unter Markgraf Albrecht dem Bären aus den Niederlanden gekommenen Kolonisten diese Stadt zuerst bevölkert haben. Die großen Freiheiten der Stadt, die niederdeutsche Sprache und die verschiedenen angesehenen holländischen Familien Grevelhout, Kreenvout, Brugghe, Assegraap u. a. m., die man in den ersten Zeiten in Berlin antrifft, bestätigen dieses.

Hafftitz berichtet in seiner Chronik, daß die Markgrafen Johann I. und Otto III. Berlin erweitert und mit einer Mauer umgeben haben. Obgleich dieses weder durch das Zeugnis eines gleichzeitigen Schriftstellers noch durch eine glaubwürdige Urkunde zu beweisen ist, so wird es doch durch die Umstände sehr wahrscheinlich. Diese beiden ruhmwürdigen Fürsten erweiterten nicht allein ihr Land durch glücklich geführte Kriege und vorteilhaft geschlossene Verträge, sondern sie waren auch sehr bedacht, dasselbe zu verbessern, sehr viele schon angelegte Städte mit mehreren Freiheiten zu versehen und neue anzubauen. Unter ihrer Regierung baueten sich unter andern die schon vorher in die Mark eingeführten Tempelherren ganz nahe bei Berlin (in dem jetzigen Dorfe Tempelhof) an. Diese Fürsten stifteten 1244 die Städte Friedland und Neubrandenburg im Lande Stargard (im jetzigen Mecklenburg-Strelitz); 1253 ließen sie Frankfurt an der Oder und 1257 Landsberg an der Warthe bauen. Der Stadt Frankfurt an der Oder verliehen sie eben die Rechte, welche die Stadt Berlin hatte; und 1252 gab Markgraf Johann der Stadt Prenzlau nebst mehreren Freiheiten »die Zollfreiheit, wie jene Brandenburg und Berlin haben«: Woraus unwidersprechlich erhellet, daß vor 1253 Berlin schon eine Stadt gewesen und folglich mit einer Mauer umschlossen worden, obgleich eine so weitläuftige Einschließung, zumal nach der damaligen Art zu bauen, nicht das Werk von wenigen Jahren gewesen sein kann.

Berlin nahm sich nach dieser Zeit bis zu Ende des dreizehnten Jahrhunderts sehr auf. 1265 findet man schon einen Propst zu Berlin: Theodorich (Dietrich) und 1275 und 1277 einen Vizepropst Ludwig als Zeugen bei Urkunden. 1271 schenkten die Landesherren den Platz zum grauen Kloster. Von 1272 an und in den folgenden Jahren wurden die Innungen der Bäcker, Kürschner, Tuchmacher, Schuster und Schneider gegeben. 1278 wird schon des St. Georgenhospitals in Urkunden gedacht. 1280 hielten die Markgrafen Otto V. der Lange, Albrecht III. und Otto VI. von der Ottonischen Linie, der damals Berlin gehörte, mit allen ihren Vasallen einen Landtag zu Berlin; und in eben diesem Jahre verkauften eben diese Markgrafen der Stadt Berlin, um deren Einkünfte zu vermehren, für ein gewisses Geld, zehn Talente Brandenb. Münze, die sie jährlich von der Münze zu heben hatten; und 1298 bestätigte Otto V. der Lange der Stadt Berlin alle Rechte und verkaufte ihr den Flußzoll zu Köpenick für 220 Talente Brandenb. Münze.

Es sind keine sichere Nachrichten vorhanden, wann die Stadt Kölln als deutsche Stadt ihren Anfang genommen habe. Die erste Spur davon ist, daß 1238 in dem oben gedachten Vergleiche der Markgrafen mit dem Bischofe zu Brandenburg Simon plebanus de Colonia als Zeuge vorkommt. Daß Kölln nicht mit Berlin zugleich von den Niederländern angebauet worden, sondern diese morastige, im Wasser liegende Stelle, nachdem die Wenden vertilgt waren, wüste gelegen habe, erhellet aus verschiedenen Umständen. Kölln wird vor 1238 gar nicht gedacht, und es muß noch einige Zeit nachher, wofern es da war, sehr unbeträchtlich gewesen sein, denn 14 Jahre später, bei den oben gedachten, Prenzlau und Frankfurt betreffenden Briefen von 1252 und 1253, wird Berlin allein ohne Kölln erwähnet; und der oben gedachte Brief Ottos V. von 1298 zeigt, daß Berlin schon vorher, selbst in Kölln, die Niederlage oder Stapelgerechtigkeit hatte und schon damals reich genug war, den Landesherrn einen Zoll abzukaufen, der jenseit Kölln liegt. Berlin hatte dazumal also schon Schiffahrt auf dem Spreestrom. Es hatte sehr große Freiheiten und konnte, da es in der Ebene liegt, mehr erweitert werden, dahingegen Kölln diese Freiheiten entbehren mußte und dadurch seine Lage zwischen Wassern und Morästen an sich eingeschränkt blieb.

Eben diese Lage hat mich zuerst auf die obige, durch viele Umstände bestätigte Vermutung gebracht, daß Kölln, ob es gleich als eine Stadt betrachtet, später als Berlin angebauet worden ist, dennoch schon vor Erbauung Berlins ein Wohnplatz der Wenden gewesen sein mag, und daß daher auch der Namen wendischen Ursprungs ist. [...] Der Ort schickte sich nicht allein zu einem Aufenthalt von Fischern, sondern seine Lage, besonders da dazumal noch weit mehr Wälder in der Gegend waren, war auch sehr geschickt, Weiber, Kinder, Vieh und andere kostbare Sachen, die man vor dem Feinde verbergen wollte, dahin zu verstecken oder auch sich gegen einen überlegenen Feind zu verteidigen. Es ist daher nicht unwahrscheinlich, daß eine Partei Wenden bei Herannahung der Heere Markgraf Albrechts I. und seiner Nachfolger ihren Acker jenseit der Spree verlassen, sich hinter der Spree gesetzt und zuletzt in dieser morastigen Gegend in *die Köllne* oder einzeln liegende unzugänglichen Häuser geflüchtet; dennoch aber endlich daselbst durch die Gewalt der Sieger aufgerieben worden. [...] Der übriggebliebene kleine Rest ist vermutlich, wie es allenthalben geschah, dienstbar gemacht worden. Dies erklärt, warum Kölln von jeher weit weniger Freiheiten gehabt als Berlin, indem dies bekanntlich das Schicksal aller übriggebliebenen wendischen Besitzungen war.

Zu der weitern Anbauung Köllns und Berlins scheint mir die Hofhaltung der Markgrafen in Spandau Gelegenheit gegeben zu haben, da man schon 1232 eine daselbst von ihnen ausgefertigte Urkunde findet. Von dem fernern Fortgang Köllns bis zu Ende des dreizehnten Jahrhunderts ist weder in Schriftstellern noch durch Urkunden die geringste Nachricht übriggeblieben.

Ich will es nun wagen, ein mutmaßliches Bild von der Lage beider Städte bei ihrem ersten Anbau und bei ihrer nachherigen Erweiterung zu entwerfen.

Es ist bekannt, daß die meisten ersten Anbauer der Städte sich zuerst längs der Flüsse gesetzt haben. So sind auch vermutlich in Berlin die ersten Straßen längs der Spree, die Stralauer Straße und die Spandauer Straße, gewesen. Man wundere sich nicht, daß ich die Spandauer Straße zur nächsten an der Spree mache, da jetzt zwei Straßen hinter derselben sind. Diese Gegend hatte vor Zeiten eine ganz andere Beschaffenheit. Ich habe aus der Benennung der Langen Brücke und aus der Lage des ehemaligen Rathauses in der jetzigen Poststraße geschlossen, daß das Bette der Spree, so wie auf der köllnischen Seite, also auch hier viel breiter gewesen sei. Man darf nur die Lage des Flusses betrachten, so siehet man, daß er jetzt bei der Langen Brücke zusammengezwängt ist. In seinem natürlichen Laufe ging ein Arm durch die jetzige Heiligegeiststraße, der beim jetzigen Wursthofe wieder hineinfloß. Die Heiligegeiststraße selbst ist, wie der Augenschein zeigt, eher nicht angelegt, als nach der Anlegung des Heiligengeisthospitals, welches quer vor dieselbe gebauet ist, so nicht hätte sein können, wenn die Straße eher angelegt gewesen wäre. Diese Straße kann also nicht eher als zu Anfang des 14ten Jahrhunderts angelegt sein, und da sie, gegen den Wursthof zu, selbst noch um 1680 schlecht bebauet war, so wird das Obige dadurch bestätigt. Die Burgstraße war noch bis ins 17te Jahrhundert ein bloßes schmutziges und sehr niedriges Ufer der Spree. Oberhalb der Heiligengeiststraße in der jetzigen Poststraße war im Anfange auf der Spreeseite auch nichts gebauet, weil man hernach im 14ten Jahrhunderte Platz fand, das Rathaus dahin zu setzen. Die Häuser vom Aschebornschen Hause bis zur Post können erst nach der 1514 geschehenen Abtragung des Rathauses gebauet sein. Die ehemaligen Benennungen und Abteilungen der Straßen, welche von den jetzigen verschieden sind, erläutern dies alles. Es ist bekannt, daß die Heiligegeiststraße nur bis an die jetzige Königsstraße gehet, und der übrige Teil, der jetzt die Poststraße heißt, hat niemals den Namen der Heiligengeiststraße geführt. Noch im Jahre 1626 ging die Spandauer

Straße auch nur bis an die Königsstraße oder damalige Georgenstraße, und die Georgenstraße selbst endigte sich an der Ecke der Spandauer Straße am Rathause. Der übrige Teil der Georgenstraße bis an die Lange Brücke gehörte nicht dazu, sondern hatte verschiedene andere Namen. Die rechte Seite (von der Brücke an zu rechnen) hieß bis an die jetzige Poststraße bloß An der langen Brücke im St. Nikolaiviertel; die linke Seite hieß ebenfalls An der langen Brücke im heil. Geistviertel und ward, welches sehr merkwürdig ist, bis an die Spandauer Straße gerechnet; woraus ziemlich deutlich zu ersehen ist, daß diese linke Seite unbebauet gewesen, und ehe die Heiligengeiststraße angelegt worden, bis an die Spandauer Straße gereichet habe, dagegen die rechte Seite wegen der Nachbarschaft der Kirche eher bebauet ward. Die rechte Seite der jetzigen Poststraße (spreewärts) hieß, welches auch sehr merkwürdig ist, bloß Am Mühlendamm, und die linke Seite nebst der daranstoßenden rechten Seite der jetzigen Königsstraße bis an die Spandauer Straße hatten beide bloß die allgemeine Benennung Im St. Nikolaiviertel; woraus abermals zu vermuten, daß die rechte Seite vom Mühlendamm späterher bebauet worden, und da der Strom noch viel breiter gewesen, viel weniger Raum eingenommen habe, dahingegen die linke Seite an der Kirche viel eher vorhanden gewesen ist. Endlich der Teil der jetzigen Spandauer Straße bis an die jetzige Propstgasse hieß Gegen dem Rathause, und die gegenüberstehende Seite bis an die Nagelgasse hieß Neben dem Rathause. Aus diesen letzten Umständen erhellet, daß die Gegend vom Rathause bis gegen den Molkenmarkt nicht eher recht bebauet worden, als nachdem das Rathaus um 1450 daselbst angelegt worden ist.

Wenn man diese Umstände erwägt und die Lage der Straßen auf dem Plane genau betrachtet, so wird man begreifen, daß die erste Anbauung sich sehr nach der Krümmung des Stroms richtete, daß damals die Spandauer Straße, die, welches wohl zu merken, damals nur bis an die Königsstraße ging, die nächste Straße an der Spree gewesen, so wie es die Stralauer Straße auf ihrer Seite noch ist. Zwischen diesen beiden Hauptstraßen lag ein großer Platz bis zum Molkenmarkte, der von der ältesten Zeit an der Markt gewesen; neben ihm die älteste Hauptkirche, die Nikolaikirche, um welche herum natürlicherweise schon früh Häuser gebauet wurden; und der Mühlendamm, welcher wegen Einschränkung des Stroms und der Einkünfte von den Mühlen einer von den ersten Anlagen der Einwohner gewesen sein wird. Beide Hauptstraßen führen nach Örtern wendischen Ursprungs, die also älter als Berlin sind. Mit Stralau muß von den ältesten Zeiten an wegen des Fischfanges viel Verkehr gewesen sein; und in Spandau war schon, da Berlin kaum 70 Jahr angelegt war, die Hofhaltung der Landesherren, welches alles zu geschwinder Anbauung dieser Straßen etwas beitragen mußte. Hinter und an diesen beiden Straßen wies man den Juden am damaligen Ende der Stadt (wie dies in vielen Städten gewöhnlich ist) ihre Wohnungen an; daher kommt der Große Judenhof und die Jüdenstraße. Wir sehen hier wieder, daß die Jüdenstraße nur bis an die Königsstraße geht und die Fortsetzung derselben linker Hand der Hohe Steinweg heißt; dieser Hohe Steinweg ist vermutlich erst später, als Berlin um 1320 durch die Gegend des Neuen Marktes erweitert ward, erhöhet und gepflastert worden. Hinter der Jüdenstraße war anfänglich wenig oder nichts angebauet, denn sonst hätte der Landesherr den Platz zum Kloster nicht noch 1271 verschenken und nachher das weitläuftige landesherrliche Haus dahin bauen können. Die Klosterstraße ist also erst gegen das Ende des dreizehnten Jahrhunderts entstanden, nachdem Berlin erweitert und mit Mauern versehen worden. Um diese Zeit geschah auch der Bau der Marienkirche, die 1292 zuerst erwähnet wird, und die Anlegung des Neuen Markts, der schon 1323 der Neue Markt hieß, als der Propst Nikolaus darauf erschlagen ward, und der 1326 zuerst in einer Urkunde erwähnt wird. Auch hier finden wir die Juden abermals am Ende der erweiterten Stadt auf dem Kleinen Judenhofe.

Zwischen Kölln und Berlin war ein ziemlich großer freier Platz, den die Spree und einige wüste Werder einnahmen. Dies war die rechte Seite der Poststraße an der Spree und die ganze Burgstraße, Heiligengeiststraße nebst der Georgenstraße linker Hand bis an die Spandauer Straße. Die Lange Brücke war anfangs nicht vorhanden. Sie ward erst in der Mitte des vierzehnten Jahrhunderts erbauet, und die Kommunikation zwischen beiden Städten ging vorher über den Mühlendamm.

Wenn Kölln früher als Berlin von den Wenden in Pfahlhäusern bewohnt gewesen ist, so war es doch nach Besiegung der Wenden einige Zeit lang vermutlich wo nicht öde, doch äußerst unbeträchtlich. Es scheint daselbst auch am Wasser nebst der Fischerstraße die Brüderstraße zuerst angebauet zu sein sowohl wegen der Petrikirche als wegen des schon zu Ende des 13ten Jahrhunderts vorhandenen

Dominikanerklosters. Die Breite Straße, ehemals die Große Straße genannt, hingegen scheint nicht zuerst am Wasser bebauet zu sein. Vielmehr scheint die rechte Seite eher angebauet worden zu sein als die linke, wie man aus verschiedenen kleinen Umständen in der Geschichte schließen kann. Das Ufer der Spree ging, wie schon gedacht, daselbst viel weiter und war vermutlich sumpfig. Der Anbau der Roßstraße ist unbekannt. Im 16ten Jahrhunderte standen noch keine beträchtliche Häuser da. Die Grünstraße zeigt mit ihrem Namen schon, daß daselbst Wiesen gewesen, und sie ist beständig, bis anfangs dieses Jahrhunderts, schlecht bebauet gewesen. Nimmt man nun hinzu, daß der Platz des jetzigen Schlosses bis 1442 ganz unbebauet und der jetzige Lustgarten bis 1573 ein bloßer Sumpf war, so läßt sich leicht einsehen, welche unbeträchtliche Stadt Kölln im Anfang gewesen sei.

Diese Stadt fühlte daher auch die Notwendigkeit einer Verbindung mit Berlin. Im Jahre 1307 verbanden sie sich, einen gemeinschaftlichen Rat zu haben, und beide scheinen von der Zeit an an Flor zugenommen zu haben. Sie baueten auch ein gemeinschaftliches Rathaus an der Langen Brücke zwischen beiden Städten (ohngefähr an der Stelle, wo jetzt in der Poststraße das Douilhacsche Haus stehet).

Im Jahre 1319 erklärte auch Bischof Johann von Brandenburg die Propstei zu Berlin und die Kirche zu Kölln für eine einzige Pfründe und setzte Kölln unter die geistliche Jurisdiktion von Berlin.

Um diese Zeit fingen die Städte überhaupt an, ihr Haupt emporzuheben. Die Mark war in zwei Linien, die Johannische und die Ottonische, geteilet, deren keine sehr mächtig war. Die Landesherren, welche meist ungewisse Einkünfte hatten und selten gute Wirte waren, hatten oft die Beihülfe der Städte vonnöten. Diese wurden durch kluge Polizeianstalten, durch Gewerbe und Handel immer beträchtlicher. Sie hatten fast sämtlich, besonders Berlin, eine völlig republikanische Regierung. Der Geist der Freiheit wachte in ihnen noch mehr auf, je mehr sie fühlten, daß sie sich auf ihre Kräfte verlassen konnten. Sie fingen daher an, selbst auf die Landesherren nicht viel zu achten und sich zu ihrer wechselseitigen Verteidigung und zu Erhaltung aller ihrer Rechte zu verbinden. Die Unruhen nach Markgraf Waldemars Tode 1319, da Herzog Rudolph von Sachsen und andere Fürsten sich die Herrschaft in der Mark anmaßeten, die darauf erfolgte Betrügerei mit dem falschen Waldemar und der daher entspringende Krieg, wo beide Parteien sich den Städten günstig bezeigten, um sich Anhang zu machen, hatten für die Städte heilsame Folgen. 1319 bestätigte Herzog Rudolph von Sachsen Berlin und Kölln alle ihre Rechte. Diese Urkunde ist sehr merkwürdig, da darin nicht nur ihr das Recht, sich vor keinem fremden Richter zu stellen, gegeben, sondern auch das Recht, Münzen zu schlagen, anerkannt und das Gehalt bestimmt, Juden und Christen das Kippen derselben verboten und der Schiffahrt und des Getreidehandels nach Hamburg gedacht, und ihnen die Braugerechtigkeit beigelegt wird. Dazu kam die Herrschaft der darauffolgenden Markgrafen aus dem Hause Bayern, welche teils zu Landesbedürfnissen, teils wegen schlechter Wirtschaft des Geldes der Städte beständig nötig hatten und denselben daher so manche Rechte und Freiheiten verpfändeten und verkauften. Dieses alles machte die Städte immer mächtiger und von den Landesherren unabhängiger. Seit Markgraf Ludwig dem Ältern aus dem Hause Bayern fingen die Landesherren an, sich häufiger in Berlin aufzuhalten, welches der Stadt zuträglich sein mußte, zumal da die Landesherren dadurch nicht mehrere Gewalt über sie erhielten.

Zwar hatte Berlin und Kölln durch die Ermordung des Propst Nikolaus von Bernau viele Verdrießlichkeiten und Kosten. Er ward von den Bürgern 1323 auf dem Neuen Markte erschlagen und verbrannt, weil er sie zum Vorteile Herzog Rudolphs zu Sachsen bereden wollte, dem sich zwar der Rat 1321 ergeben hatte, dem aber ein großer Teil der Bürgerschaft nicht geneigt gewesen zu sein scheinet. Beide Städte gerieten dadurch in den Bann, dessen sich die Geistlichkeit, besonders der Bischof von Brandenburg, bediente, sie auf die schändlichste Art ums Geld zu bringen. Der Bischof nahm zwar 1335 750 Mark Silber von den Städten, er verzog aber unter dem Vorwande, daß eine päpstliche Bulle nötig wäre, sie loszusprechen, die Sache bis 1345, da er alle einzelne Bürger nach Brandenburg zitieren und jeden für die Absolution bezahlen ließ. Und dennoch verzog er die völlige Absolution bis 1347, nachdem der Propst Gerwin zu Bernau und der Bruder des Erschlagenen, ein Priester zu Neustadt-Eberswalde, mit beträchtlichen Summen abgefunden waren. 1349 belagerte König Waldemar von Dänemark, der seinem Schwager Markgraf Ludwig dem Römer wider Herzog Albrecht von Mecklenburg zu Hülfe kam, auf eine kurze Zeit Berlin; es ward aber gleich darauf ein Vergleich geschlossen. 1367 brannte ein großer Teil von Berlin nebst einem Teile des Rathauses und der Nikolai- und Marienkirche ab.

Diese verschiedenen Unglücksfälle hinderten indessen im allgemeinen das Aufnehmen der Städte nicht. Die Regierung der Markgrafen aus dem Lützelburgischen Hause von 1363 an war ebenfalls den Städten zu Erlangung mehrerer Freiheiten vorteilhaft. Selbst die abscheuliche Regierung Markgraf Jobsts von 1388 bis 1411, durch welche in der Mark alles in die größte Verwirrung gesetzt wurde, war doch Ursach, daß, in Rücksicht auf die damalige schlechte Beschaffenheit des Landes, die Städte, und besonders das vereinigte Berlin und Kölln, mehrere Stärke bekamen. Zwar muß durch die allgemeine Unordnung im Lande ihr Gewerbe gelitten haben. Die Mordbrennereien und Räubereien nahmen überhand, und die Edelleute, welche zum Teil selbst die Räuber waren, suchten die Städte zu unterdrücken. Aber diese verstärkten sich immer mehr dadurch, daß in ihren Mauern vor den Räubereien Sicherheit zu finden war. Sie vereinigten sich, die Räuber zu fangen, und richteten sie ohne Ansehen des Standes, selbst mit landesherrlicher Erlaubnis. Mit den Edelleuten suchten sie entweder Freundschaft zu errichten oder bekriegten sie öffentlich. Im Jahre 1396 vereinigten sich die Städte Berlin, Frankfurt, Spandau und andere zu Brandenburg zur gemeinen Verteidigung wider die Tyranneien der Edelleute. Da die Landesherren nicht zugegen waren, so wurden jene immer unabhängiger und gingen damit um, sich ganz zu unabhängigen Republiken zu machen. Sie verbündeten sich untereinander und auch mit den Hansestädten, in deren Bund auch Berlin trat. Man weiß die Zeit nicht, wenn dieses geschehen ist, doch muß es ungefähr in den ersten Jahren des fünfzehnten Jahrhunderts geschehen sein. Dieser Schritt zu einer Zeit, da die Hanse anfing, Königen furchtbar zu werden, zeigt genugsam, welche Absichten Berlin gehabt habe. Es waren damals sehr kluge Männer im Rat, worunter hauptsächlich Hennig Stroband, Paul und Wilke Blankenfelde, Berend Ryke, Thomas Wins, Jakob Heydecke gehörten, welche sämtlich bis 1447 oft sind zu Bürgermeistern gewählt worden. Man siehet, wenn man der Geschichte genauer nachspüret, mit welcher feinen Politik sie sowohl den Herzog Svantibor von Pommern, der Markgraf Jobsts Statthalter war, als auch Dietrichen von Quitzow, den mächtigsten Edelmann im Lande, der selbst nach der Souveränität trachtete, zum Freunde zu behalten gesucht haben; und da letzterer nicht mehr Freund bleiben wollte, sondern sie 1410 befehdete, mit wie vieler Klugheit sie ihm ausgewichen sind.

Als Kurfürst Friedrich I. 1412 ins Land kam, hatte er mit Berlin, welches damals mächtig war, ziemliche Nachsicht. Er kam zwar gleich nach Berlin und ließ sich 1415 von den Ständen daselbst huldigen. Da er aber das Öffnungsrecht (das heißt, das Recht, ein Tor oder alle dergestalt in seiner Gewalt zu haben, daß es ihm zu allen Zeiten müßte geöffnet werden) verlangte und ihm dieses von der Stadt abgeschlagen wurde, so drang er nicht weiter darauf, ob ihm gleich diese abschlägige Antwort unangenehm genug gewesen sein mag. Seine Hauptabsicht war, die allzumächtigen Edelleute zu dämpfen, wozu er die Hülfe der Städte brauchte. Da er aber die mächtigsten Edelleute, die Quitzow, Rochowe und Gänse von Putlitz, sich unterwürfig gemacht hatte, so suchte er auch die Freiheiten der Städte nach und nach zu untergraben und sie sich gänzlich zu unterwerfen. Diese merkten es aber sehr wohl und verbündeten sich noch näher miteinander.

Indessen entstanden in Berlin und Kölln innerliche Streitigkeiten, welche den Landesherren die Unterjochung dieser Städte erleichterten. Es waren, besonders in Berlin, verschiedene mächtige patrizische Geschlechter, wovon ich oben einige genennet habe, welche suchten, beständig einige aus ihnen in den Rat und zu Bürgermeistern wählen zu lassen. Vermutlich geschah es durch diese Veranlassung, daß 1432 zwischen dem Rat zu Berlin und Kölln ein neuer Vergleich zustande kam, vermöge dessen die Bürgermeister und Ratmannen sich selbst jährlich wählen sollten, da sie vorher, seit 1307, von der gesamten Bürgerschaft, und zwar von den Berlinern in Kölln und von den Köllnern in Berlin, waren gewählet worden. Dies mußte unter der Bürgerschaft viel Mißvergnügen verursachen, dessen sich die Landesherren bedienten, um die Bürgerschaft gegen den Rat noch mißtrauischer zu machen und beide Teile gänzlich zu entzweien.

Dies gelang besonders Kurfürst Friedrich II. bald nach seiner 1440 angetretenen Regierung. Er verlangte abermals das Öffnungsrecht, und da es ihm versaget ward, so nahm er es mit Gewalt, indem er mit 600 Reitern vor das Spandauer Tor kam und von den teils mißvergnügten, teils bestürzten Bürgern eingelassen ward. Er bediente sich der Uneinigkeit weiter, die ganze Verfassung von Berlin und Kölln zu ändern [...]. Er trennte 1442 den Rat von Berlin und Kölln, um sie einzeln desto sicherer zu beherrschen, und setzte fest, daß die Wahlen der Burgermeister ohne seine Bestätigung nicht gültig sein sollen. Des Aufstands, der hierüber entstand, bediente er sich, noch in eben diesem

Jahre der Stadt Berlin ferner die obern und niedern Gerichte und das Recht der Niederlage zu entziehen und sich die Erlaubnis, auf dem Platz am Predigerkloster zu Kölln nach Gefallen zu bauen, auszubedingen. Da er aber daselbst eine feste Burg baute, deren Absicht, die Städte zu unterjochen, leicht einzusehen war, und besonders, da er zu dem Behufe einen Teil der köllnischen Stadtmauer einriß, so ward der Aufstand der Bürgerschaft auch in Kölln, wo der Kurfürst sonst die meisten Anhänger hatte, so allgemein, daß er nachgeben und geschehen lassen mußte, daß die Bürger zu Kölln die niedergerissene Stelle der Stadtmauer mit einem Blockzaune wieder zumachten. Der Kurfürst kam einigemal nach Berlin, hielt auch 1446 daselbst einen merkwürdigen Landtag; indessen war der Rat und die Bürgerschaft ihm sehr gehässig und taten vieles, was dem Kurfürsten unangenehm war.

Kurfürst Friedrich II.
von Brandenburg

Der Kurfürst hatte aber auch in der Stadt Anhänger, welche dessen Absichten auszuführen und besonders die Uneinigkeit zu unterhalten suchten. Am geschäftigsten war darin Balzer Boytin, welcher darüber von dem Rate zu Berlin und Kölln verwiesen ward. Der Kurfürst gab ihm zwar von Spandau aus 1447 sicheres Geleit, und Boytin schrieb deshalb selbst an beide Räte, welche ihm aber den 4ten Jänner 1448 bloß zweideutig antworteten. Die Gemüter waren nun in der größten Erbitterung, die bei einer geringen Gelegenheit tätlich ausbrach. Die Bürger hatten die kurfürstliche Arche aufgezogen. Der Kurfürst befahl ihnen, am St. Antoniustage (den 17ten Jan.) sie wieder zu schützen, und da sie nicht gehorchten, so gab er seinem Hofrichter, Balzer Hake, Befehl, sie dazu zu vermögen. Dieser mag in der damaligen kritischen Zeit nicht vorsichtig genug zu Werke gegangen sein; daher entstand im Februar ein allgemeiner Aufruhr. Der Hofrichter ward vom Rate ins Gefängnis geworfen, und die Bürger erbrachen die kurfürstliche Kanzlei und richteten viel Unordnungen an. Der Kurfürst ließ zwar durch seinen Hofrichter Peter von der Gröben die Aufrührer auf den Sonntag Judica (den 19. März) vor sein Hofgericht nach Spandau laden. Es kam aber niemand. Er schrieb zweimal aus Spandau an den Rat beider Städte, seinen Hofrichter loszulassen, das zweitemal am Montage nach Ostern (den 27. März) in sehr nachgebenden Worten, aber den folgenden Tag, den Dienstag nach Ostern, kündigte Balzer Boytin dem Rat und allen Bürgern zu Berlin und Kölln durch einen Fehdebrief offenbaren Krieg an. Wie viel er ihnen Schaden getan habe, ist nicht bekannt, aber der Kurfürst muß sichere Maßregeln wider die Städte genommen haben, denn die zweite Vorladung des Hofrichters auf den Dienstag nach Cantate (den 25. April) ist viel ernsthafter und sagt besonders, daß diejenigen, die vom Markgrafen und seinen Vasallen Lehn hätten, sich stellen sollten. Und da sie dieser Ladung noch nicht folgten, so wurden Bischof Stephan von Brandenburg, Adolph Fürst zu Anhalt, Albrecht Graf zu Lindow, Nikolaus Thierbach, Johannitermeister, und die Bürgermeister und Ratmanne der Städte Brandenburg, Frankfurt und Prenzlau als Schiedsrichter nach Spandau beschieden, vor welchen der Kurfürst die Städte Berlin und Kölln anklagte. Diese Schiedsrichter gaben am Sonnabend nach St. Urbanstage (den 24ten Mai) ein hartes Urteil wider beide Städte des Inhalts: daß sie ihre Briefe von 1442, worin sie sich des Zolls, der Niederlage, der Gerichte und des Rathauses verziehen hatten, halten, dazu noch die Mühlen und alle andere Lehen an Dörfern, Zinsen, Renten, Fischereien, Hölzern usw. verlieren und nur bloß Geldschuld und Eigentum behalten sollten, und alle Ansprüche, welche die Städte oder einzelne Bürger an den Kurfürsten hätten »oder meinten zu haben, wie man die nennen möchte, sollen gantz abe syn, vnd auch seyn Gnade nyemandes darum antwort zu tun schuldig noch pflichtig seyn«. Endlich mußten sie den Blockzaun von der eingerissenen Stadtmauer wegtun und sich also die gänzliche Einreißung der köllnischen Stadtmauer gefallen lassen. Eine fernere Untersuchung ward dem allgemeinen Landtage überlassen, den der Kurfürst den Sonntag nach drei Wochen (den 18. Jun.) zusammenberufen sollte, wo er die Klage nochmals vorbringen und die Städte sich verantworten und den Ausspruch erwarten sollten. Der Rat beider Städte traute sich aber nicht, dieses zu erwarten, sondern stellete schon am Tage St. Vitus (den 15. Jun.) eine demütige Unterwerfungsurkunde aus. Es kamen vom September an eine große Anzahl Bürger nach Spandau, die ihr Lehen übergaben, ansehnliche Geldstrafen zahlten (zusammen 37300 Gulden und noch besonders 400 Schock Groschen) und dem Kurfürsten einen neuen Eid schwuren. Der Burgermeister Bernd Ryke ward, nachdem er alle seine Lehne übergeben, aus den vier Hauptstädten und Spandau verwiesen, sonst sollte er dürfen im Lande bleiben. Er trauete aber nicht, sondern ging nach Sachsen, wo er unweit Wittenberg ermordet ward. Der Hofrichter Peter von der Gröben ward in eben diesem Jahre 1448 nebst einem Schuster, Klaus Schulze, zu Bürgermeistern in Berlin gesetzt; und eben der

Balzer Boytin, der Berlin und Kölln die Fehde angekündigt hatte, ward 1451 auch zum Bürgermeister in Berlin gesetzt. Aber dagegen erhielten auch beide Städte, nachdem sie so viel verloren hatten, die ehrenvolle und unnütze Freiheit, mit rotem Wachse zu siegeln.

Ich habe diese Begebenheiten etwas ausführlich erzählt, weil ich imstande war, aus den mir vorliegenden Urkunden sie deutlich auseinanderzusetzen, und weil wirklich durch dieselben die wichtigste Veränderung in der Verfassung beider Städte geschehen ist, welche auf die folgenden Zeiten den größten Einfluß hatte. Die Städte waren zwar nunmehro ruhig und ihrem Kurfürsten unterworfen, aber es ist leicht zu erachten, daß der Verlust aller Lehngüter und die starken Geldstrafen vieles Elend veranlaßt haben. Es scheint aus einigen Umständen, daß dies in Kölln, wo doch der Kurfürst die meisten Anhänger hatte, noch merklicher gewesen als in Berlin. Man findet gegen Ende des funfzehnten Jahrhunderts einige wenige Spuren, daß Berlin sich etwas wieder aufgenommen hat. 1486 ward eine Stadtordnung gemacht, in welcher besonders der Schlächter, Bäcker und der gemeinen Frauen halber Ordnung gemacht wurde. 1487 konnte der Rat das Dorf Woltersdorf für 400 Schock märkischer Groschen kaufen, und da 1484 das Rathaus abbrannte, so wurde es von 1488 bis 1489 gleich neu gebauet.

Von dieser Zeit an bis 1619 oder bis zum Ende der Regierung Johann Sigismunds und zu Anfange des Dreißigjährigen Krieges sind keine besondere Vergrößerungen der Städte oder weitere Veränderungen in ihrer Verfassung vorgefallen. Seit 1495, da Kurfürst Johann Cicero seinen beständigen Aufenthalt in Kölln nahm, wie auch seine Nachfolger taten, nahmen beide Städte an innerm Wohlstande einigermaßen zu. Die Pest, die 1500, 1550, 1566 und andere Jahre sich zeigte, tat zwar Schaden, der aber im ganzen die Bevölkerung nicht sehr verminderte. Noch weniger Schaden tat ein Aufruhr in Berlin im Jahre 1515, der aus Streitigkeiten zwischen dem Rat und den Bürgern herkam und den Kurfürst Joachim I. dadurch endigte, daß er eine Anzahl der Aufrührer ins Gefängnis legte und sie gegen Bezahlung von 900 Gulden wieder losließ. Hingegen erfolgten verschiedene für die Städte vorteilhafte Begebenheiten als die Einführung der Reformation 1536, die Errichtung und bessere Verfassung des Kammergerichts, die verschiedenen Landtage und der öftere Aufenthalt der vornehmsten Vasallen in Berlin, der Bau des Schlosses 1538 und überhaupt die prächtige Hofhaltung Kurfürst Joachims II., die aber viele Üppigkeit und besonders eine starke Spielsucht erregte, worüber die gleichzeitigen Schriftsteller klagen. Dieses ward unter dem wirtschaftlichen und für seine Länder höchst sorgsamen Johann Georg seit 1571 verbessert. Er ließ wichtige Gebäude bauen, er führte viel nützliche Handwerker und Gewerbe ein. Unter ihm ward 1579 am Mühlendamm eine Wasserkunst angelegt, welche das Wasser in die Häuser der Gewerke trieb. 1585 ließ er auf dem Werder neben dem Schlosse ein Haus für die Alchimisten nebst verschiedenen Wohnungen für Hofbediente bauen und machte dadurch den ersten Anfang zu Bebauung des Werders. Er gab 1580 eine Polizeiordnung, verordnete 1588 die Nachtwache und machte mehr nützliche Anstalten, die unter seinen Nachfolgern beibehalten wurden. Kurfürst Joachim Friedrichs erster Gemahlin Katharina ist die wichtige Stiftung der Hofapotheke zu danken, und sie gab besonders ein treffliches Beispiel zur Verbesserung der Wirtschaft. Sie legte auf ihrem Viehhofe eine Molkenwirtschaft an und ließ die Milch auf dem Molkenmarkte verkaufen, der daher seinen Namen bekam. Sie scheint die Kühe zuerst wieder eingeführt zu haben, denn vorher findet man nicht, daß die Bürger Kühe gehalten, sondern nur bloß Schweine, vermutlich weil sie auf dem sandigten Lande den Kühen keine Weide zu geben wußten. Der kurfürstliche Geheime Rat Graf Schlick von Passau richtete auf dem Wedding die Wirtschaft nach böhmischer Art ein. Er errichtete daselbst die Schäferei und soll die ganz vernachlässigte Schafzucht wieder in diese Gegend eingeführt haben, welches, wenn es richtig ist, ihm ein unsterbliches Verdienst um das Land gibt.

Mit dem Anfange des Dreißigjährigen Krieges und der unglücklichen Regierung Georg Wilhelms häufte sich alles erdenkliche Unglück über die Mark überhaupt und besonders über Berlin und Kölln zusammen. Feindliche Brandschatzungen, stärkere Forderungen des Landesherrn, Mangel der Nahrung, Teurung, Pest, alles vereinte sich, die unglücklichen Städte, besonders Berlin, ins äußerste Elend zu bringen. 1628 wurden sie von den kaiserlichen Völkern um 14000 Taler gebrandschatzt. 1633 trieben kaiserliche Reiter von der Mansfeldischen Armee die Schafe aus der Schäfergasse vorm Köpnicker Tore weg, und der Oberstlieutenant Berkenwerder foderte 20000 Taler, ließ sich aber mit 2000 abfinden. 1636, nachdem der Kurfürst den verderblichen Pragischen Frieden angenommen hatte, brandschatzte der schwedische Obriste Jens von Hadersleff die

Städte um 16000 Taler, und der Feldmarschall Hermann Wrangel verlangte noch besonders 15000 Ellen Tuch, 3000 Paar Strümpfe und Paar Schuhe und 1000 Taler bar Geld, welches alles im November mit der härtesten Exekution beigetrieben und noch dazu alles Vieh weggenommen ward. 1638 kam Hadersleff wieder, eine starke Brandschat-

Kurfürst Georg Wilhelm von Brandenburg

Mathias Cwižek/Petrus Rollos,
Adam Graf zu Schwarzenberg, 1635

zung und Lieferung zu fordern, 1639 brandschatzte der schwedische Oberst von Dewitz die Städte mit 11 700 Talern. Da diese aufzubringen nicht möglich war, so versprach er im Accorde, das Lot vergoldetes Silber für 12 Groschen und das weiße Lot Silber für 9 Groschen anzunehmen, da denn jeder Hausvater seine letzten Becher und Löffel darbringen mußte. Er erklärte sich außerdem, für 1 000 Taler an Tuch von allerhand Farben und im höchsten Notfall noch mehr Waren zu nehmen. Diese aber nebst dem Gelde wurden mit der äußersten Strenge beigetrieben. Mitten in diesen unglücklichen Zeiten machte der Landesherr auch außerordentliche Foderungen, welche durch die Härte des Statthalters Grafen von Schwarzenberg, der gar nicht das Wohl des Landes, sondern bloß seine geheimen Absichten zum Zwecke hatte, noch drückender wurden. Auf dem Ausschußtage 1626 ward eine außerordentliche Kontribution unter dem Namen der Defensionssteuer bewilligt, welche bis 1659 und noch weiter bezahlt werden mußte. Diese traf Berlin (ohne Kölln) jährlich mit 8355 Talern. Sie war zur Unterhaltung der unbeträchtlichen Garnison bestimmt, die gemeiniglich, wenn die Feinde kamen, auf Bitten der Stadt, um mehreres Unglück zu verhüten, nach Spandau oder nach Brandenburg abzog. Diese Garnison (nebst dem aufgebotenen Landvolke und den Lehnpferden, welche von 1630 an oft eine Zeitlang in Berlin waren) kostete indessen der Stadt, außer der obigen Bezahlung an barem Gelde, noch ein Ansehnliches an Lieferungen von Bier, Salz usw. 1630 wollte der Kurfürst »durch den Oberstlieutenant Konrad von Burgsdorff seine Leibguardi in etwas verstärken, und weil hierzu eine große Spese, nemlich 144 Rtlr. Monatlich erforderlich«, so ward von Berlin und Kölln begehrt, daß sie diese Summe zu künftiger Berechnung bezahlen sollten. In einer Supplik vom 22ten September 1640 an den Kurprinzen, auf den damals die ganze Hoffnung der Mark gerichtet war, klagt die Stadt Berlin, daß sie (ohne Kölln) bloß vom 22. November 1638 bis zum 1ten August 1640, mit Übertragung der Stadt Bernau, 69 740 Reichstaler 20 Groschen 11 Pfennige meist auf Assignationen des Grafen von Schwarzenberg habe zahlen müssen. Und bei einer Untersuchung 1641, nach Antritt der Regierung des Kurfürsten Friedrich Wilhelm, bewies die Stadt Berlin, daß sie (ohne Kölln) überhaupt auf Assignationen des Grafen von Schwarzenberg von der Zeit des Pragischen Friedensschlusses (1635) bis zum 1ten Februar 1641 (also noch nach dem Tode Kurfürst Georg Wilhelms) »zusammen 153 217 Rtlr.

22 Gr. 9 Pf. gezahlt hätte, ohne die außerordentliche Einquartierung, Servis, Holz und Licht in den Toren, Diskretionsgelder, Fortifikation und ohne die verschiedenen schwedischen Brandschatzungen«.

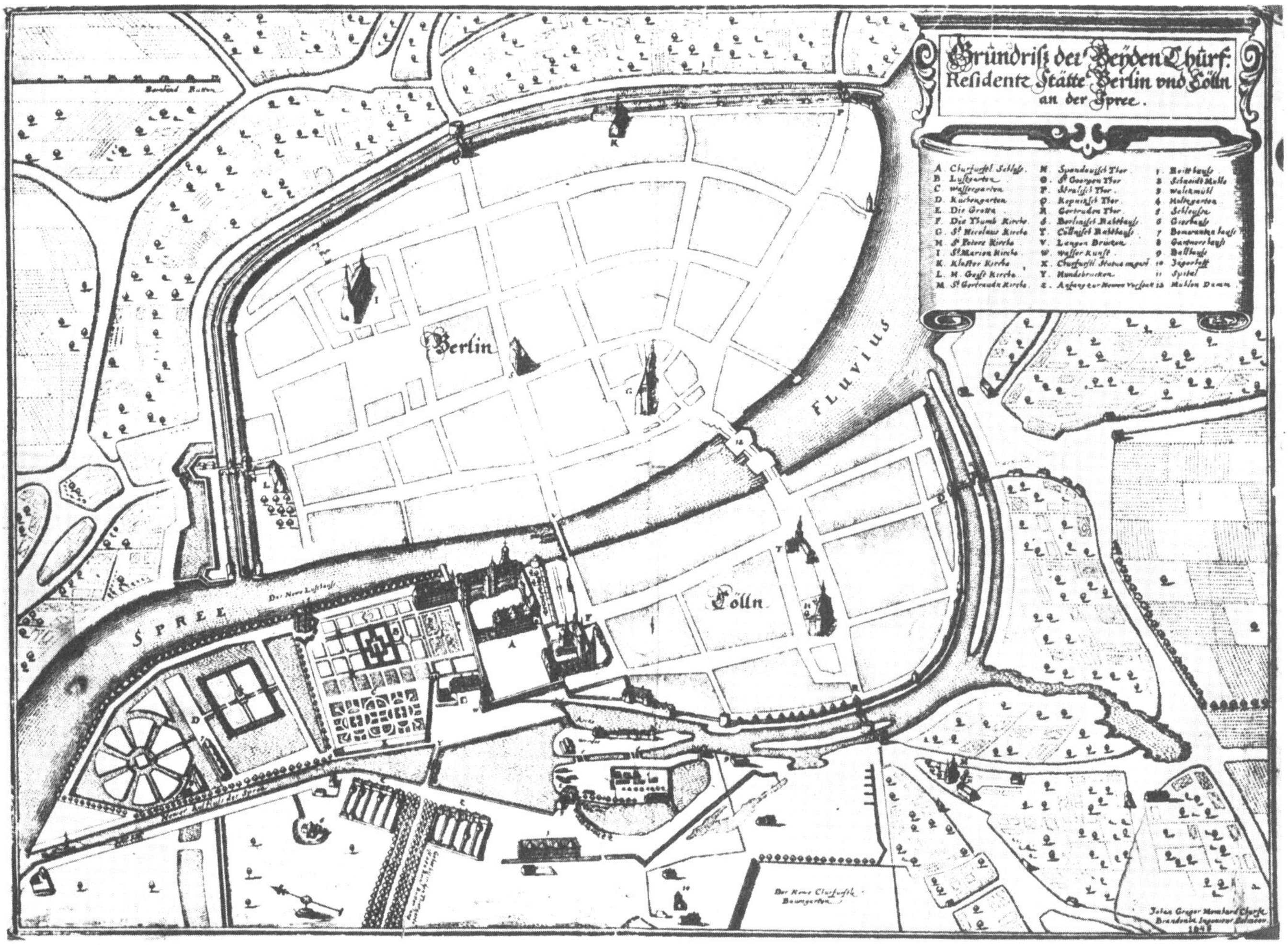

Johann Gregor Memhardt, Plan von Berlin, etwa 1650

Diese unerhörten Erpressungen, zu welchen vorher auch noch schlechtes Geld (oder die Kipper- und Wipperzeit), Teurung und öftere Pest gekommen war, mußten die Einwohner verringern und die Übriggebliebenen ins äußerste Elend bringen. Dieses ging so weit, daß ein großer Teil der Häuser ganz verlassen ward und einfiel. 1626 waren in Berlin (die Vorstädte und Kölln nicht mitgerechnet) 874 Häuser, 22 Freihäuser mit eingeschlossen. 1634 waren nur 845 Häuser, wovon 156 ledig standen. 1637 standen 168 Häuser ledig, wovon 40 mit der Pest angesteckt waren, und außerdem wurden 30 Häuser von blutarmen Witwen bewohnet, welche zu den öffentlichen Lasten nichts beitragen konnten. Nimmt man nun noch hinzu, daß der hartherzige Statthalter Graf von Schwarzenberg 1639 im Oktober die nahe an der Stadtmauer liegenden Häuser und Gärten durch den Ingenieur Holst abbrechen, 1640 den 10ten Februar bei Annäherung des schwedischen Obersten Kehrberg den größten Teil der berlinischen Vorstädte und 1641 den 18ten Jenner aus Furcht vor einem nicht geschehenen Überfall des schwedischen Generals Stalhans die sämtlichen köllnischen Vorstädte abbrennen ließ, so kann man sich von dem damaligen kläglichen Zustande Berlins und Köllns einigen Begriff machen.

Es wird der Mühe wert sein, ein Bild zu entwerfen, wie Berlin 1648, nach dem Schlusse des Westfälischen Friedens, und in den ersten Regierungsjahren Kurfürst Friedrich Wilhelms des Großen ausgesehen habe, und es sei einem jeden überlassen, der die Residenzen jetzt kennet oder durch dieses Werk kennenlernet, eine Vergleichung zu machen und die seit 130 Jahren geschehenen, beinahe unglaublichen Veränderungen zu schätzen.

Es war damals bloß Berlin und Kölln vorhanden. Beide aber waren bloß mit alten, zum Teil hölzernen Häusern bebauet, deren Giebelseite nach der Straße stand. In Berlin war die Burgstraße noch gar nicht da, sondern es war nur hin und wieder ein elender Gang an der Spree, wenigstens 12 Fuß niedriger als jetzt; einige Hinterhäuser waren (noch bis 1679) bis in die Spree auf Pfählen gebauet. Die Heiligengeiststraße war jenseit des Durchgangs bis an den Wursthof gar nicht bebauet, sondern daselbst war ein wüster Platz bis an die Spree, wo die Tuchmacher ihre Tücher ausspannten. Alle Straßen vom Heiligengeisthospitale an bis hinter dem Neuen Markt waren mit elenden Häusern und Hütten besetzt. In der Klosterstraße waren noch unbebaute Plätze, der Mühlendamm war gar nicht mit Häusern bebauet, sondern ein bloßer Gang und Brücke über dem Gerinne der Mühlen. In Kölln waren in der Fischerstraße bloß ganz elende Hütten; am Köllnischen Fischmarkte sowie in der Roßstraße standen wenig beträchtliche Häuser, die Grünstraße war noch nicht gänzlich angebauet, am Gertraudentore und um das Rathaus standen einzelne Häuser, die Breite Straße war mit den Fleischscharren und allerhand Krambuden verbauet. Der Schloßplatz war durch den Dom, dessen Kirchhof und durch die halb eingefallene Mauer der alten Stechbahn, die vom Dom bis an die Lange Brücke ging und woran eine Menge hölzerne Krambuden standen, ganz verbauet. Auf dem Platz der jetzigen Stechbahn war ein Hof oder wüster Platz, der zum Palaste des Grafen von Schwarzenberg in der Brüderstraße gehörte. Auf der Kaye an der Schleuse lagen ein paar einzelne verfallne Häuser. Die Schloßfreiheit war ein damals zum Werder gehöriger leerer Platz. Das Schloß war in den armseligsten Umständen und fast gänzlich verfallen. Der vorderste Teil des Lustgartens am Schlosse war noch drei Jahre vorher ein dürrer Sandfleck, der Lustgarten selbst war ein verwilderter Busch, der Hinterteil nach dem Weidendamme zu ein bloßer Sumpf. Gleich über der Hundebrücke ging der damals ganz vernachlässigte und verwachsene Tiergarten an. Auf dem Werder lag an der Spree eine Walk- oder Schneidemühle; auch standen daselbst einige halb wüste stehende, verfallene, dem Kurfürsten gehörige Häuser und das kurfürstliche Reithaus (an der Stelle der jetzigen Werderschen Kirche), welches längst dachlos war und von welchem 1648 30 Fächer einfielen. Übrigens war sowohl Berlin als Kölln mit einem doppelten Graben und einer alten Mauer umgeben, welche man hin und wieder, wo sie Reparatur nötig gehabt hatte, in einen Wall von Erde verwandelt und an welche man von 1630 bis 1639 einzelne unzusammenhängende Schanzen und andere Festungswerke angeflickt hatte. Sowohl die berlinischen als köllnischen Vorstädte waren, wie schon gesagt ist, 1640 und 1641 abgebrannt. In Berlin waren 845 und in Kölln 364 Häuser. In Berlin standen an 200 Häuser ledig, 1645 standen in Kölln 150 Häuser leer, von denen keine Kontribution erhalten werden konnte und die zum Teile aus Mangel der Reparatur ganz eingefallen waren. Ein großer Teil der bewohnten Häuser war baufällig. In Kölln, wo der Statthalter und viele zu ihm gehörige Personen wohnten, waren zwar nicht so viel ganz verfallene Häuser, aber außer den Hauptstraßen gab es genug schlechte und baufällige Hütten. Man stelle sich dabei vor, daß ein Teil der Straßen, besonders an den Häusern, nicht gepflastert oder das Pflaster gänzlich verdorben war, daß viele Häuser mit Schindeln gedeckt waren und hölzerne oder lehmerne Schornsteine hatten, daß die Brunnen offen und, wie auf den Dörfern, mit großen Schwengeln und Kübeln versehen und dennoch sehr viele davon verschlammt und unbrauchbar waren, daß die wenigen Brücken verfielen, daher zum Teil für schwere Wagen die Überfahrt gefährlich war, daß der Auskehricht und anderer Unrat entweder gerade vor die Häuser geworfen oder in Winkel auf einen Haufen gebracht, oder in den Strom geschüttet ward, dessen Lauf sich dadurch hin und wieder hemmte, daß die Kanäle zum Abfluß des Unrats fast allenthalben verstopft waren, daß die Schweine, welche die Einwohner dazumal in Menge hielten, auf den Straßen herumliefen und in dem Unrat und den verstopften Kanälen wühlten, und daß die

Schweineställe zum Teil an der Straße und selbst zum Teil unter den Fenstern gebauet waren; man stelle sich dieses alles vor, und man hat einen vollständigen Begriff von dem damaligen elenden Zustande der kurfürstlichen Residenz.

Kurfürst Friedrich Wilhelm

Kurfürst Friedrich Wilhelm der Große, bewunderungswürdig groß im Kriege und ebenso groß in seinen landesväterlichen unablässigen Bemühungen, sein äußerst verwüstetes und verarmtes Land wieder in Flor zu bringen und gute Ordnung nebst nützlichen Gewerben und allen Künsten des Friedens darin einzuführen, war gleich nach dem Antritte seiner Regierung auch bemühet, seiner so sehr verfallenen Residenz wieder aufzuhelfen. Er suchte den Anbau wüster Stellen zu befördern, ließ 1661 die Lange Brücke bauen und gab verschiedene Befehle zu besserer Reinigkeit, guter Ordnung und öffentlicher Sicherheit. Aber dieser große Fürst ward von 1655 an in einem verderblichen Kriege verwikkelt, und er mußte die Kräfte seines Landes, das er so gern erleichtert hätte, aufs äußerste anstrengen, um es vor wütenden Feinden zu schützen. Berlin hatte 1657 eine drükkende Einquartierung und mußte in den folgenden Jahren eine starke Kontribution geben, wodurch die ohnedies schon ausgemergelten Einwohner fast gänzlich heruntergebracht und ihre Anzahl bis auf den dritten Teil verringert wurde. Erst nachdem diese obgleich glorreichen, doch verderblichen Kriege durch den Frieden zu St. Germain 1679 gänzlich geendigt waren, bekam der edle, sein Land mit väterlicher Zärtlichkeit liebende Fürst gänzlich freie Hände, dessen Lasten zu erleichtern, Mißbräuche abzuschaffen, gute Ordnung einzuführen, Ackerbau, nützliche Gewerbe und Künste allenthalben wiederherzustellen. Wie geschäftig er dabei gewesen, davon gibt die Geschichte der damaligen Zeit rührende und nie genug zu preisende Proben. Ich bleibe nur bei Berlin stehen, woselbst und in Potsdam er sich bis zu Ende seiner Regierung fast beständig aufhielt. Er war unermüdet beschäftigt, in dieser seiner Residenz gute Ordnung wiederherzustellen, sie zu verbessern, zu verschö-

Hans Vischer/
Pieter Hendricksz Schut,
Ansicht von Berlin, etwa 1660

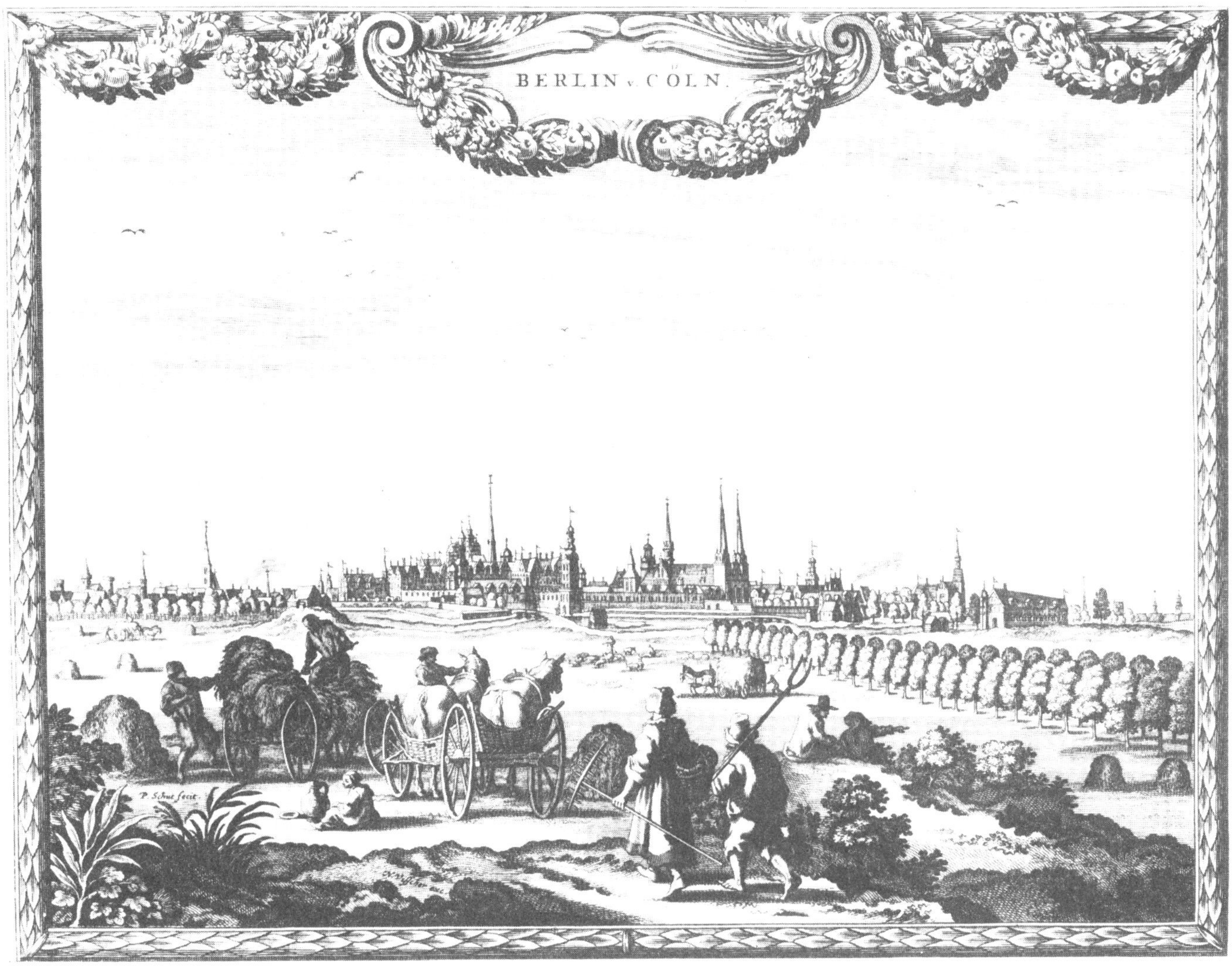

nern und zu erweitern. Er drang sogleich auf Anbauung aller wüsten Stellen, welche auch, nachdem die drückende Kontribution abgeschafft und die Akzise, wodurch die Untertanen so sehr erleichtert wurden, dafür eingeführt war, nach Wunsch vonstatten ging. Auf die Gassenreinigung war er aufs äußerste bedacht, so viel Schwierigkeiten auch von den Einwohnern selbst dabei gemacht wurden. 1680 und in folgenden Jahren ließ er auf einmal alle tiefe Rennsteine und hohe Pflaster vor den Häusern wegnehmen und gleichmachen. Er befahl 1680, daß alle Einwohner vor ihren Türen, wo noch kein Pflaster war, pflastern sollten, und ob er dies gleich nicht erlangen konnte, so veranlaßte er doch die Pflasterung des Neuen Marktes und der ganzen Gegend von der Brüderstraße bis ans Ende der Schloßfreiheit. Auch ließ er in demselben Jahre alle lüderliche Häuser [zer]stören. 1685 wurden die meisten Straßen in Berlin und Kölln neu gepflastert. Er veranstaltete bessere Ordnung wegen der Nachtwache. Den ersten Anfang zu Erleuchtung der Straßen machte er 1679 dadurch, daß aus jedem dritten Hause eine Laterne mit brennendem Lichte ausgehängt werden mußte, so daß die Nachbaren darin abwechselten; und 1682 brachte er die Laternen auf Pfählen gänzlich zustande, so sehr auch die Einwohner wegen der Kosten sich dawider setzten. Er ließ 1678 Visitationen wegen Abschaffung der hölzernen und lehmernen Schornsteine anstellen und alle Scheunen vors Tor bringen, und 1685 war ein Vorschlag, in Berlin wieder eine Wasserkunst zu errichten, welche aber nicht zustande kam. Er ließ die schon 1672 gegebene Feuerordnung 1681 verbessern und gemeiner machen. Er gab 1684 die erste Gesindeordnung. Er errichtete 1685 das Kollegium Medikum, stiftete 1687 die ersten Armenanstalten und ließ, damit die Bettler arbeiten sollten, auf der Insel hinter der Fischerbrücke ein Manufakturspinnhaus anlegen. 1683 ward auch durch seine Unterstützung eine Zuckersiederei errichtet, welche aber nachher einging. Durch seine Toleranz und Beschützung aller Künste und Gewerbe zog er eine Menge neuer und nützlicher Untertanen ins Land und besonders nach Berlin. Er selbst bauete das Schloß und viele andere Gebäude, legte den Lustgarten an, ließ eine Lindenallee auf dem Werder pflanzen, kurz, er wendete die größte Sorgfalt an, seine Residenz zu verbessern, zu verschönern und zu erweitern.

Zur Verbesserung der Residenz rechne ich auch die Befestigung, deren Geschichte ich kurz erzählen will. Schon unter Kurfürst Georg Wilhelm war einiger unförmlicher Anfang dazu gemacht worden. 1630 den 22. Jul. schickte dieser Kurfürst einen Trompeter an den Feldmarschall Hans Georg von Arnim, daß er ihm einen Ingenieur finden möchte, um seine Residenz in Eil etwas zu befestigen. 1634 ward eine wirkliche Befestigung angefangen, da hin und wieder Wälle gemacht und an denselben und den Mauern Schanzen und Batterien angebracht wurden. Der Ingenieur Hydde Horenken hatte in den folgenden Jahren darauf die Aufsicht. 1639 sollte der Ingenieur Holst die der Mauer zunächst stehenden Häuser, besonders auf der köllnischen Seite, demolieren. 1640 ließ Graf Schwarzenberg die Türme an der köllnischen Stadtmauer im Bullenwinkel und in der Grünstraße halb abtragen, um Stücke darauf zu pflanzen,

Samuel Blesendorf,
Ansicht von Berlin, 1686

und in diesem Jahre zog er auf dem Werder vor dem Jägerhofe und dem Reithause einige Befestigungslinien und Schanzen, die mit Stücken bepflanzt wurden. Doch dieses alles war nur Flickwerk und konnte, wie es auch der Erfolg zeigte, dem Endzwecke gar nicht entsprechen. 1658 faßte Kurfürst Friedrich Wilhelm den Entschluß, seine Residenz ganz von neuem und regulär zu befestigen. Es konnte aber in den damaligen trübseligen Zeiten, wo es an Arbeitern und an Geld, sie zu bezahlen, mangelte, eine so wichtige Befestigung nicht in weniger Zeit vollführet werden, sondern es gingen fünfundzwanzig Jahre hin, ehe sie ganz zustande kam, welches zu erleben dieser große Fürst das Vergnügen hatte. Der ganze Plan der Befestigung, wozu der Kurfürst selbst die ersten Ideen gab und wobei auch der Generalfeldmarschall von Sparr zu Rate gezogen ward, wurde von

Jacques Vaillant,
Michael Matthias Smidts, 1685

Memhardt gezeichnet. Er hatte sich dabei nach der alten, unförmlich befestigten Stadtmauer richten müssen, weil man sie, da beständig feindlicher Überfall befürchtet ward, so lange stehen lassen mußte, bis die neue Befestigung an ihre Stelle kommen konnte. Die Ausführung des Plans ward Memhardten auch, unter Oberaufsicht des damaligen Kommendanten, des Generalmajors Heinrich von Uffeln, aufgetragen. 1659 hatte der Oberste Groende, den der Kurfürst ausdrücklich deswegen von der Armee schickte, Anteil an der Befestigung. In eben diesem Jahre war in des Herrn von Uffeln Abwesenheit der obengedachte Holst, der nun Generalquartiermeister geworden war, Kommendant; 1661 der Generalmajor R. J. von Goltze, 1665 der Generalwachtmeister G. F. v. Trotha. Diese sämtliche Kommendanten hatten während ihres Kommando auch die Aufsicht auf den Festungsbau. 1666 hatte sie der Generalquartiermeister Ph. von Chièze als Oberaufseher aller Festungen. Die Haupteinrichtung war nach dem System des kurfürstlichen Residenten in Haag, Matthias Dögen, der ein Werk von der Befestigungskunst geschrieben hat und 1672 starb.

Memhardt hatte beim Anfange des Festungsbaues die Ingeniöre Tielemann Jungblut, Heinrich Ruse, Johann ten Verhuys unter sich, und der Schleusenmeister Michael Matthias Smidts ward wegen Veränderung der alten und Anlegung der neuen Graben zu Rate gezogen. Alle diese Männer waren Holländer. Den Anfang der Befestigung machte Memhardt 1658 im August am Stralauer Tor, an einem vom Kurfürsten selbst angewiesenen Orte. Die Courtine mußte daselbst mit vieler Mühe durch den Morast des alten Grabens geführt und der Graben neu aufgeworfen werden. Um das Wasser in demselben zu regieren, legte er die jetzt noch befindliche Schleuse an. Weiter herunter am Paddenturme (am Ende der jetzigen Paddengasse) wurden quer durch die Spree Pfähle gesetzet und gegenüber an der köllnischen Seite ein Werk angelegt und die Spree mit einem Blockhause versichert. Unterhalb der Stadt wurden gleich in diesem Jahre die Gräben hinter dem Gießhause (damit das Wasser Ablauf bekäme) bis an den Morast (d. i. bis zu Ende des jetzigen Weidendamms) gereinigt und in der Mitte noch ein neuer Graben 36 Schuh breit gemacht. Auch ward in diesem Jahre auf Kosten des Rats am Köpenicker Tore geschanzt, auch die Brücke und einige Ausfälle gemacht. 1659 ward die Befestigung bis ans Georgentor (jetzt Königstor) fortgesetzt und eine neue Brücke am Georgentore angefangen. Die Aufräumung des ganzen Grabens an der köllnischen Seite ward auch fortgesetzt. 1660 war die Befestigung am Stralauer Tore gänzlich fertig, so daß der alte Graben, soweit ihn die Courtine nicht eingenommen hatte, gefüllet werden konnte; die Befestigung ward vom Georgentore weiter bis ans Spandauer Tor gebracht, welches in diesem Jahre zu bauen angefangen und 1662 fertig ward. Die Befe-

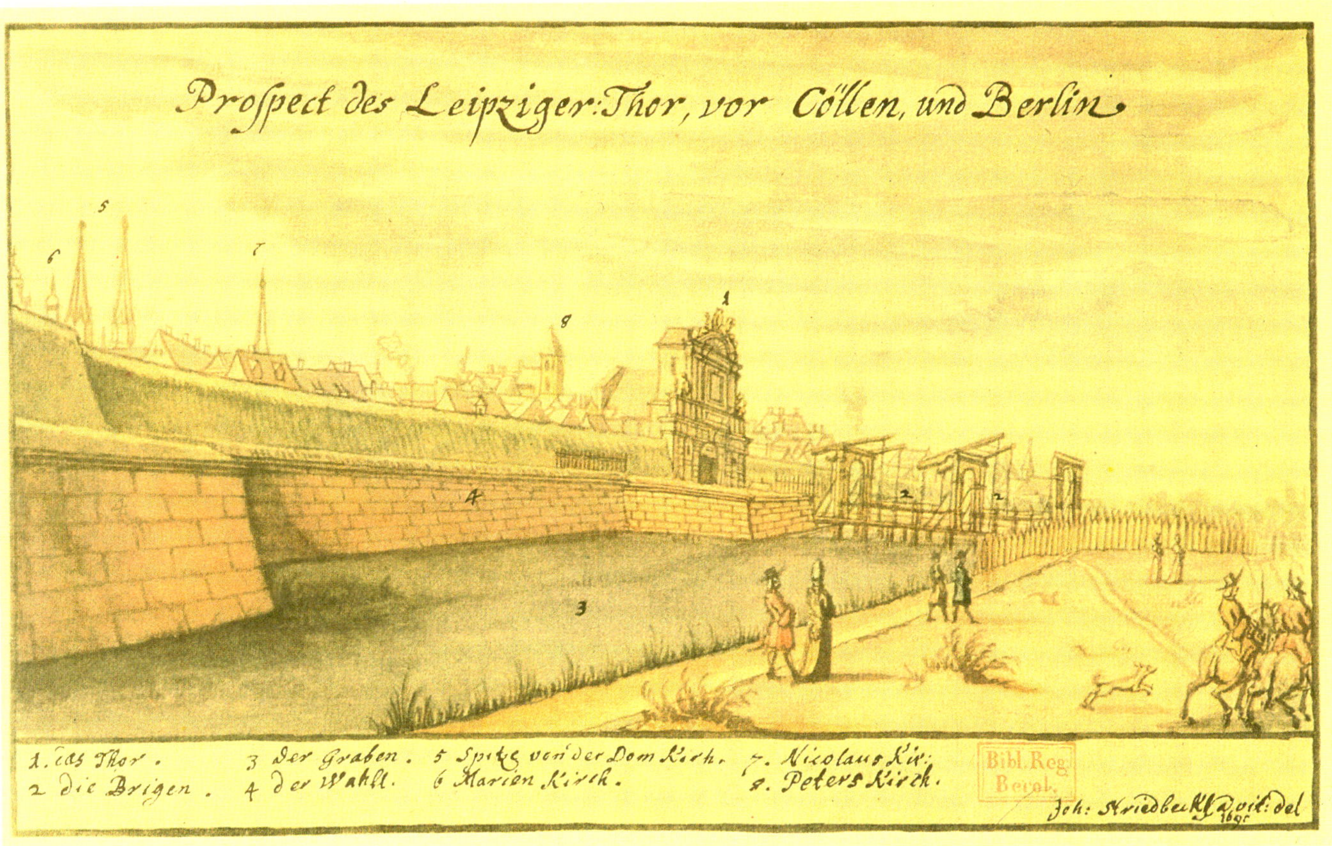

Johann Stridbeck d. J.,
Das Leipziger Tor, 1690

stigung von Berlin war also ziemlich zustande, außer daß die Raveline und verschiedenes Mauerwerk nachher gemacht wurden. Auf der köllnischen Seite aber fand sich weit mehr Schwierigkeit, indem sowohl die Wälle als die Gräben ganz neu, und zwar durch den Morast des Werders geführt werden mußten. Man ließ daher an der köllnischen Stadtmauer die Befestigung nur etwas verbessern, und 1663 wurden deshalb die Türme im Bullenwinkel und in der Grünstraße gedeckt und mit Schießlöchern versehen. 1673 im Jänner ward das Holz zu Verpalisadierung der Wälle um Berlin und Kölln gefället, welche Wälle also damals schon ziemlich im Stande waren. 1680 ward die köllnische Stadtmauer nebst allen Türmen abgerissen, woraus zu schließen ist, daß die Befestigung auf dieser Seite fertig war, und 1683 ward das Leipziger Tor ausgebauet, womit also die Befestigung völlig geendigt wurde.

Die Befestigung der Residenzen gab auch zu einer großen

Erweiterung derselben Anlaß. Denn da, um die Befestigung regulär zu machen, der sumpfige Werder und ein Teil der ehemaligen köllnischen Vorstädte mit in die Wälle eingeschlossen wurde, so befahl der Kurfürst, diese Gegenden bebauen zu lassen. 1650 gab er dem Friedrichswerder das Privilegium einer neuen Stadt, welche in den folgenden Jahren

Pieter Schenk,
Der Einzug König Friedrichs I.
am 6. Mai 1701 in Berlin

mit großer Mühe und Kosten gebauet ward, indem man wegen des sumpfigen Grundes fast alles auf Pfählen bauen und vieles ausfüllen mußte. 1672 und in den folgenden Jahren ward die Schloßfreiheit und auch die Kaye an der Schleuse angebauet. Nach 1680 ward der untere Teil der Heiligengeiststraße angebauet sowie auch verschiedene einzelne Stellen in andern Straßen. 1681 ward Neukölln auf dem Teile der köllnischen Vorstädte, die nun in der Befestigung eingeschlossen waren, angelegt. 1687 wurden die Läden auf dem Mühlendamm steinern gebauet. Auch außerhalb der Befestigung legte 1670 die Kurfürstin ihr Vorwerk in der Spandauer Vorstadt an. 1674 stiftete sie auf dem dazugehörigen Grunde die Dorotheenstadt. Zu Anbauung der berlinischen Vorstädte ward durch Anlegung des Viehmarktes beim Stelzenkrug 1680, durch Erbauung des Schützenhauses 1684 und durch Anlegung des von Meindersschen Gartens vorm Stralauer Tor und durch viele andere Ge-

La Môte,
Plan von Berlin, 15. Juli 1705

bäude und Gärten Gelegenheit gegeben. Den Anbau der im Dreißigjährigen Kriege äußerst verwilderten Gegend ließ der Kurfürst sich sehr angelegen sein. [...]

Mit der Erweiterung der Städte ward unter Kurfürst Friedrich III. (nachher König Friedrich I.) eifrig fortgefahren. Gleich nach Antritt seiner Regierung 1688 ließ er den Anbau der Friedrichsstadt anfangen, womit bis 1706 fortgefahren ward. Um 1698 ward die Burgstraße erhöhet und breiter gemacht und 1706 die Schälung mit Werkstücken fertig. Um 1692 ward viel in der Königsvorstadt gebauet. Seit 1703 wurden auf dem Mühlendamm und auf der Fischerbrücke die Häuser gebauet. Von 1696 bis 1710 ward die Spandauer Vorstadt sehr erweitert und 1712 die Kirche gebauet. 1709 ward durch die Errichtung der holländischen Windmühlen zur Erweiterung der Stralauer Vorstadt die erste Gelegenheit gegeben. Die prächtige Hofhaltung, der Bau des Schlosses, der Langen Brücke und der Statue auf derselben und der zunehmende gute Geschmack verschönerten Berlin unter der Regierung dieses Königs auf eine ausnehmende Weise.

Es war noch unter diesem Könige um 1708 eine große Erweiterung der Festungswerke, welche v. Bodt entworfen hatte, in Vorschlag. [...] Durch diese neue Befestigung würde die damalige ganze Friedrichsstadt eingeschlossen worden sein und die Residenz würde von Seiten der Spandauer Vorstadt etwas sein erweitert worden. Die Absicht war auch, [...] dem Lustgarten wieder seine ehemalige Länge bis an den Weidendamm zu geben.

Johann Georg Wolffgang,
König Friedrich Wilhelm I.

Dieser ungeheure Plan einer Befestigung, welche erstaunende Summen würde gekostet haben und wegen ihrer Weitläuftigkeit doch nichts genützet hätte, kam glücklicherweise nicht zustande. König Friedrich Wilhelm, der nützliche und tunliche Projekte liebte, verwarf ihn gänzlich um so vielmehr, da dazumal die königlichen Kassen ausgeleert, das Land sehr verschuldet und die Einwohner mit allen erdenklichen Auflagen gedrückt waren, die bis ins Seltsame gingen. Er führte die Ordnung in die Finanzen ein, die nachher zur Vergrößerung seines Hauses so viel beigetragen hat, und erleichterte seine Untertanen, indem er die mancherlei drückenden Auflagen aufhob und andere viel simplere an die Stelle setzte, die dem Staate mehr einbrachten und bei denen sich die Untertanen viel besser befanden. Er ermunterte den Fleiß und machte die besten Anstalten zu Beförderung nützlicher Gewerbe, wovon hier nur die große Wollmanufaktur im Lagerhause genannt werden mag, welche auf den Wohlstand der Bürger der Residenzen und mittelbar auch auf das ganze Land die herrlichste Wirkung gehabt hat. Er war äußerst bemühet, den Geist der Sparsamkeit und der Ordnung in ein der Üppigkeit und des Schuldenmachens gewohntes Volk zu bringen, wozu sein eigenes, dem ganzen Volk vorleuchtendes Beispiel nicht wenig beitrug. Er befolgte in allen seinen Unternehmungen den wichtigen Grundsatz, kein Geld ausgeben zu wollen, das er nicht hatte, sobald er aber durch Ordnung und Sparsamkeit seiner Einkünfte in kurzer Zeit mächtig ward, so wendete er einen großen Teil derselben zur Verbesserung seiner Länder an, die unter ihm eine ganz neue Gestalt gewonnen. Auch seine Residenz hatte hieran Anteil. Schon 1716 veranlaßte er, daß in der Spandauer Vorstadt die Gassen am Oranienburger Tore abgesteckt wurden, und ermunterte die Einwohner, sie anzubauen. 1721 und in den folgenden Jahren ließ er sich äußerst angelegen sein, daß die wüsten Stellen auf der Friedrichsstadt bebauet wurden; 1724 ward der Oberbaum angelegt. Um diese Zeit wurden auch die Palisaden um die Stadt gesetzt. Von 1732 bis 1738 ließ er die Friedrichsstadt um die Hälfte vergrößern [...] und ließ auch dieselbe nebst der Neustadt und der Köllnischen Vorstadt mit einer steinernen Mauer umziehen, welche ohne die Tore 41 053 Rtlr. kostete. Auch ließ er von 1733 bis 1738 die Friedrichsstadt und von da bis 1740 Neukölln, die Stralauer Vorstadt und die Königsvorstadt auf seine Kosten pflastern, welche Pflasterung zusammen ungemein große Summen gekostet hat, zumal da sowohl auf der Friedrichsstadt als in Neukölln die Straßen an vielen Orten wohl 5 bis 6 Fuß erhöhet werden mußten. Der Schiffbauerdamm ward durch seine Vergünstigung 1738 hauptsächlich durch Schiffbauer angebauet, und dieses wichtige Gewerbe allhier mehr eingeführt. Von 1724 bis an das Ende seiner Regierung 1740 ließ er den Petriturm und nachher die Kirche mit unglaublich großen Kosten aufführen. Er verlängerte die Lindenallee und ließ die Allee vor dem Potsdamer Tor und andre mehr pflanzen. Unter seiner Regierung nahm die Anlegung der Gärten und der Bau der Küchengewächse und des Obstes ungemein zu. 1733 wurden zuerst von dem Hrn. Prof. Gleditsch und dem sel. Oberinspektor Hrn. Habermaaß die so sehr gemeinnützigen Anstalten zu Dämpfung des Flugsandes angefangen, welche nachher zu Verbesserung der ganzen Gegend vor dem Rosenthaler bis zum Oranienburger Tore die herrlichsten Wirkungen gehabt haben. Übrigens hielt dieser König sehr darauf, daß alle Häuser steinern mußten gebauet werden, gab 1727 eine verbesserte Feuerordnung für die Residenzien, verbesserte die Feueranstalten, ließ mehrere Spritzenhäuser bauen und vermehrte auf seine Kosten die Spritzen und andere Feuergerätschaften. Unter ihm wurde 1732 die nächtliche Erleuchtung verbessert und äußerst auf die Reinigkeit der Gassen gehalten. Er ließ von 1734 bis 1737 den größten Teil der Befestigung auf der köllnischen Seite von der jetzigen Jägerbrücke an bis an die Blocksbrücke, dem Stralauer Tor gegenüber, auf seine Kosten wegnehmen, und es wurden Häuser und Gärten an die Stelle angelegt, auch die Jäger-

PATENT,
Daß die
Fremden,
So auf der
Friederichstadt
hiesiger Residentzien
anbauen,
Die hierin benannten Freyheiten
geniessen sollen.
De Dato Berlin, den 29. Octobris 1732.

Alten Stettin,
Gedruckt bey Johann Friderich Spiegeln, Königl. Preußis. Pommers. Regierungs-Buchdrucker.

(Patent, 1732)

brücke, Jerusalemsbrücke, Spitalbrücke und Köpenicker Brücke neu gebauet. Er begünstigte den Anbau der Vorstädte, welche unter ihm sehr erweitert und die Häuser verbessert wurden.

Jakob Adam, König Friedrich II.

Friedrich der Große hatte gleich nach seinem Regierungsantritte zwei wichtige Kriege zu führen, um das seinem Hause so lange vorenthaltene Erbteil wieder zu erlangen und das Gleichgewicht von Deutschland zu erhalten. Aber sobald der Dresdner Friede geschlossen war, beschäftigte sich dieser große Monarch mit Verbesserung seiner Länder, und die Verschönerung seiner Hauptstadt ward auch bald sein Augenmerk. Schon 1741, bei dem Bau des

Opernhauses, war auf dieser Seite der Wall abgetragen, der Festungsgraben gerade gezogen und mit einer neuen Schälung von Werkstücken versehen worden. 1745 nach dem Frieden ward mit dem Abbrechen der Wälle auf der berlinschen Seite der Anfang gemacht. 1746 ließ der König auf seine Kosten das Königstor und das Spandauer Tor abbrechen und die sämtlichen Wälle auf der berlinischen Seite abtragen, worauf nachher die Häuser der Neuen Friedrichsstraße gebauet wurden, wozu der König Baumaterialien und Beihülfe an Gelde gab. Eben dieses geschah nachher mit dem bis dahin noch stehenden Teile des Walles hinter dem Gießhause. Der alte Dom ward 1748 abgebrochen und dadurch der Schloßplatz erweitert, der Lustgarten aber durch das Gebäude des neuen Doms gezieret. 1750 ließ der König die Neue Friedrichsbrücke ganz neu anlegen und zugleich die ehemalige Konterskarpe vor dem Spandauer Tore gänzlich bebauen, wozu er den Eigentümern Baumaterialien und Geschenke an Gelde gab und wodurch der Haaksche Markt und verschiedene Straßen entstanden. Vor dem Königstore tat er ein Gleiches, und es ward daselbst auch nachher das Arbeitshaus gebauet. 1748 hatte er auf seine Kosten das Invalidenhaus vor dem Oranienburger Tore bauen lassen, und 1752 ward auf seine Kosten die

Johann Martin Will, Österreichische Husaren unter General von Hadik vor Berlin, 15. Oktober 1757

ganze Vorstadt Neuvogtland zwischen dem Rosenthaler und Hamburger Tor gebauet und die Häuser den Eigentümern geschenkt.

Durch den zwar glorreichen, aber landesverderblichen Krieg von 1756 bis 1763 ward die Verschönerung Berlins unterbrochen. Während desselben wurden die Residenzen zweimal von den Feinden gebrandschatzt. 1757 erpreßte der österreichische General von Hadik 200 000 Rtlr. in 24 Stunden. 1760 mußte der vereinigten russischen und österreichischen Armee eine Brandschatzung von zwei Millionen Talern gegeben werden, welche durch Kredit aufgebracht wurden. Es ist aber den Einwohnern Berlins niemals was abgefordert worden. Der König hat nach wiederhergestelltem Frieden diese ansehnliche Summe bezahlt, man weiß nicht, wann; weil der großmächtige Monarch die, wel-

Johann Martin Will,
Russische Truppen
unter General Černičev
belagern Berlin, 1760

1760. sische Canonen-Feuer seiner Infanterie in die Flanque kam, solche in Unordnug brachte, und gänzlich von der Stadt abgeschlagen wurde.

Der Gen. Czernichef war an diesem Tag mit 22000 M. aufmarschiret, und machte Mine, als ob er auf der einen oder andern Seite nach der Stadt wollte. Es nahm aber der Prinz von Würtemberg, der auf dieser Seite commandirte, gegen den Feind eine so kluge Stellung, und wuste seine Canonen auf den Anhöhen so vortheilhafft zu postiren, daß der Feind sich nicht weiter wagen durfte, und überdies kam von dem Hülsischen Corpo vor dem Hallischen Thor noch ein Succurs herbey. Daher gieng das Corpo auf den Feind los, um ihme ein Treffen zu liefern. Dieser aber vermied eine Haupt-Action, und der Tag vergieng bloß mit leichten Scharmuzieren, biß sich die Russen nach Cöpenick und Friederichsfelde zurücke zogen. Nach diesem aber kam der Prinz von Lichtenstein mit einem Oesterreichischen Trompeter und vermeldete, daß der General Lascy mit einem Corpo von 14000 M. Oesterr. Troupen

Die Oesterr. Troupen unter dem G. Lascy

pen

Rechts:

Bekanntmachung
des Hubertusburger Friedens
1763

La Paix en
tre S. M. le Roi, Sa M.
l'Imperatrice, et S. M.
le Roi de Pol. est soussign.
a Houbertsb. le 15 fevr. 1763.
Du coté du Roi par le conseill.
privé de Legatiõ, de Herz
berg, du coté de l'Imperatr.
par le conseill. de la Cour et
Tresorier de l'Ordre de The
rese, de Collenbach, et du
coté du R. de Pol. par le
conseill. privé Barõ
de Fritsch. La Pub
lication de cette paix
fut a Berlin le
5. Mars.
Der Friede zwischen S. K. M. Ihro M. der Kaiserin Kön. und S. K. M. v. Pohlen,
wird zu Hubertsburg d. 15. febr. 1763. von Seiten S. K. M. durch den Geh.
Legations-Rath Hn. v. Herzberg, von Seiten der Kais. Kön. M. durch den Hof.
Rath u. Schatzmeister des Theresien Ordens, Hn. v. Collenbach, u. von Seiten S. K.
M. v. Pohlen durch den Geh. Rath Freiheirn v. Fritsch unterzeichnet und
zu Berlin den 5. Martii mit grossem Gepränge öffentlich bekant
gemacht.

chen er wohltat, es nicht einmal hat wissen lassen, daß er ihnen eine so große Wohltat erzeigte.

In den ersten Jahren nach geschlossenem Frieden war dieser wahre Landesvater aufs eifrigste beschäftigt, seine ausgesogene und zum Teil verwüstete Länder wieder in guten Stand zu setzen. Wie große Summen, die sich bis jetzt über vierzig Millionen belaufen, er dazu angewendet habe, ist erst seit kurzem in einigen Schriften, besonders in den so interessanten in der K. Akademie verlesenen Aufsätzen des Hrn. Kabinettsministers von Hertzbergs Exzellenz anzuzeigen angefangen worden, und mancher Teil wahrhaftig königlicher Wohltaten ist der Welt noch nicht einmal bekannt.

Sobald aber die dringendsten Bedürfnisse der königlichen Länder befriedigt waren, dachte der König wieder an die Verschönerung seiner Hauptstadt. Er ließ von 1769 bis 1777 in verschiedenen Straßen 149 Bürgerhäuser auf seine Kosten abbrechen und viel schöner wieder aufbauen und schenkte diese Häuser den Eigentümern. Außerdem ließ er von 1763 an eine große Anzahl öffentliche Gebäude und Brücken bauen, welche zur Verbesserung und Verschönerung der Hauptstadt nicht wenig beitragen. Bloß der im Jahre 1778 ausgebrochene Krieg unterbrach die Fortsetzung der königlichen Gebäude. Gleich nach geschlossenem Frieden ward jährlich darin fortgefahren. Der König unterstützt außerdem sehr oft die Aufführung der Gebäude von Privatpersonen durch Bewilligung von Baumaterialien an Bauholz etc., besonders werden allen Bauenden ohne Ausnahme die sowohl zu Mauerung des Grundes als auch zum Kalk benötigten rüdersdorfischen Kalksteine umsonst, doch gegen Erlegung des Brecherlohns und der Anfuhrkosten abgefolgt. Sie müssen zu dem Behufe zuerst von dem Gouvernement und Polizei die Erlaubnis zum Baue erhalten, alsdenn bei dem königlichen Bauamte den Anschlag und Riß eingeben; nachdem diese daselbst und beim Bergwerksdepartement revidieret worden, erteilet das letztere die Assignation auf die Kalksteine.

Noch ist anzuführen, daß der König bald nach dem Antritt seiner Regierung durch den Baron Knobelsdorff den Tiergarten zu einem reizenden Spaziergange umschaffen ließ und denselben bisher hat erhalten und jährlich verschönern lassen. Unter dieser Regierung haben auch sehr viele Privatpersonen eine Menge schöner Gebäude aufgeführt und vortreffliche Gärten angelegt. Der Fleiß der Einwohner hat überhaupt in der Verbesserung des Bodens beinahe Wunder getan, so daß in dem an sich dürren Boden in und um Berlin durch Düngung und fleißige Bearbeitung die besten Küchengewächse, das schönste Obst von aller Art nebst vielen ausländischen Früchten, als Melonen, Angurien, Ananas usw., in großer Menge und in großer Vollkommenheit gezogen werden.

Berlin besteht jetzt aus fünf Städten: (1) Berlin. (2) Kölln, wozu Neukölln gehöret. (3) Der Friedrichswerder. (4) Die Dorotheen- oder Neustadt. (5) Die Friedrichsstadt. Und aus vier Vorstädten, nämlich: (1) Die berlinischen Vorstädte in drei Abteilungen (a) die Königsvorstadt, (b) die Spandauer Vorstadt, wozu die Vorstadt Neuvoigtland vor dem Rosenthaler und Hamburger Tore gehöret, (c) die Stralauer Vorstadt. (2) Die Köllnische oder Köpenicksche Vorstadt. Alle diese Städte und Vorstädte hängen unzertrennlich zusammen, nachdem, wie oben gemeldet, die ganze Befestigung und alle innere Tore abgetragen worden sind. Die sämtlichen Städte und Vorstädte sind vom Schlesischen Tore links bis zum Unterbaume mit einer steinernen Mauer umgeben, welche, die Tore mitgerechnet, 2169 rheinländische Ruten lang ist. Vom Schlesischen Tore rechts bis wieder zum Unterbaume sind nur Palisaden. 1786 sollte auch auf königli-

Johann Philipp Rugendas,
Einzug Friedrichs II. in Berlin
1763

che Kosten vom Unterbaume an der Anfang zu Aufführung einer Mauer gemacht werden.

Die Polhöhe der königlichen Sternwarte zu Berlin ist, der Angabe des Hrn. Major von Tempelhoff zufolge, 52°31′30″ und die Länge 31°2′30″. [...]

Durch die Stadt fließt die Spree, welche sehr fischreich ist und wegen ihrer Verbindung mit der Elbe durch die Havel und mit der Oder durch verschiedene Kanäle der Handlung großen Vorteil bringt. Sie entspringt bekanntermaßen in der Lausitz, fließt über Köpenick nach Berlin und fällt bei Spandau in die Havel. Das Flüßchen Panke, welches bei Bernau entspringt, berührt einen kleinen Teil der Spandauer Vorstadt und fällt am Anfange des Schiffbauerdamms in die Spree. Aus und in die Spree gehen verschiedene Graben, und zwar (1) der ehemalige Festungsgraben in zwei Abteilungen: (a) Von der berlinischen Seite fließet er aus der Spree bei der Stralauer Brücke und wieder in dieselbe bei der Neuen Friedrichsbrücke. (b) Auf der köllnischen Seite fließt er jenseits der Blocksbrücke aus der Spree, ist fast überall sehr verenget, von der Jägerbrücke an gerade gezogen und fließt unter der Brücke neben dem Kupfergraben in den Kupfergraben. (2) Die Friedrichsgracht ist ein Arm der Spree, dessen sumpfige Teile vormals durch verschiedene Graben vertiefet und fließend gemacht worden. Sie kommt unter der Inselbrücke aus der Spree, verlieret schon an der Gertraudenbrücke ihren Namen, heißt bis an die Schleuse der Schleusengraben, hat weiter hin zwischen dem Zeughause und dem Schlosse keinen Namen als den allgemeinen die Spree, heißt jenseit der Kupfergrabenbrücke der Kupfergraben, fließt endlich unter der Kleinen Weidendammsbrücke wieder in die Spree. (3) Der Mühlengraben ist ebenfalls ein Arm der Spree, der gerade gemacht, vertieft und verenget worden. Er gehet unter der Jungfernbrücke aus dem Schleusengraben hinter den Häusern auf der linken Seite der Brüderstraße und fällt unter den Werderschen Mühlen wieder in die Fortsetzung dieses Grabens. (4) Ein Graben, der am Ende des Lustgartens quer von der Fortsetzung des Schleusengrabens oder dem einen Arme der Spree bis in die eigentliche Spree geführt ist. (5) Der Münzgraben, welcher zum Behuf der Münze jenseit der Holzgartenstraße aus dem Schleusengraben kommt und auf dem Alten Packhofe wieder in denselben fällt. (6) Verschiedene Kanäle um den Weidendamm. (7) Der Schönhausensche Graben kommt bei Schönhausen aus der Panke und fließet dicht hinter der Charitéstraße zwischen derselben und dem Unterbaume in die Spree. Außerhalb der Stadt ist (8) der Floßgraben oder sogenannte Landwehrgraben, ehemals auch der Heidekampfsche Graben genannt. Er ward 1705 auf Befehl König Friedrichs I. zum Flößen des Holzes angelegt, wozu er auch noch zum Teil gebraucht wird und woher der erste Namen kommt. Nachher ward an demselben unter König Friedrich Wilhelm vor dem Bau der Mauer eine Linie aufgeworfen, an deren Ausgängen oder Landwehren die Wachen aufzogen. Daher kommt der zweite Namen. Dieser Graben gehet vor dem Schlesischen Tore aus der Spree, schlängelt sich in verschiedener Entfernung um die ganze Köllnische Vorstadt, Friedrichsstadt und Dorotheenstadt und fällt im Tiergarten, ohnweit der Wulffischen Kattunbleiche, wieder in die Spree.

Berlin hatte den 1. Jänner 1778 zusammen 9695 Häuser ohne die Kirchen, das königliche Schloß und alle öffentliche Gebäude, nämlich 6223 Vorderhäuser, 3225 Hinterhäuser und 257 Häuser außerhalb den Mauern und Palisaden, das Vogtland mit eingeschlossen. Die Hinterhäuser sind seit 1778 nicht gezählt worden, es sind aber gewiß seitdem 100 und mehr gebauet worden. Zu Ende 1785 beliefen sich die Vorderhäuser oder eigentlichen Häuser auf 6644. Es war also 1778 bis 1785 in acht Jahren die Anzahl der Häuser mit 421 vermehrt worden. Im Jahre 1661 war die Anzahl der Einwohner 6500, im Jahre 1700 28500. Im Jahre 1721 65300. Im Jahre 1777 140719 und zu Ende 1785 146647. Die Anzahl war also in acht Jahren mit 5828 vergrößert. Zu Ende 1777 waren 7927 Bürger, die das Bürgerrecht gewonnen hatten. Zu Ende 1785 waren es 9140. Es waren also nach acht Jahren die Bürger um 1213 oder ohngefähr $\frac{1}{7}$ vermehrt. Im Jahre 1777 war die Anzahl der in der Seiden-, Wollen-, Baumwollen- und Leinenmanufakturen wirklich gehenden Stühle 5985, und 1784 waren es 6178. Die sämtlichen Häuser (die königliche und öffentliche Gebäude ausgenommen) waren in dem Feuerkatastrum im Jahr 1724 mit 3654026 Rtlr., im Jahre 1777 mit 16407527 Rtlr. und 1784 mit 19003500 Rtlr. versichert.

Berlin hat 15 Tore, 268 Straßen und Plätze, 36 Brücken, worunter 7 steinerne sind, und 33 Kirchen (die beiden im Invalidenhause mitgerechnet). Der ganze Umfang ist (nach der Ausrechnung des Hrn. Major von Tempelhoff) 4546 rheinländische Ruten oder ungefähr $2\frac{1}{3}$ deutsche Meilen groß, und der Inhalt der ganzen Fläche der Stadt beträgt 931935 rheinländische Quadratruten oder $5177\frac{1}{2}$ märkische Morgen.

BEROLIN
2 Suburbium Spandau
6 Porta nova
7 Palatium max. Principis Regni
9 Domus Orang.
10 Templum Regium Praedicatorum
11 Templum Spiritum Sanctum
12 Palatium Principis Regii, in Friderichs Werder
13 Arx Regium
14 Apotheca et Bibliotheca Regii
16 Templ. Cathedrale Regium
17 Templ. in Friderichs Werder
19 Curia Berolini
20 Templ. S. Nicolai, vel Primarium Berol.
21 Porta Lipsiensis
22 Curia in Suburbium Colon.
23 Novum Templ. S. Petri
25 Monasterium in canum
26 Porta Coepenicker dicta
27 Templ. Parochiale Reformatorum
28 Templ. nov. mag. Hospitali Fridericiano
30 Porta Stralauiensis
31 Suburbium Stralauiensis
32 Spreeam Fluvius
33 Templ. S. Sebastiani in Sub. Coppen
35 Nova Platea Friderici
37 Sacellum Gallicandrum
38 Palat. Equitum S. Iohanis, in urbe Frid.
39 Nova Templ. Bohemorum in urbe Frid.
40 Platea Lipsiensis
41 Stabulum Regii
42 Templ. Germ. in urbe Frid.
43 Platea Æthiopiarum
44 Nov. Templ. S. S. Trinitatis
45 Templ. Gallican. in urbe Frid.
46 Palatium Marchio Philippina
48 Academia et observatorium
49 Templum civitatis novae
50 Chausse, sive Agger

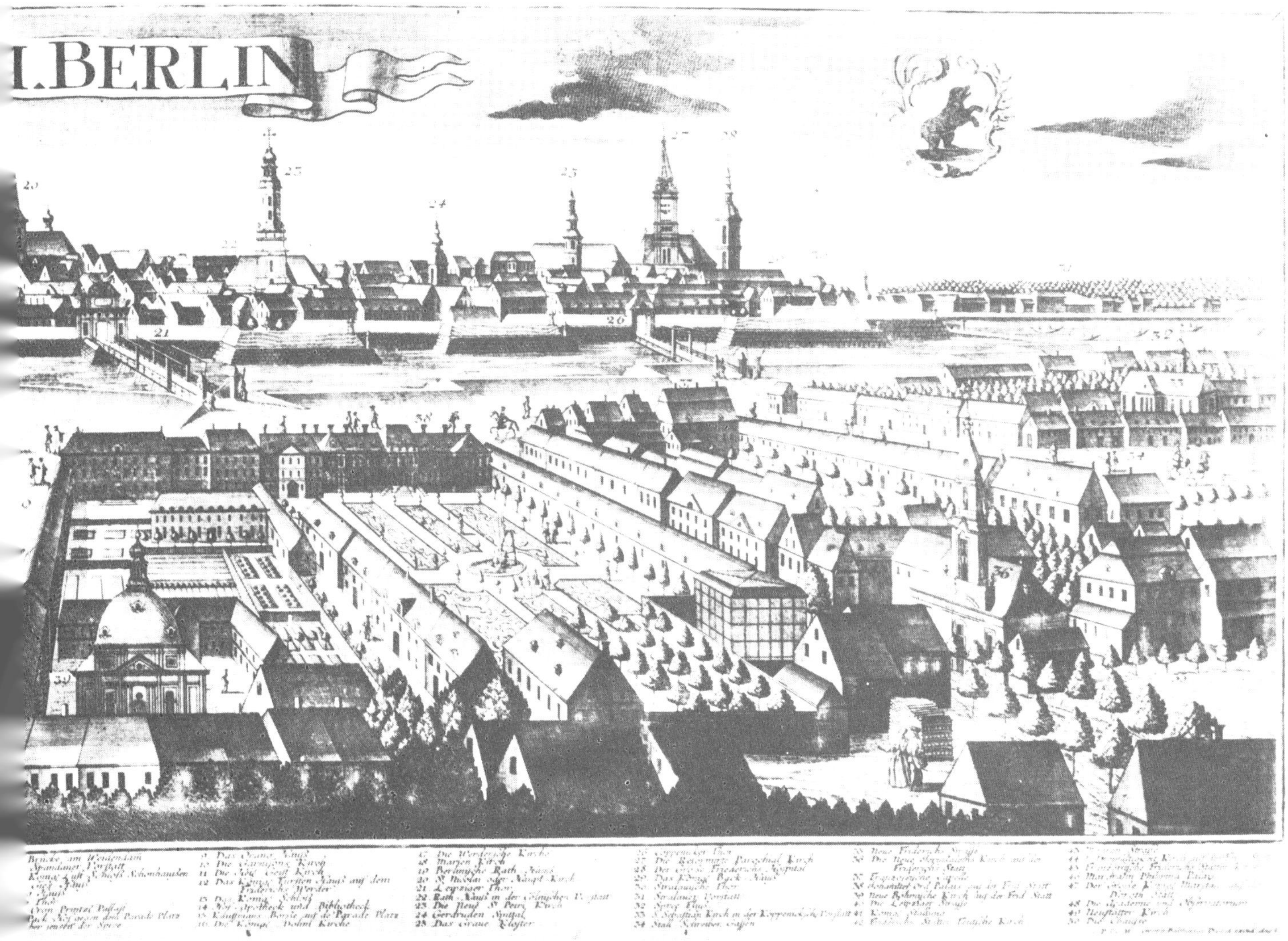

Johann Michael Probst,
Ansicht von Berlin

Topographische Beschreibung der Straßen, Plätze und merkwürdigen Gebäude der Städte und Vorstädte nebst derselben kurzen Geschichte

I. BERLIN AN SICH SELBST

Ist nebst Kölln die älteste unter den Residenzstädten, wovon die übrigen den Namen führen. Es liegt am nordostlichen Ufer der Spree, ist eine vollkommene Insel und wird gegen Süden und Westen von der Spree, gegen Norden und Osten aber von dem Teile des ehemaligen Festungsgrabens begrenzt, welcher von der Stralauer Brücke bis zur Neuen Friedrichsbrücke gehet. Vor Berlin, in einem nördlichen Halbzirkel von Südosten bis Westen, liegen die drei berlinischen Vorstädte, von welchen es durch den Festungsgraben getrennet wird. Über denselben geht die Kommunikation nach der Stralauer Vorstadt über die Stralauer Brücke, nach der Königsvorstadt über die Königsbrücke und nach der Spandauer Vorstadt sowohl über die Spandauer Brücke als über die Neue Friedrichsbrücke. Auf der südwestlichen Seite wird Berlin durch die Spree von Kölln getrennt. Die Kommunikation über diesen Fluß macht nach Neukölln die Blocksbrücke neben dem Großen Friedrichshospital und nach Altkölln der Mühlendamm, die Lange Brücke und die Große Pomeranzenbrücke.

Berlin hat jetzt 1 121 Vorder- und 654 Hinterhäuser. Die Straßen und Plätze sind folgende:

Die *Königsstraße* führet von der Langen Brücke zur Königsbrücke. Sie erhielt diesen Namen, als König Friedrich I., nachdem er 1701 in Königsberg gekrönet worden, durch sie seinen Einzug hielt. Vorher hieß sie die Georgenstraße. Am Ende derselben, diesseits der Königsbrücke, stand sonst das Georgentor, welches 1701 Königstor benennet und 1746 abgebrochen ward, um der Erweiterung und Verschönerung Berlins Raum zu machen. Diese Straße ist

Links:

Johann Georg Rosenberg,
Blick spreeabwärts
zur Blocksbrücke

Louis Serrurier/
Christian Peter Jonas Haas,
Blick zur Langen Brücke

142 rheinländische Ruten lang und am Posthause 3 Ruten 2 Fuß breit.

An der Langen Brücke ist zu bemerken:

Das Eckhaus linker Hand. In diesem Hause war von 1667 bis um 1714 das *Joachimsthalische Gymnasium*. Es gehört auch noch demselben. 1690 ward dies Haus neu gebauet.

Johann Stridbeck d. J.,
Die Spandauer Brücke, 1690

Das *Neue Posthaus* an der Ecke rechts. Ein Gebäude drei Geschoß hoch, von Schlüter 1701 bis 1703 für den damaligen ersten Minister Grafen von Wartenberg gebauet. Das Portal ist an der Wasserseite, über demselben ein Balkon. Die beiden obern Geschosse sind mit jonischen Pilastern gezieret, die eine Attika tragen. An dem Gebäude sind schöne halberhobene Bilder. Der schmale Hof führet zum *Alten Posthause* an der Ecke Königs- und Poststraße. Es ward um 1685 zum Posthause gewidmet, und man findet es schon in Schulzens 1688 gestochenem Plane so bezeichnet. Der Torweg, wo die Posten auf- und abgeladen werden, ist in der Poststraße. Der Eingang zum Hause ist in der Königsstraße. Im Erdgeschosse des Alten Posthauses ist die Expedition des königlichen Hofpostamtes, im zweiten Geschosse die Wohnung des Hofpostmeisters, und im dritten versammelt sich das Generalpostamt. Im Neuen Posthause ist im Erdgeschosse die Generalpostamts-Kanzlei und Kasse, im zweiten

Geschosse die Generalpostamts-Kalkulatur und die Geheime Kriegskanzlei.

Das *Jordansche Haus* an der Ecke der Heiligengeiststraße linker Hand.

Das *Rathaus*, rechts an der Ecke der Königs- und Spandauer Straße. Ein Gebäude von drei Geschossen mit einem alten Turme. Dieser nebst dem vorspringenden Eckgebäude blieb stehen, als das Rathaus 1583 abbrannte. Das Abgebrannte ward nach damaliger Art wieder aufgebauet. Zu dem zurückspringenden Teile in der Spandauer Straße machte Nering schon 1685 eine bessere Zeichnung, aber er ward erst 1693 und in den folgenden Jahren gebauet und die Facciaten des Rathauses auf dieser Seite durch das Marktmeisterhaus verlängert. Der Teil in der Königsstraße ward nach Vereinigung der Magistrate aller Residenzen 1710 hinzugetan; in demselben ist unten die *Berlinische Ratswaage*. Im Rathaus versammelt sich auch das Armendirektorium und das Baugericht.

Das *Gouvernementshaus*, ein ansehnliches Gebäude, drei Geschoß hoch, rechts an der Ecke der Königs- und Judenstraße. Hier wohnt der jedesmalige Gouverneur der Residenzen. Ehemals gehörte dieser Palast dem Staatsminister v. Katsch, von dessen Erben ihn König Friedrich Wilhelm kaufte und zum Gouvernementshause widmete.

In dieser Straße findet man viele Privathäuser, die wegen guter Bauart merkwürdig sind. Dazu gehören (außer 14 von 1771 bis 1777 auf königliche Kosten in dieser Straße neu gebaueten und den Eigentümern geschenkten Häusern):

Das Haus des Kaufmanns Hrn. Michelet zwischen der Heiligengeist- und Spandauer Straße linker Hand. Es gehörte im 16ten Jahrhunderte dem damals wegen seiner ausgebreiteten Handelschaft berühmten Leonhard Weiler. Im vorigen Jahrhunderte besaß es der Staatsminister von Meinders. Von dessen Erben kaufte es im Anfange dieses Jahrhunderts der Staatsminister von Kraut. Darauf kam es an den General und Staatsminister v. Grumbkow, welcher die Stirnwand, wie sie jetzt ist, durch Böhme aufführen, auch inwendig beträchtliche Veränderungen machen ließ. Man nennt es noch oft im gemeinen Leben das *Grumbkowsche Haus*.

Das *Wegelische Haus* an der Königsbrücke zu Ende dieser Straße linker Hand. Das ehemalige Diterichsche, itzt dem Hrn. Geheimen Finanzrat Struve gehörige Haus rechter Hand.

Gedeon Romandon/
Samuel Blesendorf,
Franz von Meinders,
etwa 1696/97

Joachim Ernst von Grumbkow,
1690

Die *Burgstraße* ist die Kaye an der Spree von der Langen Brücke bis an die Große Pomeranzenbrücke.

Bis in die Mitte des 17ten Jahrhunderts war hier nur ein ganz enger und schlechter Gang an der Spree, daher man diese Gegend bloß Hinter der Heiligengeiststraße nannte. Es waren hier nichts als die Zäune der Gärten und sehr wenige schlechte Häuser oder Buden. 1657 ließ der Rat zuerst auf kurfürstlichen Befehl längs der Spree, so weit das Schloß gehet, eine Schälung (oder wie es damals hieß, eine Lastadie) machen und den Gang erhöhen, der aber damals kaum die Hälfte der jetzigen Breite hatte. 1677 setzte der Hofrentmeister Michael Matthias die Schälung auf seine Kosten längs seines Gartens (jetzt so weit die Ritterakademie gehet) fort und machte sie, so weit seine Fronte ging, steinern, erhielt aber dafür die Erlaubnis, seinen Garten bis an die Spree abzuhägen; ebenso gingen auch nachmals die jenseit liegenden Gärten bis an die Spree. Damals erst kam der Namen der Burgstraße auf, weil die Straße nur so lang war als das Schloß. 1689 mußte zwar Matthias den Gang hinter seinem Garten wieder öffnen, daß man durch den Durchgang kommen konnte, aber jenseit war noch kein Gang. Daher, als König Friedrich I. 1698 bis 1706 die Straße erhöhen und zu der jetzigen Breite und Länge bringen, die Schälung mit Werkstücken einfassen und mit einem eisernen Geländer schließen ließ, mußte er von dem Generalauditeur (nachmaligen Staatsminister) v. Katsch, der da, wo jetzt das Hinterhaus des Joachimsthalischen Gymnasiums stehet, ein Haus hatte, den Platz zur Straße mit 4000 Rtlr. erkaufen.

In dieser Straße sind zu bemerken:

Die *königliche Ritterakademie* (Ecole militaire), woselbst junge Edelleute erzogen werden. Dieses neue Gebäude wurde auf königlichen Befehl 1765 bis 1769 von Boumann dem Vater gebauet. Vorher waren Gärten auf diesem Platze.

Das Hintergebäude des Joachimsthalischen Gymnasiums. Des jüdischen Bankiers Hrn. *Daniel Itzigs Haus*. Der General v. Montargues bauete es 1724 nach dem Modell des Hotel de Soubise in Paris; der Baron v. Vernezobre kaufte es 1728 von demselben und ließ es ausbauen. Der jetzige Besitzer kaufte einige nebenstehende Häuser dazu und ließ es 1765 nach Naumanns des Sohns Rissen, so wie es jetzt ist, erbauen und erweitern, wodurch der linke Flügel symmetrischer wurde.

Der Durchgang, eine Straße bei der Ritterakademie. In den ältesten Zeiten war diesseits dieser jetzigen Straße ein sehr enges Gäßchen, welches das Spreegäßlein, auch um 1644 das Frauengäßlein hieß. 1657 befahl Kurfürst Friedrich Wilhelm, teils wegen Unreinlichkeit, teils wegen Feuersgefahr, daß der Rat zu Berlin dies Gäßlein breiter machen und pflastern sollte. Weil sich derselbe aber wegen Mangel des Geldes entschuldigte, so kaufte der Hofrentmeister Michael Matthias, als Eigentümer der beiden Freihäuser an der Ecke der Heiligengeiststraße, den Platz zu der itzigen Gasse (oder dem Durchgange) von dem (auf der Seite des jetzigen Joachimsthalischen Gymnasiums liegenden) Tuchmacher Full- (oder Walk-) Garten, ließ sie auf seine Kosten pflastern und den Kanal darunterführen, dagegen ihm der Rat das alte Gäßchen zur Erweiterung seines Seitengebäudes abtrat. 1665 verkaufte ihm der Rat die von ihm 1657 neuangelegte Gasse für 300 Rtlr., worauf er an der Heili-

Albrecht Christian Kalle,
Thomas Pankow:
»Herbarium
oder Kräuter- und Gewächsbuch«
(1673, mit der ältesten
Ansicht von Berlin)

gengeiststraße über derselben bauen und sie sowohl nach der Heiligengeiststraße als nach der Spree mit einem Torwege verschließen ließ. 1688 aber fingen die vier Gewerke über die Gültigkeit des Verkaufs der Straße einen Prozeß an, der sich 1695 dahin endigte, daß die Torwege wieder ausgehoben und die Straße geöffnet werden mußte. Man nennte sie damals eine Zeitlang die Wasserstraße, nachher aber ist der bloße Namen Der Durchgang geblieben.

Der Wursthof, eine niedrige Querstraße bei Hrn. Daniel Itzigs Hause, führt gleichfalls nach der Heiligengeiststraße.

An der Langen Brücke am Wasser heißt die Kaye an der Spree rechts, wo der Eingang des Neuen Posthauses ist. Sie ist meist mit den Hinterhäusern der in der Poststraße auf dieser Seite liegenden Häuser besetzt, durch welche Durchgänge gehen. Die *Heiligengeiststraße* geht von der Königsstraße bis an das Heiligengeisthospital. Hier sind: Das Hintergebäude der königlichen Ritterakademie, woselbst die Wohnungen der Professoren befindlich sind. Der Staatsminister v. Viebahn kaufte dies schon im vorigen Jahrhunderte gebaute Haus 1736 von den Schutzjuden, den Gebrüdern Gumpertz, und ließ es in etwas verändern. 1763 kaufte es der König von den Reichenbachischen Erben für 22000 Rtlr. zum Behufe der Ritterakademie. 1777 ward es um ein Geschoß erhöhet.

Daniel Chodowiecki,
Johann
Joachim Spalding

Das königliche *Joachimsthalsche Gymnasium*. Es hat den Namen von dem Städtchen Joachimsthal, wo es 1607 von Kurfürst Joachim Friedrich errichtet ward. Im Jahre 1714 bis 1717 ward das gegenwärtige weitläuftige Gebäude aus den Einkünften des Gymnasiums aufgeführet. Inwendig hat es vier Höfe. Diese Seite nebst den Seitengebäuden der beiden Höfe bewohnen die Lehrer. Die Quergebäude enthalten die Lehrzimmer und Speisezimmer. Die Seite nach der Burgstraße bewohnen die Gymnasiasten und derselben Inspektoren. Desgleichen sind daselbst die Zimmer der Unterbedienten und die Ökonomiegebäude.

Das *Hospital zum heiligen Geist nebst der Kirche*, welche an der Spandauer Straße liegt. Das Hospital ist im 13ten Jahrhunderte gestiftet worden. 1288 wird es zuerst im Privilegium des Gewerks der Schneider erwähnt, und die älteste bekannte Urkunde über dasselbe ist von 1313. Es werden in demselben 16 alte Männer und 17 Frauen unterhalten.

Folgende Gassen führen aus dieser Straße in die Spandauer Straße: die *Pankowsgasse*, die *Klanders- oder Kalandsgasse*, die *Heiligengeistgasse* beim Hospitale.

Die *Poststraße* ist die Fortsetzung der Heiligengeiststraße von der Königsstraße bis an den Mühlendamm. Man sieht hier: das oben erwähnte *Alte Posthaus*. Das *Aschebornsche, Douilhacsche und Dütitresche Haus*, auf deren Stelle wahrscheinlich das im 14ten Jahrhunderte gebauete Rathaus gestanden, bei der Langen Brücke.

Die *Nikolaikirche nebst dem Kirchhofe*. Sie ist die Pfarrkirche von Berlin und schon im 12ten Jahrhunderte gleich bei der Entstehung Berlins erbauet worden. Sie war dem Heiligen Nikolaus, Heiligen Martin und der Heiligen Katharina gewidmet. Bereits 1202 erteilte der Kardinal und

Johann Friedrich Walter/
Georg Paul Busch,
In der Nikolaikirche

päpstliche Legat Raimond denen, die diese Kirche besuchen würden, 100tägigen Ablaß. An der Wand der Kirche lieset man: renovatum 1223. 1379 ward der Teil, wo der hohe Altar stehet, neu erbauet. Sie ruhet auf 16 gotischen Pfeilern, ist 171 Fuß lang und 73 breit. Äußerlich unterscheidet sie sich durch den besonders spitzen Turm.

Das große *Haus der Gebrüder Ephraim*. Das vorherige Tonnenbindersche Haus in der Poststraße bis an die Ecke des Mühlendamms war schon ein weitläuftiges Gebäude. Im Jahre 1762 kaufte der verstorbene Ephraim einen offenen Platz vor dem Hause, worauf Buden standen, dazu und ließ dies Gebäude nach Diterichs' Rissen erweitern und die jetzige sehr ansehnliche Stirnwand nach dem Mühlendamm ziehen, deren Zierlichkeit dem Baumeister um so viel mehr Ehre macht, da er sich nach dem beibehaltenen ehemaligen Hause richten mußte, welches er nur moderner und mit korinthischen Wandpfeilern verzierte.

Hier sind noch unweit der Nikolaikirche ein *Kraut- und Fischmarkt* und ein *Fleischscharren*, imgleichen folgende Gassen: die *Propstgasse*; sie führt zur Spandauer Straße. Hier ist: die *berlinische Propstei*.

Die *Kirchgasse* bringt von der Spandauer Straße zum Nikolaikirchhof, die *Eiergasse* vom Molkenmarkte zum

Johann David Schleuen,
Nach der Explosion des
Pulverturms am Spandauer Tor,
12. August 1720

Kirchhof, die *Bollengasse* vom Molkenmarkte zum Fischmarkte; nebst noch ein paar Aufgängen zum Kirchhof, welche keinen Namen haben. Die *Spandauer Straße* führet vom Molkenmarkte nach der Neuen Friedrichsstraße. Hier sind zu bemerken: ein Teil des Rathauses. Das *Landschaftshaus*, wo in gewissen Zeiten des Jahres die Deputierten der Landstände sich versammlen und auf dessen Hofe die Landrentei und Ritterschaftliche Registratur ist. Die Stirnwand ward 1775 etwas verändert und neu gezieret.

Das *Weizelsche Haus*. Ist um 1720 von Böhme nach jetziger Art verschönert.

Das *Haus des Herrn Geheimen Kommerzienrates Schütze*. Dies Haus bauete Kurfürst Joachim II., und Kurfürst Johann Georg schenkte es 1578 der Frau von Kohl. Von dieser kam es durch Kauf 1610 an den Geheimen Rat von Dieskau und sodann weiter 1615 an den Lehnssekretär Sebastian Striepe, darauf an den Geheimen Rat und Lehnssekretär Johann Tornow, an den Staatsminister von Meinders und endlich 1683 an den Staatsminister von Rheez. Dessen Witwe schenkte es 1716 ihrer Tochter, der Staatsministerin von Viereck, geb. von Gersdorf, deren Tochter, Frau von Itzenplitz, es an den itzigen Besitzer verkaufte, der es sehr schön ausbauen ließ.

Moses Mendelssohn

Das *Haus der Moses Isaakschen Erben*. Es gehörte vordem dem Staatsminister von Viereck. Derselbe ließ es 1734 nach Diterichs' 1732 gemachten Rissen bauen und auszieren. Die Anlage der Treppe, welche das Licht von oben durch eine Laterne empfängt, ist sinnreich.

Des *Berlinischen Gymnasiums Witwenhaus* an der Ecke der Kalandsgasse. Des Hofrat und Burgemeisters Litzmann Witwe, geb. Anna Sabina v. Ziegler, vermachte es 1738 den Witwen der Lehrer des Berlinischen Gymnasiums, das daneben in der Kalandsgasse gelegene Brauhaus aber der Armenkasse der Nikolai- und Marienkirche.

Das *Fonrobertsche, ehemalige von Bartholdische Haus*. Gegen Ende des vorigen Jahrhunderts vermutlich von Nering gebauet. Das *Kühnsche Haus* an der Ecke der Garnisonkirche. Die *Kirche des Hospitals zum heil. Geist*.

Joseph Mendelssohn

Die Gassen sind folgende: Die *Heidereutergasse*. Sie geht in die Rosenstraße und hieß vormals die Bödel- oder Büttelgasse. Es war in derselben von den ältesten Zeiten her die Scharfrichterei. 1678 wollte sie der Große Kurfürst vor die Stadt gebracht wissen, aber der Rat zu Berlin setzte sich dawider. König Friedrich Wilhelm ließ sie 1724 vors Spandauer Tor bringen.

In dieser Gasse ist die *Synagoge der Juden*. Sie ward durch den ältern Kemmeter 1700 gebauet. Es sind dabei die dazugehörigen Gebäude.

Die *Nagelgasse* und die *Reezengasse* laufen zur Judenstraße.

Der *Neue Markt* ist ein großer viereckigter Platz. Er liegt zwischen der Spandauer, Bischofs-, Papenstraße und Kalandsgasse. Es werden hier Gartengewächse verkauft, auch sind hier *Fleischscharren* und ein *Fischmarkt*. Sonst ist hier zu bemerken: Die *Hauptwache*. Bis ins 16te Jahrhundert hatten die Bischöfe von Havelberg hier ihren Palast und einen großen Garten. Noch 1681 hatte der Kammersekretar Sturm hier einen Garten und Budenraum (wie es in den Akten heißt) in der Rosenstraße. Im Jahre 1724 kaufte der Magistrat auf königlichen Befehl das damals dem Oberstlieutenant v. Derschau gehörige Haus, und der König ließ die Hauptwache von Gerlach bauen. In diesem Gebäude hält auch das Generalauditariat und das Kriegskonsistorium seine Sitzung.

Das *Predigerwitwenhaus*, 1785 auf königliche Kosten neu gebaut.

Die *Marienkirche* ist vermutlich in der zweiten Hälfte des 13ten Jahrhunderts erbauet worden. Es wird ihrer zuerst in Urkunden vom Jahre 1292 erwähnet. Das Gewölbe ruht auf

Friedrich August Calau,
Die jüdische Synagoge in der
Heidereutergasse

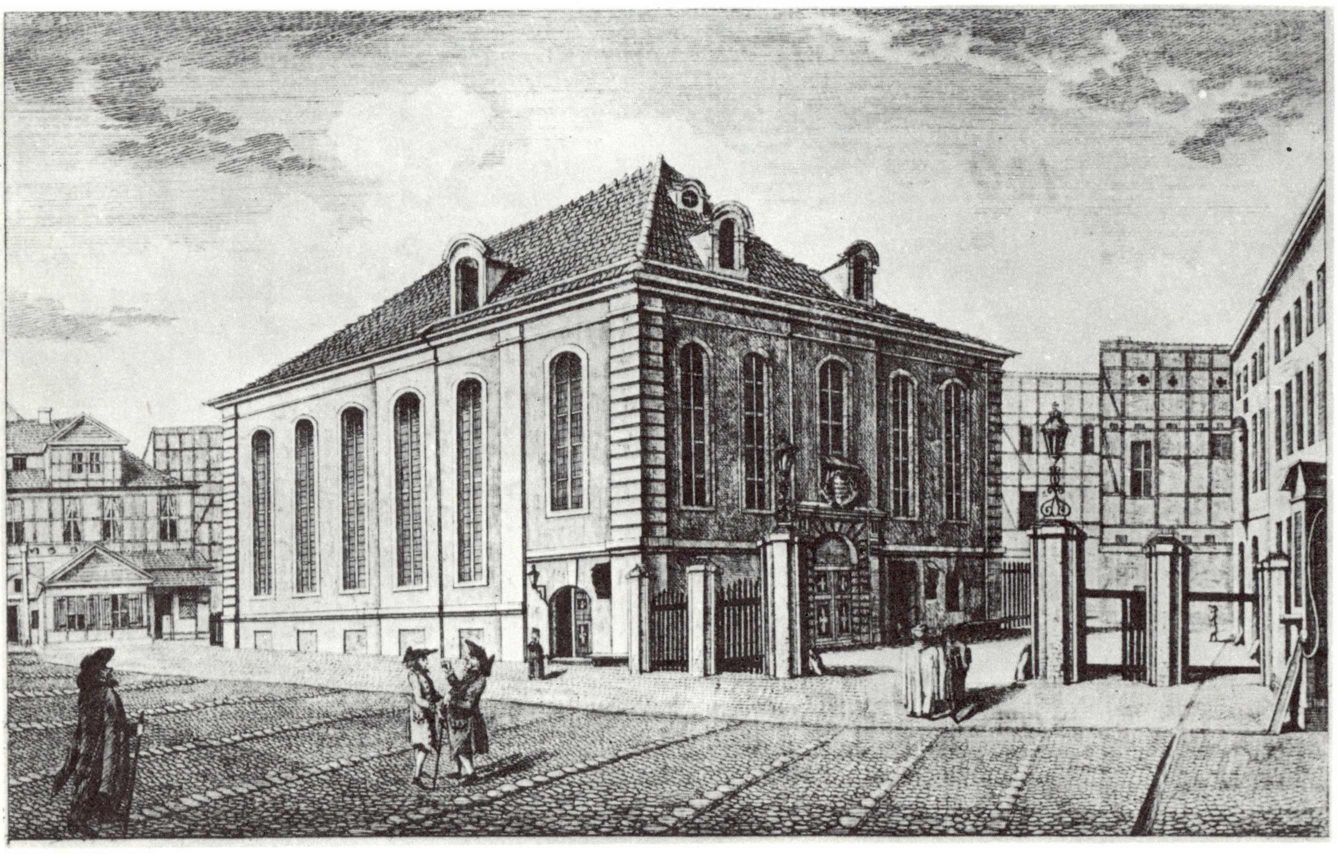

Johann Georg Rosenberg,
Der Neue Markt, 1785

10 gotischen Pfeilern und nach dem Chore zu auf zween Wandpfeilern. 1729 ward die Kirche in der Mitte, der Kanzel gegenüber, um ein ansehnliches weiter herausgerückt, welchen Platz man die Kapelle heißt. Das Schiff der Kirche ist bis zum kleinen Altar 131 Fuß, das Chor 76 Fuß, in allem 207 Fuß lang. Das Schiff ist 66 Fuß und das Chor 31 Fuß breit. Der Turm ist wohlgebaut und 272 Fuß hoch. Der kurfürstliche Hofbaumeister M. M. Smids hat ihn in den Jahren 1663 bis 1666 errichtet, nachdem 1650 die Spitze durch einen Blitzstrahl war angezündet worden.

Zwei Gäßchen vom Neuen Markt, ein enger Gang von der Bischofsstraße, ein enges Gäßchen von der Klosterstraße, neben dem Kantorhause dem Kalandshofe gegenüber führen sämtlich auf den Marienkirchhof und werden die *Kirchgassen* genannt.

Die *Rosenstraße* führt vom Neuen Markte bei der Hauptwache linker Hand nach der Neuen Friedrichsstraße. Diese Gasse führte im 16ten Jahrhundert den nicht sehr rühmlichen Namen der Hurengasse. Darauf bekam sie im 17ten Jahrhunderte den anständigern Namen der Rosenstraße. Es war aber immer noch ein enges, schlechtbebautes und unsauberes Gäßchen, bis es gegen Ende des vorigen Jahrhunderts erweitert und gepflastert wurde, wobei auch ein Brunnen, der mitten in der Straße stand, auf die Seite gesetzt ward. Es wurde damals von dem Sturmschen Hause, an dessen Stelle jetzt die Hauptwache steht und dessen Garten und Budenraum beinahe die ganze linke Seite dieser Straße einnahm, etwas zu dieser Straße genommen. […]

Der *Hohe Steinweg* ist zwischen der Bischofsstraße und der Königsstraße. Es sind einige Trödelbuden daselbst.

Die *Judenstraße* geht mit dem Hohen Steinwege in gerader Linie an der Ecke des Gouvernementshauses bis zur Stralauer Straße. In derselben ist der *Große Judenhof*, ein Platz linker Hand jenseit der Siebergasse. […]

Die *Klosterstraße* gehet vom Geckhol bis zur Stralauer Straße. Hier sind: der *Kalandshof*, ein aus verschiedenen Häusern bestehendes Gebäude, das sich bis an die Gasse an der Königsmauer erstreckt. In dem Vordergebäude sind im zweiten Geschosse die Sitzungszimmer für den Kriminalrichter der Stadtgerichte und im Erdgeschosse die Wohnung für den Inspektor dieses Hauses. Im Hintergebäude sind die Stadtgefängnisse für Personen, die unter des Magistrats Jurisdiktion stehen. Im Erdgeschosse ist auch ein Saal zur Kirche.

Johann Georg Wolffgang,
Johann Andreas von Kraut

Rechts:

Johann Stridbeck d. J.,
Die Klosterstraße, 1690

Johann Georg Rosenberg,
Die Klosterstraße, 1786

Das *Lagerhaus*. Zuerst war an dieser Stelle die kurfürstliche Burg oder Schloß, welche vermutlich im 14ten Jahrhunderte gebauet war. Nachdem Kurfürst Friedrich II. 1448 das Schloß zu Kölln gebauet hatte, verlieh er 1451 dieses damals sogenannte Hohe Haus dem Ritter Georg von Waldenfels zu einem rechten Burglehen. Im 16ten Jahrhunderte besaß Henning Reiche oder Ryke (aus einem in der ältern berlinischen Geschichte sehr bekannten Geschlechte) dasselbe. Nachher fiel es an den Kurfürsten zurück, der es nach und nach verschiedenen Personen zur Wohnung eingab. Unter Kurfürst Friedrich Wilhelm war es eine Zeitlang die Wohnung des Gouverneurs. Unter König Friedrich I. ward hier 1705 eine Ritterakademie angelegt, die aber schon 1712 in Schulden und äußersten Verfall geraten war. Daher ward dieses Gebäude 1713 dem damaligen Geheimen Kriegsrat (nachherigen Staatsminister) von Kraut gegeben, welcher darin auf seine Kosten ein Lagerhaus von Wolle errichtete, woraus den Tuch- und Zeugmachern die Wolle geliefert und die von ihnen verfertigten Tücher und Zeuge abgenommen werden sollten. Diese vortreffliche Anstalt ist der Grund der nachher so ungemein vermehrten Wollmanufakturen in der Kurmark. Als Kraut 1723 starb, traten dessen Erben ihr im Lagerhause habendes Kapital dem Großen Waisenhause in Potsdam ab, welches es 1764 dem Hrn. Geheimen Kommerzienrat Schmits gegen eine jährliche ansehnliche Rekognition überlassen hat. Anjetzt ist in diesem

Prospect der Kloster-Kirchen
In Berlin
1 Die Kirch. L.R. 3. das Proviant Hauß. 5. Herrn Advoc. Trechmairs Haus.
2 Die Kloster Gaß. 4. die Schull L.R.
Bibl. Reg. Berol.
1690

weitläuftigen Gebäude eine sehr ansehnliche Manufaktur von feinen und Montierungstüchern, desgleichen von leichten wollenen Zeugen, wie auch die dazugehörigen Färbereien und andere nötige Gebäude nebst den Wohnungen für die Unternehmer wie auch für Kommisen, Werkmeister usw. Ein Teil der ehemaligen Klostergebäude war im vorigen Jahrhunderte zum Provianthause gewidmet worden. Dies brannte 1712 ab und ward 1716 zum Lagerhause geschlagen und wieder neu aufgebauet. Es macht jetzt die linke Seite des Lagerhauses aus.

Durch das Lagerhaus ist ein Durchgang nach der Neuen Friedrichsstraße.

Die *Kirche und das Gymnasium zum grauen Kloster*. Der Platz, wo dieses vormalige Franziskanerkloster stehet, ward 1271 den Mönchen von den Markgrafen Otto dem Langen und Albrecht geschenkt. Aber es scheint erst um 1290 gebauet worden zu sein, da der Ritter Jakob von Nebede diesem Kloster seine Ziegelscheune zwischen Tempelhof und Berlin schenkte, weshalb er und die genannten Fürsten »Gründer dieses Klosters« genennet worden. Als die Mönche nach der Reformationszeit ausgestorben, wurde 1574 eine allgemeine Landschule oder das berlinische Gymnasium errichtet und 1767 das Köllnische Gymnasium mit demselben vereiniget. Die Kirche und die Klostergebäude stehen noch fast so wie sie vor Alters gewesen, außer daß nach dem Brande von 1712 die obern Stockwerke des hintern Gebäudes neu gebauet, repariert und bei dieser Gelegenheit um drei Fuß erhöhet worden, auch die Schulklassen etwas erneuert und die Wohnung des Direktors 1770 vergrößert und verbessert worden. Die Kirche hat ein gotisches Mittelgebäude nebst zwei Seitengewölben, die etwas niedriger sind.

Über den Kirchhof kann man in den *Bullenwinkel* kommen.

Die *Französische Kirche* wurde 1726 erbauet. Nahe bei derselben ist: Die *Mädchenschule* der französischen Ecole de Charité.

Die *Parochialkirche der Reformierten*. Kurfürst Friedrich III. gab der reformierten Gemeine Erlaubnis, diesen Platz nebst dem darauf stehenden Hause zu einer Kirche zu kaufen. Der Bau ward 1695 nach Nerings Rissen angefangen. Weil aber die Kuppel, welche ganz gewölbt werden sollte, nicht Widerlage genug hatte, so fiel (wie man glaubt, durch einen Fehler des Hofmauermeisters L. Braun des Ältern) 1698 ein Teil des Gewölbes ein. Darauf verstärkte Grünberg die Widerlage durch Strebepfeiler, obgleich die

Kuppel nur hölzern gemacht wurde, änderte verschiedenes, besonders am Portale, an welches er anstatt vier korinthischer Säulen zwei jonische Wandsäulen, die ein Fronton tragen, nebst vier jonischen Wandpilastern setzte. Auch änderte er die Form des Turms etwas. Die Kirche ward 1703 so weit fertig, daß Gottesdienst darin gehalten werden konnte. Sie hat die gewöhnliche Kreuzform, ist 100 rheinländische Fuß lang und ebenso breit. Die Breite der Kreuze ist 50 Fuß, die Auslage des Portals 25 Fuß. Nachdem Grünberg 1707 gestorben, ward die Vollendung des Turms, der nur der Kirche gleich 94 Fuß hoch aufgeführet war, Gerlachen übergeben. Dieser mußte den Turm abermals ändern und zwischen dem ersten Aufsatze desselben von korinthischer Ordnung und der obersten Pyramide noch einen Aufsatz römischer Ordnung setzen, worin das Glockenspiel, welches König Friedrich I. auf den Münzturm wollte setzen lassen und König Friedrich Wilhelm dieser Kirche schenkte, stehen sollte. Dieser Turmbau ward 1713 angefangen und 1715 geendiget.

Das *Kornmessersche Waisenhaus.* Diese Waisenanstalt ward 1719 von des ehemaligen berlinischen Burgemeisters Kornmessers Witwe gestiftet. Der königliche Geheime Rat v. Rysselmann schenkte 1745 sein Haus in der Klosterstraße dieser wohltätigen Anstalt, und das alte von Kornmesser geschenkte, auch in der Klosterstraße gelegene Haus ward verkauft.

Diese Straße hat viele wohlgebaute und ansehnliche Privathäuser, worunter die vornehmsten sind:

Das vormalige gräflich Sparrsche, jetzt *Stamkesche Haus* gerade der Bischofsstraße über. In den ältern Zeiten war es die Wohnung der Bischöfe von Lebus. 1602 verlieh es Kurfürst Joachim Friedrich dem Geschlechte der Röbel. Im Anfange dieses Jahrhunderts besaß es der Staatsminister v. Brandt, von dessen Erben es der Graf v. Sparr kaufte und auf jetzige Art bauen ließ.

Der *gräflich Haakische Palast* an der Ecke der Siebergasse. Dieses Haus war im 15ten Jahrhunderte ein kurfürstliches Haus. 1487 verlieh es Kurfürst Johann Cicero einem seiner Sekretare als ein Burglehn. Nachher hatte es verschiedenc Besitzer. Zu Ende des vorigen Jahrhunderts kam es wieder an den Kurfürsten. König Friedrich I. widmete es zur Wohnung der Kadetten. Als es im Brande des Proviant-hauses 1712 sehr beschädigt worden, schenkte es König Friedrich Wilhelm seinem Staatsminister von Creutz, welcher das alte Gebäude ganz abbrechen und den jetzigen prächtigen Palast nach der Angabe und unter der Aufsicht Böhms bauen ließ.

Das *Houtsche Haus* neben der Parochialkirche. Der Hofrat Rademacher ließ es, nach der daran befindlichen Aufschrift, 1701 bis 1704, so wie es jetzt ist, nach Bodts Angabe bauen.

In dieser Straße ist wöchentlich dreimal *Kornmarkt*, desgleichen wird im Junius, nach der Wollschur, hier und in der benachbarten Königsstraße täglich *Wollmarkt* gehalten. Es sind hier drei Gäßchen ohne Namen: Das Gäßchen am Geckhol führet an die Königsmauer. In demselben ist linker Hand der *Kleine Judenhof*, wo im 16ten Jahrhunderte auch Juden wohnten. Das Gäßchen am Kalandshofe führt gleichfalls an die Königsmauer. Das Gäßchen an der Parochialkirche führet an die Stralauer Mauer. Darin ist das *Hospital der Parochialkirche*, 1769 aus einem alten, an den Kirchhof stoßenden Hause erbauet.

Das *Geckhol* heißt die Fortsetzung der Klosterstraße von der Papenstraße und dem Gäßchen rechter Hand bis an die Neue Friedrichsstraße. Im Winkel an der Neuen Friedrichsstraße ist auch noch ein kleines Überbleibsel der alten Stadtmauer aus dem dreizehnten Jahrhunderte.

An der Königsmauer. Dieses Gäßchen ist sehr eng, aber lang, denn es gehet von dem Geckhol an etwas gekrümmt bis an die Königsstraße.

Die *Neue Friedrichsstraße* umschließt mit dem hinter ihr parallel fließenden ehemaligen Festungsgraben das eigentliche Berlin an der nordlichen und ostlichen Seite. Sie gehet von der Großen Pomeranzenbrücke bis an die Spandauer Brücke, daselbst beugt sie sich rechts und gehet bis an die Königsbrücke und endlich an die Stralauer Straße, so weit sich, als Berlin noch befestiget war, der Wall auf dieser Seite erstreckte.

Das *Stralauer Tor* war schon unter König Friedrich Wilhelm weggetan worden. Doch ward damals von da bis zum Königstor eben nichts Sonderliches gebauet. Aber die rechte Seite der Straße jenseit dem Spandauer Tore ward 1718 bis 1720 angebauet. Zum Teil standen die obern Geschosse der Häuser auf dem Wall und die Erdgeschosse barackenmäßig im Walle selbst. Der jetzt regierende König ließ 1746 und in den folgenden Jahren den Wall von der Großen Pomeranzenbrücke bis an das Königstor abtragen und auf der Stelle desselben neue und zum Teil sehr schöne Häuser bauen, von welcher Zeit an die ganze Straße bis an die Stralauer Straße den Namen der Neuen Friedrichsstraße bekam. Fast alle Häuser, die nach dem Graben zu liegen, haben angenehme kleine Gärten. Die Gärten zu beiden Seiten der Spandauer Brücke sind 1784 durch Verengerung des Kanals vergrößert worden.

In dieser Straße ist zu bemerken: von der Pomeranzenbrücke bis an die Spandauer Brücke des *Hrn. Kriegsrat Gaffron Haus* an der Ecke linker Hand.

Die *Garnisonkirche*. Im vorigen Jahrhundert hatte die Garnison ihren Gottesdienst in dem Hospitale zum heil. Geiste. König Friedrich I. ließ 1701 in einem Bollwerke nahe am Spandauer Tore nach Grünbergs Angabe eine Garnisonkirche bauen. Als sie aber durch den aufgeflogenen Pulverturm gänzlich zerstört worden, ließ König Friedrich Wilhelm auf eben dem Platze eine neue und größere Kirche aufbauen, welche 1722 eingeweihet wurde. Sie macht ein längliches Viereck von 177 rheinländischen Fuß Länge und 90 Fuß Breite aus, ist mit 10 Pfeilern unterstützt, hat acht Türen und keinen Turm.

Samuel Blesendorf,
Adam von Podewils

Die *Garnisonschule* neben der Garnisonkirche. König Friedrich I. ließ schon 1701 gleich mit der Kirche eine Garnisonschule erbauen. Da sie aber auch 1720 durch den aufgesprungenen Pulverturm verwüstet ward, ließ König Friedrich Wilhelm die nahe an der Kirche liegende Wohnung des damaligen Obristen v. Glasenapp, welche gleichfalls sehr beschädiget worden, 1722 wieder instand setzen und widmete sie zur Garnisonschule. Ehe Glasenapp dieses Haus bewohnte, war daselbst das Baukommissariat. Im Jahre 1785 ward die Garnisonschule um ein Geschoß erhöhet.

Das *Garnisonpredigerwitwenhaus* rechter Hand nahe an der Pomeranzenbrücke ist 1722 erbauet worden.

Von der Spandauer Brücke bis an die Königsbrücke. Die *Kasarmen des Bornstädtschen Regiments* zu beiden Seiten der Straße. Das große Wegelische Haus. Die *Paskalsche Hutmanufaktur*. Ein ehemaliger Teil des *Wegelischen Hauses*, nämlich das Gebäude der eingegangenen Wegelischen Porzellanfabrik.

Von der Königsbrücke bis an die Stralauer Straße. Die Hintergebäude und Färbereien des Lagerhauses. Desgleichen am Graben ein großes, 1782 erbauetes, zum Lagerhaus gehöriges Manufakturhaus.

Das königliche *Kadettenhaus*. Als König Friedrich Wilhelm 1720 das Kadettenkorps vermehrte, gab er demselben den ehemaligen Hetzgarten ein. Dies war ein zirkelrundes Gebäude, von Nering 1693 gebauet, welches einen ähnlichen Platz einschloß. 1775 ließ der jetzige König um das alte ein ansehnliches neues Gebäude in einem gleichseitigen Vierecke drei Geschosse hoch nach Ungers Angabe aufführen. Die vordere und hintere Stirnwand ist mit einem Portale dorischer Ordnung gezieret. Die vordere hat einen Balkon, über der Haupttüre das Brustbild der Minerva und im Giebelfelde die Aufschrift »Den Zöglingen des Mars und

Das Kadettenhaus in der Neuen Friedrichsstraße

der Minerva«. Die Schlußsteine der beiden Seiteneingänge sind mit antiken Köpfen und die Fenster mit Helmen gezieret. Nachdem das neue Gebäude zum Teil fertig war, ward das alte 1777 abgebrochen. Hinter dem neuen Gebäude gegen den Graben zu ist ein anderes zur Bäckerei, Schlächterei und für den Speisewirt angelegt, auch ein besonderes Krankenhaus.

Neben dem Kadettenhaus liegt diesseits die Wohnung des jedesmaligen Chefs desselben. Der jetzige König ließ sie von Boumann dem Vater bauen. Gegenüber liegt die Wohnung des jedesmaligen Kommandeurs dieses Korps. Die *Kasarmen des Woldeckschen Regiments* jenseits des Kadettenhauses. Das *große königliche Provianthaus* zu Ende dieser Straße. Ein weitläuftiges Gebäude, bestehend aus einem Hauptgebäude und zwei Flügeln. Es ward unter König Friedrich I. 1709 und in den folgenden Jahren in einem dicht am Stralauer Tore liegenden Bollwerke gebauet. Es liegt gerade gegen die Stralauer Straße.

Die *Stralauer Straße* geht vom Molkenmarkte bis an die

Neue Friedrichsstraße und macht auf dieser Seite mit dem parallel hinter derselben fließenden Spreestrome die Grenze zwischen Berlin und Neukölln. In dieser Straße sind nebst mehrern wohlgebauten Privathäusern vorzüglich zu bemerken: das *Deibelsche, ehemals Schindlersche Haus* am Anfange der Straße am Molkenmarkte. Der Geheime Rat Schindler ließ dieses weitläuftige Gebäude im Anfange dieses Jahrhunderts (vermutlich nach Bodts Angabe) bauen und errichtete darin die Gold- und Silbermanufaktur, welche jetzt auf der Friedrichsstadt an dem Wilhelmsplatze ist.

Das *Große Friedrichshospital oder Waisenhaus* am Ende dieser Straße. Ein weitläuftiges vierecktes Gebäude, welches einen Hof umschließt, drei Geschoß hoch, wovon das oberste ein Halbgeschoß ist. Kurfürst Friedrich III. ließ 1697 den Bau desselben nach Grünbergs Angabe anfangen. 1702 war schon die Seite an der Stralauer Straße und ein Flügel im Hofe gebauet. Nach Grünbergs Tode 1709 wurde der Bau Gerlachen aufgetragen, der den hintersten Flügel und nach dem Wasser zu die Kirche bauete, welche 1716 fertig ward. Darauf bauete er nach eigenen Rissen den Turm in den Jahren 1726 und 1727. Dieser Turm steht auch an der Wasserseite und war 258 Fuß hoch. Der obere hölzerne Teil ward 1782 abgetragen. Es werden im Hospitale

Johann Georg Rosenberg,
Der Molkenmarkt

einige hundert verwaisete Kinder nebst einigen abgelebten Männern und Weibern verpfleget.

In diese Straße laufen linker Hand die Klosterstraße und die Judenstraße. Sonst hat sie folgende Gassen: Der *Krögel oder Krewel*, eine enge, lange Gasse rechter Hand am Molkenmarkte, führet nach der Spree. Die *Paddengasse* rechter Hand geht nach der Spree und nach dem *Schlachthause*, welches 1727 gebauet ward. *Hinter der Stralauer Mauer*, eine enge Gasse linker Hand. Sie gehet bis an ein Gäßchen ohne Namen, das von da nach der Neuen Friedrichsstraße führet. Der *Bullenwinkel* heißt, was jenseit des Gäßchens bis hinter dem Klosterkirchhof liegt. Es ist hier kein anderer Ausgang als durch den Klosterkirchhof.

An der Stralauer Brücke ist die Gegend am Ende der Neuen Friedrichs- und Stralauer Straße. Hier stehet rechter Hand ein *Wachthaus* neben der *Blocksbrücke*, die nach Neukölln gehet, und linker Hand bis an die Stralauer Brücke ist eine kurze Kaye, an welcher einige 1752 gebaute Häuser stehen. Dicht neben dem Wachthause ward 1777 ein Gebäude an der Spree aufgeführt, in welchem das Wasser durch ein Druckwerk bis nach dem Lagerhause zum Behufe der Färberei geleitet wird.

Der *Molkenmarkt* ist ein Platz zwischen der Stralauer Straße, dem Mühlendamme, der Spandauer Straße und der Eier- und Bollengasse. An diesem Platze und dem benachbarten Mühlendamme ist vermutlich im zwölften Jahrhunderte die Erbauung Berlins angefangen worden. Jetzt sind hier ein *Markt von Gartengewächsen* und viele Krambuden. Hier ist zu bemerken:

Das erste Haus der *königlichen Tabaksadministration*. Der Staatsminister Otto von Schwerin kaufte es 1698 und ließ es bis 1704 auf jetzige Art aufbauen. Es scheint nach Bodts Angabe gebauet zu sein. 1765 ward es von der Gesellschaft der damaligen Tabakspächter gekauft. Das zweite Haus der Administration ist nahe dabei. In demselben sind das Generalmagazin, das Hauptdepot, die Generalkasse, desgleichen die Rauch- und Schnupftabaks-Manufakturen, und das Oberregiegericht versammelt sich daselbst.

Berlin ist in Absicht auf die Polizei in drei Quartiere eingeteilet. [...] Desgleichen wird Berlin in zwei lutherische Hauptkirchspiele eingeteilet, welche die Königsstraße scheidet. Die eine Hälfte, die rechts der Königsstraße liegt, gehöret nebst der rechten Seite dieser Straße zur Nikolaikirche, die andre Hälfte linker Hand nebst der linken Seite der Königsstraße gehört zur Marienkirche.

1. Die Königsvorstadt, sonst auch Königsstadt

Sie liegt gerade vor Berlin und begreift alle Straßen von der Prenzlauer Straße bis zur Baumgasse, wovon die linke Seite noch dazu gehört. Sie ist die älteste berlinische Vorstadt und hieß sonst die Georgenvorstadt, solange das Tor diesen Namen führte. Ihr Umfang war ehemals viel weiter nach dem Spandauer und Stralauer Tor zu gerechnet. Aber es war nur die Gegend nahe um die Stadt und am meisten die Straßen um die Kirche bebauet. Weiterhin waren einige ansehnliche Weinberge, aber keine oder doch schlechte Häuser. Um 1680, als Kurfürst Friedrich Wilhelm nach dem Frieden zu St. Germain seine Länder endlich beruhigt sah, fing mit dem übrigen Anbau von Berlin auch die Georgenvorstadt an stärker bebauet zu werden. 1684 ward auf Befehl des Kurfürsten die Gegend um den damaligen Schützenplatz (den jetzigen Kirchhof in der Alten Schützenstraße) angebauet. 1691 befahl Kurfürst Friedrich III. zwar, daß in

Karl Philipp Christian von Gontard/
Johannes Konrad Krüger,
Die Königsbrücke, 1785

den sämtlichen berlinischen und köllnischen Vorstädten weiter keine Häuser gebauet werden sollten. Dies ward aber nicht gehalten, denn 1692 ward in der Gegend der Prenzlauer Straße viel gebauet. Im jetzigen Jahrhunderte hat diese Vorstadt sehr zugenommen. 1740 ließ König Friedrich Wilhelm alle Hauptstraßen pflastern. König

Die Säulenhalle der Königsbrücke

Friedrich II. aber hat durch Bebauung der Konterskarpen mit vortrefflichen Häusern, desgleichen durch Erbauung des Arbeitshauses und der Kasarmen diese Vorstädte verschönern lassen. Nach der jetzigen Einteilung hat sie 437 Vorderhäuser und 206 Hinterhäuser nebst sehr vielen Gärten. Hier bemerket man:

Die *Königsbrücke*. Sie führet aus Berlin von der Königsstraße über den ehemaligen Festungsgraben nach der Königsvorstadt. Sie war vorher hölzern, 1777 ward sie abgebrochen und auf königliche Kosten steinern wieder gebauet. Sie ist von Gontard gezeichnet und von Boumann dem Sohne gebauet worden. Sie hat vier Bogen und ein steinernes Geländer mit Kindergruppen von Meyer dem Jüngern. Die Bogen sind von roten Rothenburger Sandsteinen, die Verkleidung und die Geländer von weißen Seehauser Sandsteinen. Auf der berlinischen Seite hat sie rechts und links eine hohe jonische Säulenlaube gleichfalls von weißen Sandsteinen, worauf die Gruppen von Kindern von

Meyer dem Jüngern und Schulz aus Potsdam, die großen Figuren aber von Meyer dem Ältern sind. Hinter derselben sind Kramläden.

Die Straßen und Plätze dieser Vorstadt sind folgende:

Auf der Konterskarpe ist die Gegend von der Königsbrücke an am Paradeplatz an der Landsberger und Ber-

Auf der Konterskarpe, etwa 1777

nauer Straße bis an die Straße am Königsgraben. Sie hat den Namen von der ehemaligen Befestigung beibehalten. Man siehet hier:

Das *Wohnhaus* und die *Werkstatt des königlichen Bildhauers* linker Hand, auf königliche Kosten 1780 erbauet. Itzt wohnt der königliche Bildhauer Herr Tassaert darin, nach dessen Angaben es erbauet ist.

Die *Manufakturhäuser der Herren Gebrüder Hesse* rechter Hand, woselbst wollene Zeuge verfertigt werden.

Das *Arbeitshaus* rechter Hand, worin Armen, die keine Arbeit bekommen können, und mutwilligen Bettlern Arbeit gegeben wird. Dies Gebäude ward 1756 bis 1758 von Naumann dem Vater nach Feldmanns Angabe gebauet. Es ist ein weitläuftiges, freistehendes, viereckte Gebäude, drei Geschoß hoch, welches einen geräumigen Hof einschließt. Es sind darin die nötigen Zimmer und Säle zur Arbeit und Wohnung der Armen, Wohnungen für den Aufseher und die Offizianten, die Bäckerei für die sämtlichen Armenhäuser, welche unter dem königlichen Armendirektorium stehen, und ein großer Saal zur Kirche.

Der *Platz vor dem Arbeitshause* ist der Paradeplatz für das Thünasche und das Bornstädtsche Regiment.

An der Ecke der Bernauer und Landsberger Straße sind 1783 und 1784 sieben neue Häuser von 3 Geschossen auf königliche Kosten von Unger gezeichnet und gebauet. Ferner: das *Haus der du Trosselschen Erben* linker Hand. Der König ließ es 1752 zu einer Seidenmanufaktur für den Kaufmann Treitschke bauen. Als dieselbe nicht Fortgang hatte, kaufte es der Oberstlieutenant du Trossel. In dem Seitengebäude ist jetzt die *Fonrobertsche Gazenmanufaktur.*

Am Königsgraben ist die Straße linker Hand der Königsbrücke bis ans Kornmagazin. Ehemals eine Kaye, erst seit 1780 an der linken Seite bebauet. Hier ist: ein königliches *Kornmagazin*, welches in einem ehemaligen Ravelin stehet, daher man zu demselben diesseits über eine Brücke kommt.

Am Kornmagazin heißt die Gegend vom Kornmagazin bis an die Münzstraße.

Auf der Konterskarpe am Stelzenkruge heißt die Straße von der Ecke der Bernauer Straße und der Konterskarpe bis nach der Ecke der Langen Scheunen- oder Jakobsstraße in der Spandauer Vorstadt. Hier ist zwischen der Bernauer und Prenzlauer Straße: der *Stelzenkrug*, ein Wirtshaus, wo das ganze Jahr durch Vieh verkauft wird. Die Fleischscharren neben und unter dem Hause des Stelzenkruges. Zwischen der Prenzlauer und Jakobsstraße: drei große, 1784 auf königliche Kosten von Unger gezeichnete und erbauete Häuser. Das Seitengebäude der Artilleriekasarmen mit dem Haupteingange dazu.

Die *Prenzlauer Straße* geht von der Straße am Stelzenkruge durch die Linienstraße bis an das Prenzlauer Tor. In dieser Straße lag sonst die *ehemalige Weisische freie Sandschäferei.* Es war 1659 eine dem Kanzler Sigismund von Götze gehörige (nachher durch Erbschaft an den Leibarzt Dr. Weise gekommene) Meierei, die nahe am Georgentore lag, in die Befestigung gezogen worden. Dafür gab Kurfürst Friedrich Wilhelm 1661 den Erben des Kanzler Götzen (denn der Kanzler war schon 1750 gestorben) hier einen großen Platz, auf welchem er eine neue Meierei anlegte. Aber 1692 verkaufte er einige Baustellen davon, und seine Erben haben nachher den ganzen Platz einzeln verkauft. Auf den darauf gebaueten Häusern haftet noch die Burglehnfreiheit.

Die *Linienstraße* umschließt eigentlich die Spandauer

und Königsvorstadt längs den Palisaden. Sie fängt schon in der Spandauer Vorstadt an der Oranienburger und Dammstraße an und endiget sich an der nordöstlichen Grenze der Königsvorstadt in die Lindenallee der Großen Frankfurter Straße. Hier berühren wir sie nur, insofern sie zur Königsvorstadt gehöret und also von der Jakobsstraße rechts bis zu

Johann Georg Rosenberg, Blick vom Mühlenberg nach Berlin

Ende dieser Vorstadt. Der Teil dieser Straße von der Prenzlauer bis zur Bernauer Straße heißt die Neue Schützenstraße, und der Teil von der Bernauer bis zur Landsberger Straße heißt die Golnowsgasse.

Die *Bernauer Straße* geht von der Konterskarpe gerade der Königsbrücke gegenüber bis ans Bernauer Tor. In dieser Straße liegt linker Hand: der *Schrödersche Weinberg und Meierei*, rechter Hand aber der *Leßmannsche Weinberg* und der *Krämersche Garten*. Ferner linker Hand: das *Ordonnanzhaus*, wo die hieher transportierten Rekruten für die Armee einquartiert und verpflegt werden. Es wurde zu diesem Zwecke 1749 für 7 000 Rtlr. erkauft.

Aus dieser Straße gehen links folgende Gassen:

Die *Alte Schützenstraße* geht nach der Prenzlauer Straße. Hier ist: ein *Exerzierhaus für die Regimenter von Thüna und Bornstädt*, im Jahre 1769 gebauet. Das *Krankenhaus des Regiments v. Bornstädt*. Ein *Kirchhof* für die Eingepfarrten der berlinischen Kirchen.

Die *Mudrichsgasse* führet gleichfalls von der Bernauer zur Prenzlauer Straße. Desgleichen die Neue Schützenstraße, welche [...] eigentlich ein Teil der Linienstraße ist. Hier ist: der *Schützenplatz*, welcher bis an die Palisaden geht. Daselbst wird von der Schützengesellschaft nach der unterm jetzigen Könige erhaltenen Erlaubnis den Tag nach Pfingsten ein Scheibenschießen und den 27. August das Königsschießen gehalten. Die *Schießgasse* geht aus der Neuen Schützenstraße bis an den Kirchhof. Sie durchschneidet die Mudrichsgasse und liegt also zwischen der Prenzlauer und Bernauer Straße.

Rechts von der Bernauer Straße kommt man zu der *Georgenkirche*, deren Kirchhofe und dem *Georgenhospital*. Das Hospital und die Kirche sind im dreizehnten Jahrhunderte gestiftet worden. Die erste Urkunde, in welcher des Hospitals Erwähnung geschiehet, ist von 1228, und der Kirche geschiehet zuerst in einem Ablaßbriefe Papst Johannes' XXII. von 1331 Meldung. Diese Kirche bekam 1689, nach dem stärkern Anbau der Vorstadt, zuerst einen eigenen Prediger, da sonst die Prediger von der Nikolaikirche den Gottesdienst daselbst verrichtet hatten. Der Turm ward 1714 neu gebauet. Durch den häufigen Anbau dieser Vorstadt unter der Regierung Friedrichs des Großen ward die Kirche zu klein, und man dachte also im Jahre 1779 auf eine Vergrößerung derselben. Der König schenkte dazu 9 587 Rtlr. und freies Bauholz; allein es zeigte sich, daß ein gänzlich neuer Bau notwendig sei. Dieser ward hierauf durch königliche Unterstützung, eine Kollekte, verschiedne Wohltaten und eignes Geld der Kirche in anderthalb Jahren unter Direktion des Kriegsrats und Oberbaudirektors Naumann geführt, und am 29. Oktober 1780 wurde die neue Kirche eingeweihet. Sie hat gar sehr an Höhe, Länge, Breite und innerer Schönheit gewonnen; der Turm aber ist geblieben und bloß abgeputzt worden. Das Georgenhospital ward, da es baufällig worden, 1720 neu gebauet.

Am Ende des Kirchhofs liegt: das *Dorotheenhospital*, 1674 erbauet. Das *Spletthaus*, ein anderes Hospital. Das *Krankenhaus für das Thünasche Infanterieregiment*. Es gehörte sonst zum Dorotheenhospitale und ward 1727, da durch Einrichtung des Irrenhauses mehr Platz gewonnen ward, vermietet. [...]

[In der] Golnowsgasse, nach den Palisaden zu, liegt: der ehemalige Ludolffsche, jetzt dem Hrn. Oberkonsistorialrat *Diterich gehörige Weinberg*. Es sind eigentlich zwei Weinberge, wovon der größere schon 1641 im Stande gewesen

Rechts:

Friedrich August Calau/
Christian Peter Jonas Haas,
Der Schützenplatz

Friedrich August Calau,
Die Georgenkirche, 1797

J. Calau del: P. Haas sculp:

Prospect des Schützenplatzes nebst dem neuerbauten Schützen-Hause

F. Calau f.

Die Georgen Kirche
in der Königsstadt zu Berlin

bey Simon Schropp et Comp. in Berlin 1797.

ist, der kleinere aber 1595 angelegt worden. Des Hrn. Oberkonsistorialrat *Büschings Garten*, worin das Begräbnis seiner ersten, 1777 gestorbenen Gattin, geb. Dilthey, befindlich ist.

Zwischen der Bernauer und der Landsberger Straße laufen noch mit denselben parallel zwei Gassen: die *Große Kirchgasse* [...]. Hier ist linker Hand: das *Predigerwitwenhaus der Georgenkirche*. Es ist von einem königlichen Amtmann Hornemann 1711 zum Witwenhause geschenkt worden. Rechter Hand: der zur Parochialkirche gehörige *Kirchhof* und das *Armenschulhaus der Georgenkirche.*

Die *Judengasse* geht von der Kleinen Kirchgasse an der Liezmannsgasse weg bis an die Golnowsgasse.

Die *Landsberger Straße* geht von der Konterskarpe rechts der Königsbrücke bis ans Landsberger Tor. In derselben ist linker Hand: das *Haus und Garten des Hrn. Tribunalrats Baumgarten*, 1782 neu gebaut und angelegt. Weiter herunter linker Hand: der von dem berühmten Feldmarschall von Derfflinger angelegte, nachher *Dolläussche Weinberg*. Nachdem 1740 die Weinstöcke erfroren, ist er in verschiedene Gärten verteilt. [...]

Diese Vorstadt hat zwei Polizeiquartiere. [...] Sie hat nur ein Kirchspiel. [...]

Außerhalb der Tore sind zu bemerken: die Alleen vor dem Bernauer und Landsberger Tore. Vor dem Landsberger Tore rechter Hand: die sogenannte *Voigtische Maulbeerplantage*, welche itzt aber mehr ein Obst- und Küchengarten ist, auch eine Auftrift für fremde, sonderlich moldauische Schweine hat, welche nach Berlin zur Konsumtion gebracht werden.

2. Die Spandauer Vorstadt

Sie liegt der Königsvorstadt, von Berlin aus gerechnet, zur Linken. Sie begreift alles, was von der Prenzlauer Straße bis zum Unterbaum innerhalb der Palisaden befindlich ist. Sie hat mit Berlin durch die Spandauer und Neue Friedrichsbrücke Gemeinschaft. Mit der Dorotheenstadt aber durch die Große Weidendammsbrücke und durch die Brücke am Schiffbauerdamme. Schon zu Ende des 16ten Jahrhunderts war vor dem Spandauer Tore an der Spree ein kurfürstlicher Garten (wo jetzt Monbijou liegt); desgleichen hatte der Burgermeister Retzlow einen Garten und Meierei in der jetzigen Großen Hamburger Straße. Außerdem wohnten da nur sehr wenige Ackersleute nebst dem Weinmeister und dem Sauschneider. Im 17ten Jahrhunderte ward hier fast nichts angebauet. Beinahe der ganze

Teil dieser Vorstadt längs der Spree war Acker, der zu dem 1670 angelegten Vorwerke der Kurfürstin Dorothea gehörte. Die Kurfürstin und nachmalige Königin Sophie Charlotte ließ diesen Acker in verschiedene Stellen verteilen und verschenkte dieselben nach dem von ihrem Gemahl den 26. August 1691 erhaltnen Konsens gegen einen gewissen jährlich davon zu erlegenden Grundzins, den aber die Besitzer nachher durch ein unter sich aufgebrachtes Kapital abgekauft haben. 1691 verschenkte sie die Teile des Ackers, worauf itzt die Grundstücke in der Kalkscheunenstraße nach dem Wasser zu und zwischen der Kalkscheunen- und Kirchhofsstraße liegen. 1697 war von dieser Vorstadt noch nichts als die jetzige Kirchgasse und Große Hamburger Straße nebst etwa 4 Häusern in der jetzigen Oranienburger Straße vorhanden. 1698 verschenkte die Kurfürstin Sophie Charlotte die übrigen Teile ihres Ackers, nämlich die itzt in der Flathosgasse und Oranienburger Straße gelegenen Grundstücke. 1702 wurden auch die morastigen Gänsepfühle (in der itzigen Oranienburger Straße, zwischen der Wassergasse und Monbijou) den Besitzern der hinter denselben belegenen Grundstücke vom Magistrat gegen einen jährlichen Grundzins zugeteilt. Diese ließen sie austrocknen und rückten darauf mit ihren Grundstücken weiter in die Oranienburger Straße herein. 1708 ward der Frischische große Maulbeergarten angelegt und die Gegend um das Koppensche Armenhaus in der Hospital- und Kleinen Hamburger Straße bebauet. So nahm diese Vorstadt an Einwohnern zu, daß 1712 Anstalt zu einer besonderen Kirche gemacht werden mußte. Unter König Friedrich Wilhelm gewann sie weit mehr, der 1716 die Gassen bis ans Oranienburger Tor abstechen ließ und 1738 verschiedenen Schiffbauern Erlaubnis gab, sich auf dem jetzigen Damme anzubauen. Ihre größte Schönheit aber erhielt sie, als König Friedrich II. 1750 die ehemalige Konterskarpe ganz mit ansehnlichen Häusern besetzen ließ, wodurch der Haakische Markt und einige ganz neue Straßen entstanden sind. Er erbaute hieselbst die Neue Münze und auch hernach vor der Stadt das Invalidenhaus, Neu-Voigtland und verschiedene Kolonistenhäuser. Jetzt hat diese Vorstadt 1020 Vorder- und 374 Hinterhäuser innerhalb den Toren und 149 dazugehörige Häuser außerhalb den Toren.

In dieser Vorstadt sind folgende Straßen, Plätze und Brücken:

Die *Spandauer Brücke* führet aus Berlin aus der Neuen Friedrichsstraße über den ehemaligen Festungsgraben in die Spandauer Vorstadt an den Haakischen Markt. An derselben stand sonst auf der berlinischen Seite das Spandauer Tor, welches bei der Befestigung 1662 erbauet und 1750 abgebrochen ward. Diese Brücke ward 1785, nachdem der Graben verengert worden, auf königliche Kosten steinern gebauet. Der Bogen ist von Rothenburger und die Seiten

Karl Friedrich Fechhelm,
Der Haaksche Markt mit Blick zur
Marienkirche, 1780

nebst dem Brustgeländer von weißem Magdeburger Sandsteine. Die Zeichnung und der Bau ist von Unger. Auf dem Brustgeländer sind sechs große und vier Kindergruppen, gezeichnet vom Direktor Rode und gearbeitet von dem jüngern Meyer, Bettkober und Schulze. Die Breite des mittelsten Fahrweges der Brücke ist von 24 Fuß, und zu beiden Seiten sind Erhöhungen für die Fußgänger.

Die *Neue Friedrichsbrücke* führt aus Berlin von der Großen Pomeranzenbrücke und dem Anfange der Neuen Friedrichsstraße nach der Spandauer Vorstadt in die Kleine Präsidentenstraße. Sie ward 1750 angelegt.

Neben derselben linker Hand, wo der Festungsgraben wieder in die Spree fällt, war ehemals bei der Befestigung ein *Wehr* oder *Bär* angelegt worden, um die Höhe des Wassers im Graben zu regieren. Er ward 1786 beim Bau der Seidenmouliniermühlen und Verengerung des Grabens teils weggebrochen, teils zugeschüttet, weil nunmehr der Wehr der Mouliniermühle zur Regierung des Wassers hinlänglich ist.

Die *Kommendantenstraße* ist die Kaye zwischen den erwähnten beiden Brücken. Sie ist mit wohlgebauten Häusern besetzt, längs dem Graben sind Lindenbäume gepflanzt, und jenseit des Grabens sieht man die Gärten hinter den Häusern der Neuen Friedrichsstraße und die Garnisonkirche.

Der *Haakische Markt* liegt zwischen der Spandauer Brücke, der Kommendanten-, Großen Präsidenten-, Oranienburger und Rosenthaler Straße. Er ist mit ansehnlichen Häusern besetzt, unter denselben ist das vorzüglichste: das große *Kleinsche Haus*, fünf Geschoß hoch. Auch ist hier ein *Kraut- und Fischmarkt*, *Fleischscharren* und verschiedene Krambuden.

Am Wasser steht eine große, auf königliche Kosten 1785 erbaute *Seidenmouliniermühle*, wegen welches Gebäudes der Graben, welcher sonst hier 142 Fuß breit war, bis auf 70 Fuß verengert worden.

Um den Haakischen Markt [...] sind 1785 acht Häuser auf königliche Kosten von 3 Geschoß von Unger, nach seinen Zeichnungen, erbauet worden.

Die *Große Präsidentenstraße* geht vom Haakschen Markte neben der Kleinen Präsidentenstraße auf den Platz bei Monbijou.

Die *Kleine Präsidentenstraße* geht von der Friedrichsbrücke rechts nach der Großen Präsidentenstraße und links nach dem Platz bei Monbijou.

Der *Platz bei Monbijou*. Auf demselben sieht man linker Hand: die *Manchestermanufaktur* auf einem Platze, wo sonst ein königlicher Holzmarkt war. Das weitläuftige Gebäude ward 1764 auf königliche Kosten für die Kaufleute Laurent, Goiron und Komp. gebaut, welche darin baumwollene Sammete oder Manchester weben lassen wollten. Als dieselben nachher ihre Zusage nicht erfüllen konnten, ward es dem Kaufmanne Richter übergeben. Itzt haben es die Kaufleute Hotho und Welper. Der erste derselben, Herr Thomas Hotho aus Westfalen, hatte schon 1764 eine Manchestermanufaktur in Potsdam errichtet. Es werden von ihnen anitzt in diesem Hause Manchester, Velverette und andere Arten baumwollener Waren verfertigt.

Der Eingang zu dem königlichen *Lustschlosse Monbijou*. Neben demselben ist ein Wachthaus. Der Garten desselben, welcher vorn bis an die Spree geht und hinten an die Oranienburger Straße stößt. Schon am Ende des 16ten Jahrhunderts war hier ein kurfürstlicher Garten. 1604 verbesserte ihn besonders die Kurfürstin Eleonora, zweite Gemahlin Kurfürst Joachim Friedrichs. Im Dreißigjährigen

Kriege verfiel er ganz. 1649 ließ ihn Kurfürst Friedrich Wilhelm wieder anlegen. Aber die Kurfürstin Dorothea, der er um 1670 geschenkt wurde, legte als eine gute Wirtin hier ein Vorwerk und Meierei an. Diese stand ungefähr, wo der jetzige Eingang von Monbijou in der Oranienburger Straße ist. Der Garten ging bis an die jetzige Wasserstraße, der Akker aber bis an den jetzigen Schiffbauerdamm und noch jen-

Johann David Schleuen, Das Schloß Monbijou, um 1750

seit der Spree bis auf die jetzige Dorotheenstadt. 1689 kam der Garten an die Kurfürstin Sophie Charlotte, und nach derselben Tode schenkte ihn König Friedrich I. der Gemahlin des Grafen von Wartenberg, ersten Staatsministers und Favoriten. Diese ließ um 1708 den mittlern Teil des jetzigen Gebäudes vom Freiherrn Eosander von Göthe bauen. Als der Graf 1710 in Ungnade fiel, wollte die Gräfin das Lustschloß dem Könige unentgeltlich wiedergeben, der es ihr aber bezahlte und es der damaligen Kronprinzessin und nachherigen Königin, Sophie Dorothea, zum Sommerpalaste schenkte. Diese ließ sowohl das Schloß als auch den Garten erweitern und nennte beides Monbijou. Seit ihrem 1757 erfolgten Tode ist es unbewohnt geblieben, außer daß einige Zimmer meubliert sind, in welchen im Sommer zuweilen die in Berlin befindlichen königlichen Herrschaften speisen.

Ein *Schauspielhaus*, Hrn. Döbbelin gehörig. 1760 erbaute es ein Pantomimenspieler namens Bergé. Es wird jetzt wenig gebraucht, indem die Schauspiele beständig in dem andern Döbbelinschen Hause in der Behrenstraße gespielet werden. Neben diesem Hause öffnet sich dieser Platz in die Oranienburger Straße.

Ein Gäßchen ohne Namen zwischen dem Eingange von Monbijou und der Manchestermanufaktur. Es gehet nach der Spree, wo eine Überfahrt nach dem Weidendamme ist.

Karl Benjamin Schwarz, Das Schloß Monbijou, 1787

Die *Oranienburger Straße* gehet vom Haakischen Markte bei der Großen Präsidentenstraße bis an die Friedrichs- oder Dammstraße. […] In derselben sind befindlich: das Hintergebäude des erwähnten Schauspielhauses linker Hand. Das Hinterteil des Gartens von Monbijou linker Hand, wozu auch ein großer Eingang ist. Der *Posthof* rechter Hand. Ein weitläuftiges Gebäude, zwei Geschoß hoch, wo die Postpferde und Postwagen zu den ordinären und Extraposten stehen. Dies Gebäude ward unter König Friedrich I. auf Vorschlag des General-Erbpostmeisters, Grafen von Wartenberg, anfangs bloß zum Besten der Postillione, damit diese hier zusammen wohnen könnten, gebaut. Sämtliche Postbediente trugen freiwillig dazu bei, welches von 1705 bis 1713 die Summe von 5 662 Rtlr. brachte, und der König gab 1709 als Geschenk 1 500 Rtlr. und als Vorschuß 1 000 Rtlr. dazu. Im Jahre 1713 ward dies Wohnhaus für die Postillione fertig, und nun fing man an, die Ställe zu bauen.

Seit 1766 ist dies ehemalige Postillionhaus eine förmliche, vom hiesigen Hofpostamt abhängende Posthalterei zum Behuf der königlichen ordinären und Extraposten und die Wohnung des königlichen Posthalters (jetzt Hrn. v. Unruh).

Die Oranienburger Straße ist von Monbijou an bis an die Friedrichsstraße auf beiden Seiten mit Linden besetzt.

Die *Wassergasse*. Sie geht von der Hospitalstraße an der Seite des Posthofes bis nach der Spree und wird von der Oranienburger Straße durchschnitten. Aus derselben geht das *Flathosgäßchen* linker Hand. Es ist ein bloßer Gang, welcher zu den Gärten führet, die hier zwischen Monbijou und der Wassergasse liegen, als: der *Garten der Freimaurerloge zu den drei Weltkugeln*. Der *Kochsche Kaffeegarten*. Der *Kleinsche Garten*. Die *Kalkscheunen- oder Ziegelstraße* geht aus der Wassergasse rechter Hand bis an die Damm- oder Friedrichsstraße. Hier ist: eine königliche *Kalkbrennerei* links nach der Spree. Das Seitengebäude der Kasarmen des zweiten Regiments Artillerie. Auch einige *Gärten*, als: der *Schülersche, der Horchsche, der von Astensche*.

Die *Kirchhofstraße* geht gleichfalls aus der Wassergasse rechter Hand bis an die Friedrichsstraße. Hier sind: der *ehemalige Korsikasche Garten* linker Hand. Er ward um 1759 von dem Bankier Eimbke angelegt. Das Seitengebäude der Kasarmen rechter Hand. Der *Fickertsche Garten*, auch rechter Hand.

Die *Kalkscheunenquergasse* führt hinter den Kasarmen quer von der Kalkscheunen- zur Kirchhofsstraße.

Ein Teil der großen *Friedrichsstraße*, welche in gerader Linie vom Hallischen Tor auf der Friedrichsstadt an durch die Neustadt fortgehet, wo sie die Querstraße heißt. Von da führt sie zu der *Großen Weidendammsbrücke* (welche über die Spree geht und die Neustadt mit der Spandauer Vorstadt verbindet) und von da durch die Spandauer Vorstadt bis an das Oranienburger Tor, bei welchem sie sich endet. Hier sind zu bemerken rechter Hand: das königliche *Salzschiffahrtkomtor* und das *Wieselsche Haus* nebst *Garten*. Die *Kasarmen für das zweite Artillerieregiment* rechter Hand, vier Geschoß hoch. Sie wurden 1764 auf königlichen Befehl von Boumann dem Vater gebauet. Der ehemalige gräflich Reußische, itzt *Bertramsche Garten* linker Hand. Er erstreckt sich diesseits und jenseits der Panke bis an die Palisaden und das Charitéhaus. Das *Französische Hospital* nebst dem *Kinderhospitale* linker Hand. Der *Spenersche Garten* rechter Hand.

Der *Schiffbauerdamm* geht von der Großen Weidendammsbrücke linker Hand längs der Spree, so wie sie sich krümmt, bis an den Unterbaum. Die *Panke*, ein kleines Flüßchen, welches von Bernau her bei dem Dorfe Pankow und dem Invalidenhause vorbei durch den Bertramschen Garten fließt, fällt hier, ohnweit der Großen Weidendammsbrücke, in die Spree. Vorher geht eine Brücke über dieselbe.

Weiter hinauf liegt: eine königliche *Kalkbrennerei*. Nahe am Ephraimschen Garten geht linker Hand eine Zugbrücke über die Spree. Weiter hinauf nahe am Unterbaume kommt ein kleiner Arm aus der Spree, welcher sich rechts in die Wiesen verliert. Es geht über denselben eine kleine Brücke. Dicht am Unterbaume fließt der Graben in die Spree, welchen König Friedrich I. 1704 von Eosandern anlegen lassen, um von Schönhausen nach Charlottenburg spazierenfahren zu können. Über demselben geht eine Brücke.

Der *Unterbaum*. Durch denselben wird die Spree bei ihrem Ausflusse aus Berlin geschlossen. Bei demselben gehet eine Zugbrücke über die Spree und führet nach dem Tiergarten. Die Gegend des jetzigen Schiffbauerdamms gehörte im vorigen Jahrhunderte meistens zur Meierei der Kurfürstin Dorothea. Auch war hier die Tuchmacherwiese. Damals ward die Gegend der Schönfärberplatz genennet. Als nachher unter König Friedrich Wilhelm Treckschuyten zur Spazierfahrt von Berlin nach Charlottenburg angeleget wurden, ward hier das Ufer erhöhet und der Damm der Treckschuytendamm, auch die Dammstraße genennt. 1738 bauten sich hier verschiedene Schiffbauer an, von welcher Zeit der Namen Schiffbauerdamm entstand.

Hier ist anzumerken: der *Ephraimsche Garten*. Der Graf von Wartensleben legte ihn im Anfange dieses Jahrhunderts an. Nachher besaß ihn der Hofrat von Köhler, mit dessen Witwe er an den Geheimen Rat von Hund kam. Daneben ist die *Ephraimsche Silber-Affinerie*.

Vom Unterbaume kommt man dicht an den Palisaden durch die Charitéstraße bis zum *Charitéhause*. Es liegt am äußersten nordwestlichen Ende Berlins. König Friedrich I. ließ hier 1710 ein Pesthaus bauen, als die Pest in der Mark zu wüten anfing. Als die Gefahr vorbei war, ward es zu einem Hospitale und Arbeitshause gewidmet. König Friedrich Wilhelm widmete es 1726 zu einem allgemeinen Krankenhaus und zugleich zu einer Schule für Ärzte und Wundärzte. Er ließ es 1727 ansehnlich erweitern, alle nötige Wirtschaftsgebäude aufführen und schenkte demselben sehr ansehnliche Kapitalien. 1785 ließ König Friedrich II. einen Flügel dazu an der Seite nach dem Invalidenhause, nach Ungers Zeichnungen, von demselben aufbauen, welches der Anfang zu der großen Erweiterung dieses Gebäudes ist.

Das alte Haus ist drei Geschoß hoch, bestehet aus 4 Flügeln, welche einen geräumigen Hof einschließen, auf welchem in der Mitte die Wohnung des Inspektors stehet. Im untern Geschosse ist das Hospital. Im zweiten und dritten Geschosse die Krankenstuben, Operations- und Entbindungssäle. Im dritten Geschosse wohnen auf dem linken Flügel die Prediger. Rechter Hand hinter dem Hause sind die Wirtschaftsgebäude, linker Hand ein Garten, und außerhalb den Palisaden vor und neben demselben sind Gärten, Wiesen und eine große Maulbeerplantage. Alle zu diesem Hause gehörige, hier nebeneinanderliegende Grundstücke, die Gebäude eingeschlossen, betragen 114 Morgen Acker. Sie liegen meist auf dem Grunde der ehemaligen königlichen Meierei im Tiergarten.

Von der Charité kommt man rechts zwischen den Palisaden und Gärten wieder bis ans Oranienburger Tor. Die nächste Straße, wenn man vom Oranienburger Tor kommt, ist linker Hand die *Linienstraße*. Sie fängt hier an und geht bis zu den nordostlichen Grenzen der Königsvorstadt bis an die Große Frankfurter Straße. Hier betrachten wir sie nur,

Johann David Schleuen, Die Charité, um 1750

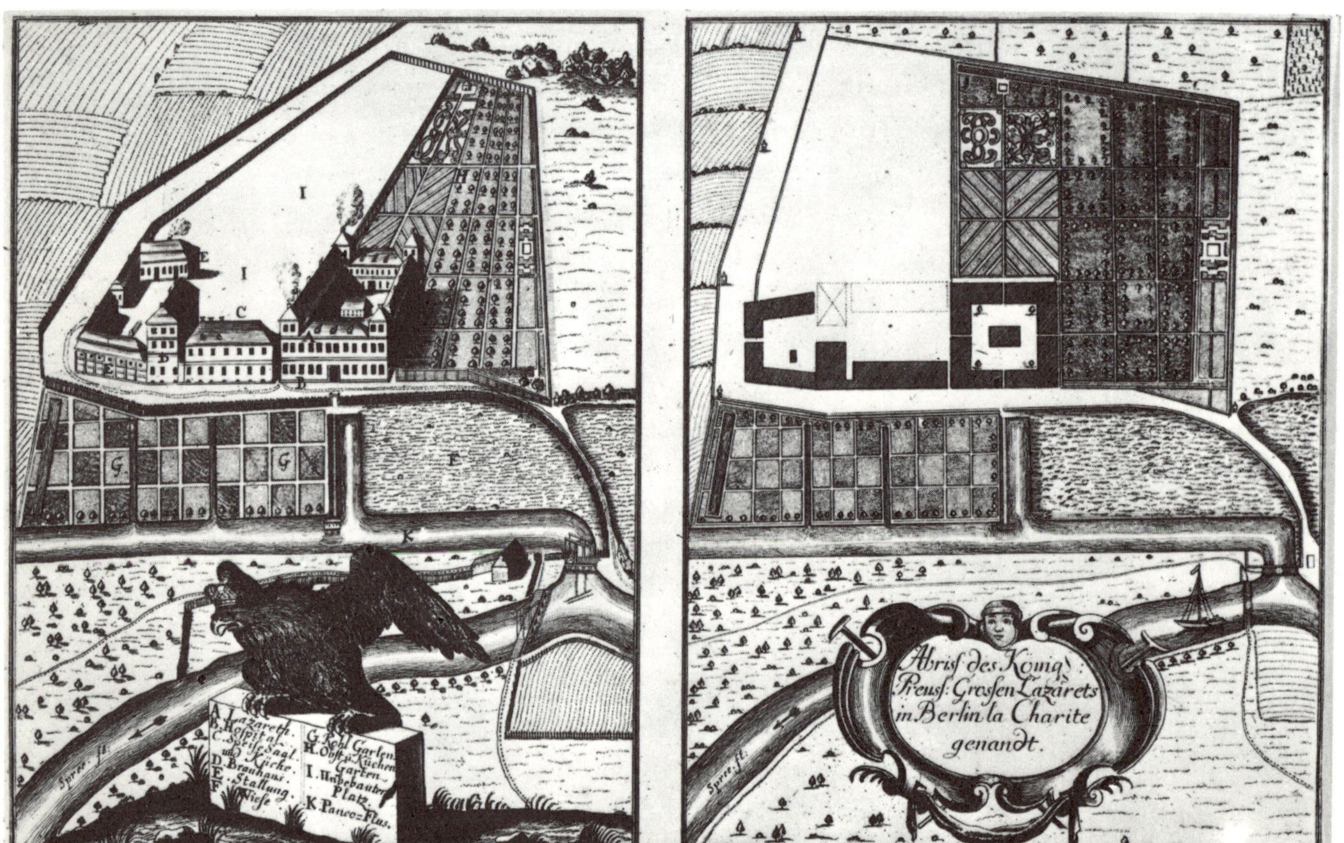

insofern sie die Spandauer Vorstadt umschließt, von der Friedrichs- bis an die Prenzlauer Straße. In derselben sind zwischen der Kleinen Hamburger Straße und Kleinen Gasse: die *Armenkirchhöfe*, woselbst die Toten aus der Charité und andre Armen begraben werden. Ferner zwischen der Rosenthaler und Alten Schönhauser Straße: zwei *Garnisonkirchhöfe*. An dem einen, linker Hand, ist ein Garten angelegt worden.

Die *Hospitalstraße* geht von der Oranienburger bis zur Rosenthaler Straße. Sie hieß sonst auch die Armenstraße. Hier ist: das *Koppensche Armenhaus*, von dem Ratmann Koppen gestiftet und 1708 erbauet. Es stößt gerade auf die Große Hamburger Straße. Hinter demselben liegen die oben gedachten Armenkirchhöfe. Aus der Hospitalstraße gehen linker Hand folgende vier: die *Bernhardsgasse*, gerade der Wassergasse gegenüber, geht bis an die Linienstraße. Die *Kleine Hamburger Straße* durchschneidet die Linienstraße und führet bis zum Hamburger Tore. Die *Kleine Gasse* geht bis zur Linienstraße.

Die *Heidereutergasse* geht links bis an die Linienstraße, durchschneidet die Hospitalstraße und geht bis in die Gipsgasse. Hier ist an der Ecke der Hospitalstraße: der *Frischische Maulbeergarten*. Der Rektor Johann Leonhard Frisch pflanzte hier 1708 bis 1714 in Berlin die ersten Maulbeerbäume, welche hernach zum Behufe der Seidenmanufakturen so sehr vermehrt worden sind. Rechts gehet aus der Hospitalstraße die oben [...] erwähnte Wassergasse.

Die *Große Hamburger Straße* gehet bis an die Oranienburger Straße. Sie ward 1740 neu gepflastert. Hier ist: das *Hospital* und der *Begräbnisplatz der Juden*. Der *Sieburgsche Garten*.

Die *Kirchhofsgasse* geht aus der Großen Hamburger Straße zunächst der Hospitalstraße schief in die Rosenthaler Straße. Hier ist: die *Kirche der Spandauer Vorstadt*. Die Einwohner dieser Vorstadt gingen sonst in die Georgenkirche. Da aber ihre Anzahl zunahm, ward hier diese Kirche vom Magistrate erbaut. Die Königin Sophie Louise streckte dazu 1712 dem Magistrat 4000 Rtlr. vor und vermachte dieses Kapital als einen immerwährenden Fond zur Besoldung eines lutherischen Predigers, Kantors und Küsters. Den schönen Turm ließ König Friedrich Wilhelm auf seine Kosten nach Graels Angabe von demselben 1732 bis 1734 bauen. Nach dessen Verabschiedung setzte Stoltze die Helmstange nebst dem Knopfe und Adler darauf. Das Portal ist mit bäurischem Bandwerke und an jeder Seite mit zwei gedoppelten dorischen Wandpfeilern, welche das Gebälk und einen Stirngiebel tragen, versehn und mit Dreischlitzen und Dielenköpfen gezieret; darauf ist das erste Geschoß des Turms mit einem Riesengebälke und einem Geländergange darüber; dann folget ein Aufsatz mit 12 und darüber einer mit 8 freistehenden jonischen Säulen, welcher die Haube und Spitze trägt. Der ganze Turm ist 226 Fuß hoch.

Johann Georg Rosenberg,
Der Haaksche Markt
mit Blick zur Sophienkirche, 1781

Die *Gipsgasse* geht von der Hospitalstraße in die Rosenthaler Straße.

Die *Rosenthaler Straße* geht vom Haakischen Markte rechts ab. Bei der Gipsgasse krümmt sie sich links, und daselbst geht aus ihr geradeaus: die *Laufgasse*, welche durch die Nagel- und Mulacksgasse zwischen den Garnisonkirchhöfen bis zur Linienstraße geht. Bei der Hospitalstraße krümmt sich die Rosenthaler Straße abermals links. Daselbst geht von ihr rechts geradeaus: die *Neue Rosenthaler Straße*, sonst auch Totengasse genannt, neben dem Garnisonkirchhofe bis zur Linienstraße. Die Rosenthaler Straße durchschneidet darauf die Linienstraße und geht bis zum Rosenthaler Tor.

Die *Neue Schönhauser Straße* gehet rechts von der Rosenthaler Straße ab, macht einen Winkel und endiget sich, wo die Weinmeistergasse, die Alte Schönhauser Straße und die Münzstraße zusammenstoßen. Die Häuser auf der rechten Seite dieser Straße wurden 1750 auf der ehemaligen Konterskarpe gebauet.

Die *Alte Schönhauser Straße* gehet von der Weinmeistergasse und Münzstraße bis ans Schönhauser Tor. Hier ist: die *Kraazische Meierei.* Aus der Alten Schönhauser Straße geht rechts: die *Schendel- oder Schönweidegasse* durch die Dragonerstraße nach der Verlornen Straße.

Zwischen der Rosenthaler und Alten Schönhauser Straße liegen ferner: die *Mulacksgasse.* Aus derselben führet rechts: die *Wüste Gasse* neben dem Garnisonkirchhofe zur Linienstraße. Die *Nagelgasse.* Die *Weinmeistergasse*, welche der Gipsgasse gegenüber liegt.

Die *Münzstraße* fängt da an, wo die drei Straßen zusammenstoßen, und endiget sich bei der Jakobsstraße. Hier sind: ein *Wachthaus* linker Hand. Die *Neue Münze* rechter Hand. Sie ward 1752 gebaut. Der *Palast Seiner Exzellenz des Staatsministers Freiherrn von Zedlitz* linker Hand. Er hat einen Vorhof mit zwei Flügeln und einen großen Garten. Er ward um 1735 von dem Generale v. Sydow, vermutlich nach Gerlachs Zeichnungen, erbauet. Hernach besaß ihn der Graf Neale. Von dessen Erben kaufte ihn 1774 der jetzige Besitzer, der ihn innerhalb sehr verbessert, mit Geschmack gezieret, im Seitenflügel einen prächtigen Saal nach Langhans' Zeichnung erbauet und den Garten ganz neu und sehr angenehm angeleget hat. Zwei 1784 auf königliche Kosten von Unger gezeichnete und gebaute Häuser von 3 Geschoß.

Johann Jakob Wagner/
Daniel Berger,
Karl Abraham von Zedlitz, 1782

Die *Dragonerstraße* geht von der Münzstraße rechts bis in die Linienstraße.

Die *Verlorne Straße* geht mit der vorigen parallel von der Münzstraße bis in die Linienstraße. Hier ist: der *Rosensche Garten.*

Die *Lange Scheunengasse* oder *Jakobsstraße* geht mit der vorigen parallel von der Ecke der Münzstraße bis nach der Linienstraße. In der ganzen rechten Hälfte dieser Straße sind: die *Kasarmen für das dritte Regiment Artillerie*, welche von dem Ende der Münzstraße bis an die Hirtengasse gehn. In der Langen Scheunengasse sind zwei Eingänge oder Torwege zu dem innern Hof, der Haupteingang ist in der Straße am Stelzenkruge.

Die *Hirtengasse* geht quer von der Verlornen Straße hinter dem Palast Sr. Exz. des Freiherrn von Zedlitz durch die Lange Scheunengasse bis in die Prenzlauer Straße im Königsviertel.

Aus dem mit der Hirtengasse parallel laufenden Teil der Linienstraße von der Verlornen bis zur Prenzlauer Straße laufen rechts folgende Gassen in die Höhe: [...] vier kleine Gäßchen, welche *Kleine Scheunengassen* heißen (weil in denselben meistenteils nur Scheunen sind), und zwar [...] die erste, die zweite, die dritte, die vierte Kleine Scheunengasse. [Von ihrem] Ende geht in nicht völlig gerader Richtung ein Gang: die *Kleine Scheunenquergasse* genannt. Jenseit der Langen Scheunengasse geht: die *Kurze Scheunengasse* von der Linienstraße bis in die Hirtengasse. Alle diese Gäßchen werden auch das *Scheunenfeld* genannt, weil hier 27 Scheunen stehn.

Die Spandauer Vorstadt hat zwei Polizeiquartiere [...] Sie hat nur ein Kirchspiel.

Außerhalb den Toren sind zu bemerken:

Vor dem Schönhauser Tore: eine königliche *Meierei*, die zum Amte Niederschönhausen gehört, links dicht am Tore. Eine schöne Linden- und Kastanienallee, welche bis nach dem Dorfe Pankow führet.

Vor dem Rosenthaler Tore: *Neu-Voigtland*, links zwischen diesem und dem Hamburger Tore, ist im eigentlichen Verstande eine Vorstadt. Es hat vier lange Reihen Häuser mit dazwischen gelegenen Gärten. Diese Häuser wurden im Jahr 1752 auf königliche Kosten erbaut und den Mauer- und Zimmerleuten eingegeben, welche bei den vielen hiesigen Bauten aus Sachsen und dem Vogtlande im Sommer in Berlin Arbeit suchten und im Winter zurückzukehren pflegten. Daher ist der Namen Neuvoigtland entstanden. Jetzt wohnen daselbst auch viele andere Professionisten. Der ehemalige gräflich Sparrische, nachher Porzische, jetzt *Mollardsche Weinberg* und Meierei. Eine neuangelegte Allee, die nach dem Friedrichsgesundbrunnen führet.

Vor dem Hamburger Tore: Eine Allee von Linden und

Die von Eisenhardsche (ehemals königliche) Meierei vor dem Schönhauser Tor, 1796

Öffentliche Verbrennung
Johann Christian Höpners
am 15. August 1786
auf dem Hochgericht

Weiden rechter Hand. Längs der Straße sind sechs Häuser im Jahr 1770 und 1771 gebauet, worin Kolonisten wohnen, die vom Baue vieler Küchengewächse leben.

Vor dem Oranienburger Tore: Links dicht am Tore: drei *Kirchhöfe*. Einer *für die katholische Gemeine*, 1777 ihr angewiesen; der andere *für die französische Kolonie*, 1782 erteilt und auf königliche Kosten mit einer Mauer versehen. Eine Allee, welche nach dem Invalidenhause führet. Die *Scharfrichterei* und das *Hochgericht* rechter Hand. Die Scharfrichterei ward 1724 auf königlichen Befehl hieher verlegt. Das Hochgericht, welches sonst nahe an der Rosenthaler Landwehre stand, ward 1749 wegen des Baues von Neuvoigtland weiter heraus auf den jetzigen Platz gesetzt. Eine ehemalige, 1702 erbaute Schleif- und Poliermühle, in welcher jetzt eine *Tabaksmühle* und ein *Streckwerk zu Tabaksblei* ist. Zugleich ist daselbst ein *Wirtshaus*. Alles liegt links, diesseits dem Invalidenhause, an der Panke, worüber eine kleine Brücke geht und welche hinter diesem Hause eine kleine angenehme Insel bildet.

Das königliche *Invalidenhaus* liegt links jenseit der Panke. Der jetzige König ließ es zum Aufenthalte invalider Soldaten von 1745 bis 1748 auf seine Kosten nach Angabe des Ingenieurhauptmanns Petri bauen.

Das eigentliche Invalidenhaus besteht aus einem großen Gebäude, welches mit zwei Seitenflügeln einen viereckten Vorhof einschließt, der, dem Hauptgebäude gegenüber, durch ein eisernes Gitterwerk umschränkt wird. Über dem Haupteingange steht die Überschrift: Laeso & Invicto Militi. An den beiden Ecken des Hauptgebäudes stehen zwei Kirchen, eine für die Protestanten, die andere für die Katholiken. Auf beiden Seiten werden noch zwei Nebenhöfe von verschiedenen Wirtschaftsgebäuden zu Viehzucht, Backen, Brauen und Branntweinbrennerei und dergleichen eingeschlossen. Vor dem Hause sind Gärten und Äcker und besonders eine große Maulbeerplantage. An dem Wege, der von dem Haupteingange des Invalidenhauses nach dem Felde führet, ist eine Brücke über die Panke. Bei selbiger ist ein Wachthaus für die Invaliden, woselbst zugleich ein hölzernes Tor die Kommunikation des Invalidenhauses von dieser Seite verschließet. Außer diesem Tore stehn rechts und

Johann David Schleuen,
Das Invalidenhaus

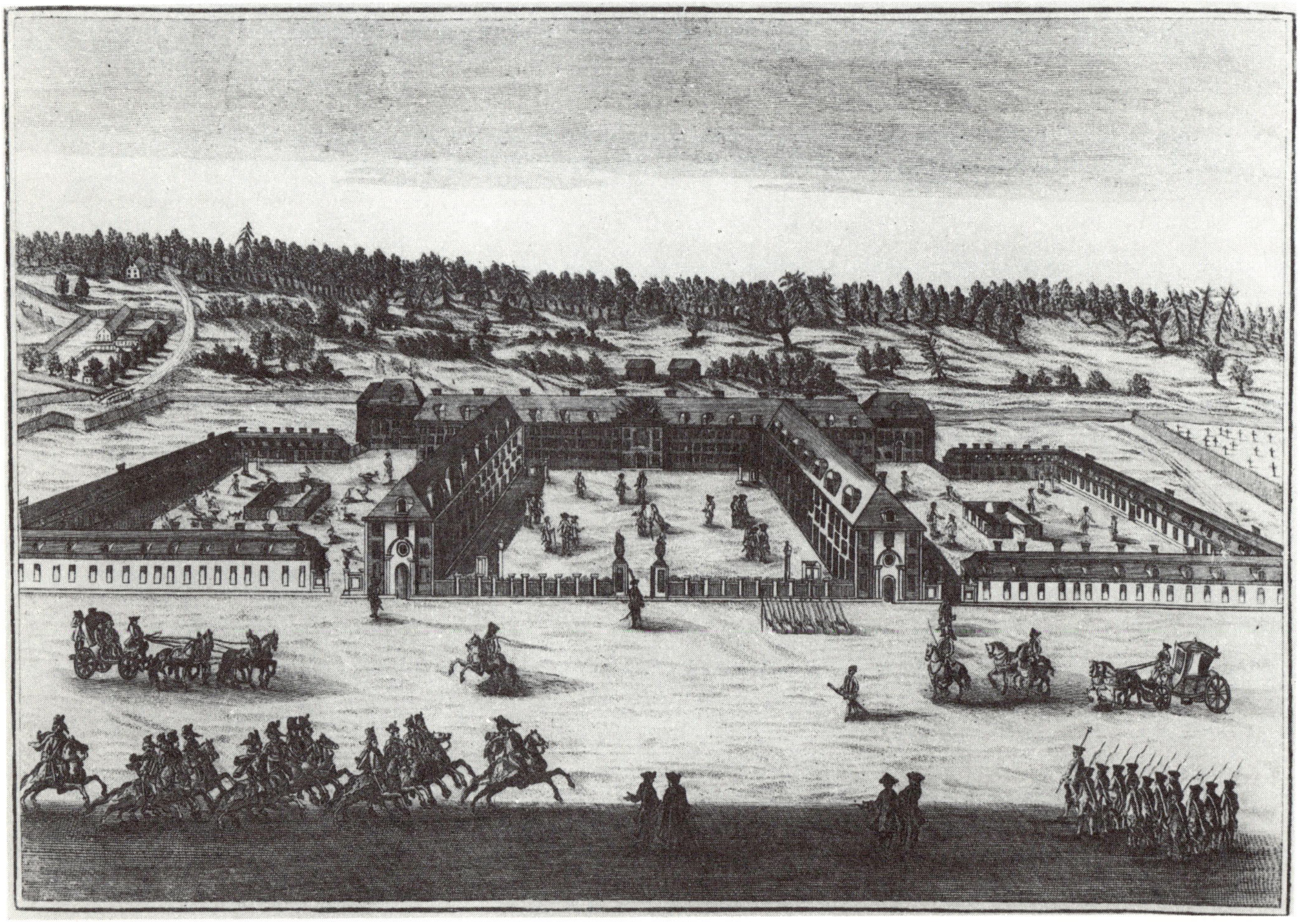

Johann Georg Rosenberg,
Blick auf Berlin
von der Rosenthaler Vorstadt aus

links zwei große Gebäude, die zum Seidenbau gewidmet sind.

Vor dem Invalidenhause neben der kleinen Brücke unweit dem Wedding liegt das Haus des Magistratsförsters. Links liegen die zum Charitéhause gehörigen Äcker, Gärten und Maulbeerplantage. Der Anbau dieser vorherigen ganz dürren Sandschelle ist dem Oberinspektor C. G. Habermaaß zu danken, der im Jahr 1733 dazu den Anfang machte.

Vor dem Unterbaume: Der *Sandkrug*. Ein Wirtshaus und Garten, liegt am Schönhausenschen Graben, über welchen hier eine steinerne Brücke geht. Der *Menadiersche Weinberg* hinter dem Sandkruge. Daselbst ist auch ein *Wirtshaus*. Der *königliche Holzmarkt* dicht am Unterbaume, zwischen der Spree und dem Schönhausenschen Graben.

Die königliche *Pulverfabrik* liegt nächst der Spree und ist mit einem Bretterzaune eingeschlossen. König Friedrich Wilhelm ließ sie von 1717 bis 1719 durch zwei Holländer namens Brauer und van Zee anlegen. Sie enthielt damals nur drei Gänge. Im Jahr 1728 ward 1 Gang, 1742 2 Gänge, 1745 2 Gänge und 1765 noch 8 Gänge angebauet, so daß die Fabrik jetzt aus 16 Gängen in 8 Häusern bestehet. Hierbei sind 2 Körnhäuser, 2 Trockenhäuser, 1 Salpeterläuterungshaus, 1 Wohnhaus für die Vorgesetzten und viele andere Gebäude, deren Zahl klein und groß an 30 beträgt.

Nächst der Fabrik an der Spree stehet das *alte große Wagenhaus* und zwischen dem Sandkruge und der Fabrik das *neue Wagenhaus*: beide sind für die Munitionswagen der Artillerie bestimmt. Beim Eingange der Pulverfabrik ist ein *Wachthaus*, welches von dem Artilleriekorps besetzt wird; gegenüber ist eine *Kohlenbrennerei* und drei Holzschuppen nebst Kohlenhaus, wo die Kohlen zum Pulver gebrannt werden.

Außerhalb liegen noch fünf *Pulvermagazine*, welche 1734 nach des damaligen Generallieutenants v. Linger Angabe gebauet, seit 1773 aber nach der Angabe des Herrn Generalmajors v. Holtzendorff viel bequemer und sicherer angebauet und 1778 und 1779 nach Angabe des Hrn. Geheimen Rats Gerhard mit Gewitterableitern versehen worden. Einige dieser Pulvermagazine können bis 600 Zentner, andere bis 2000 halten. Auch ist in der Nähe derselben ein neues Magazinwachthaus erbauet, welches vom Artilleriekorps besetzt wird.

Ein *Försterhaus*. Es liegt hinter dem Invalidenhaus über dem Schönhauser Graben rechter Hand der Pulvergebäude, nicht weit von der Jungfernheide. Es wohnt darin der königliche Unterförster der Jungfernheide. Noch sind dabei ein paar Privathäuser und Gärten.

Das *Moabiterland* ist eine Reihe Häuser an der Spree hinter den Pulvergebäuden, 328 Ruten lang und mit den dazugehörigen Gärten 32 Ruten breit. Die ersten Gebäude wurden schon unter König Friedrich I. errichtet, hernach wurden hier auf Befehl König Friedrich Wilhelms für Franzosen Häuser erbaut, um den Seidenbau darin zu treiben. Es wohnten auch Arbeits- und Ackersleute daselbst. Jetzt sind außerdem daselbst Landhäuser verschiedener Privatpersonen.

3. Die Stralauer Vorstadt

Sie liegt der Königsvorstadt, von Berlin aus gerechnet, zur Rechten. Sie begreift alles, was zwischen der Baumgasse (die rechte Seite dieser Straße mitgerechnet) und zwischen der Spree innerhalb der Palisaden bis an den Oberbaum liegt. Sie hat mit Berlin Gemeinschaft durch die Stralauer Brücke und mit der Köllnischen Vorstadt durch die Brücke beim Oberbaume. Diese Vorstadt ist unter den andern am spätesten bebauet worden. Bis 1680 waren hier fast gar keine Häuser. 1683 legte Raule und nach ihm Meinders hier einen großen Garten an. 1684 bis 1686 ließ der Große Kurfürst eine Windschneidemühle von Raule nach dessen Angabe erbauen und gab sie Michael Matthias Smids in Pacht.

1700 verschenkte die Kurfürstin Sophie Charlotte verschiedene Baustellen von einem ihr gehörigen Acker. Die Gegend an der Spree ward zuerst, nachher auch die übrige Gegend landwärtsein meistens mit Gärten unter König Friedrich Wilhelm bebauet, 1716 der Teil der Frankfurter Straße, wo die Allee ist, in die Palisaden gebracht, 1724 der Oberbaum angelegt und 1739 die Hauptstraßen gepflastert. Unter König Friedrich II. ist durch die Bebauung der Konterskarpe und die Anlegung der beiden Zuckersiedereien diese Vorstadt ansehnlicher geworden. Sie besteht jetzt aus 448 Vorder- und 115 Hinterhäusern innerhalb und 14 Häusern außerhalb dem Tore. Die Straßen, Plätze und Brücken sind folgende:

Die *Stralauer Brücke.* Sie führt vom Platze am Stralauer Tore in Berlin zur Stralauer Vorstadt über den ehemaligen Festungsgraben, wo er aus der Spree kommt. Neben der Brücke ist eine Schleuse, welche von Memhardt 1657 beim Anfange der Befestigung angelegt, aber 1670 mit der Brücke und dem Schlagbaume vom Wasser weggerissen ward und daher neu gebauet werden mußte.

An der Konterskarpe. Ist die Gegend von der Stralauer Brücke linker Hand längs dem Graben bis zum Arbeitshause und rechts dem Graben gegenüber von der Holzmarktstraße bis zur Sandgasse. Diese Gegend ward nebst den anliegenden Straßen vom Stralauer Tore an 1739 ganz neu gepflastert. Hier ist: die *dritte Zuckersiederei*, 1754 erbauet. Sie ist die größte, und in derselben ist das Hauptkomtor sämtlicher Zuckersiedereien (links). Der schöne *Schützische Garten* (rechts). Die königliche *Proviantbäckerei.* Sie liegt in einem ehemaligen Ravelin. Wenn die berlinische Garnison Brot erhält, wird dasselbe hier gebacken (rechts). Eine *Kasarme* für 600 Mann des *Bornstädtschen Regiments*, von 4 Geschoß, 1784 und 1785 durch Unger gebaut (rechts). Die *Kasarmen des Thünaschen Regiments* gegen der Sandgasse über, neben dem Arbeitshause. Sie wurden 1767 erbauet (rechts).

Von der Konterskarpe gehen folgende Gassen:

Die *Lehmgasse.* Sie gehet der Zuckersiederei gegenüber an und krümmt sich etwas; darauf geht die Schillingsgasse links und alsdenn der Grüne Weg rechts von ihr ab, sie durchschneidet die Rosengasse, die Krautsgasse und endigt sich zwischen den Gärten der Großen Frankfurter Straße zu. Hier ist: der *David Bouchersche Obstgarten* (rechts), in welchem vorzüglich schöne Früchte gezogen werden. Der *Holzeckersche Garten.*

Die *Magazinstraße* fängt der Proviantbäckerei gegenüber an und endiget sich in die Schillingsgasse. Hier ist: das königliche *Fouragemagazin*, bei welchem ein *Wachthaus* ist. Es ward 1780 vom Mauermeister Schröder und Zimmermeister Berger von Steinen erbauet und ansehnlich bis oben an die Straße vergrößert. Das Futter, an Hafer, Heu und Stroh, für die in Berlin stehende Kavallerie wird hier aufbehalten. Dicht daneben werden die Proviantwagen für einen Teil der königlichen Armee in besondern Magazinschuppen verwahrt. Der *Zietemannsche und andere Obstgärten.*

Die *Sandgasse.* Sie macht die Grenze der Stralauer Vorstadt mit der halben Baumgasse aus und geht von den Kasarmen an bis da, wo die Landsberger Querstraße und Große Frankfurter Straße und die Schillingsgasse zusammenstoßen. Hier ist: der *Kirchhof für die Domgemeinde.*

Die *Schillingsgasse* oder *Schmelzensgasse* geht aus der Lehmgasse neben der Magazinstraße bis an den Vereinigungspunkt der Sandgasse, Großen Frankfurter und Landsberger Querstraße. Hier ist: die *Bühringsche Bleifabrik*, wo Schrot und Bleiweiß gemacht wird. Der *Peter Bouchersche Obstgarten*, der auch wegen der schönen darin gezogenen Blumen bekannt ist.

Die *Große Frankfurter Straße* gehet an, wo die Landsberger Querstraße, Sandgasse und Schillingsgasse zusammenstoßen, und führet bis an das Frankfurter Tor. Im Anfange dieses Jahrhunderts ging diese Straße nur bis dahin, wo die Linienstraße und die Krautsgasse in dieselbe fallen. Das Tor war, wo jetzt linker Hand der *Kirchhof für diese Vorstadt* ist, und dicht vor demselben war das Hochgericht, dessen Platz (der vom Kirchhofe ab bis zur einen Ecke der Linienstraße und alsdenn in diese herumgehet) 1750 bebauet ward. 1701 ließ Markgraf Albrecht Friedrich, dem das Lustschloß Friedrichsfelde gehörte, eine schöne vierfache Lindenallee dahin pflanzen. 1713 wollte ein gewisser Briand in dem jetzigen Marksischen Hause, in dieser Allee linker Hand, eine Ritterakademie anlegen, die aber nicht lange dauerte. 1716 bei Anlegung der Palisaden ward der Teil der Lindenallee, so weit sie damals an beiden Seiten mit Häusern bebauet war, mit in die Palisaden und in die Stadt gezogen und das Tor so weit wie es jetzt ist herausgerückt.

Die *Rosengasse* geht von der Großen Frankfurter Straße rechts ab, durchschneidet die Lehmgasse und geht bis an das Ende der Holzmarktstraße und nach der zweiten Zuckersiederei. Aus der Rosengasse geht: der *Grüne Weg* rechts nach der Lehmgasse und die Rosengasse links nach der *Krautsgasse.* Diese geht von der Großen Frankfurter Straße ab, parallel mit der Rosengasse. Sie durchschneidet die Lehmgasse, gehet rechts an der Rosenquergasse weg, durchschneidet alsdenn die Lange Gasse und endigt sich am königlichen Holzmarkte an der Spree. Hier ist: der ehemalige gräfl. Haakische, itzt *Heilsche Garten,* welcher sich an der Holzstraße bis an die Koppensgasse erstreckt. Der *Krausische Kunst- und botanische Garten.*

Die *Holzmarktstraße* geht von der Stralauer Brücke an der Ecke der Konterskarpe rechts ab, mit der Spree parallel bis an den Holzmarktsplatz. Hier sind rechter Hand: eine *Aufschwemme,* wo Bauholz angefahren wird und Schiffe anlanden und wo man fast immer Gelegenheit findet, nach der gegenüberliegenden Köpenicker Vorstadt übergesetzt zu werden. Verschiedene Häuser, aus deren Gärten eine angenehme Aussicht auf die Spree und die umliegende Gegend geht. Die *zweite Zuckersiederei.* Sie ward 1751 erbauet auf einem Platze, wo sonst ein königliches Salzmagazin stand. Linker Hand sind in dieser Straße: der *Körbersche Garten,* der *Brunosche Kaffeegarten,* der *Weißische Kaffeegarten.*

Johann Friedrich Walter/
Georg Paul Busch,
Perspektivplan von
Berlin, 1738
(Ausschnitt)

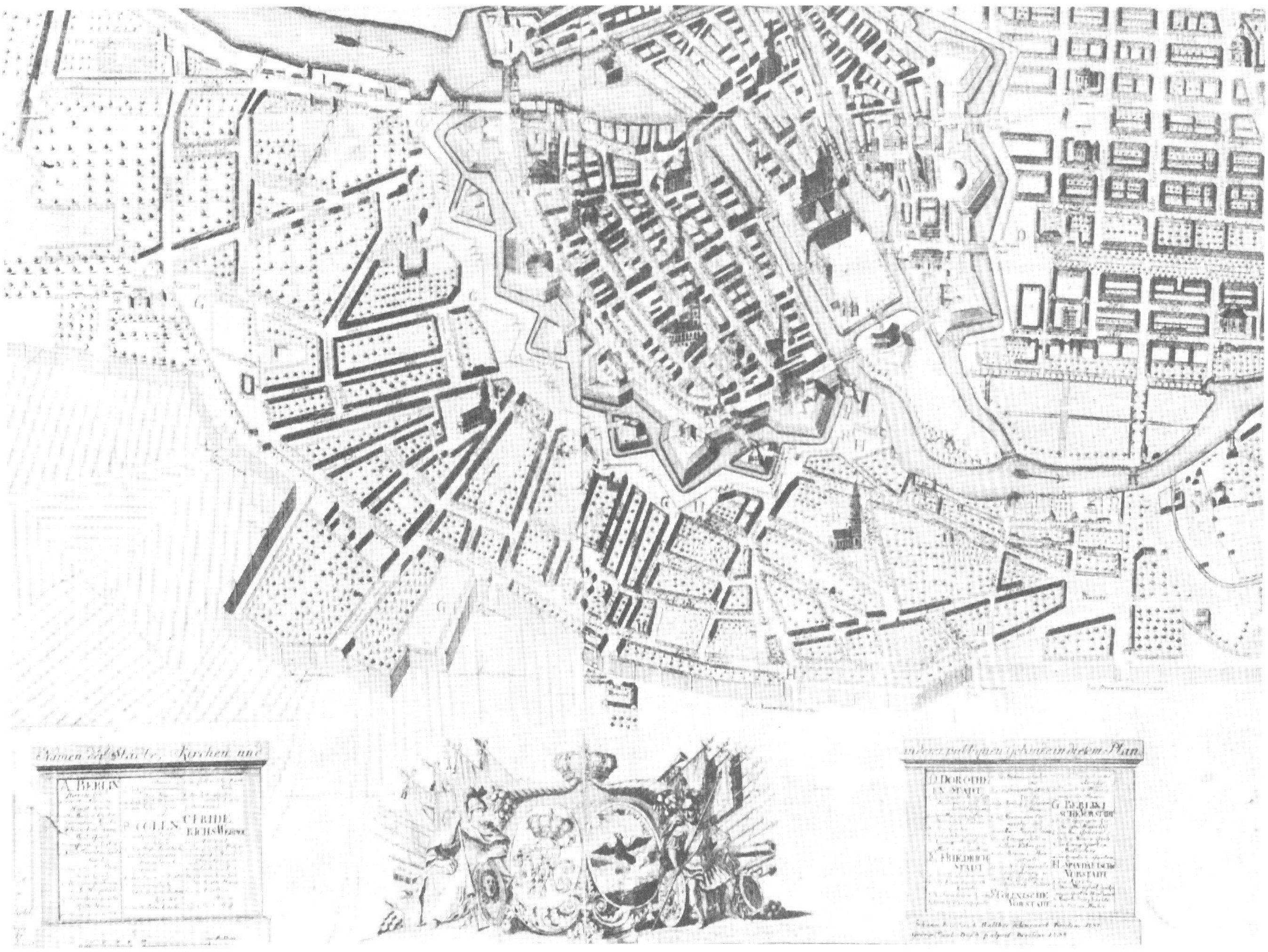

Die *Lange Gasse* geht da an, wo die Rosengasse in die Holzmarktstraße fällt, durchschneidet die Krautsgasse und geht bis an die Koppensgasse. Rechts derselben und rechts der Holzstraße liegt an der Spree der *Holzmarktsplatz.* Er nimmt seinen Anfang zwischen der Holzmarktsstraße und Langen Gasse an der Zuckersiederei und gehet bis zur Mühlenstraße. Auf demselben stehet vorn linker Hand: das *königliche Nutzholzmagazin* und rechter Hand eine *Kasarme,* von Naumann 1782 erbauet. In derselben liegen drei Kompagnien Artillerie, welche 1782 unter dem Namen der *Augmentation* errichtet wurden. Der ganze Holzmarktsplatz gehört dem Magistrate, und nur der Teil, auf welchem das königliche Holz zum Verkaufe stehet, hat die Kurmärkische Kammer von demselben in Erbpacht. Der Rest ist noch des *Magistratsholzmarkt.*

Die Gasse, welche hinter dem Nutzholzmagazin teils durch, teils neben dem Holzmarktplatze weggehet, heißt: die *Holzstraße.* Sie beugt sich nach der Breite des Holzmarktplatzes zweimal und geht bis an die Bullengasse, da wo die Mühlenstraße angeht. Hier ist: eine *Kalkbrennerei,* dem Magistrat gehörig.

Die *Koppensgasse* geht aus der Holzstraße links ab, mit der Krautsgasse ohngefähr parallel, und endiget sich in den Gärten nach dem Frankfurter Tor zu.

Janns Genelly, Berlin am Morgen, um 1800

Die *Bullengasse* (auch Bollengasse) geht am Ende der Holzstraße links ab, mit der Koppensgasse parallel, und endiget sich auf dem Felde ohnweit dem Frankfurter Tore.

Die *Mühlenstraße* geht vom Ende der Holzstraße und des Holzmarktes an mit der Spree parallel in einiger Beugung bis zum Stralauer Tore. In dieser Straße ist die *Gottholdsche Meierei.* Und am Ende derselben das *Stralauer oder Mühlentor.* Neben demselben ist der *Oberbaum*, welcher die Spree beim Einflusse in Berlin schließt. Der Baum ist unter einer *Brücke über die Spree nach der Köllnischen Vorstadt*, welche die längste aller Brücken in der Stadt ist. Sie ward 1724 zugleich mit dem Oberbaume auf königliche Kosten erbauet und ein Brückenzoll darauf angelegt.

Diese Vorstadt hat nur ein Polizeiquartier und gehört als Kirchspiel zur Königsvorstadt.

Vor den Toren ist zu bemerken:

Vor dem Frankfurter Tore: das *Schlößchen*, ein Haus rechter Hand, welches seinen Namen davon erhalten, weil König Friedrich I., wenn er nach Friedrichsfelde zum Markgrafen Albrecht Friedrich fuhr, daselbst zu frühstücken pflegte. Jetzt ist es ein Wirtshaus. Die *Neue Welt*, ein Wirtshaus weiter hinauf linker Hand. Von diesem Tore gehet die oben erwähnte Lindenallee bis nach Friedrichsfelde.

Vor dem Stralauer Tore: führt ein Damm, mit einer angenehmen Allee besetzt, bis nach dem Fischerdorfe Stralau.

II. KÖLLN

1. Das eigentliche Kölln oder Altkölln

Ist nächst Berlin die älteste unter den Residenzstädten. In den ältesten Zeiten hatte es nur die Hälfte der jetzigen Größe. Durch den 1442 geschehenen Bau des Schlosses ist die andere Hälfte nach und nach angebauet worden. Diese Stadt liegt gegen Berlin südwestlich, längs dem Ufer der Spree, welche auf dieser Seite von der Inselbrücke an bis zur Kleinen Weidendammsbrücke Altkölln umgibt und es hier von ganz Berlin und einem kleinen Teile der Spandauer Vorstadt trennt. Bei der genannten Inselbrücke fließt aus der Spree der Friedrichsgraben (oder die Friedrichsgracht), welcher von der Gertraudenbrücke an bis an die Schleusenbrücke der Schleusengraben heißt und, unter der Benennung des Neuen Ausflusses der Spree oder des Kupfergrabens, bei der gedachten Kleinen Weidendammsbrücke wieder in die Spree fließt. Dieser Graben umschränkt Altkölln auch nach den andern Seiten, wo es nach

Südosten an Neukölln, nach Südwesten an den Friedrichswerder und ganz wenig nach Westen an das äußerste Ende der Dorotheenstadt an den Weidendamm grenzt. Altkölln ist also, ebenso wie Berlin, eine vollkommene Insel. Nach Neukölln geht die Kommunikation über den Friedrichsgraben oder Gracht: über die Inselbrücke, Roß- und Grünstraßenbrücke; nach Neukölln und dem Friedrichswerder gemeinschaftlich über die Gertraudenbrücke. Nach dem Friedrichswerder allein über die Spreegassen-, Schleusen-, Hunde- und Kupfergrabenbrücke. Nach dem zur Dorotheenstadt gehörigen Teile des Weidendamms über die Kleine Weidendammsbrücke. Nach Berlin geht die Kommunikation, wie bei jener Stadt schon bemerkt worden, über die Große Pomeranzenbrücke, die Lange Brücke und den Mühlendamm.

Altkölln besteht aus 543 Vorderhäusern und 478 Hinterhäusern und hat nur ein Polizeiquartier und ein Kirchspiel.

Die Straßen, Plätze und Brücken dieser Stadt sind folgende: Die *Lange Brücke* führet von der Königsstraße aus Berlin nach Kölln auf den Schloßplatz. Diese Brücke ist wenigstens seit dem 14ten Jahrhunderte vorhanden gewesen. 1661, da sie ganz verfallen war, wurde sie auf Kosten des Großen Kurfürsten und des Rats neu gebauet. Kurfürst

Friedrich August Calau/
Christian Peter Jonas Haas,
Die Lange Brücke
gegenüber der Königsstraße

Johann David Schleuen,
Das Reiterdenkmal
des Kurfürsten Friedrich Wilhelm

Friedrich III. ließ sie, da sie bis dahin hölzern gewesen war, 1692 bis 1695, so wie sie jetzt ist, von pirnaischen Quaderstücken bauen und mit der metallenen Bildsäule seines Herrn Vaters zieren. Nering baute sie mit Beistande Schlüters. Sie ist 160 Fuß lang, hat fünf Bogen, die unten mit liegenden Figuren von Seegöttern und Najaden gezieret sind. Auf den steineren Geländern stehen Laternen zur nächtlichen Erleuchtung. In der Mitte ist die Brücke gepflastert, und an beiden Seiten sind erhöhete Fußwege von Werkstücken.

Die *Bildsäule des Kurfürsten Friedrich Wilhelm des Großen* stehet (von Berlin kommend) linker Hand auf einem besonders ausgerückten Platze. Der Kurfürst ist zu Pferde vorgestellet in römischem Habite und Mantel. Er ist mit einem Schwerte umgürtet und hält in der rechten Hand einen Kommandostab. Das Fußgestelle ist von weißem Marmor, auf beiden Seiten mit allegorischen halberhobnen Vorstellungen geziert, und die Vorderseite hat eine Aufschrift. Um dasselbe siehet man vier aus Erz gegossene Sklaven in mehr als Lebensgröße. Dies mit Recht allgemein bewunderte Kunstwerk hat der berühmte Schlüter angegeben. Die Figur des Kurfürsten nebst dem Pferde hat er selbst ins Große modelliert. Zu den vier Sklaven aber haben nach seinen kleinen Modellen und unter seiner Aufsicht die vier Bildhauer Backert, Brückner, Henzi und Nahl der Vater die großen Modelle gemacht, welche er aber gänzlich überarbeitet hat, so daß auch diese sein Werk sind. Der Aufseher der königlichen Gießerei, Jacobi, goß im Jahre 1700 die Figur des Kurfürsten nebst dem Pferde im königlichen Gießhause, darauf auch die Sklaven; und 1703 ward das ganze Werk auf der Langen Brücke aufgestellt. Er bekam 80000 Rtlr. für den Guß.

Die *Große Pomeranzenbrücke.* Sie führt aus Berlin von der Neuen Friedrichsstraße nach dem Platze vor dem Neuen Packhofe. Sie ward von K. Friedrich Wilhelm 1719 bei Anlegung der damals sogenannten Wallstraße zuerst hölzern erbauet. Der jetzt regierende König aber ließ sie durch Boumann den Vater 1769 von Backsteinen neu aufführen. Sie hat sieben Bogen und in der Mitte einen Aufzug. Das Geländer ist von gegossenem Eisen. Von dieser Brücke kommt man zu dem *Platze vor dem Neuen Packhofe.* Vor demselben geht ein Kommunikationsgraben neben der Großen Pomeranzenbrücke bis in den sogenannten neuen Ausfluß der Spree und Kupfergraben. Ehe Berlin befestiget war, war hier im damaligen kurfürstl. Hintergarten zwischen den beiden Armen der Spree ein großer Wasserbehälter, um die sumpfige Gegend zu trocknen. Bei der Befestigung ward dieser Wasserbehälter durchgestochen und dadurch dieser Kommunikationsgraben formiert. Über denselben führet nach dem Lustgarten: die *Orange- oder Kleine Pomeranzenbrücke.* Sie ist 1658 mit dem Graben zugleich angelegt worden, war aber anfänglich keine Zugbrücke.

Der *Neue Packhof.* Dieses halbrunde Gebäude wurde 1685 zum Pomeranzenhause des damaligen kurfürstlichen Lustgartens unter M. M. Smids' Namen von Nering in einem Bollwerke, nach dem Lustgarten zu, gebauet. Als unter König Friedrich Wilhelm der Lustgarten zum Paradeplatze gemacht und die fremden Gewächse nach Charlottenburg gebracht wurden, ward dies Gebäude teils zu einem Manufakturhause, teils zu andern Zwecken angewendet, bis es 1749, als der Platz auf dem Alten Packhofe zu enge ward, zum Neuen Packhofe eingerichtet wurde. Hier ist ein Kran zum Ausladen der Schiffe und eine Wacht.

Johann Stridbeck d. J.,
Der Lustgarten, um 1690

Der köllnische Teil des Weidendamms. Der *Weidendamm* ist ein mit Weiden bepflanzter Damm am linken Ufer der Spree von der Großen Pomeranzenbrücke an bis zur Großen Weidendammsbrücke. Er war schon in der zweiten Hälfte des vorigen Jahrhunderts vorhanden, damals aber nur niedrig und schmal. Als 1730 die Petrikirche samt dem Turm und einer großen Anzahl umstehender Häuser abbrannte, ward der Damm mit dem Schutte derselben erhöhet und breiter gemacht und nachher mit Weidenbäumen bepflanzt, welche, da sie niemals gekappt worden, zu einer außerordentlichen Höhe erwachsen sind.

Hier bemerken wir diesen Damm nur bis an die *Kleine Weidendammsbrücke*, d. i. so weit er zu Kölln gerechnet wird. Es sind an demselben Häuser und einige Wiesen.

Hinter dem Neuen Packhofe stehen verschiedene wohlgebaute Häuser, darunter ist besonders ein dem jüdischen

Bankier Hr. *Daniel Itzig gehöriges Haus* zu bemerken. Der berühmte Sulzer ließ es 1749 nach Diterichs' Zeichnung bauen. Nachher ward die Stirnwand nach der Straße vergrößert.

Die *Neue Packhofstraße.* Sie geht, wenn man hinter dem Packhofe hervorkommt, rechter Hand bis an die Kupfergrabenbrücke. Es stehn hier rechter Hand einige wohlgebauete Häuser und linker Hand an der Spree das *Mehlmagazin der vereinigten Bäckerinnung,* 1776 von Friedel erbaut.

Vor dem Neuen Packhofe, jenseit der Kleinen Pomeranzenbrücke, liegt der *Lustgarten.* Der Platz hinter dem Schlosse war bis ins sechzehnte Jahrhundert wüste und weiterhin, wo jetzt der Dom stehet, morastig. 1573 berief Kurfürst Johann Georg den Desiderius Corbianus, vorherigen Gärtner Georgs Herrn von Schönburg, Glauchau und Waldenburg: »insonderheit Vnns allhie hinder vnserm Schloß am Thiergarten, einen newen Lustgarten, daraus Wir allerley Vnser Kuchen Nodtdurft haben mügen, mit allem müglichen vnndt besondern Fleiß zu erbawen vnndt zuzurichten.« Der Kurfürst ließ deshalb den Platz von den Wasserflüssen und Strömen, welche damals den untern Teil durchstrichen, räumen, ebenen und erhöhen. Dieser Garten ging ohngefähr bis an die jetzige Kleine Pomeranzenbrücke und war hauptsächlich ein Küchen- und Obstgarten. Im Dreißigjährigen Kriege verwilderte er sehr. Kurfürst Friedrich Wilhelm stellte ihn wieder her. Er ließ 1645 den Platz längs der Hofapotheke, welcher sehr sandig war, mit Gassenkot und Mist erhöhen und darauf einen besondern, mit grünen Kirsch- und Mandelhecken umfaßten Blumengarten anlegen, 1646 viele ohne Ordnung gesetzte Bäume aushauen und unter Aufsicht des Kammerpräsidenten B. von Arnim durch den Gärtner Michael Hanff den Garten ganz neu einrichten und ihn 1642 von Memhardt durch den ganzen itzigen köllnischen Teil des Weidendammes erweitern. Vor dem Blumengarten ward 1651 die marmorne Statue des Kurfürsten gesetzt. In demselben ward gleichfalls 1651 ein kolossalischer liegender Neptun und 1656 ein Springbrunnen, beide von dem Bildhauer P. Streng, errichtet. Von da stieg man auf einer Treppe von sieben Stufen, mit zwei marmornen Bildsäulen der Pomona geziert, in den Untergarten, wo in der Gegend des jetzigen Doms viele bedeckte Gänge von Ulmen und Ligustrum und hinter denselben elf marmorne, neunundzwanzig bleierne und zwei steinerne Statuen standen. Die jetzige Börse war das Lusthaus und Grotte. In der Mitte des Lustgartens war der Länge nach ein Baumgarten von Obstbäumen nebst einem Vogelhause, und weiterhin links (wo jetzt die Allee von Kastanienbäumen stehet) sollte ein großer Teich ausgegraben werden, welcher in der Mitte einen Fels und einen Springbrunnen haben und rundherum mit Linden bepflanzt werden, gegen den hohen Teil nach dem Schlosse aber eine Mauer mit

Johann Georg Rosenberg,
Der Lustgarten, 1778

einer doppelten Treppe haben sollte. Von da ging man linker Hand am Wasser (ohngefähr wo jetzt das Mehlmagazin liegt) abermals auf einer Treppe von sieben Stufen in den Hintergarten herunter. In demselben war zuerst eine Lindenplantage; von da kam man rechter Hand über eine Brücke nach dem botanischen Garten. Von da weiter über eine Brücke nach dem Pomeranzenhause, welches ohngefähr der jetzigen Aufschwemme am Kupfergraben gegenüber lag. Es ward 1652 gebauet, war 150 Fuß lang und 60 breit, im Sommer oben offen und im Winter mit Brettern und Mist gedeckt. Von da kam man abermals über eine Brücke in den Küchengarten, welcher mit acht Gräben in Form eines Sterns durchzogen war. Dieses Gartens größte Breite von Fluß zu Fluß war ungefähr 600 rheinländische Fuß, die größte Länge 2000 Fuß und der Umfang ungefähr 5000 Fuß.

Bei der Befestigung ward 1658 der ganze Hintergarten durch ein Bollwerk abgeschnitten, und man scheinet ihn nachher, vermutlich weil er zu niedrig und feucht war, aufgegeben zu haben. 1677 ward der Garten bis an die Hundebrücke erweitert und der vorher zum Teich bestimmte Platz erhöhet und nachher bepflanzt. 1685 ward in dem Bollwerke ein neues Pomeranzenhaus, der jetzige Neue Packhof, gebauet. Bei Gelegenheit des neuen Baues am Schlosse mußte zu Anfange des jetzigen Jahrhunderts schon der obere Teil oder der Blumengarten eingehen. Das übrige ließ König Friedrich Wilhelm 1715 gänzlich wegreißen, den Platz erhöhen und ebenen und zu einem Paradeplatze machen. 1720 ward endlich das 1661 vor dem Garten gebauete Ballhaus nebst andern um dasselbe stehenden Privatgebäuden ganz weggerissen.

Auf diesem Platze, welcher noch der Lustgarten heißt, ist jetzt befindlich: die *Börse.* Im alten Lustgarten war schon ein Lusthaus vorhanden gewesen, welches baufällig ward und im Dreißigjährigen Kriege einfiel. 1650 ward dies neue Lusthaus von Memhardt gebauet. Es ist zwei Geschoß hoch, hat auf allen vier Seiten Vorsprünge, auf der Seite nach dem Lustgarten zwei kleine Türmchen, in der Mitte eine Kuppel und rundherum Gallerien, von welchen man, als das Haus am äußersten Ende des damaligen Berlins stand, eine angenehme Aussicht in die Gegend vor dem Spandauer Tore und nach Spandau gehabt haben muß. Auf dem obern Saale speisete bis 1708 der Hof öfter an schönen Sommertagen. Der untere Teil war eine Grotte, mit Muscheln ausgeziert, neben welcher verschiedene kleine Vexierspringbrunnen waren. 1714 ward dieses Gebäude nebst 5 Arkaden von dem dabei gestandenen, noch nicht fertigen Gebäude dem Johann Barraband zu einer Tapetenmanufaktur eingegeben, die zwar 1717 noch erweitert worden, aber nachher einging. 1738 schenkte König Friedrich Wilhelm der Kaufmannschaft den obern Saal zu einer Börse, wo auch die Kaufmannsgilde seit 1739 ihre Versammlungen hält. Der untere Teil ist jetzt ein Teil der Werkstatt der königlichen Bildhauer. Neben der Börse liegt das königliche *Waschhaus*, von König Friedrich Wilhelm angelegt. In demselben wird alle den königlichen Personen gehörige Wäsche gewaschen.

Die *Schloß-, Oberpfarr- und Domkirche.* Die ehemalige Domkirche stand auf dem Schloßplatze bei der Breiten Straße. Sie war anfänglich ein Dominikanerkloster, dem heiligen Paulus gewidmet. Nach Leutingers Bericht soll es Kurfürst Ludwig der Römer 1345 gestiftet haben. Es ist aber wenigstens 50 Jahre älter, denn 1300, in einer Urkunde

Markgraf Albrechts V., kommt Bruder Wilhelm, Prior der Kirche der Dominikaner in Kölln, als Zeuge vor. Man nennte es vor Zeiten das schwarze Kloster, im Gegensatz des grauen Klosters der Franziskaner in Berlin. Wo es eigentlich gelegen hat, ist unbekannt. Kurfürst Friedrich II. machte die Kirche des Klosters zu einer Pfarrkirche. Kurfürst Joachim II. verbesserte sie und machte sie 1536 zu

Friedrich August Calau/
Christian Peter Jonas Haas,
Die Neue Domkirche
auf dem Paradeplatz

einem Domstifte zu Ehren der heil. Maria Magdalena, des Heil. Erasmus, des heil. Kreuzes und aller Heiligen, nachdem sich die Dominikaner nach Brandenburg ins dortige Kloster auf der Neustadt hatten begeben müssen. 1539 geschah die Reformation dieser Kirche, als gedachter Kurfürst (der auch das Erbbegräbnis gestiftet hat) zur evangelisch-lutherischen Religion übertrat. Joachim Friedrich schaffte verschiedene päpstliche Zeremonien als die Elevation, Monstranzen, Prozessionen und dergleichen wie auch die Kanonikate ab. Er machte den Dom 1609 zu einer Oberpfarrkirche und legte ihr den Namen Zur heiligen Dreifaltigkeit bei. Im Jahr 1614 führte Johann Sigismund die reformierte Religion in dieser Kirche ein. Der jetzt regierende König ließ 1747 diese Kirche ganz abbrechen und die neue Kirche im Lustgarten an der Spree von Boumann dem Vater aufführen, welche 1750 eingeweiht ward. Sie ist 230 Fuß lang und 134 Fuß breit. Die Hauptansicht hat zehn jonische Pilaster und das Portal, welches hervorspringt, hat sechs jonische Säulen auf einem Plinthe und drei Türen, zu welchen man auf einer freiliegenden Treppe steigt, so wie an den andern Seiten, deren jede eine Tür hat. Das Dach wird von einem Brustgeländer, worauf Vasen stehen, umgeben. Über dem Hauptportale ist eine Attika und an jeder Ecke derselben eine Gruppe von Figuren über Lebensgröße von Karl Glume dem Ältern. Die eine mit den Gesetztafeln und der Bundeslade nebst den Figuren des Moses, Jesaias und Daniels deutet das Alte Testament an. Diese Figuren zeigen auf die andere Gruppe, welche durch die vier Evangelisten und die sieben Siegel der Offenbarung das Neue Testament vorstellt. Über der Attika des Portals erhebt sich der Turm, dessen Kuppel von einer korinthischen Bogenstellung getragen wird. Darüber ist eine Laterne. Über dem Vorsprunge der Hinterseite nach dem Wasser werden die christlichen Tugenden in vier Gruppen vorgestellt. Inwendig ist die Kirche ganz von korinthischer Ordnung. An der Kanzel sieht man zwei Bildsäulen: den Glauben und die Andacht. Die Gewölbe unter der Kirche dienen zum königlichen Erbbegräbnisse. [...]

Am rechten Ende des Lustgartens von der Kleinen Pomeranzenbrücke bis an die Hundebrücke ist längs der Spree eine *Allee von Kastanienbäumen*, welche zum öffentlichen Spaziergange dienet.

Im Lustgarten ist die Wachtparade des Woldeckschen und Braunschen Regiments, auch zuweilen die allgemeine Wachtparade aller Infanterieregimenter und der Artillerie.

Die *Schloßfreiheit*. Bis ins 16te Jahrhundert floß der Arm der Spree, der den jetzigen Mühlengraben ausmacht, bis in diese Gegend. Als 1606 an der Stelle eines markgräflichen Hauses und anderer einzelner Häuser der äußere Schloßhof mit Gebäuden umzogen ward, ward dieser Arm der Spree eingeschränkt, von dem Schutte der abgebrochenen Gebäude die Schälung ausgefüllt und eine Brücke geschlagen; daraus entstand diesseits ein trockner Gang, den man damals den Neuen Gang am Wasser oder an der Wasserkunst nannte. Denn der Arm der Spree war schon vorher bis zu der Wasserkunst oder dem nachherigen Münzturm (welcher an der Schloßecke nach der Hundebrücke stand) geleitet, um den Wasserwerken und der Münze Wasser zu geben. Noch aber war hier nichts bebauet. 1672 wurden die wüsten Stellen jenseit des Arms der Spree, welche eigentlich der Lage nach zum Werder gehörten, an verschiedene Leute zum Bebauen ausgeteilt und in kurzem wirklich bebauet. Nachdem 1706 der Münzturm abgetragen worden, ward auch der Kanal zugeworfen und die Gegend also ganz mit Kölln vereinigt.

Die Häuser auf der Schloßfreiheit sind meistens neu und schön gebauet; unter denselben sind die vorzüglichsten: das *Audibertsche Haus*, vier Geschoß hoch, von Krüger erbauet. Das *Palmiesche*, gleichfalls von Krüger erbauet. Das *Haude und Spenersche Haus*.

An der Ecke der Schloßfreiheit bis an die Schleusenbrücke siehet man: die *Werderschen Mühlen*. Die Mühle nach der Schleuse scheinet hier nach der Befestigung angelegt zu sein. Sie hieß die Werdersche Mühle, weil damals, wie eben angezeiget, diese Gegend zum Werder gehörte. Dieser Name ist nachher geblieben. Auf Schulzens 1688 gestochenem Plane heißt sie die Mühle beim Schlosse. Sie ward unter König Friedrich I. um 1708, so wie sie jetzt ist, neu gebauet. Die Mühle nach der Freiheit ließ König Friedrich Wilhelm 1720 anlegen. 1737 ward das Haus derselben neu gebauet und 1738 die Wasserkunst repariert. In der alten Mühle sind 8 und in der neuen 6 Mahlgänge. Den Raum der beiden andern Gänge nimmt die Wasserkunst ein, wodurch das Wasser bis in die Wasserbehälter auf dem Dache des Schlosses, über dem großen Eosanderschen Portale, geleitet wird. Zwischen dem Gerönne beider Mühlen ist dazu ein besonderes Gerönne.

An den Werderschen Mühlen. Ist die kurze Straße den Mühlen gegenüber von der Ecke der Stechbahn bis an die Schleusenbrücke.

Der *Schloßplatz* oder der *Alte Domplatz*. Ist der große Platz vor dem Schlosse zwischen der Spree und der Stechbahn.

Von der Brüderstraße bis zur Breiten Straße stand hier sonst die *Domkirche*, welche 1747 abgebrochen ward. Den übrigen Teil des Platzes von der Breiten Straße bis an die Lange Brücke nahm die *Stechbahn*, ein mit Schranken eingeschlossener, 300 Fuß langer und 65 Fuß breiter, zu Turnieren und Ritterspielen (Stechen) dienender Platz, ein. Kurfürst Joachim II. ließ zuerst 1538 bei dem Turniere, das er wegen der Geburt seiner Prinzessin Elisabeth Magdalena gab, das Pflaster vorm Schlosse aufreißen und die Stechbahn anrichten. Kurfürst Joachim Friedrich ließ sie 1600 erneuern und von dem Bildschnitzer Kaspar Zimmermann 31 Bilder auf römische Art verfertigen, welche auf die viertehalb Fuß hohe Mauer gesetzt wurden. 1635 wollte sie Kurfürst Georg Wilhelm von Barthel Bauer abermals neu bauen und über der Mauer mit Staketen versehen lassen, welches aber wegen des schwedischen Einfalls unterblieb. Da die Turniere bei solennen Gelegenheiten gehalten wurden, wo viele fremde Herrschaften zugegen waren, so war es gewöhnlich, daß auswärtige Kaufleute alsdann vor dem Schlosse ihre Waren auslegten. Daher entstand endlich eine Reihe Buden an der innern Seite der Stechbahn. Nachdem Kurfürst Friedrich Wilhelm 1648 das Reithaus auf dem Werder (wo jetzt die Kirche ist) neu aufbauen und zum Ringel- und Quintenrennen hatte einrichten lassen, ließ er die Stechbahn eingehen, 1664 nach dem Bau der Langen Brücke den Platz pflastern und das Judizierhäuschen abbrechen. 1679 ließ er die Mauern ganz abbrechen und statt der daran stehenden hölzernen Buden durch Nering 1679 steinerne Kaufläden, mit einer dorischen Bogenlaube davor, bauen, welche 1681 fertig wurden. Sie behielten den Namen der Stechbahn. Bei dem Baue des neuen Schlosses wurden sie, der freiern Aussicht wegen, weggerissen, und es wur-

Ringrennen am 25. August 1750
auf dem Exerzierplatz

Johann Georg Rosenberg,
Der Schloßplatz
von der Stechbahn aus, 1782

den neue Läden und Häuser auf einem damals zur ehemaligen Statthalterei gehörigen Platze hinter dem damaligen Dome längs der Spree erbaut, daher heißt jetzt: die *Stechbahn* die Reihe Häuser von der Brüderstraße bis an die Werderschen Mühlen. Sie wurden 1702 auf Befehl König Friedrichs I. nach Bodts Rissen erbaut. Sie sind gleichförmig, drei Geschoß hoch, so daß sie nur ein großes Haus zu sein scheinen. Im Erdgeschosse ist eine offene Bogenlaube, unter denen Kaufmannsläden sind. Die beiden obern Geschosse sind mit jonischen Wandpfeilern geziert. Das mittelste Haus hat einen Balkon. Der Vortritt vor der Stechbahn, worunter die Keller befindlich sind, ist mit hölzernen Pfählen umgeben, damit nicht darauf gefahren werde. Hier versammeln sich alle Mittage die Kaufleute als auf einer Börse.

Auf dem Schloßplatze vor der Stechbahn halten den ganzen Tag die öffentlichen *Mietkutschen* oder Fiaker.

Das Königliche Schloß
Geschichte der Erbauung
des Schlosses

Die ersten Kurfürsten aus dem zollerischen Hause hatten ihre Residenz mehrenteils in Tangermünde und in Spandau. Doch hatten die frühern Kurfürsten schon ungefähr seit 1357 und also seit den Zeiten Ludwig des Römers einen Palast in der Klosterstraße, in welchem sich Kurfürst Friedrich I. 1415 huldigen ließ. Kurfürst Friedrich II. erhielt 1442 bei Gelegenheit der in der Einleitung erzählten Streitigkeiten von den Städten Berlin und Kölln den Platz in Kölln hinter dem Predigerkloster, um ein Schloß darauf zu bauen. [...] Diese alte befestigte Burg lag zunächst an der Spree weiter nach der Langen Brücke zu als jetzt. Es war von derselben bis 1682 noch der untere Teil eines runden Turmes übrig, und es ist nicht unwahrscheinlich, daß der noch ganz vorhandene runde Turm an der Spree zwischen der alten Kapelle und dem Gebäude mit den eckigten Erkern oder der sogenannte Grüne Hut auch noch von dieser alten Burg herrühren könne. Sie war 1451 schon so weit fertig, daß der Kurfürst darauf wohnte. Von ihrer Beschaffenheit ist weiter keine Nachricht vorhanden, als daß an der Stelle, wo jetzt der Flügel des innern Schloßhofes nach dem Lustgarten stehet, der Marstall und über demselben das Zeughaus gestanden habe. Was die Kurfürsten Albert Achilles, Johann Cicero und Joachim I. daran gebauet und verbessert haben, ist nicht bekannt, aber Kurfürst Joachim II. ließ 1538 die alte Burg ganz niederreißen und in den folgenden Jahren durch den Baumeister Kaspar Theiß ein ganz neues Schloß, drei Geschoß hoch, bauen. Der eine Flügel desselben stand an der jetzigen Stelle des Schlosses von der Langen Brücke bis an die Breite Straße. Er hatte in der Mitte ein großes, von drei Säulen getragenes doppeltes Portal und über demselben gemauerte Balkone. An den beiden Ecken waren runde Erker, davon man den einen, obgleich anders verziert, noch an der Spreeseite siehet. Von der andern Ecke ging ein hölzerner bedeckter Gang, auf steinernen Pfeilern ruhend, bis in den Dom. Der andere, gleichfalls drei Geschoß hohe Flügel dieses Schlosses lag an der Spree und ging nicht ganz bis an den jetzigen Durchgang nach der ehemaligen Kavalierbrücke. An der Seite nach dem Schloßhofe hatte er am Erdgeschosse eine Bogenlaube. Dieser Flügel war nur einfach, und die jetzt hinter demselben nach der Spree befindlichen beiden Hinterhöfe nebst denen darauf befindlichen Gebäuden waren damals noch nicht vorhanden. Zwischen diesen beiden Flügeln, im Winkel nach der Spree, lag damals schon die jetzt noch ganz vorhandene, aber in das jetzige Schloßgebäude meist verbaute alte Kapelle. Sie ist vermutlich schon vor diesem Schlosse gebauet worden. [...] Unter Kurfürst Joachim II. ward sie erneuert und mit einem Turme versehen, welcher noch auf Memhardts und Schulzens Planen von Berlin angedeutet ist und der unter Kurfürst Friedrich Wilhelm bis auf die jetzige Höhe abgetragen worden sein soll.

Dieses Schloß war nach der damaligen Bauart sehr

prächtig, mit hohen Giebeln versehen und ganz mit Kupfer gedeckt. Vor dem großen Saale auf einem steinernen Gange innerhalb des Schloßhofes (demjenigen gleich, den man an dem jetzigen alten Quergebäude sieht) standen die steinernen Brustbilder der damals lebenden deutschen Kurfürsten, nach dem Leben angemalt. Inwendig aber war dessen vornehmste Zierde: viele historische Tafeln von Lucas von Cranach. Der große Saal im dritten Geschosse nahm die ganze Länge des Gebäudes nach dem Schloßplatze ein. Seine Decke hing am Dachstuhl und erregte damals Bewunderung.

Kurfürst Joachim II. starb 1572, ehe diese ansehnlichen Gebäude völlig zustande gebracht waren. Kurfürst Johann Georg ließ gleich nach dem Antritt seiner Regierung durch den Baumeister Hans Räspell das Nötigste machen, nämlich die Giebel am Schlosse nach der Wasserseite vollends endigen, in dem dritten Geschosse nach dem Wasser zu über des Kurfürsten Gemache noch einige Gemächer zurichten und den Turm über der Kapelle, dessen oberer hölzerner Teil noch nicht ausgebaut und wegen Mangels von Bedeckung schon baufällig war, wieder reparieren und ganz endigen. Übrigens war dieser Kurfürst in den ersten Jahren seiner Regierung beschäftigt, die durch die Pracht und schlechte Wirtschaft Joachims II. sehr verfallenen Finanzen wieder in Ordnung zu bringen. Sehr wichtige Staatsgeschäfte, die Erbverträge zwischen Brandenburg und Pommern, die römische Königswahl, die mecklenburgische Vormundschaft, die preußischen und magdeburgischen Angelegenheiten, beschäftigten ihn ganz. Kaum aber waren diese geendigt, so begann er sein Schloß zu erweitern. Er nahm 1578 den Grafen Rochus von Lynar, einen Mann, der für damalige Zeiten in der bürgerlichen und Kriegsbaukunst große Talente hatte, in seine Dienste. Graf Rochus verdung im Hornung 1580 den Stall unter dem alten Zeughause an Meister Martin Räspell. Dieses Gebäude machte den jetzigen Flügel des innern Schloßhofes nach dem Lustgarten zu. Die Hälfte dieses Flügels wasserwärts am Flügel Joachims II. ward noch höher als derselbe, 4 Geschoß hoch, nach der Anlage des Grafen von Lynar aufgeführet. Die andere Hälfte nach dem äußern Schloßhofe blieb niedrig und enthielt, wie es scheinet, bloß den Stall. Schon 1579 hatte der Kurfürst im Sinne, noch größere Gebäude, besonders das dritte Haus oder das Quergebäude, welches den Hof schließen sollte, anzulegen. Im Frühlinge desselben Jahres kamen zu diesem Behufe von Pirna 317 Stufen 4 bis 5 Leipziger Ellen lang, 1 557 Pfosten 2 bis

3½ Ellen lang, 240 Bogenstücke und 1 500 Tafeln zum Pflastern, alles von pirnaischen Sandsteinen. Auch wurden aus Sachsen 300 Maurer darzu verschrieben, welche wöchentlich 26 bis 30 Silbergroschen erhielten. Das Holz ward auch im folgenden Jahre angefahren und darauf der Anfang des Baues wirklich gemacht.

Im Frühlinge 1558 schickte Kurfürst August von Sachsen, Johann Georgs vertrauter Freund, demselben seinen Mauermeister Peter Kummer den Ältern. Derselbe brachte einen Riß (oder Visierung) zu einem Gebäude mit, welchen der Graf Lynar untersuchte, verschiedenes daran änderte und den Anschlag machte, den Kummer sich nicht zu machen getraute. Es wurden dazu 300 000 Mauersteine und 100 000 Dachsteine erfordert, woraus erhellet, daß es nur ein niedriges Haus mit einem hohen Dache gewesen. Der Graf Lynar hätte gerne gewünscht, daß es an das schon zu bauen beschlossene dritte Haus gesetzt worden, um den Hof zu schließen. Der Kurfürst aber war anderes Sinnes; und so ward das Gebäude nach der jetzigen Schloßfreiheit zu gebauet und zur Wohnung kurfürstlicher Prinzen (weil Kurfürst Johann Georg bekanntlich eine starke Familie hatte) gewidmet. Kummer konnte indessen selbst den Bau nicht vollführen. Sein Herr, der Kurfürst von Sachsen, rief ihn im August 1585 schon wieder zurück, weil er seiner zu verschiedenen Gebäuden nötig hatte. Indessen ließ Kummer seinen Polierer zurück, der mit den übrigen sächsischen Maurern das Gebäude vollführen sollte.

Um diese Zeit ward auch in dem innern Schloßhofe an dem von Joachim II. gebauten Querflügel eine doppelt große Treppe, vermutlich auch vom Grafen Lynar, angelegt; die eine war mit Stufen und die andere ohne Stufen, so wie sie jetzt noch in dem an dieser Seite angelegten großen Portale sind.

Indessen ging auch der 1590 angefangene Bau des damals sogenannten dritten Hauses oder des jetzt noch stehenden alten Quergebäudes immerfort. Es ward nach der Angabe des Grafen von Lynar von Peter Niuron ausgeführt. Besonders 1593 ward mit dem Gebäude sehr geeilt, daher die Städte Berlin und Kölln 15 Maurer dazu stellen mußten. 1594 kamen die Dachsteine von Lehnin und Brandenburg, und das Gebäude ward fertig, wie solches noch jetzt an der Decke eines Zimmers im vierten Geschosse angezeigt ist. Die Keller dieses Gebäudes wurden zu Weinkellern bestimmt, wozu sie auch noch jetzt gebraucht werden. In dem Erdgeschosse und zweiten Geschosse, welche beide gewölbt sind (und wo jetzt die Geheime Staatskanzlei und die Kurmärkische Kammer sind), ward die Ratsstube, das Archiv, die Kammer und Kanzlei und was dazu gehöret, angelegt. Die beiden obern Geschosse enthielten Gemächer für fremde Herrschaften und wurden von Meister Hieronymus, einem vermutlich italienischen Maler, aufs stattlichste ausgemalet.

1598, gleich am Anfange der Regierung Kurfürst Joachim Friedrichs, wurden die schon angezeigten Seitengebäude, die jetzt im Lustgarten zwischen dem Schlosse und dem Dome liegen, ohne Zweifel nach Peter Niurons Angabe gebauet, indem der Graf Lynar schon 1596 gestorben und damals kein anderer Baumeister vorhanden war. Es ward aber gleichfalls nur der gerade Flügel nach dem Lustgarten gebauet, denn die hinter demselben liegenden Gebäude an der Spree sind viel später und ein Teil davon erst in diesem Jahrhunderte unter König Friedrich Wilhelm aufgeführet worden. Man findet, daß 1598 das Vordergebäude am Marstalle abgebrochen worden, welches vermutlich ein hervorstehender Teil des von Joachim II. erbaueten Flügels war, denn das neue Gebäude ward, wie es der Augenschein itzt noch gibt, ganz demselben gleich gezogen, obgleich nicht völlig so hoch aufgeführet. 1604 wurden Maurer aus Meißen verschrieben, und der Mauermeister Peter Jedemann und Zimmermeister Kaspar Schoch (weil Niuron aus Berlin gezogen war) wurden angewiesen, das Gebäude noch vor Winter unter Dach zu bringen. Es ward auch wirklich in diesem Jahre so weit fertig, daß das obere Geschoß mit glasurten Flursteinen von grüner, gelber und Eisenfarbe ausgesetzt wurde; und Hans Leipziger, der Ofensetzer, erbot sich auch, das Dach mit bunten glasurten Steinen, die sehr dauerhaft sein sollten, zu belegen, welches aber nicht geschehen ist. Die Münze, die schon seit 1593 nicht mehr in der Heiligengeiststraße war, ward hieher verlegt. Ein Teil der dazugehörigen Gebäude scheint entweder hinter dem jetzigen Gebäude der Hofapotheke oder jenseit des Durchgangs nach dem alten Zeughause zu gewesen zu sein. Daselbst war auch an der Spree das Münzrad, an welchem 1606 ein Pfeiler repariert ward. Da der erste Hofapotheker Krispin Haubenschmid 1605 von Halle hier ankam, so ward damals vermutlich die Hofapotheke in dem Erdgeschosse dieses Gebäudes errichtet. Wozu das obere Geschoß gedienet, ehe es zu dem itzigen Gebrauche angewendet worden, ist nicht bekannt. Vermutlich war es wegen der angenehmen Aussicht ein Sommersaal, worauf auch die obengemeldete Auslegung mit glasurten Steinen zu deuten scheint.

Um eben diese Zeit und vielleicht noch etwas eher wurde nach der Spreeseite neben der alten Kapelle das noch stehende schmale und hohe Gebäude mit den eckigten Erkern, welches den kleinen Hinterhof des Schlosses umschließet, gebauet. Man kann nicht gewiß sagen, wann und durch welchen Baumeister es aufgeführet worden. Daß es nicht mit dem Flügel, den Kaspar Theiß unter Joachim II. bauete, zugleich errichtet worden, zeiget der ganze Zusammenhang der Gebäude und die verschiedene Höhe der Geschosse. Daß es später als die daneben liegende Kapelle gebauet worden, erhellet insbesondere daraus, daß die Kapelle vorzeiten nach der Spree zu, gerade wo dieses Gebäude vorspringt, ihren hohen Haupteingang hatte, der nachher zugemauert worden, welches noch jetzt zu sehen ist. Die in dem Hofe dieses Gebäudes mit Fenstern vermachte Bogenlaube, welche von kleinen Säulchen mit kurzen Schäften und hohen Fußgestellen getragen wird, zeigt, daß es gegen das Ende des sechzehnten Jahrhunderts gebauet worden. [...]

Um die Zeit ward an der Ecke nach der Hundebrücke die Wasserkunst gebauet. Es war ein ziemlich hoher Turm, in welchem das Wasser der benachbarten Spree in die Höhe getrieben und vermutlich ins Schloß geleitet wurde. Die Zeit der Erbauung kann man nur daraus schließen, daß sich in den Totenregistern der Petrikirche von 1604 ein Kunstmeister an der Schleuse findet und daß die Gegend der jetzigen Freiheit bald, z.B. 1607, der Neue Gang am Wasser und bald, als z. B. 1618, der Gang an der Neuen Wasserkunst hieß. Der Baumeister ist unbekannt. [...]

In der zwanzigjährigen unglücklichen Regierung Georg Wilhelms verfiel das Schloß ganz. Die einzige Spur von Baue findet man darin, daß 1624 für 800 Rtlr. Werkstücke von Pirna zu Reparierung einer Treppe verschrieben und daß 1626 bis 1629 33986 Glasscheiben zum kurfürstlichen Residenzhause sowohl an neuer als Flickarbeit geliefert worden. Vermutlich hat eine Kanzlei oder ein anderes nötiges Gebäude müssen erweitert werden. Sonst findet man, besonders von 1634 bis 1640, in allen Nachrichten die traurigsten Spuren, daß alles nach und nach höchst baufällig geworden, zum Teil gestützt werden müssen und doch eingefallen ist. [...] Balthasar Benzelt machte einen Anschlag, [den Alten] mit pirnaischen Werkstücken zu belegen, die Kosten beliefen sich aber auf 10000 Taler, welche nicht vorhanden waren. Der Herzogin von Braunschweig Gemach war mit vielen hundert Pfählen gestützt, das Dach äußerst schadhaft und zuletzt auch die Fenster und Mauern von so elender Beschaffenheit, daß eine gleichzeitige Nachricht sagt, »man müsse sich vor den Fremden schämen, die dieses kurfürstliche Residenzschloß sähen«.

Kurfürst Friedrich Wilhelm der Große, mit dessen Regierungsantritte 1640 in alle Geschäfte ein neues Leben kam, dachte auch sogleich, obgleich noch mitten im verderblichen Kriege, an die Wiederherstellung seines Schlosses. Er ließ sofort die nötigsten Reparaturen vornehmen: den hin und wieder eingestürzten Altan wieder herstellen und vorerst mit starken Dielen belegen, desgleichen 1644 die äußerst baufällige bedeckte Wendeltreppe oder den damals sogenannten Reitschnecken im innern Schloßhofe wieder instand setzen. Es fehlte aber auch damals so sehr an bauverständigen Leuten, daß der Kurfürst auf wiederholtes Ansuchen der Amtskammer noch im März 1647 aus dem Haag schrieb: Er habe daselbst einen Zimmermann, Vibrand Gerritsen, angenommen und wolle sich auch um einen Baumeister und Steinmetzen bemühen. In diesem Jahre beschloß der Kurfürst, sein und seiner Gemahlin verfallene Gemächer in dem Flügel nach der Langen Brücke zu und in der Herzogin Hause nach dem Wasser zu erneuern lassen und übertrug dem Amtskammerpräsidenten Bernd von Arnim die Anordnung darüber. 1648 war es so weit fertig, daß Michael Hirte acht Deckenstücke malte, wovon noch etwas vorhanden ist.

Kaum gewann nach geschlossenem Westfälischen Frieden der Kurfürst Hoffnung, daß seine Länder Ruhe erhalten würden, so war er auch schon bedacht, den Schloßbau mit mehrerm Ernst betreiben zu lassen. Es wurden schon im Frühlinge 1648 Baumaterialien und Kalk angefahren, auch von dem Kommendanten zu Spandau, J. G. von Ribbeck, zum Baue Geld aufgenommen. Im November kam der Befehl, den Grünen Hut zu Gemächern einrichten zu lassen, und der Geheime Kammerdiener Moritz Neubauer, der vorher schon am Schloßbaue teilgehabt hatte, ward aus Kleve gesandt, um denselben wieder vor die Hand zu nehmen. Indessen scheint derselbe nur geringen Fortgang gehabt zu haben, bis 1650 Memhardt, der so lange erwartete Baumeister, endlich ankam. Nunmehr ward 1652 ein Teil des Altans mit Kupfer gedeckt, ein großer Teil der baufälligen Gebäude des äußern Schloßhofes abgebrochen und wieder aufgeführt und teils nach der Freiheit zu im Erdgeschosse Zimmer für die Kriegskasse, Lehnskanzlei, Konsistorium, Kammergericht und Kriegskanzlei, teils in dem Flügel nach dem Garten zu im ehemaligen Marstalle für verschiedene

Hofbediente Wohnungen zugerichtet. Vermutlich ward damals auch der baufällige Turm über der Kapelle abgetragen. Es ward in diesem Jahre so viel gebauet, daß Memhardt, welcher diese Gebäude dirigierte, 1655 deswegen die Auszahlung der Arbeiter verbot.

Plötzlich aber mußte wegen des schwedischen Krieges alles eingestellt werden. Memhardt mußte als Oberingenieur dem Kurfürsten nach Preußen folgen, von da er erst 1656, kurz vor dem mit Schweden geschlossenen Königsbergischen Frieden, wieder zurückkam. Ihm ward sogleich die Aufsicht über alle kurfürstlichen Gebäude, besonders über den Schloßbau, aufgetragen. Er bauete darauf die äußern Schloßgebäude sowohl in den obern als untern Geschossen völlig aus und ließ den Altan völlig mit Kupfer decken, welches schon 1642 angefangen war. Er scheint auch in den folgenden Jahren das alte Haus der Herzogin an der Spreeseite bis auf die jetzige Höhe gebracht zu haben. Er bauete 1659 das Schloßtor neu nach dorischer Ordnung. Nachher wurden die Zeiten bedenklich; die Befestigung von Berlin wurde ihm aufgetragen, und der Schloßbau blieb liegen.

Bald nach dem 1660 geschlossenen Olivischen Frieden ward der Schloßbau nebst dem Baue verschiedener Lustschlösser um Berlin wieder vorgenommen. Der Kurfürst ließ dazu Jaspis und Marmor von verschiedenen Orten kommen. 1661 baute Memhardt das Ballhaus, ein besonderes Gebäude nach dem Lustgarten zu. 1666 bekam de Chièze die Aufsicht über den Schloßbau, und es wurden zuerst jährlich 2000 Taler zur Reparatur desselben verordnet, welche aber damals noch nicht bezahlet werden konnten.

Man findet auch bis 1679, während des damaligen Krieges, von nichts als von einigen Reparaturen Nachricht, außer daß 1672 in dem äußern Schloßhofe, nach dem Dom zu, verschiedene noch nicht vorhandene Wohnungen für Fremde eingerichtet wurden.

Nach dem Frieden zu Saint Germain genoß der Kurfürst die Früchte seiner glorreichen Feldzüge und beschloß, auch sein Schloß ansehnlich zu erweitern, wozu 1681 der Anfang gemacht ward. Das niedrige Quergebäude über den Küchen wurde erhöhet und der große, mit korinthischen Wandsäulen gezierte Saal gebauet, worin jetzt das Hoftheater ist und welcher 1685 fertig ward. Zugleich wurden die Gebäude nach der Spreeseite, welche von der ehemaligen Kavalierbrücke bis an der Herzogin Haus den großen Hinterhof des Schlosses umschließen, angefangen.

Sowohl der Saal als diese Gebäude gingen unter des Baumeisters M. M. Smids Namen. Aus ihrer Anordnung scheinet aber zu erhellen, daß Nering, dem zugleich mit Smids die Ausführung aufgetragen war, an der Erfindung nicht wenig Anteil habe. Als Kurfürst Friedrich Wilhelm 1688 starb, war von diesem Gebäude die Seite nach dem Durchgange bis ins vierte Geschoß fertig, aber die Seite nach dem Wasser ward erst unter Kurfürst Friedrich III. fertig gebauet, wo denn auch auf die runde Mauer der alten Kapelle das noch jetzt stehende eckige, an der Seite mit Fenstern versehene Gemach gesetzt wurde, welches der berühmten Kurfürstin Sophie Charlotte zur Bibliothek und zum Lesezimmer diente. Nering führte den Bau nach Smids' 1692 erfolgtem Tode allein, und als er selbst 1695 starb, ward die Endigung desselben Grünbergen aufgetragen.

Johann Stridbeck d. J.,
Das Schloß gegenüber der
Burgstraße, 1690

Kurfürst Friedrich III., nach seiner bekannten Neigung zur Pracht, kam nun auf die Gedanken, sein Schloß, so weit der innere Hof gehet, umzubilden, ohne es ganz neu zu bauen. Dieses Vorhaben auszuführen ward glücklicherweise der berühmte Schlüter, einer der größten Baumeister seines Zeitalters, gewählt. Alle vorige Verbesserungen des Schlosses waren nur Flickwerk, und selbst die Erweiterungen zeigten entweder die eingeschränkten Ideen der Baumeister oder den Mangel der Mittel, größere Ideen auszuführen, oder beides. Es gehörte Schlüters weitumfassender Geist dazu, aus den zusammengehäuften, ohne Ordnung, ohne Symmetrie ineinander gebauten Gebäuden ein zusammenhängendes Ganze zu machen. Er tat mehr: Er schuf ein

Ganzes, dessen Anlage edel, wohlzusammenstimmend und prächtig war. Seine Absicht war, den alten Joachimschen Flügel nach dem Schloßplatze, so wie er jetzt ist, zu verändern, die Erker an beiden Seiten zu lassen und nur bis an die Erde herunter zu bauen, das jetzige alte Quergebäude gleichförmig zu verzieren und ihm sowohl nach dem innern als äußern Schloßhofe ein korinthisches Portal zu geben, die Kapelle und das alte Gebäude nach dem Wasser gleichfalls gerade zu ziehen, gleichförmig zu verzieren und auf das Gebäude, welches beide Hinterhöfe trennt, einen hohen viereckigten Aufsatz zu machen, welcher an allen vier Seiten mit großen Bogenfenstern und einer jonischen Säulenstellung gezieret und gleich dem übrigen Schlosse mit einem Altane und Brustgeländer gedeckt sein sollte. Wenn man sich den vorigen unförmlichen Zustand der Schloßgebäude vorstellet, so muß man den großen Geist bewundern, der aus einem solchen Chaos mit so wenigen Veränderungen der Hauptgebäude ein so wohlzusammenstimmendes Ganze schaffen konnte. Der Plan erhielt den Beifall des Kurfürsten. 1699 ward der Anfang des Baues mit der Seite nach dem Lustgarten gemacht, welche fast ganz niedergerissen und von Grund auf neu gebauet werden mußte. 1701 war der Rittersaal bereits so weit fertig, daß zu Malung der Decke Anstalt gemacht wurde. Zugleich wurden im innern Schloßhofe die beiden alten, vor dem Gebäude stehenden Treppen weggerissen und das jetzige hohe Portal und die beiden in demselben liegenden schönen Treppen gebauet. Die Seite nach dem Schloßplatze folgte, an welcher die Hauptmauern ganz stehenbleiben konnten und nur bis ins vierte Geschoß erhöhet und nach der neuen Anlage verzieret wurden. Im Jahr 1702 war alles von außen und zum Teil auch von innen fertig. Man muß erstaunen, daß eine so große Veränderung des Schlosses in so kurzer Zeit und noch dazu bei so manchen Unbequemlichkeiten, Widersprüchen und Veränderungen der ersten Anlagen habe bewerkstelliget werden können.

Als König Friedrich I. nach geschehener Krönung im Mai 1701 nach Berlin zurückkam, empfand er über den Rittersaal und den Anfang der Paradezimmer ein großes Vergnügen. Sie waren ihm aber nach seiner Neigung zur Pracht viel zu klein. Schlüters Zweck war zwar, daß sie durch das jetzige Quergebäude fortgeführt werden sollten, aber der König wollte mehr Prachtzimmer in gerader Linie haben, daher mußte der einmal gemachte Plan wieder gänzlich geändert werden. Weil der kurfürstliche Hof durch einen ziemlich niedrigen Gang um den äußern Schloßhof in den Dom ging, so wollte Schlüter über die zwei niedrigen Stockwerke des alten Gebäudes einen von freistehenden korinthischen Säulen getragenen Saal setzen und dadurch zugleich diesen Teil des Schlosses zu der Höhe der übrigen Gebäude bringen und dem Hofe einen anständigern Gang

Die Alte Kunstkammer im Schloß

verschaffen. Er hatte eine vortreffliche Zeichnung gemacht, den Dom ganz neu mit einer großen und vier kleinen Kuppeln zu bauen und den ganzen Domplatz gleichförmig zu verzieren. Alle diese trefflichen Ideen blieben weg. Selbst die nötige Umformung des altväterischen Quergebäudes und der winklicht verbauten Gebäude an der Wasserseite unterblieb, weil die Paradezimmer nur eiligst verlängert werden sollten. Schlüter mußte also einen neuen Plan machen. Sollte nun in das schon angefangene Schloß Symmetrie gebracht werden, so mußte zu dem bereits gebaueten Portale noch eins gebauet und von der andern Seite eine gleiche Anzahl Fenster gesetzt werden. Dies geschah. Das zweite Portal kam gerade an die Stelle des alten obern Schloßtors gegen die Breite Straße über zu stehen, und ein demselben entsprechendes Portal wurde nach dem Lustgarten gebauet. Nach dieser Anlage würde die westliche und nordliche Ecke des Schlosses ungefähr bis ans siebente Fenster jenseit des zweiten Portals gegangen und also der

Schloßhof um so viel kleiner, die Freiheit aber um so viel breiter geworden sein. Das alte Quergebäude wollte Schlüter nunmehr vermutlich ganz wegbrechen und die beiden zweiten innern Portale mit den beiden im jetzigen innern Schloßhofe symmetrisch verzieren. Gleichzeitige Nachrichten bezeugen, daß damals auch schon der Entschluß gefaßt worden, den Dom wegzubrechen und den ganzen Schloßplatz gleich der Stechbahn mit Bogengängen zu bauen.

An der Seite nach der Hundebrücke lag die schon oben erwähnte Wasserkunst, welche, nachdem im vorigen Jahrhunderte auch die Münze darein verlegt worden, der *Münzturm* hieß. Dieser Turm behielt freilich zu dem nunmehr erhöheten Schloßgebäude keine Proportion. Am schicklichsten würde es gewesen sein, denselben ganz wegzubrechen; und es war auch schon der Vorschlag, ihn dahin, wohin die jetzige Börse an der Pomeranzenbrücke stehet, zu verlegen. Aber unglücklicherweise fand der König Belieben an einem Glockenspiele, welches er in seinem Schlosse haben und auf diesen Turm gesetzt wissen wollte. Man sagt, der Günstling des Königs, Graf von Wartenberg, der den General Eosander, Schlüters Nebenbuhler, beschützte und Schlütern nicht gewogen war, habe den König zuerst auf diese Gedanken gebracht. Schlüter bekam also schon 1701 bei der Erweiterung des Schloßbaues Befehl, diesen Turm bis auf 280 Fuß zu erhöhen, teils damit in dessen oberster Haube das beliebte Glockenspiel hängen, teils damit die Springbrunnen des Lustgartens höher steigen sollten. Schlüter, ob er gleich zu kühnen Unternehmungen geneigt war, sah die Mißlichkeit eines solchen Werkes ein. Er machte Vorstellungen, aber der König verlangte Gehorsam. Schlüter gehorchte.

Die Erhöhung des Turms ward sehr schnell betrieben. Gleich beim Anfange des Baues merkte man in dem alten Turme einen Riß, welchen Schlüter auch dem Schloßhauptmanne zeigte. Aber er sollte doch fortfahren. Er nahm zwar alle Vorsicht, um Schaden zu verhindern, aber schon 1703 zeigten sich mehrere kleine Risse. Der Baumeister war nun zu weit, um zurückzugehen. Er veränderte zwar die ganze Anlage des Turms, um dem Fundamente mehr Ausdehnung und Festigkeit zu geben. Aber 1706 im Junius, da der Turm schon über die Hälfte aufgeführet war, wurden die Risse stärker. Man besorgte den Einsturz des Turms, und er mußte aufs schleunigste abgetragen werden. Schlüters Neider triumphierten nunmehr. Die Führung des Schloßbaues ward ihm genommen und seinem Feinde Eosander aufgetragen, der seine Schadenfreude so wenig verbergen konnte, daß er den unglücklichen, an seiner Ehre gekränkten Mann im Theatrum Europaeum öffentlich aufs schimpflichste behandelte.

Diese Veränderung des Baumeisters brachte eine abermalige Veränderung in dem Plane des Schloßbaues zuwege. Eosander wollte seine Arbeit von Schlüters Arbeit unterscheiden, seine Geschicklichkeit an dem großen Portale zeigen und auf dasselbe den von dem Könige so sehnlich gewünschten Turm setzen. Um diesem großen Gebäude Raum zu schaffen, mußte die Seite nach der jetzigen Freiheit weiter herausgerückt werden. Es kam zwar das ganze Schloß dadurch aus der Symmetrie, aber König Friedrich I. ließ sich dieses leicht gefallen, weil seine Paradezimmer dadurch noch länger wurden. Nunmehr wurde nicht allein der Münzturm, sondern auch die übrigen vordern Schloßgebäude gänzlich abgerissen, und König Friedrich I., nach seiner Liebe zu Zeremonien, legte 1708 den 19ten Oktober feierlichst auf der Ecke nach der Hundebrücke den Grundstein des schon seit 1699 gebauten Schlosses und in demselben eine güldene Platte mit Aufschriften. Schon seit 1707 mußten alle Provinzen monatlich 6000 Taler zum Baue des Schlosses aufbringen. Man ordnete auch eine Kommission zu Regulierung der sehr aufgeschwollenen Schloßbauschulden und machte die weise Anordnung, daß künftig nicht mehr, als jährlich zu jedem Baue bestimmet wäre, verbauet werden sollte; welches doch nicht gänzlich gehalten ward.

Eosander führte also den Flügel nach dem Lustgarten, so weit er jetzt vorspringt, auf. Er bauete das große Portal nach der Freiheit zu nebst den drei innern Seiten des äußern Schloßhofes und legte die beiden vortrefflichen, auf Säulen ruhenden Treppen in diesem Portale und in dem an der Schloßwache an. Er hatte im Sinne, das alte Quergebäude zwischen beiden Höfen ganz wegzureißen und an dessen Stelle ein Gebäude von zwei Geschossen zu setzen, welches in der Mitte auch ein Portal haben, nach dem innern Schloßhofe zu abgerundet und an die übrigen Gebäude des innern Schloßhofes mit einer rundherum gehenden Säulenlaube von gekuppelten dorischen Säulen, der Schlüterschen gleich, angehängt werden sollte. Dies kam aber nicht zustande.

König Friedrich I. starb 1713, ehe die äußern Gebäude ganz fertig waren und an der Seite nach dem Dome kaum das erste Geschoß angefangen war. Eosander nahm seinen Abschied. König Friedrich Wilhelm ließ durch Böhmen, der schon unter Schlütern und Eosandern beim Schloßbau war gebraucht worden, die angefangenen Gebäude bis unters Dach, so wie sie jetzt sind, bis 1716 vollenden und nachher sowohl den Kirchhof am Dome wegnehmen, als am Lustgarten das 1661 errichtete Ballhaus und die daran stehenden Gebäude 1720 wegbrechen. Aber der Turm ward nicht auf das große Eosandersche Portal gesetzt. Selbst die zum Teil schon fertigen, auf das Brustgeländer des Dachs gehö-

Eosander von Göthe/
Martin Engelbrecht,
Das Silberbüfett im Rittersaal
des Berliner Schlosses

rigen Bildsäulen wurden nicht hinaufgebracht. Dagegen ließ der König 1720 durch den Maler Ebert an der neuen Werderschen Mühle das durch ein Wasserrad getriebene Druckwerk anlegen, wodurch das Wasser bis in die auf dem Dache des Schlosses über dem großen Eosanderschen Portale befindliche drei große Wasserbehälter getrieben und von da in alle Gegenden des Schlosses geleitet wird. Er ließ auch das Schloß inwendig ausbauen, 1728 den Weißen Saal anlegen, die noch unmeublierten Zimmer zum Teile prächtig mit vielem Silber auszieren und 1739 das silberne Chor im Rittersaale machen.

Unter König Friedrich II. sind im Schlosse weiter keine Veränderungen vorgenommen worden, als daß teils zu Erweiterung der Silberkammern der untere Teil der alten Kapelle verbauet und darin eine Treppe angeleget, auch auf der Seite an der Langen Brücke die Konfidenztafel gebauet worden, teils der obere Teil der Kapelle zu Wohnungen für des Königs Pagen und Domestiken eingerichtet und in dem alten, oben gedachten Hause der Herzogin auch für des Königs Gefolge einige Zimmer angebauet worden. Die Zimmer des Königs, der hochseligen Königin Frau Mutter nebst der ganzen Seite im ersten Geschosse nach dem Lustgarten zu sind 1746 neu meubliert worden. [...]

Die *Breite Straße.* Sie geht vom Schloßplatze bis an den Köllnischen Fischmarkt. Hier ist linker Hand: der *königliche Stall.* Ein langes vierecktes Gebäude, drei Geschoß hoch, das bis an die Spree durchgehet und zwei geräumige Höfe einschließt. Schon im 15ten Jahrhundert stand auf der einen Hälfte des jetzigen Platzes nach dem Schlosse zu der kurfürstliche Marstall. Da dieser alt und baufällig geworden war, schenkte ihn Kurfürst Joachim Friedrich 1593 dem Oberkämmerer und Geheimen Rate Hieronymus v. Schlick, Grafen zu Passau, der von dem Kramer Bertram Nicolaus noch ein Haus (den jetzigen kleinen oder prinzlichen Stall) dazu kaufte und auf dem Platze ein neues Gebäude aufführte. 1606 verkaufte er es an den Markgraf Johann Georg für 10 000 Taler. Da dieser Prinz kurz darauf Herzog von Jägerndorf ward, so scheint er das Haus dem Kurfürsten überlassen zu haben. Um 1648 verlegte Kurfürst Friedrich Wilhelm den kurfürstlichen Marstall vom Schlosse in dieses Haus. 1665 brannte der Stall größtenteils ab. Der Kurfürst ließ ihn darauf von 1665 bis 1670 von M. M. Smids neu bauen und kaufte, um ihn zu vergrößern, das Haus, welches Hans Georg von Ribbeck 1624 gebauet hatte, dazu. Die

Seite nach dem Wasser, zwei Stockwerke hoch, in der Mitte mit einem Vorsprunge, ist 17 Fenster lang, ganz symmetrisch ausgebauet. Von der Seite nach der Breiten Straße hingegen ist nur die abgebrannte Hälfte neu gebauet und die alte Vorderseite des Ribbeckschen Hauses stehengeblieben. Der Krieg mit Frankreich 1672 scheinet den Bau unterbrochen zu haben. Jetzt sind unten rundherum in diesem Gebäude die Ställe für die Pferde des Königs und der Königin. In dem ersten ungepflasterten Hofe ist eine offene Reitbahn, im zweiten Hofe die Remisen für die königlichen Kutschen und zwischen beiden eine verdeckte Reitbahn. Im ersten Eingange von der Breiten Straße kommt man auf einer Treppe ohne Stufen auf die Rüstkammer, woselbst die königlichen Geschirre und verschiedene Seltenheiten verwahret werden. Sie nimmt den ganzen linken Flügel ein. Kurfürst Friedrich Wilhelm ließ einen Saal auf allen drei Seiten um das ganze Gebäude zur Rüstkammer bauen. Der jetzige König aber hat den Flügel nach dem Wasser und den rechten Flügel und den Mittelflügel über der verdeckten Reitbahn, welcher unter König Friedrich I. ein Operntheater war, zu einem Montierungsmagazine für die Armee gewidmet. Man kommt dahin auf einer Treppe im mittelsten Eingange. Die ganze Vorderseite bewohnen der königliche Oberstallmeister (itzt des Herrn Staatsministers und Generalmajors Grafen von Schwerin Exzellenz), der erste Stallmeister Herr Rittmeister von Drosedow und der Herr Stallmeister Wollney nebst verschiedenen königlichen Stalloffizianten. Auch ist hier die Versammlung der *königlichen Oberrechenkammer.*

Heinrich Jakob Otto,
Johann Georg von Ribbeck

Dicht neben dem königlichen Stalle ist: die *königliche Reitakademie.* Im Jahre 1604 kaufte Kurfürst Joachim Friedrich den Platz dieses Hauses nebst dem Vorwerke Wedding von seinem Oberkämmerer und Geheimen Rate Grafen Schlick von Passau und verlieh diese Grundstücke nebst dem Vorwerke im Tiergarten (die jetzige Habermaaßische Meierei) und nebst den von verschiedenen Bürgern erkauften, vor dem St. Gertraudentore gelegenen Gärten seiner Gemahlin Eleonora auf Lebenszeit. Dieses Haus behielten die folgenden Kurfürstinnen, und noch 1641 besaß es die Herzogin Anna Sophia von Braunschweig, geborne Prinzessin von Brandenburg. 1716 schenkte König Friedrich Wilhelm dieses Haus dem Stallmeister Franz zu einer Reitakademie. Das Vordergebäude ist jetzt an Privatpersonen vermietet; hinten ist noch eine verdeckte Reitbahn für die Scholaren der königl. Reitakademie.

Der *kleine oder prinzliche Stall.* Dieses Haus kaufte Kurfürst Joachim Friedrich 1604 mit den ebengedachten Grundstücken von dem Grafen Schlick zu Passau, um das danebenliegende Haus der Kurfürstin zu vergrößern. Jetzt stehen daselbst die Pferde des Prinzen von Preußen, und das übrige wird von Personen, die zum Stalle gehören, bewohnet.

Die *Köllnische Hauptwache* ist am Ende der Straße rechter Hand im Kellergeschosse des Köllnischen Rathauses bei der Gertraudenstraße.

In der Breiten Straße sind viele schöne *Privathäuser.* Unter die ältern im vorigen Jahrhunderte gebauten gehört das *Salzmannische* und unter die neuen das *Vossische, Merksche* und *Moreausche.* 1769 und 1770 wurden in dieser Straße nach Ungers Zeichnungen sechs Häuser auf königliche Kosten, vier Geschoß hoch, teils neu erbauet, teils erhöhet. Im *Dammschen Hause* ist die Versammlung und die Kasse der *Witwenverpflegungsanstalt.*

Die *Brüderstraße* geht vom Schloßplatze bis an die Petrikirche. Hier sind folgende Häuser merkwürdig: Das *Platzmannische* und daranstoßende *Sassische Haus.* Auf diesem Platze stand in alten Zeiten die Dompropstei und die Propstei der Petrikirche, welche der verräterische Minister

Johann Stridbeck d. J.,
Die Brüderstraße, 1690

und Statthalter des Kurfürsten Georg Wilhelm, der Graf Adam von Schwarzenberg, nebst einem anliegenden Hause im Dreißigjährigen Kriege erkaufte und daraus mitten im äußersten Elende des Landes einen prächtigen Palast, die *Statthalterei* genannt, aufführen ließ. Nach dessen Tode fiel die Statthalterei an den Kurfürsten, welcher sie 1680 der Schwerinschen Familie als ein Burglehn verlieh. Damals gehörte der Platz, wo das jetzige Devrientsche Eckhaus steht, nebst der ganzen Gegend der jetzigen Stechbahn dazu. Kurfürst Friedrich III. kaufte 1698 dieses alles und verlegte in das große Gebäude den größten Teil der Landeskollegien. Als diese 1735 in das neue Kollegienhaus auf der Friedrichsstadt verlegt wurden, wurden diese Häuser wieder an Privatpersonen überlassen, welche sie auf jetzige Art ausgebauet haben.

Gegenüber, linker Hand, das große Wirtshaus *Die Stadt Paris*. Das *Rolletsche Haus*. Die *Köllnische Propstei* rechter Hand der Spreegasse. Der Staatsminister von Happe besaß dieses Haus unter König Friedrich Wilhelm. Von demselben kaufte es 1737 der Magistrat auf königlichen Befehl zur Propstei. Das ehemalige freiherrlich Knyphausensche, nachher Gotzkowskische, nun *Diekowsche Haus*.

Aus der Brüderstraße führt linker Hand: die *Neumannsgasse* nach der Breiten Straße, rechter Hand aber die *Spreegasse* nach dem Schleusengraben. Aus dieser Gasse geht rechter Hand der *Bullenwinkel* bis an den Mühlengraben. Bis hieher ging vor der Befestigung Berlins die köllnische Stadtmauer, und an derselben stand ein Turm. 1640 ward derselbe nebst dem Turme in der Grünstraße auf Befehl des Grafen von Schwarzenberg abgetragen, um Stücke darauf zu pflanzen, und 1663, da die Befestigung noch nicht ganz

Anna Dorothea Therbusch, Die Familie Nicolai, 1785 (v. l. n. r. Karl August, Friedrich Nicolai, Samuel Friedrich, Elisabeth Makaria Nicolai, Wilhelmine, Charlotte, Makaria Schaarschmidt, David)

fertig war, wurden beide wieder gedeckt und Schießlöcher darin gemacht.

Die *Scharrenstraße* geht vom Ende der Breiten Straße, neben der Köllnischen Hauptwache, bis an den Graben. Hier ist die *Köllnische Ratswaage* und der Hinterteil des Köllnischen Rathauses.

Johann Stridbeck d. J., Die Petrikirche, 1690

Der *Platz an der Petrikirche* liegt zwischen der Scharrenstraße und der Gertraudenstraße. Auf dem linken Teile desselben, an den Fleischscharren, werden Gartengewächse verkauft. Der rechte Teil, welcher sonst vor dem Brande 1730 kleiner war, hieß nebst dem Teile der jetzigen Scharrenstraße, nach der jetzigen Neuen Kirchgasse zu, der Hundemarkt. Auf diesem Platze steht: die *Petrikirche.* Sie ist beständig die Pfarrkirche in Kölln gewesen und also vermutlich bald nach der Anbauung der Stadt, wenigstens gegen das Ende des 12ten Jahrhunderts oder im Anfange des 13ten, erbauet worden. 1238 kommt zuerst Simeon plebanus de Colonia als Zeuge in einem Vergleiche zwischen dem Markgrafen und Bischofe von Brandenburg vor. Die älteste Urkunde, in welcher der Pfarrkirche von Kölln erwähnt wird, ist von 1285. 1379 ward sie, nachdem sie baufällig geworden, neu gebauet. Nachdem sie verschiedentlich und zuletzt 1675 erneuert worden, wollte Kurfürst Friedrich Wilhelm einen Turm daran anbauen lassen. König Friedrich I. ließ 1706 durch Schlütern eine Zeichnung dazu machen, welche aber auch nicht ausgeführet wurde. König Friedrich Wilhelm ließ die Kirche 1717 gänzlich erneuern, derselben mehr Licht geben und die Chöre und Stühle inwendig ganz neu machen. 1724 befahl der König, den Turm zu bauen, wozu Böhme eine neue Zeichnung verfertigt hatte, welche aber auch nicht befolget wurde, sondern der Turm ward nach Graels Zeichnung angefangen. Er war 1730 auch schon bis über die Kuppel 302 Fuß hoch, ohne die 42 Fuß hohe Helmstange, in die Höhe geführt, als den 29ten Mai 1730 ein Wetterstrahl den Turm anzündete, wodurch derselbe samt der Kirche, der schönen marmornen Kanzel, welche 1718 nach Böhmes Zeichnung vom Bildhauer Koch war verfertigt worden, und einer großen Anzahl umstehender Häuser bis auf den Grund abbrennte. Es wurden darauf sowohl von Gerlach als von Grael zu einer neuen Kirche und Turm verschiedene Zeichnungen gemacht. Der König zog Graels Zeichnung vor und trug demselben die Ausführung, die Direktion aber dem damaligen Generalmajor Christian von Linger auf. Die Kirche ward,

Johann David Schleuen,
Die Ruinen der Petrikirche
und der umliegenden Häuser,
1730

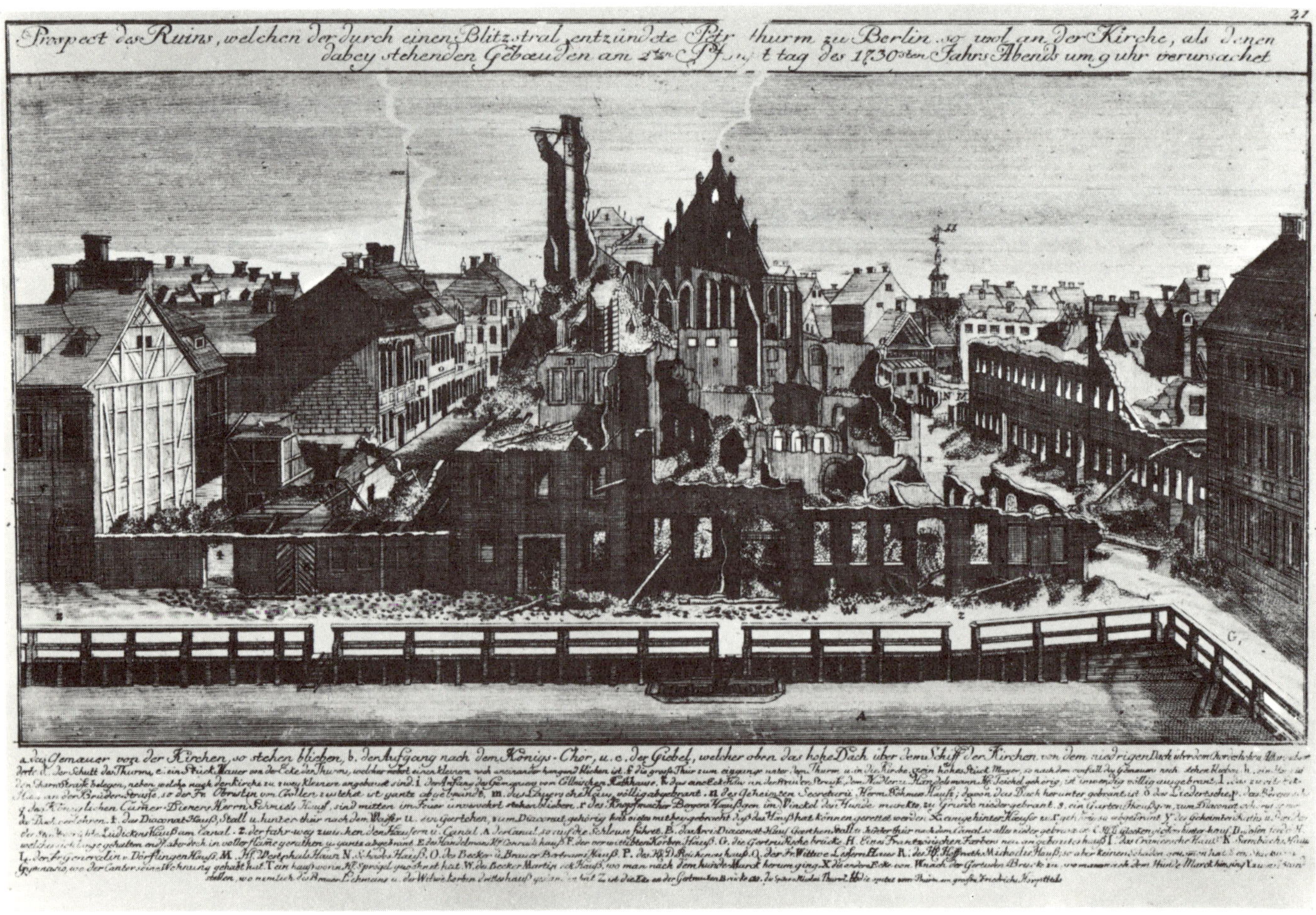

so wie sie jetzt ist, fertig, und der Turm, welcher vom Fundamente 400 Fuß hoch werden sollte, war schon an 100 Fuß hoch aufgeführet und die Kirche 1733 eingeweihet worden. Gleichwohl glaubte der König, der Turmbau würde nicht genug getrieben, und trug daher die fernere Fortsetzung des Turmbaues Gerlachen, dem Gegner Graels, auf. Nun ward der Bau mit größter Eilfertigkeit betrieben und der Turm in wenigen Monaten noch an 150 Fuß höher aufgemauert, als ihn Grael gelassen. Bei dieser äußersten Eilfertigkeit aber vergaß man die nötige Behutsamkeit. Man goß so viel Wasser auf die frischen Mauern, daß es an einigen Orten unten herauströpfelte. Dazu legte man auf diese frische Mauer eine Menge Werkstücke und vermutlich in solcher Lage, daß die nasse Mauer sehr ungleich beschweret wurde. Der Turm stürzte daher 1734 den 25ten August abends ein, wodurch die Attika, das Hauptgesims und die Hauptpfeiler nach der Brüderstraße zu sehr beschädigt wurden. Es ist leicht zu erachten, daß Gerlach die Schuld auf den Grund, den Grael aufgeführet hatte, werde geworfen haben. Er war auch der Meinung, die Kirche wäre so sehr beschädigt, daß sie notwendig müsse abgerissen und ganz neu gebauet werden. Es ward daher eine Kommission ernennet, welche aus den Baumeistern Stoltze, Kemmeter dem Jüngern, Nuglisch und Diterichs bestand, um die Sache zu untersuchen. Sie waren zwar in ihren Meinungen sehr geteilt, letzterer aber bewies besonders, die Kirche könne nicht einfallen, sondern vielmehr mit wenigen Kosten hergestellt werden. Dadurch ward diese schöne Kirche erhalten. Nach Wegräumung des Schuttes fand sich auch, daß die Gewölber des untern Geschosses, soweit es Grael aufgeführt, unversehret und daran nicht die geringsten Risse zu bemerken waren, welche sich doch hätten zeigen müssen, wenn die Grundfeste im geringsten gewichen wären. Auch hätte alsdann der Turm auf die Seite fallen müssen, wohin sich der Grund gesenkt. Er stürzte aber beinahe senkrecht in sich selbst nieder. Man kann also Graelen kein Versehen beimessen, sondern muß ihm vielmehr nachrühmen, daß er mit großer Klugheit gebauet. Da man auch fand, mit wie vieler Sorgfalt er die Grundfeste rammen und mauren lassen, so ist ohne Bedenken der jetzige Turm vom Grunde an bis unter das Glockengehäuse unter T. Favres Aufsicht darauf gemauert worden. Der Tod König Friedrich Wilhelms und der darauf erfolgte erste schlesische Krieg unterbrachen diesen Bau, welcher bis jetzt nicht weiter geführet worden ist.

Daniel Chodowiecki,
Wilhelm Abraham Teller, 1775

Die Kirche ist ein längliches Viereck mit zwei Vorsprüngen und in dem edelsten Geschmacke gebauet. Sie ist von außen mit Wandsäulen dorischer Ordnung gezieret, die auf ihren Fußgestellen ruhen. Über dem Hauptgesimse siehet man eine Attika. Das Dach ist mit Schiefer gedeckt, hat in der Mitte eine Kuppel und auf derselben eine Laterne. Man siehet daran acht korinthische Säulen und ebenso viele längliche Fenster, deren jedes ein kleineres ovales über sich hat, welche durch die Kuppel Licht in die Kirche geben. Inwendig ruht die Kuppel und die Laterne, welche hölzern sind, auf vier starken Pfeilern. In den Rundungen an denselben sind die Treppen angebracht. Die Kirche hat in der Länge 173 und in der Hauptbreite 52 Fuß. Die Vorlage nach dem Turm ist 23 Fuß 6 Zoll lang und 44 Fuß breit. Die Vorlage nach der Grünstraße ist 16 Fuß 8 Zoll lang und 52 Fuß breit. Daher ist die ganze Breite der Kirche mit der Vorlage 148 Fuß.

Die *Gertraudenstraße* geht von der Gertraudenbrücke mit der Scharrenstraße parallel bis an die Roßstraße, den Köllnischen Fischmarkt und die Breite Straße. Hier ist an der Ecke der Breiten Straße: das *Köllnische Rathaus.* Seit 1442, da die Rathäuser von Berlin und Kölln getrennet wurden, hat an dieser Stelle beständig das Köllnische Rathaus gestanden. 1612 war es eingefallen und wurde neu gebaut, und 1656, da es wieder baufällig worden, ward es wieder aufgebauet. 1710, nachdem die Magisträte sämtlicher Residenzien vereiniget worden, wurde das Köllnische Rathaus abgebrochen und ein neues, drei Geschoß hoch, welches künftig das allgemeine Rathaus für alle Städte sein sollte, nach Grünbergs Rissen angefangen zu bauen. Die Seite an der Breiten Straße sollte einen schönen Turm und da, wo jetzt die Köllnische Hauptwache ist, eine steinerne Freitreppe bekommen. Nach König Friedrichs I. Tode aber blieb der Bau liegen, weil König Friedrich Wilhelm befahl, daß die Ratsversammlung in dem alten Rathause in Berlin bleiben sollte. In das Köllnische Rathaus ward nur die Serviskommission gelegt, welche noch daselbst ist. Nach dem Brande 1730 ward das *Köllnische Gymnasium* hieher verlegt. Nach Vereinigung desselben mit dem Berlinischen Gymnasium blieb hier nur die *Köllnische Schule*, welche sechs Zimmer einnimmt. In dem Winkel der Roßstraße gegenüber ist ein Durchgang links nach den Fleischscharren, welche den Ausgang am Platze an der Petrikirche haben, und geradezu geht man nach der Köllnischen Ratswaage in die Scharrenstraße.

In der Gertraudenstraße stehen verschiedene schöne Privathäuser. Unter denselben ist das ansehnlichste das *Splittgerbersche Haus*, der Neuen Kirchgasse gegenüber, ohnweit der Gertraudenbrücke, 1734 von Gerlach erbaut.

Aus der Gertraudenstraße führt die *Neue Kirchgasse* linker Hand nach der Scharrenstraße. Die sämtlichen Häuser in dieser Gegend bis nach der Scharrenstraße und dem Hundemarkt sind nach dem Brande 1730 neu erbauet worden. Rechter Hand kommt man aus der Gertraudenstraße in: die *Grünstraße*. Sie führet von der Petrikirche ab bis an die Grünstraßenbrücke. Am Ende derselben war vor der Befestigung die köllnischc Stadtmauer, und an derselben stand ein Turm, der 1640 abgetragen ward, um Kanonen darauf zu pflanzen, und der 1663 wieder bedeckt und mit Schießlöchern versehen, aber bei der Befestigung abgetragen ward.

Die *Lappstraße* führet vom Platze an der Petrikirche bis zur Friedrichsgracht.

Die *Roßstraße*. Sie geht vom Köllnischen Rathause bis an die Roßstraßenbrücke. Hier ist das *Predigerwitwenhaus der Petrikirche*. Aus dieser Straße führt: die *Ritter- oder Petersiliengasse* rechts in die Lappstraße. Der *Köllnische Fischmarkt*. Liegt zwischen der Breiten, Gertrauden- und

Johann Georg Rosenberg,
Der Köllnische Fischmarkt,
1784

Fischerstraße und geht bis an den Mühlendamm. Hier ist nebst mehrern wohlgebauten Häusern das *Westphalsche Haus* gerade gegen der Breiten Straße. Unter der Regierung Kurfürst Friedrich Wilhelms des Großen ließ es der berühmte Feldmarschall von Derfflinger durch Nering bauen. Sonst sind hier viele Kaufläden und Krambuden. Zwischen diesem Markte und dem Mühlendamme geht: die *Fischerstraße* bis zur Friedrichsgracht. Aus derselben geht rechts: die *Schornsteinfegergasse*, ein kleines Gäßchen bis nach der Roßstraße.

Der *Mühlendamm*. Er führet aus Kölln nach Berlin nach dem Molkenmarkte und der Poststraße. Am Molkenmarkte und am Mühlendamme ist in der Mitte des 12ten Jahrhunderts der erste Anbau von Berlin angefangen worden. Die Mühlen, welche linker Hand nach der Langen Brücke zu liegen, werden schon in der ersten Hälfte des 14ten Jahrhunderts in Urkunden erwähnt. Damals hatten sowohl der Landesherr als die Stadt Mühlen hierselbst. Die Landesherren versetzten vielfältig ihre Mühlen verschiedenen Privatpersonen, auch dem Rate. 1336 setzte Markgraf Ludwig der Ältere seine Mühle, die er schon vorher von den Herren von Wedel eingelöset hatte, denselben abermals zum Pfande. 1354 gab Markgraf Ludwig der Römer verschiedenen Bürgern wegen geschehenen Vorschusses von 1 011 Mark aus seinen »beiden Molen zu Berlin in der die nehest by dem Mohlhofe lyt, und in der mittlersten uff den Tamme« jährlich 101 Mark brandenburgischen Silbers zu heben. 1363 löseten die Markgrafen Ludwig und Otto ihre sämtlichen Mühlen, die sie vorher dem Rate versetzt hatten, wieder ein, versicherten aber nochmals dem Rate und den Bürgern die Mühlen, welche dieselben auf Eigentum oder auf Lehen hatten. Nach dem Aufruhre 1448 aber verlor die Stadt und die Bürger alle Lehne und auch ihre Mühlen, welche seitdem ein Eigentum des Landesherrn sind.

Der Mühlendamm selbst war in ältern Zeiten nur ein schmaler unansehnlicher Gang. Wo das Gerönne war, waren zwei Brücken. Zwischen denselben sowohl an den Mühlen als gegenüber waren allerhand hölzerne Krambuden gebauet, welche dem Amtshauptmann auf dem Mühlenhofe einen Zins gaben, auch weggebrochen werden mußten, sobald an den Mühlen etwas zu bauen war. Schon 1605 wollte Kurfürst Joachim Friedrich diese Buden neu bauen und den Zins selbst einheben. Es unterblieb aber. Kurfürst Friedrich Wilhelm unternahm zuerst, dem Mühlendamme eine bessere Gestalt zu geben. Er ließ 1683 die

Mühlen nebst den Fangedämmen unter Aufsicht des damaligen Amtshauptmannes des Mühlenhofes, des durch seine Gedichte berühmten Herrn von Canitz, neu bauen, machte die Buden erblich und veranlaßte die Eigentümer, sie 1687 auf ihre Kosten ganz aus dem Wasser steinern zu bauen, wozu er ihnen Baumaterialien gab. Von denselben ward die jetzt befindliche Bogenlaube und in der Mitte ein hohes Portal mit dem Brustbilde des Kurfürsten gesetzt. Aber es wurden damals keine Wohnungen bei den Buden verstattet, und obgleich dennoch verschiedene kleine Wohnungen angebauet, welche 1690 zur Anlegung des Ganges, auf welchem man hinter den Buden in die Wohnungen kommen kann, Erlaubnis gegeben ward, so wurde doch von 1695 an wegen Feuersgefahr die Anlegung der Wohnungen hinter und über den Buden wiederholt verboten, welches so weit ging, daß 1702 im April den Einwohnern alle Schorsteine zugemauert wurden. Indessen wurden sie auf Eosanders Bericht im Dezember dieses Jahres wieder geöffnet. Man erhöhete den Grundzins der Einwohner, und seitdem wurden die Häuser nach und nach erbauet. Die fünf Gänge, wodurch das Wasser auf die Mühlen schießt, ließ König Friedrich I. 1706 bis 1710 durch Soothe mit Werkstücken wölben. 1759 brannten zwei Mühlengänge nebst verschiedenen vor denselben stehenden Häusern ab. Sie wurden aber darauf von Feldmann viel ansehnlicher gebauet und auch mit einer Bogenlaube versehen, welche bäurisch gezieret ist.

Adam de Clerck/Samuel Blesendorf,
Friedrich Rudolf Ludwig
Freiherr von Canitz

Die *Mühlen*, so wie sie jetzt liegen, sind folgende: (1) die köllnische Mühle von 8 Gängen; (2) drei Walkmühlen, wovon die zwei erstern zu Tüchern das Lagerhaus in Pacht hat und auf deren erste die feinen Tücher walken läßt, die zweite zu gewöhnlichen Tüchern aber wieder an das Tuchmachergewerk verpachtet hat; die dritte ist zu feinen wollenen Zeugen. (3) Die Mittelmühle an der berlinschen Seite von 8 Gängen; hinter dieser (4) die neue Mittelmühle von 2 Gängen. (5) Die Klippmühle von 8 Gängen. Gleich darneben (6) die neue Mühle von 8 Gängen. Hinter dieser, da wo sonst eine französische Lohmühle lag, (7) eine Tabaks-Mahl- und Stampfmühle, und da, wo sonst die kleine neue Mühle lag, hat (8) der verstorbene Veitel Ephraim auf Pfählen ein Hinterhaus zu seinem Hause in der Poststraße gebauet. (9) Die berlinischen Mühlen von 6 Gängen und neben denselben (10) das Mühlwaagehaus.

Am Ende des Mühlendamms rechter Hand der *Mühlenhof*, ein weitläuftiges Gebäude, drei Geschoß hoch, gerade der Poststraße gegenüber. Hier ist das *königliche Amt Müh-*

lenhof, welches die Gerichtsbarkeit über den Mühlendamm, die Fischerbrücke und die darauf befindlichen Häuser und Einwohner, über einen Teil des Spreestroms, desgleichen außer Berlin über sieben Dörfer und zwei Vorwerke hat. Auch ist auf dem Mühlenhofe die Generalproviantamts-kanzlei und ein *Getreidemagazin*. Es wurden auch 1690 im Erdgeschosse des Hauses eine Anzahl Kaufmannsläden ge-bauet, welche den Kaufleuten eigentümlich gehören.

Aus der Mitte des Mühlendamms kommt man durch das oben gedachte Portal zur *Fischerbrücke*. Sie ward 1683 mit-ten auf der Spree zwischen dem Wasser, welches auf die Mühlen schießt, gebauet und darauf der *köllnische und ber-linische Fischmarkt* zusammen angelegt, wovon der Name herkommt. Die Fischmärkte wurden aber bald wieder an ihre vorigen Orte verlegt, und 1699 ward Erlaubnis gege-ben, zuerst an der rechten Seite Krambuden zu bauen, wel-che, obgleich hölzern, so wie die auf dem Mühlendamme eine Bogenlaube vor sich hatten. Es ward zwar verboten, daß keine Wohnungen oder Feuerstätte daselbst sein soll-ten, aber im kurzen entstanden, bis 1710, nicht allein Häu-ser auf der Brücke über den Buden, sondern die Gegend *An der Fischerbrücke*, d. i. die Kaye längs der Spree bis an die Inselbrücke, war um diese Zeit auch schon bebauet.

An derselben liegt links *Die Insel*, ein großes Manufak-turhaus, in welchem die Gebrüder Wegely leichte wollene Zeuge machen lassen. Die Insel war noch in der Mitte des vorigen Jahrhunderts ein Werder mitten in der Spree und auf demselben eine Bleiche. 1687 ward hier ein Manufak-turspinnhaus errichtet. 1725 bei Errichtung der Wegely-schen Manufaktur wurde die Spree nach dem Lande zu zu-gedammt. Gleich neben der Insel von der Fischerbrücke in gerader Linie aus führet die *Inselbrücke* nach Neukölln. Der Insel gegenüber führt von der Kaye rechts der *Köllnische Wursthof*, eine kleine Gasse, bis in die Fischerstraße. Auch diese kleine Straße ward 1740 auf königliche Kosten erhö-het und neu gepflastert.

Gleichfalls der Insel gegenüber, aber am Wasser, geht rechts von der ostsüdlichen bis zur südwestlichen Seite längs dem Graben von der Inselbrücke bis zur Schleusen-brücke um Altkölln eine Kaye, welche in drei verschiedenen Abteilungen drei verschiedene Namen führt. Nämlich *An der Friedrichsgracht* oder *Friedrichsgraft* in einiger Krüm-mung von der Inselbrücke die Roßstraßenbrücke und Grün-straßenbrücke vorbei bis an die Gertraudenbrücke. *An der Gertrauden- und Spreegassenbrücke:* die Kaye zwischen diesen beiden Brücken, auf welche die Scharrenstraße stößet. Hier sind verschiedene ansehnliche Privathäuser als das *Fickertsche*, ehemals von Seckendorffsche Haus. Der *Französische Hof*, ein großes Gebäude. *An der Schleuse:* die Kaye von der Spreegassenbrücke oder Großen Jungfernbrücke bis an die Schleusenbrücke. Auf dieser Kaye findet man: die *Jungfernbrücke oder Kleine Jungfernbrücke.* Sie ward 1701 auf Grünbergs und Schlüters Bericht verengert und die umliegende Gegend auf beiden Seiten ausgefüllt und gepflastert. Sie ging sonst bis an die Scharrengasse. Unter derselben geht aus dem Schleusengraben der Mühlengraben, welcher hinter den Häusern an dieser Kaye am Bullenwinkel und hinter den Häusern der Brüderstraße und der Stechbahn weggehet, die Werderschen Mühlen treibt und gleich hinter denselben wieder in den Schleusengraben tritt.

Johann Stridbeck d.J.,
Die Friedrichsgracht
mit der Spreegassenbrücke,
1690

Die Kaye von der Kleinen Jungfernbrücke bis zur Schleusenbrücke gehörte in alten Zeiten zum Friedrichswerder und gehört noch in Absicht der Gerichtsbarkeit, der Hypothekenbücher, der Parochie und der Servisrollen zu demselben. Nur in Absicht der Polizei gehört sie zu Kölln. Diese Kaye war schon im 16ten Jahrhunderte mit Wohnungen der Alchimisten und verschiedener Hofbedienten besetzt, welche 1602 neu gebauet wurden, aber während des Dreißigjährigen Krieges nach und nach einfielen. Um 1670 wurden die Baustellen an Privatpersonen vergeben, doch war vor den Häusern nur ein niedriger und unansehnlicher Gang, bis 1694 der Schleusengraben mit Quadersteinen eingefaßt und diese Kaye nebst der gegenüberliegenden Unterwasserstraße erhöhet ward und ihre jetzige Breite erhielt.

Altkölln hat nur ein Polizeiquartier und ein Kirchspiel.

2. Neukölln

Ist jetzt die Gegend zwischen der Friedrichsgracht und dem ehemaligen Festungsgraben von der Blocksbrücke bis zum Spittelmarkte. Ein Teil der Spree und die Friedrichsgracht trennen Neukölln von Berlin und von Altkölln, der Festungsgraben trennt es von der Köpenicker Vorstadt und der Friedrichsstadt, und auf dem Spittelmarkte stößt es mit dem Friedrichswerder zusammen. Neukölln und der Fried-

Johann Georg Rosenberg, Blick von der Fischerbrücke spreeaufwärts, 1784

richswerder zusammengenommen machen eine vollkommene Insel aus. Die Kommunikation über das Wasser ist folgende: Mit Berlin hängt Neukölln durch die Blocksbrücke, mit Kölln durch die Roßstraßen-, Grünstraßen- und Gertraudenbrücke und mit der Köllnischen oder Köpenikker Vorstadt durch die Köpnicker und Neue Grünstraßen- oder Laufbrücke zusammen. In dieser Gegend war vor diesem ein schmaler Werder zwischen zween Ausflüssen der

Spree. Bei der Befestigung wurden die Ausflüsse abgeändert, darauf die Friedrichsgracht so wie jetzt geleitet und der Festungsgraben, dem Gange der Festungswerke zufolge, weiter nach der Köllnischen Vorstadt zu gezogen. Jedoch waren an dieser Stelle nur wenig Häuser und Gärten, eine Kalk- und Ziegelscheune und die Salzhäuser nebst einer kurfürstlichen Heubinderei, bis 1681 der Kurfürst befahl, hier mehr Häuser zu bauen, welches aber nur langsam geschah. Als 1737 die Festungswerke abgetragen wurden, ward der Festungsgraben wieder enger gemacht und viele neue Häuser und Gärten gebaut, auch ward ganz Neukölln 1738 und 1739 auf königliche Kosten gepflastert.

Es enthält nur zwei Hauptstraßen, die hintereinander mit der Friedrichsgracht parallel gehen, nämlich Neukölln am Wasser und Neukölln schlechthin oder die Wallstraße. Es hat 172 Vorderhäuser und 116 Hinterhäuser.

Johann Georg Rosenberg, Die Blocksbrücke

Die *Blocksbrücke* oder *Hospitalbrücke*. Sie führet von Berlin von der Stralauer Straße und dem Großen Friedrichshospitale nach Neukölln. Man kommt von dieser Brücke in einer kleinen Beugung nach den beiden Hauptstraßen Neuköllns.

Neukölln am Wasser. Eine Kaye, welche an der Spree und Friedrichsgracht von dem Schlachthause an der Blocksbrücke bis an die Roßstraßenbrücke führet.

Eine Gasse ohne Namen führet links nach Neukölln schlechtweg. *Neukölln* schlechtweg oder die *Wallstraße* geht durch die ganze Länge von Neukölln von der Blocksbrücke bis an den Spittelmarkt. In der ersten Hälfte oder in der *Sirupsgasse* ist zu bemerken: die *erste Zuckersiederei*, welche 1749 erbauet worden. Derselben gegenüber ist 1750 ein Schlachthaus gebauet. Der schöne *Splitgerbersche Garten*. Er geht ohnweit der Roßstraße an und, immer hinter den Häusern weg, hinter der ersten Zuckersiederei bis jenseit des Festungsgrabens (über welchen eine kleine Brücke geht) bis in die Köllnische Vorstadt an den Holzmarkt des Prinzen von Preußen. Vorher hatte der Markgraf Christian Ludwig hier einen Stall und Garten in einem Bastion, welchen nach dessen 1734 erfolgtem Ableben der Bankier Splitgerber 1736 kaufte. 1738 schenkte der König dem General Grafen Truchseß zu Waldburg »die Reviere, so zur Fortifikation gehörig gewesen, längs dem Stadtgraben vom Köpenicker Tore an bis an die Spitze des Bastions, bei der Windmühle am Stralauer Tore«, welcher 1738 ein Haus und Garten anlegte, durch den nachher sowie durch den Teil des Gartens jenseit des Grabens der Splitgerbersche Garten vergrößert worden.

Hinter diesem Garten ist der zweite oder sogenannte *Wusterhausische Wehr (Bär)*, durch welchen die Höhe des Wassers im Festungsgraben regiert wird. Eine *Lederwalkmühle*. Das ehemalige von *Krosegksche, jetzt Riedigersche Haus* ohnweit der Neuen Roßstraße. Es hat einen Vorhof, ist vier Geschoß hoch und hat einen Vorsprung von zwei Fenstern, in welchem die Haupttreppe ist. Das Erdgeschoß ist mit Wandpfeilern dorischer Ordnung, das zweite Geschoß mit Wandpfeilern jonischer Ordnung und das dritte

Friedrich August Calau,
Die erste Schicklersche
Zuckersiederei, 1796

und vierte, welche Halbgeschosse sind, mit Wandpfeilern korinthischer Ordnung gezieret. Das vierte Geschoß hat runde Fenster oder Ochsenaugen. Das Dach wird von einem Brustgeländer verdeckt, auf dessen Postamenten Bildsäulen und Vasen stehen. Der Geheime Rat von Krosegk ließ es 1705 bauen und darin zwei astronomische Observatorien anrichten, auf welchen die beiden Kirch, Vater und Sohn, Hoffmann, Wagner und der durch seine Reisen nach dem Vorgebirge der guten Hoffnung berühmte Kolb 1705 bis 1716 astronomische Beobachtungen anstellten. Es ist sehr wahrscheinlich, daß Schlüter der Baumeister gewesen. In der zweiten Hälfte dieser Straße von der Neuen Roßstraße bis an den Spittelmarkt ist: die *Hauptwache des v. Pfuhlschen Regiments.* Gegen derselben über stand zu der Zeit der Befestigung das *Köpenicker Tor.* Es ward 1735 abgebrochen und auf dem Platze ein Haus gebauet, welches daher Simson, der die Torflügel wegträgt, zum Zeichen hat.

Der *königliche Salzhof* und die *Salzfaktorei.* Um 1589 fing Graf Rochus von Lynar zuerst an, zum Behufe Berlins und der umliegenden Gegend graues Salz kommen zu lassen, welches in Berlin oder in Spandau raffiniert ward. Er ließ auch Salz von Lüneburg kommen, von welchem Handel der Vorteil zwischen dem Kurfürsten und dem Grafen geteilt wurde. In Berlin muß der Rat vermutlich eine ähnliche Anstalt gemacht haben, denn man findet in den jetzigen Salzhäusern noch Spuren, daß sie zum Raffinieren des Salzes eingerichtet gewesen. 1675 wurde dem Rate zu Berlin wegen verschiedener Kämmereipertinenzstücke, die er bei der Befestigung verloren, die Orbeden, Gerichtengelder und Kalkbergszinsen erlassen, wogegen der Rat dem Kurfürsten die beiden Salzhäuser nebst dem dazugehörigen Platze abtrat. Jetzt werden diese Salzhäuser gebraucht, alles für die Kur- und Neumark, Ost- und Westpreußen erforderliche Salz, welches hauptsächlich in Schönebeck, zum Teil auch in Halle gesotten wird, darin niederzulegen und zu Wasser von da weiterverschiffen zu lassen.

Hier ist auch die *Niederlage von Mühlensteinen,* welche vom königlichen Berg- und Hüttendepartement abhänget.

In der ersten Hälfte oder in der Sirupsgasse sind keine Quergassen außer zwei Gassen ohne Namen, welche zum Splitgerberschen Garten führen.

Ungefähr in der Mitte wird ganz Neukölln durchschnitten von der *Neuen Roßstraße.* Sie führet von der Roßstraßenbrücke nach der Köpnicker Brücke. Die Roßstraßenbrücke führt von Neukölln nach Altkölln über die

Christfried Kirch

Friedrichsgracht. Diese Brücke ist wenigstens schon im 16ten Jahrhunderte dagewesen. Die *Köpenicker Brücke* führt über den ehemaligen Festungsgraben von Neukölln nach der Köllnischen Vorstadt. Diese Brücke ist mit der Befestigung zugleich erbauet worden. Jetzt ist sie, nachdem der Graben verengert worden, auf beiden Seiten mit Häusern bebaut.

Die zweite Hälfte von Neukölln durchschneidet die Straße zwischen der Alten und Neuen Grünstraßenbrücke. Hieselbst ist das *Seidenmanufakturhaus des Kaufmann Baudouin.* Hinter demselben das *Krankenhaus des Woldeckschen Regiments.* Der *Grünbergsche Garten und Weinberg* und gegenüber das Haus des königlichen Haupteisenkomtors nebst dem Haupteisen-, Blech- und Steinkohlenmagazin.

Die *Grünstraßenbrücke* führt aus der Grünstraße in Altkölln über die Friedrichsgracht nach Neukölln.

Die *Neue Grünstraßenbrücke* oder *Laufbrücke.* Sie führt von Neukölln nach der Neuen Grünstraße in der Köllnischen Vorstadt.

Der *Spital-* oder *Spittelmarkt.* Er liegt zwischen Neukölln und dem Friedrichswerder. Nach Altkölln kommt man von da durch die Straße [an der Gertraudenbrücke] und über die Gertraudenbrücke nach dem Werder durch die Kur-

Johann Georg Rosenberg,
Der Spittelmarkt
mit der Gertraudenkirche, 1783

und Niederwallstraße. Auf dem Markte ist ein *Wachthaus.* Die *Gertrauden- oder Spitalkirche,* sie stößt gerade auf die Leipziger Straße der Friedrichsstadt. Sie ward nebst dem Hospital 1405 zu Ehren des Heiligen Matthäus, des H. Bartholomäus und der H. Gertraud erbaut, 1711 aber erneuert, welches auch 1734 geschah, da auf königlichen Befehl sowohl Kirche als Turm nach Diterichs' Zeichnung, so wie sie jetzt sind, verbessert wurden. 1777 wurde sie abermals repariert und neu angestrichen.

Das *Gertraudenhospital.* Es werden darin 24 alte Leute verpfleget. 1641 ward es bei Abbrennung der Vorstädte zum Teil verwüstet, 1646 durch die Guttätigkeit einer Witwe Freytag auf Stansdorf wieder gebaut. Das jetzige Haus steht seit 1734. Vom Spitalmarkte geht rechts ab die Straße an der Gertraudenbrücke. Hier ist das *Broschesche Haus* an der Ecke. Das große *Friedelsche Haus* an der andern Ecke neben der Brücke, worin die *Seidenblumenfabrik* ist.

Die *Gertraudenbrücke.* Sie führt von Altkölln aus der Gertraudenstraße über die Friedrichsgracht nach Neukölln und dem Werder. Sie ward 1739 von Favre auf die jetzige Art mit Gegengewichten erbauet und kostete 1 950 Rtlr. ohne die Materialien. Bei dieser Gelegenheit ward die Gegend erhöhet. Vor der Befestigung Berlins stand hier das Gertraudentor. Es war hier damals eine doppelte Brücke, weil hier ein doppelter Arm der Spree ging. Bei der Befestigung aber ging das Gertraudentor ein.

Neukölln hat nur ein Polizeiquartier und gehört zum Kirchspiele der Petrikirche.

3. Die Köllnische oder Köpenicker Vorstadt

Sie liegt südöstlich vor Neukölln, wovon sie durch den Festungsgraben getrennt wird. Nach Nordosten wird sie von der Spree vom Oberbaum bis zum Festungsgraben, nach Süden von der Stadtmauer vom Schlesischen bis ans Hallische Tor, nach Westen von der Lindenstraße auf der Friedrichsstadt und nach Nordwesten vom Festungsgraben begrenzt.

Im sechzehnten Jahrhunderte waren die köllnischen Vorstädte viel stärker angebauet als die berlinischen. Sie wurden in drei Teile geteilet: die Köpenicksche, die Gertraudenvorstadt und der Werder. Die beiden erstern wurden durch einen sumpfigen Arm der Spree getrennet. Die Gertraudenvorstadt war am stärksten bewohnt. Kurfürst Johann Georg kaufte 1553 von Tobias Spiegeln einen Garten für 800 Fl. und ließ ihn neu anlegen. Die Kurfürstin Katharina, erste Gemahlin Kurfürst Joachim Friedrichs, eine treffliche Wirtin, legte 1598 daselbst einen Viehhof an, ließ Ställe und Scheunen bauen und zugleich das Lusthaus und das Tanzhaus erneuern. Der Tiergarten erstreckte sich damals bis an diesen Viehhof oder Vorwerk, und zwischen beiden ging die Landstraße von Kölln nach Spandau. 1604, als ein neuer Jägerhof zu bauen nötig war, wurde das Vorwerk zum Jägerhofe (der noch jetzt da ist) gewidmet, den Acker desselben aber verlieh der Kurfürst seiner zweiten Gemahlin Eleonora auf Lebenszeit zu ihrem Vorwerke im Tiergarten (der jetzigen Habermaaßischen Meierei). Zugleich kaufte er auch von verschiedenen Bürgern Gärten vor dem Gertraudentore, die er gleichfalls seiner Gemahlin auf Lebenszeit verlieh, die aus denselben einen Lustgarten machte. Der Rat zu Kölln hatte auch eine ansehnliche Meierei und Wirtschaftsgebäude. 1641 den 18ten Januar steckte auf Befehl des Statthalters, Grafen von Schwarzenberg, der Oberst Dietrich von Kracht, damaliger Kommandant zu Berlin, aus Furcht vor einem schwedischen Überfalle, die drei köllnischen Vorstädte in Brand. Es blieb nebst der Gertraudenkirche nur etwas vom Werder stehen, das verschanzt war. Hingegen verbrannten 108 Häuser von Privatpersonen nebst dem Vorwerke des Rats. Der bloße Schaden an Gebäuden (ohne

Friedrich August Calau/
Christian Peter Jonas Haas,
Blick von den Rollbergen
nach Berlin, 1795

die kurfürstlichen Gebäude an Scheunen, Gartenhäusern etc.) ward auf 42 869 Rtlr. liquidieret. Diese Vorstädte konnten sich darauf bis 1680 nicht recht wieder erholen, zumal da ein Teil derselben in die Befestigung gezogen wurde, worunter auch ein kurfürstlicher Baumgarten war, der um 1646 auf dem Grunde des ehemaligen Vorwerks war angeleget worden. Erst 1686 ward ein besonderer Kirchhof angelegt und 1694 eine Kirche erbauet. Nachher wurde ein großer Teil dieser Vorstadt zur Friedrichsstadt genommen. Dagegen ist sie durch die Ziehung der Stadtmauer 1734 auf der andern Seite wieder ansehnlich vergrößert worden. Jetzt nimmt zwar die Köllnische Vorstadt unter den übrigen Vorstädten und selbst unter den Städten bei weitem den größten Raum ein. Sie ist aber auch nicht halb (selbst nicht einmal mit Gärten) bebaut, sondern nach der Mauer zu ist fast lauter freies Feld, das im Hypothekenbuche das Sommerfeld benennet wird. Am meisten hat sie unter König Friedrich Wilhelm um 1730 zugenommen. Gegenwärtig sind in dieser Vorstadt 542 Vorder- und 164 Hinterhäuser innerhalb den Toren und 12 Häuser außerhalb denselben. Es sind darin folgende Straßen:

An der Köpenicker Brücke. Diese kurze Straße gehet von der Köpenicker Brücke bis wo die Alte und die Neue Jakobsstraßen und die Dresdner oder Rixdorfer Straße zusammenstoßen.

Die *Neue Jakobsstraße.* Sie geht links mit dem Festungsgraben ungefähr parallel bis wo sich die Köpenicker Straße rechts und die Gasse an der Aufschwemme links scheiden. Diese Gassen nebst den anliegenden Gassen und andere wurden nach Schleifung des Walles 1738 und folgende mit neuen Häusern besetzt und 1740 erhöhet und gepflastert. Hier ist die *Lutzische Manufaktur* von englischem Leder nebst verschiedenen wohlgebauten Häusern anzumerken.

Die *Gasse an der Aufschwemme.* Sie führet, wo die Neue Jakobsstraße aufhört, zum Festungsgraben, dem Splitgerberschen Garten in Neukölln gegenüber. Von derselben geht links ab: die *Wassergasse*, die in einigen Krümmungen hinter dem obengedachten Splitgerberschen Garten vor des Prinzen von Preußen Holzmarkte, der bis zur Spree geht, vorbei bis an den königlichen Holzmarkt führt.

Die *Köpenicker Straße.* Sie führt von der Neuen Jakobsstraße über das Feld weg mit der Spree parallel bis ans Schlesische Tor. In derselben ist gleich vorne der *Spielbergische Garten.* Der *königliche Holzmarkt*, der bis an die Spree geht und zu welchem das *Holzmarktgäßchen* links führet.

Ferner der *Magistratsholzmarkt*, welcher auch bis an die Spree geht. An demselben stehen zwei *Kalkbrennereien*, wovon die eine königlich ist und die andere dem Magistrate gehört. Das *Salzhaus für die Schlesische Salzschiffahrt.* Die *Kasarmen für das Pfuhlsche Regiment*, welche 1767 an der Spree erbauet worden. Neben demselben steht ein *Montierungsmagazin* für die königliche Armee, 1773 von Boumann dem Vater gebauet. Auf demselben und an den nebenstehenden Kasarmen sind 1777 Wetterableiter gesetzt worden, welche die ersten in Berlin waren. Der verstorbene Professor Sulzer und der Herr Geheime Bergrat Gerhard haben dieselben angegeben. Der große und schöne *Garten* des jüdischen Bankiers Herrn *Daniel Itzig* rechter Hand. Er gehörte erst dem Geheimen Finanzrat von Herold und darauf dem Geheimen Rat und königlichen Leibarzte Eller. Der jetzige Besitzer hat ihn sehr verschönert und zum Teil ganz neu angelegt.

Das *Schlesische* oder *Köpenicker Tor.* Bei demselben hört rechts die Stadtmauer auf. Von da gehen Palisaden bis an die Brücke am Oberbaume.

Die *Dresdner* oder *Rixdorfer Straße.* Sie führt von der Straße an der Köpenicker Brücke geradeaus, doch wo die Gärten zu Ende sind, mit einiger Krümmung über das Feld nach dem Cottbuser oder Wendischen Tore. Wo die Gärten aufhören, ist bis ans Tor eine Allee bepflanzt.

Die *Trift-* oder *Schäfergasse* gehet schief von der Dresdner Straße links ab und verlieret sich bald ins Feld. In derselben ist eine große *Schäferei*, dem Herrn Geheimen Rat von Blücher gehörig. Von dieser Straße geht ein Weg durchs Feld nach der Köpenicker Straße.

Die *Alte Jakobsstraße.* Sie geht von der Straße an der Köpenicker Brücke rechts ab und hört jenseits der Hasenhegergasse in den Gärten ohnweit der Lindenstraße auf. In derselben ist linker Hand zwischen der Kirchgasse und Stallschreibergasse die *Kirche in der Köpenicker Vorstadt.* Der Platz der Kirche und des *Kirchhofes* war ehemals Akkerland und gehörte einem Hauptmann Wulf, von dem ihn der köllnische Magistrat 1686 kaufte und den geräumigen und mit schönen Bäumen besetzten Kirchhof darauf anlegte, weil es damals den Begräbnisplätzen in Kölln anfing, an Raum zu gebrechen. Als aber die Einwohner dieser Vorstadt zahlreicher wurden, erbaute hier der Magistrat mit kurfürstlicher Bewilligung und durch Unterstützung von Kollekten und geschenkten Geldern und Materialien vom August 1694 bis August 1695 auch eine Kirche von Fachwerk. Als dieselbe durch eine große Überschwemmung, bei welcher man auf dem Kirchhofe mit Kähnen fuhr, sehr beschädigt war, ward sie in den Jahren 1751 bis 1753 auf Kosten der Stadtkämmerei, doch so, daß der König die Materialien dazu schenkte, ganz neu von Steinen und viel größer und schöner, so wie sie jetzt ist, erbauet. 1755 schenkte ein Herr von Palmar die Schlaguhr und Glocke, und durch eine Kollekte ward die Glocke für die Viertelstunden angeschafft. Vor der Kirche sind an der Straße schon 1699 Häuser gebaut, um der Kirche die Kosten eines Zauns zu sparen. Auch der Kirchhof ist aus gleicher Ursache rund umher mit Häusern und Gärten umgeben.

Von der Alten Jakobsstraße gehen folgende Gassen aus: die *Kirchgasse* linker Hand diesseit der Kirche. Sie ist ziemlich lang und verliert sich endlich auf dem Felde nach dem Cottbuser Tore zu. Hier ist der ehemalige gräflich Schaffgotsche Garten, jetzt *Katschische Kaffeegarten.* Aus derselben geht links ein kleines Gäßchen ohne Namen nach dem Kirchhofe.

Die *Neue Kommendantenstraße.* Sie führt aus der Alten Jakobsstraße rechts nach der Friedrichsstadt bis an die Ecke der Lindenstraße und an den Dönhofschen Platz. Hier ist zu bemerken: die *Französische Kirche*, die man auch die Kapelle zu nennen pflegt. Sie ward 1700 erbauet und 1724 zur Pfarrkirche gemacht. Die *Kasarmen für das Braunsche Regiment.* Sie waren schon 1753 so wie die alten Kasarmen für das Pfuhlsche Regiment erbauet. Da aber alle Regimenter Kasarmen erhielten und das Pfuhlsche Regiment die seinigen am Schlesischen Tore bekam, so wurden diese beiden nebeneinanderstehenden Kasarmen zusammengezogen und dem Regiment von Braun 1768 eingegeben.

In dieser Straße sind nicht wenig wohlgebauete *Privathäuser.* Darunter ist das vorzüglichste das ehemalige Gräflich Lottumsche Haus, jetzt dem Herrn Kriegsrat *Gravius* gehörig, worin eine *königliche Kaffeebrennerei* zu Miete ist. Es ist von Friedel gebauet. Hier ist auch noch der Justinsche, jetzt *Jouannesche Kaffeegarten.*

Aus der Neuen Kommandantenstraße geht rechts ab die Neue Grünstraße bis nach der *Neuen Grünstraßen-* oder *Laufbrücke.* Von derselben geht rechts dicht neben der Brücke ein enges Gäßchen, welches durch ein Haus einen Durchgang nach der Alten Jakobsstraße hat.

Die *Totengasse.* Die *Orangengasse.* Sie gehen beide links von der Neuen Jakobsstraße schief ab, stoßen hinten bei den Gärten zusammen, und es geht von da ein gemeinschaftlicher Weg über das Feld nach dem Cottbuser Tore zu. Zwischen beiden Gassen, wo sie zusammenstoßen, ist der *Armenkirchhof* und das zur Petrikirche gehörige *Armenhaus.*

Die *Hasenhegergasse* geht von der Alten Jakobsstraße rechts in die Lindenstraße neben dem Stall der Leibgarde zu Pferde. Jenseit dieser Gasse endigt sich die Alte Jakobsstraße hinter den Gärten. Noch liegt an der Stadtmauer hinter den Gärten ohnweit dem Hallischen Tore das ehemalige Fouragemagazin für das Zietensche Husarenregiment.

Die Köllnische Vorstadt hat zwei Polizeiquartiere. [...] Außer den Stadtmauern der Köllnischen Vorstadt sind noch anzumerken vor dem Schlesischen Tore: die ehemalige Rats- oder Bartholdische, jetzt *Daniel Itzigsche Meierei* rechter Hand. Der köllnische Bürgermeister Bartholdi legte auf diesem Platze 1684 einen weitläuftigen Garten und Wirtschaftsgebäude an. Dessen Sohn, der Staatsminister von Bartholdy, erweiterte dieselben und errichtete auch eine Windmühle. Nach dessen Tode verkauften dessen Erben die Meierei dem Magistrate, der sie anfangs zu verpachten pflegte, hernach aber verkauft hat. Es ist daselbst ein Brauhaus und Branntweinbrennerei, große Scheunen, Ställe und andere Gebäude zur Viehzucht, die fast sämtlich vom itzigen Besitzer neu gebauet sind, nebst einem Baum- und Küchengarten.

Vor diesem Tore geht aus der Spree der *Landwehr-* oder *sogenannte Floßgraben*, welcher 1705 auf Befehl König Friedrichs I. angelegt ward. Er schlängelt sich um die ganze Köllnische Vorstadt, Friedrichsstadt und Dorotheenstadt

Haller von Hallerstein,
Die Itzigsche Meierei

und fällt am Tiergarten bei der Mühle an der Wulfischen Kattunbleiche wieder in die Spree. An demselben war, ehe die Stadtmauer errichtet wurde, eine Zirkumvallationslinie aufgeworfen, an deren Ausgängen oder Landwehren Wachen waren. Über diesen Graben geht vor dem Schlesischen Tore eine Zugbrücke, an welchem rechts eine Windmühle nebst verschiedenen Gebäuden und weiterhin auch eine Walkmühle und eine Lohmühle stehen.

Vor dem Cottbuser Tore gehet auch eine Zugbrücke über den Landwehrgraben, jenseit welcher der *Rixdorfer Damm* angehet. Er ist gepflastert und mit Weiden bepflanzt und führet bis vor Rixdorf. Am Ende desselben liegt der *Rollkrug*, ein Wirtshaus, das seinen Namen von den nahe dabei liegenden Rollbergen erhalten hat.

III. DER FRIEDRICHSWERDER

Er liegt von Altkölln südwestlich und stößt mit Neukölln auf dem Spittelmarkte zusammen. Von der köllnischen Seite umschließt ihn der Schleusengraben und dessen Fortsetzung bis an den Anfang des Kupfergrabens, gegen die Friedrichsstadt der ehemalige Festungsgraben von der Spitalbrücke an bis da, wo derselbe in den Kupfergraben fällt. Mit Kölln hat der Friedrichswerder Gemeinschaft über die Gertrauden-, Spreegassen-, Schleusen-, Hunde- und Kupfergraben- oder Wallbrücke. Mit der Neustadt durch die Brücke neben dem Kupfergraben und die Neustädtische Brücke. Mit der Friedrichsstadt durch die Spital-, Schinken-, Lauf- und Jägerbrücke.

Kurfürst Friedrich II. erhielt 1442 mit dem Platze zum Bau des Schlosses in Kölln zugleich den nahegelegenen Werder. Die Spree war nämlich jenseit der Hundebrücke sehr breit und hatte damals und noch bis 1660, da die Befestigung angefangen wurde, drei Ausflüsse oder Arme, wodurch zwei Inseln oder Werder gemacht wurden. Diese drei Arme waren (1) der jetzige Mühlengraben, der hinter der Brüderstraße fließt, (2) der Schleusengraben und (3) noch ein breiter sumpfiger Ausfluß in der Gegend, wo jetzt der Münzkanal ist. Sie sind nachher eingeschränkt und ihr Lauf zum Teil verändert worden. Als der Kurfürst den Werder erhielt, ließ er hier eine Arche oder Schleuse, vermutlich am mittelsten Ausflusse, wo sie noch jetzt ist, bauen. Nebst der Absicht einiger Schiffbarmachung des Stroms mag wohl die Anlegung der damals schon dem Landesherrn sehr einträglichen Mühlen der Zweck gewesen sein. Die Einschränkung des Wassers machte, daß es (so wie noch jetzt im Frühling zuweilen) übertrat. Daher zogen die Bürger im Februar 1448 die Arche mit Gewalt auf, woraus ein allgemeiner Aufruhr entstand, durch welchen die ganze Verfassung von Berlin und Kölln und vielleicht die Landesregierung überhaupt umgeändert ward. Daher ist diese Schleuse sehr merkwürdig. 1578 im August ward sie neu gebauet. 1604 kommt im Totenregister der Petrikirche schon der Kunstmeister an der Schleuse vor. Der holländische Baumeister Vibrand Gerritsen baute sie 1653 neu, nachdem sie im Dreißigjährigen Kriege verfallen war. Auf dem Werder diesseits der Schleuse (welcher jetzt zu Kölln gerechnet wird) ward 1585 ein schönes neues Haus neben dem Schlosse gebauet, worin die Alchimisten künstelten. Auch standen daselbst verschiedene Wohnungen für Hofbediente. 1602 wurden verschiedene derselben neu gebauet, verfielen aber gänzlich im Dreißigjährigen Kriege, und da es nachher nicht mehr gewöhnlich war, den Hofbedienten freie Wohnung zu geben, wurden sie nicht wieder aufgebauet. Auf dem zweiten Werder (der auch der Gänsewerder hieß, weil Gänse darauf geweidet wurden) scheinen im sechzehnten Jahrhundert keine Wohnungen gewesen zu sein. 1645 wurde um die Gegend des jetzigen Packhofes eine Walk- und Schneidemühle am dritten Arm der Spree angelegt. Ein kurfürstlicher Holzgarten war, wo jetzt die Holzgartenstraße ist. Außerhalb dem Spreearme lagen links nach der Köllnischen Vorstadt zu schon im 16ten Jahrhunderte viele Gärten und im 17ten Jahrhunderte ein Ballhaus an der Stelle, wo jetzt die Einhornapotheke in der Kurstraße stehet; weiter hinauf das kurfürstliche Vorwerk (nachher der Jägerhof) an dessen jetziger Stelle, das Reithaus an der Stelle der jetzigen Werderschen Kirche, und rechter Hand vor der Hundebrücke eine 1647 gepflanzte, 250 rheinländische Ruten lange Allee von 2000 Nuß- und Lindenbäumen, welche bis an den Tiergarten ging. Weiter hinauf stand schon im sechzehnten Jahrhunderte das Gießhaus ungefähr an der Stelle, wo es jetzt stehet. An den beiden Seiten der gedachten Lindenallee war schon um 1650 der Anfang zu einer neuen Vorstadt gemacht worden. Bei der 1658 angefangenen Befestigung ward die vorhin angezeigte Gegend fast ganz in die Festungswerke gezogen. Kurfürst Friedrich Wilhelm nahm davon Gelegenheit, eine ganz neue Stadt unter dem Namen Friedrichswerder zu stiften, deren Privilegium vom 19ten November 1660 ist.

Die Abstechung der Straßen und der Anbau ward Memhardten aufgetragen, welcher auch 1669 zum Burgermeister erkläret wurde. Nebst ihm hatte de Chièze viel Anteil daran. 1666 waren 92 Häuser erbauet, wovon 47 kurfürstlichen Hofbedienten gehörten. In den folgenden Jahren aber ward der Anbau viel stärker. Jetzt sind auf dem Friedrichswerder 302 Vorderhäuser und 296 Hinterhäuser und folgende Straßen, Plätze und Brücken:

Die *Schleusenbrücke.* Sie führt aus dem Werder nach Kölln. Die Schleuse war schon vor der Mitte des 15ten Jahrhunderts vorhanden und 1653 neu gebauet worden. Weil aber der Graben schon 1657 versandet war, so ließ Kurfürst Friedrich Wilhelm seit 1670 denselben vertiefen und auf beiden Seiten mit Holz schälen. Kurfürst Friedrich III. ließ 1694 den Kanal 24 Fuß breit machen, ihn 252 Fuß lang zu beiden Seiten mit Werkstücken einfassen und mit einem eisernen Geländer umgeben.

Die *Unterwasserstraße* ist die Kaye von der Schleusen- bis an die Spreegassenbrücke oder Große Jungfernbrücke, gerade über der Kaye an der Schleuse in Kölln. Hier sind die *Alte Münze* ohnweit der Schleusenbrücke. Im 16ten Jahrhundert war die Münze im jetzigen Douilhacschen Hause unweit dem jetzigen Posthause, nachher um 1602 im Seitengebäude des Schlosses. Kurfürst Friedrich Wilhelm der Große verlegte sie um 1680 in den zur Wasserkunst gewidmeten Turm an der Ecke des Schlosses nach der Hundebrücke, der von der Zeit an der Münzturm genannt ward. Als König Friedrich I. denselben durch Schlütern erhöhen lassen wollte, ward die Münze 1704 hierher in das damalige

C. C. Jättnig,
Die Gegend an der Jungfernbrücke

Dalençonsche Haus verlegt. 1750 ward die Münze erweitert und die daranstoßende Hausvoigtei dazu genommen. Von der Münze ist ein Ausgang auf den Werderschen Markt zwischen dem Rathause und dem Fürstenhause. Zum Behufe der Münze ward 1701 unter Schlüters Aufsicht der *Münzkanal* aus dem Schleusengraben abgeleitet, welcher jenseit der Münze wieder in denselben fließt. Der Münzkanal ward 1739 mit einem steinernen Gewölbe versehen. Hier sind viele schöne Privathäuser, zum Beispiel das *Schicklersche Haus*. Das *Jordansche Haus*. In demselben ist die *Niederlage der Spiegelfabrik zu Neustadt an der Dosse*, den Splitgerberschen Erben gehörig. Das *Baudessonsche Haus*.

Die *Spreegassenbrücke* oder *Alte Leipziger Brücke*. Sie führet über den Schleusengraben nach Kölln in die Spreegasse.

Die *Oberwasserstraße* ist die Kaye zwischen der Spreegassen- und Gertraudenbrücke gegenüber der Kaye in Kölln zwischen diesen beiden Brücken.

Die *Kurstraße* geht vom Spitalmarkte bis an die Alte Leipziger Straße und also gleichsam durch die Mitte des Friedrichswerders.

Die *Niederwallstraße* geht vom Spitalmarkte ab an der Grenze des Werders mit der Kurstraße parallel, aber etwas länger bis an den Platz bei der Hausvogtei. In derselben sind verschiedene wohlgebauete Privathäuser, worunter das vorzüglichste ist *Sr. Exzellenz des Hrn. Staatsministers von Hertzberg Behausung*. *An der Spitalbrücke* ist die äußerste Straße des Friedrichswerders nach der Friedrichsstadt zu. Sie gehet vom Spitalmarkte bei der Spitalkirche bis zu der *Spitalbrücke*. Diese führet über den ehemaligen Festungsgraben nach der Friedrichsstadt. Sie ward von Favre 1738 gebauet und mit einer hölzernen dorischen Säulenlaube gezieret, worunter Kram- und Trödelbuden waren. Sie kostete, ohne die Materialien, 2808 Taler. Der jetztregierende König ließ 1776 nach von Gontards Angabe diese Brücke mit rothenburgischen Quadersteinen wölben, auf derselben in zwei Halbzirkeln die Kramladen von weißen Quaderstükken bauen und vor dieselben auf beiden Seiten eine runde Säulenlaube jonischer Ordnung setzen.

Wir gehen nunmehr wieder zurück. Die Unterwasser-, Kur- und Niederwallstraße durchschneiden quer folgende drei Gassen: die *Schustergasse*, die *Kreuzgasse*, die *Alte Leipziger Straße*. Hier ist *Raules Hof*. Dieses Haus ward von dem Generaldirektor der Marine, Benjamin Raule, um

1678 erbaut. Itzt gehört es dem Herrn Dr. Kurella. Durch den Hof geht ein Durchgang nach der Adlerstraße.

Die *Alte Friedrichsstraße.* Sie gehet jenseits der Alten Leipziger Straße, da wo die Kurstraße aufhört, in einer Krümmung durch die Mitte des Friedrichswerders. Hier sind das *Adreßhaus*, woselbst auf Pfänder geliehen wird. Das Privilegium zu Anlegung eines solchen Hauses ward zuerst 1692 dem Nikolaus Gauguet, einem refugierten Franzosen, gegeben. Das *Fürstenhaus.* Ein Gebäude, drei Geschosse hoch, mit zwei Eingängen, am Ende der Straße rechter Hand an der Ecke des Markts. Unter Kurfürst Friedrich III. ließ es der Staatsminister Freiherr von Danckelmann nach Nerings Riesen erbauen. Nachdem er in Ungnade gefallen, ward dieser Palast eingezogen und zur Wohnung fremder Fürsten, die sich eine Zeitlang in Berlin aufhielten, gewidmet. Jetzt ist im untern Geschosse die Generalkriegskanzlei, in welcher die Montierungsstücke der Armee besorgt werden. Im zweiten Geschosse ist seit 1766 die königliche Hauptstempel- und Kartenkammer. Im dritten Geschosse wohnen die königlichen Pagen, wenn der König hier ist.

Von der Alten Friedrichsstraße geht rechts ab die *Holzgartenstraße.* Sie führt zur Unterwasserstraße. An derselben liegt die *Adlerstraße.* Es sind eigentlich zwei Straßen, wie zwei Seiten eines Triangels, wozu die Holzgartenstraße die dritte Seite ist. In dieser Gegend stand vor dem Anbau des Werders der kurfürstliche Hundestall. Aus der Adlerstraße ist durch Raules Hof ein Durchgang in die Alte Leipziger Straße.

Links gehen von der Alten Friedrichsstraße ab die *Große Jägerstraße* bis an die Oberwallstraße. Hier ist die *königliche Banko*, welche 1765 hierher gelegt worden. Das Haus, zwei Geschoß hoch, dessen Portal mit einer jonischen Säulenstellung gezieret ist, wurde 1690 nach Nerings Rissen gebauet und war sonst die Wohnung des königlichen Oberjägermeisters. In dem Erdgeschosse sind jetzt die verschiedenen Komtore der königlichen Bank. Im obern Geschosse versammelt sich das Oberbaudepartement und die Hauptnutz- und Brennholzadministration. Dies Haus hängt mit dem Jägerhofe zusammen, wovon es vorher ein Teil war. Die *Kleine Jägerstraße* führet schief nach der Niederwallstraße. Hier ist das Hintergebäude des Jägerhofes.

Zwischen der Nieder- und Oberwallstraße liegt in einem Winkel der *Platz an der Hausvogtei.* Es geht auf der friedrichsstädtischen Seite bis an die Schinkenbrücke.

Die *Jerusalems-* oder *Schinkenbrücke.* Sie führt über den Festungsgraben nach der Jerusalemer Straße. Sie ward 1739 über den Graben geführt, nachdem vorher der Wall war durchgebrochen worden, und ist an beiden Seiten mit Häusern bebaut.

Die *Laufbrücke*, eine schmale Brücke für Fußgänger, führt nach der Mohrenstraße.

Auf dem Hausvogteiplatze stehen lauter ansehnliche Häuser, und zwischen der Nieder- und Oberwallstraße die *königliche Hausvogtei* oder das *Hofgericht.* In den ältesten Zeiten wohnte der Hofrichter auf dem könglichen Schlosse. Bei dem Bau des neuen Schlosses im Anfange dieses Jahrhunderts ward die Hausvogtei auf dem Werder in die Unterwasserstraße neben der Münze verlegt. Bei Erweiterung der Münze 1750 ward sie hieher, wo bis dahin die Stallung des Jägerhofes befindlich war und über derselben einige Jagdbediente wohnten, gesetzt. Vorn ist in einem Gebäude, zwei Geschoß hoch, die Gerichtsstube, die Wohnung des Hofrichters und ein Saal zur Kirche. Hinten sind auf zwei Höfen Gefängnisse für Gefangene eximierter Kondition und deshalb auf dem ersten Hofe eine militärische Wache.

Die *Oberwallstraße* geht von der Hausvoigtei längs den westlichen Grenzen des Friedrichswerder bis an den Platz am Zeughause. In derselben ist rechts der *königliche Jägerhof* am Anfang der Straße neben der Hausvogtei, hängt mit dem Gebäude der königlichen Banko zusammen. Im 16ten Jahrhunderte schon war in dieser Gegend, wo sich damals der Tiergarten endigte, ein kurfürstlicher Jägerhof. Als derselbe baufällig geworden, ward 1604, um die Kosten eines neuen Baues zu sparen, das Gebäude des Vorwerks der Kurfürstin Katharina, das an dieser Stelle stand, zum Jägerhofe gewidmet. Auf demselben ist jetzt das Fiskalat, die Hauptnutzholzadministrations- und die Forstkasse und die Hauptbergwerks- und Hüttenkasse. Desgleichen wohnen daselbst verschiedene königliche Jagd- und Hüttenoffizianten.

Am andern Ende der Straße, jenseits der Jägerbrücke, liegt das Seitengebäude des Palastes Seiner Königlichen Hoheit des Prinzen von Preußen. Links liegen ein *Wachthaus*, nahe an der Jägerbrücke. Das *Gräflich Schimmelmannische Haus.* Hier stand sonst das mittelste unter drei *Zeughäusern.* König Friedrich Wilhelm schenkte es 1725 dem General von Montargues, der das jetzige Gebäude anlegte. Von ihm kaufte es 1730 der Staatsminister von Thulemeier, der es durch Grael verschönern und das Gartenhaus, das ehemals auf die Französische Straße der Friedrichsstadt

Rechts:

Abholung des Christian Lenz aus der Hausvogtei, 1790

Hinrichtung des Christian Lenz am 19. Januar 1790 auf dem Hochgericht vor dem Hamburger Tor

Prospect von Christian Lenzens Abholung aus der Hausvoigtey zum Gericht.

Abbildung des dreÿfachen Mörder und Postraüber Christian Lenz Schlächter Gesellen aus Orangenburg, wie er den 19ten Januar 1790 aus der Hausvoigtey von Berlin nach Urtheil und Recht, auf einer Schinderkarre mit einer Kuhhaut umgeben, rückwarts gesetz nach der gerichtsstätte geführt, daselbst von unten auf lebendig geredert, und hernach aufs Rad geflochten.

Henriette Félicité Tassaert,
Friedrich Anton von Heinitz, 1788

Aussicht hatte, anlegen ließ. Von dessen Erben kaufte es der verstorbene königlich dänische Schatzmeister Graf Schimmelmann. Der itzige Bewohner, des Staatsministers Freiherrn von Heinitz Exzellenz, hat es inwendig noch schöner ausgebauet, auch dem Garten eine Aussicht in diese Straße gegeben. Das *Jastersche Haus.* Der berühmte Maler Pesne ließ es nach eigener Erfindung 1757 bauen.

Der *Palast Seiner Königlichen Hoheit des Markgrafen Heinrich von Schwedt.* Sonst stand hier das sogenannte Krumme Zeughaus, worin das Nutzholz zur Artillerie bewahret ward. König Friedrich Wilhelm schenkte es dem General Beschefer. Derselbe und sein Schwiegersohn, der Großkanzler von Cocceji, ließen 1730 hier zwei Häuser bauen, zwischen welchen ein Raum war, der nach Diterichs' Angabe 1733 zugebauet wurde, so daß beide Häuser vereinigt waren. Doch hatten sie besondere Besitzer, bis S. K. H. beide kaufte, vereinigte und inwendig verschönern ließ. Diese drei Häuser haben schmale, aber angenehme Gärten mit Aussicht auf den Graben.

Von der Oberwallstraße kommt man linker Hand zu der *Kurzen Straße* an der Jägerbrücke. Hier ist rechts das *Graviussche Haus,* worin die königliche Lotteriedirektion und Kasse und derselben Hauptkomtor ist. Und links das ehemalige Fredersdorffsche, itzt *Jordansche Haus.*

Die *Jägerbrücke.* Sie führt über den Festungsgraben nach der Jägerstraße auf der Friedrichsstadt. König Friedrich Wilhelm ließ sie 1736, nachdem der Wall hier durchbrochen war, bauen, 1739 breiter machen und auf beiden Seiten mit hölzernen Säulenlauben zieren, worunter Kram- und Trödelbuden waren. Sie kostete mit der Erweiterung im Jahre 1739, ohne die Materialien, 4400 Taler. König Friedrich II. ließ sie auf seine Kosten 1782 durch Unger nach dessen Zeichnung bauen. Der Bogen, wodurch das Wasser fließt, ist von Rothenburger Sandsteine. Auf beiden Seiten sind steinerne Arkaden nach bäurischer Art, hinter denselben Kaufmannsläden und darüber ein Geschoß zu Wohnungen.

Von der Oberwallstraße gehen rechts außer der oben angeführten Großen Jägerstraße die *Marktstraße.* Sie gehet gerade auf den Werderischen Markt bei der deutschen Werderischen Kirche. Die *Rosenstraße* geht neben der Werderschen französischen Kirche bis an die Niederlagewallstraße.

Die *Falkoniergasse.* Ein enges Gäßchen, geht von der Marktstraße zur Rosenstraße.

Der *Werderische Markt.* Auf demselben ist das *Werderische Rathaus.* Es ward 1672 von Simonetti gebauet. Es ist zwei Geschoß hoch, hat auf allen vier Seiten einen Vorsprung und oben einen kleinen Turm mit einer Uhr und dem zu den Kirchen gehörigen Geläute. Im untern Geschosse ist eine Gerichtsstube, worin das königliche Oberkollegium Medicum und das Oberkollegium Sanitatis sich versammeln und der Stadtrichter der Friedrichsstadt und des Friedrichswerders die kleinen Gerichtstage hält. Im obern Geschosse ist das *Werderische Gymnasium* und dessen Bibliothek.

Die *Werderische deutsche und französische Kirche.* Ist ein langes Gebäude ohne Turm mit modernen gotischen Fenstern. Inwendig sind beide Kirchen durch eine Zwischenwand voneinander abgesondert. Die deutsche Gemeine versammelte sich anfangs auf dem Rathause, die französische aber auf dem Schlosse, bis Kurfürst Friedrich III. das ehemalige Reithaus im Jahr 1699 zu einem Kirchengebäude schenkte. Grünberg verfertigte die Zeichnung zu diesen Kirchen, welche nach derselben einen schönen Turm haben sollten, der aber nicht gebauet worden. Simonetti führte den Bau.

Der Werderische Markt ist mit Linden bepflanzt. Rechts am Rathause sind die *Fleischscharren.* Bei denselben geht weiter rechts ab die *Straße am Packhofe* bis zur Schleusenbrücke. Hier ist das *königliche Akzise- und Zollhaus* nebst dem dahinter liegenden Alten Packhofe. In dem langen, 1688 von de Chièze erbauten Gebäude an der Straße ist im Erdgeschosse die königliche Zollkammer, die Akzisekammer und die Registratur. Im obern Geschosse ist die Akziseeinnahme, die Landschaftliche Ziesenkasse und die Einnahme der Magistratseinlage. Hier wohnen auch verschiedene Akziseoffizianten. Hinter diesem Gebäude ist der *Alte Packhof,* woselbst die angekommenen Waren abgeladen und visitiert werden. Er erstreckt sich längs dem Wasser bis an die Hundebrücke. Man kommt zu demselben durch einen Torweg in dieser Straße und durch einen andern großen und zwei kleinere Eingänge in der Niederlagsstraße. Am Wasser ist eine Anfurt für die Schiffe und neben derselben ein Kran, die Güter aus den Schiffen zu heben. Ferner sind auf demselben die Güterhäuser der zu Wasser und Lande ankommenden Waren, die Waage, wo die Waren gewogen werden, und ein Wachthaus.

Die *Niederlagsstraße* geht hinter dem Alten Packhofe vom Werderischen Markt bis an die Hundebrücke. Hier sind verschiedene ansehnliche Privathäuser, als das *Kolbensche Haus*, worin eine *Papiertapetenmanufaktur* ist. Der *gräflich Wartenslebensche Palast.*

Die *Niederlagewallstraße* geht vom Markte neben der Kirche und der Rosenstraße bis an das Französische Rathaus und Gymnasium und hat von da einen Ausgang in die Niederlagsstraße durch ein Gäßchen ohne Namen bei dem gräfl. Wartenslebenschen Palaste.

Der *Platz am Zeughause.* Er erstrecket sich zwischen dem Zeughause und dem gegenüberliegenden Palaste des Prinzen von Preußen von der Hundebrücke bis zur Neustädtschen Brücke. Die *Hundebrücke.* Sie führt nach dem Lustgarten. Vor der Befestigung war hier das Ende der Stadt, und die Spree war damals viel breiter, ist aber nachher verengert worden. 1738 ward die Brücke auf königliche Kosten von dem Hofzimmermeister Biering unter T. Favres Namen neu gebauet und der Zug mit Gegengewichten angelegt. Sie kostete 1 950 Rtlr. ohne die Materialien.

Die *Neustädter Brücke.* Sie führt über den Festungsgraben nach der Dorotheenstadt. Zur Zeit der Befestigung stand hier innerhalb das Neue oder Neustädtsche Tor. Diese Brücke ward 1774 auf königliche Kosten ganz neu von Boumann dem Vater erbaut. Der Bogen und der untere Teil der Brücke ist von roten rothenburgischen Sandsteinen. Sie hat auf beiden Seiten einen Fußweg von weißen Seehauser Sandsteinen und ein gleiches steinernes Geländer, auf dessen Postumenten acht Gruppen in mehr als Lebensgröße von Meyers des Ältern Arbeit stehen, welche große Laternen tragen.

Auf diesem Platze sind befindlich das *Cammannische Haus.* Es ist das erste bei dem Anbau des Friedrichswerders gebaute Haus. Memhardt, der den Friedrichswerder anbaute, hat es 1655 auf kurfürstliche Kosten gebauet und bewohnt, und es steht noch völlig so, wie er es angelegt hat.

Der *Palast des Prinzen von Preußen* wurde unter Kurfürst Friedrich Wilhelm für den berühmten Marschall von Schönberg (vermutlich von Nering) gebaut. Als Schönberg nach einiger Zeit die brandenburgischen Dienste verließ, um in engländische zu treten, ward dies Haus die Wohnung des jedesmaligen Gouverneurs von Berlin, bis König Friedrich Wilhelm 1734 das Gouvernementshaus nach der Königsstraße verlegte. Er ließ damals dieses Gebäude mit einem danebenstehenden Privathause zusammenziehn, verbessern und möblieren und gab es dem Kronprinzen (dem nunmehr regierenden Könige) ein, der es beim Antritte seiner Regierung an seinen ältesten Herrn Bruder, den Prinz August Wilhelm von Preußen, verlieh, dessen Witwe es bis zu ihrem Tode 1780 bewohnte. Jetzt wohnen die vornehmsten zu deren beibehaltenem Hofstaate gehörigen Personen darin.

Johann Gottlieb Schmidt/
Johann Samuel Halle,
Das Zeughaus und der
Palast des Prinzen von Preußen

Das *Zeughaus* ist eins der schönsten Gebäude in Europa. Es bestehet aus einem großen, von allen Seiten freien Vierecke, von dem jede Seite ohngefähr 280 Fuß lang ist. Es ist 1695 nach Nerings Rissen angefangen. Es sollte zwei Geschosse und über denselben eine hohe Attika haben, an welcher die vornehmsten Taten Kurfürst Friedrich Wilhelms sollten vorgestellet werden; da Nering aber in diesem Jahre starb, so setzte de Bodt (dem die Aufsicht, nachdem sie Grünberg eine kurze Zeit gehabt, aufgetragen ward) anstatt der Attika ein Brustgeländer auf das zweite Stockwerk und darauf viele Trophäen von Hulots und Schlüters Erfindung. Das Erdgeschoß ist bäurisch verziert mit Bogenfenstern, das oberste nach dorischer Ordnung erbauet. Das darüber gesetzte Brustgeländer ist, wie eben gesagt, mit vielen Trophäen gezieret. Um das ganze Zeughaus sind eiserne Ketten, die von vielen aufrechtsstehenden, halb in die Erde gegrabenen Kanonen getragen werden. Hinter denselben lag sonst eine große Anzahl pyramidalisch aufgesetzter Kugeln und Bomben, sie sind aber in den verschiedenen Kriegen verbraucht worden. Das Hauptportal, dem Palaste des Prinzen von Preußen gegenüber, hat am obern Geschosse vier freistehende dorische Säulen, die einen Giebel tragen, worauf in halberhobner Arbeit der auf Siegeszeichen ruhende und mit gefesselten Sklaven umgebne Kriegsgott vorgestellet ist. Zwischen den beiden mittlern Säulen, über der großen Türe, siehet man das in Erz gegossne Brustbild König Friedrichs I. nach Hulot, von Jacobi gegossen und von dem erstern 1706 geendigt. Darunter steht eine lateinische Aufschrift. Die vier Bildsäulen von Hulot auf beiden Seiten des Eingangs stellen die Rechenkunst, die Geometrie, die Mechanik und die Feuerwerkskunst vor. Das Erdgeschoß hat inwendig ein dreifaches Gewölbe, und das obere wird von zwo Reihen Pfeiler und dorischen Säulen unterstützt. Jedes macht einen zusammenhangenden, durch das ganze Gebäude gehenden Saal. Das Erdgeschoß enthält Kanonen, Haubitzen, Mörser und die dazugehörigen Gerätschaften. In dem obern Geschosse wird das kleine Gewehr nebst den dazugehörigen Säbeln, Degen, Trommeln, Kurzgewehren etc. aufbehalten.

Die Kaye *Am Festungsgraben* neben der Neustädtschen Brücke ist mit einer schönen Plantage von Kastanienbäumen bepflanzt. Am Ende derselben steht das trefflich gebaute *Haus der königlichen Generalzoll- und Akziseadministration.* Der Kammerdiener der Königin, Herr Donner, ließ es im Jahre 1753 nach Feldmanns Zeichnungen bauen. Der große Balkon wird von Bildpfeilern getragen, welche von Reichard sind. Noch stehen an der Plantage die *Hauptwache des Artilleriekorps* vorn am Platze. Die *Büchsenschäfterei* hinten nach dem Gießhause zu. Hier werden die auf dem Zeughause verwahrten Gewehre täglich gereinigt und reparieret.

Am Zeughause ist die Kaye an der Spree von der Hundebrücke bis zur Kupfergrabenbrücke. Sie ist mit einer Allee von Kastanien bepflanzt und hat zwei Anfurten an der Spree. Vor dem Zeughause ist hier der Paradeplatz des Artilleriekorps. Jenseit des Zeughauses stehen die beiden 1752 vom General von Linger erbauten Häuser. Im ersten ist jetzt die königliche Hauptbrennholzadministration. In dem zweiten das *Korsikasche Gasthaus.*

Hinter dem Zeughause ist die Querstraße zwischen den oben genannten Kayen. Hier ist das köngliche Gießhaus.

Ein schönes Gebäude, zwei Geschoß hoch, ohne Zweifel von Schlüters Erfindung. Hier werden Kanonen, Haubitzen und Mörser geformet, gegossen, gebohrt und ausgearbeitet. Oben ist in einem Zimmer die Bibliothek des Artilleriekorps.

Hinter dem Gießhaus. Diese Straße gehet von dem Hause der Akziseadministration bis an die Kupfergrabenbrücke. An der Stelle, wo ehemals der Wall gestanden, sind, nachdem derselbe um 1753 abgetragen worden, ansehnliche Häuser gebauet. Zwischen dem Gießhause und den Lingerschen Häusern. Eine kurze Gasse [...]. Die *Kupfergrabenbrücke.* Sie führet über den Kupfergraben beim Anfange desselben nach der Neuen Packhofstraße. Sie führte sonst über den Wall, und unter derselben war eine Wasserpforte. Damals hieß sie die Wallbrücke. Die *Brücke neben dem Kupfergraben.* Sie führet über den ehemaligen Festungsgraben kurz vor seiner Verbindung mit dem Kupfergraben nach der Kaye am Kupfergraben. Sie hieß sonst die *Kleine Weidendammsbrücke.*

Der Friedrichswerder hat nur ein Polizeiquartier und ein Kirchspiel.

IV. DIE DOROTHEEN- ODER NEUSTADT

Sie liegt vom Friedrichswerder und einem Teile Altköllns nach Westen und nördlich über der Friedrichsstadt. Ihre Grenzen sind östlich ein Teil des ehemaligen Festungsgrabens und der ganze Kupfergraben, nördlich die Spree von der Kleinen Weidendammsbrücke bis zum Unterbaum, südlich die Friedrichsstadt und westlich die Stadtmauern. Die Brücken, über welche diese Stadt mit dem Friedrichswerder, Kölln und der Spandauer Vorstadt Gemeinschaft hat, sind oben schon angeführt. Der Grund der Dorotheenstadt rechter Hand der Linden bis an die Spree gehörte zu dem Vorwerke, welches die Kurfürstin Dorothea in der Spandauer Vorstadt hatte. Sie ließ hier eine Vorstadt bauen, wozu J.E. Blesendorf den Abriß machte und 1673 die Straßen absteckte. In dem 1674 gegebenen kurfürstlichen Privilegium (worin auch der Kurfürstin die Jurisdiktion beigelegt ward) heißt sie: die neu angelegte Vorstadt vor dem Neuen Tor des Friedrichswerders. Der Namen die Neue Dorotheenstadt kam erst 1676 auf. Die linke Seite an den Linden gehörte nicht zu dem Vorwerke der Kurfürstin, sondern zum Tiergarten. Der Kurfürst vergab 1678 aber auch daselbst Baustellen, und man findet, daß 1681 eine Zeitlang

Anton Graff/Daniel Berger, Prinz Heinrich, 1779

diese Seite die Friedrichsstadt genennet worden ist. Diese neue Vorstadt ging bis an die Grenze des damaligen Tiergartens und war längs der jetzigen Behrenstraße mit einem Walle und Graben an die Festungswerke gehängt. An der Spreeseite waren auch Festungswerke, welche den ganzen jetzigen Weidendamm bis herunter an die Pomeranzenbrücke umfaßten. Nachdem die Kurfürstin Dorothea ihrem Stiefsohne Kurfürst Friedrich III. ihr ganzes Vorwerk mit allem Zubehör 1689 hatte abtreten müssen und er, was zum Vorwerke jenseit der Spree gehörte, seiner Gemahlin verliehen hatte, behielt er sich selbst die Dorotheenstadt vor und gab 1693 Burgermeistern und Rate die Jurisdiktion vermittelst einer besondern Verschreibung. König Friedrich Wilhelm ließ bei der Erweiterung der Friedrichsstadt 1734 und in den folgenden Jahren auch die Dorotheenstadt bis an das Viereck verlängern. Bis 1734 ging der Tiergarten in der Friedrichsstadt bis über den itzigen Wilhelmsplatz und hinter der itzigen Mauerstraße bis in die Behrenstraße und in der Neustadt bis diesseits des Pontonierhauses Unter den Linden. Jetzt besteht die Dorotheenstadt aus 375 Vorder- und 272 Hinterhäusern innerhalb dem Tore und 30 Häusern außerhalb demselben. Es sind in derselben folgende Straßen und Plätze:

Der *Platz am Opernhause* geht von der Neustädter Brücke bis an die Linden. Er ist einer der schönsten Plätze in der Welt, mit lauter prächtigen Gebäuden und Palästen besetzt. Es sind folgende:

Der *Palast des Prinzen Heinrich*, Bruders des Königs, drei Geschoß hoch, hat einen Vorhof mit zwei Flügeln und ist 1754 bis 1764 auf königliche Kosten von Boumann dem Vater erbauet. Er nimmt die ganze rechte Seite des Platzes ein. Hinter dem Palaste bis an den Bauhof ist der Garten, welcher aber noch nicht völlig angelegt ist.

Das *Opernhaus*. Ein auf allen Seiten freistehendes, drei Geschoß hohes, in einem sehr edlen Geschmacke erbautes Gebäude, 261 rheinländische Fuß lang und 103 Fuß breit. Der König ließ es bald nach Antritt seiner Regierung in den Jahren 1740 und folgende nach der Angabe des Freiherrn von Knobelsdorff erbauen. Vor der Hauptansicht ist eine zweiseitige Freitreppe. Vermittelst derselben steiget man zu einer Säulenlaube von sechs freistehenden gereifelten ko-

Johann David Schleuen,
Der Palast
des Prinzen Heinrich

rinthischen Säulen mit ihrem ganzen Gebälke, welche einen Giebel tragen. Auf dem Giebel stehen die Bildsäulen des Apollo, der Melpomene und der Thalia von Nahl; am Giebelfelde ist ein Opfer des Apollo von ebendemselben halb erhoben vorgestellet; am Borten sieht man die Aufschrift: Fridericus Rex Apollini et Musis. Innerhalb der Säulen-

Johann Georg Rosenberg, Das Opernhaus von der Neustädtischen Brücke aus, 1773

laube sind oben an der Mauer vier Basreliefe, die Geschichte des Apollo vorstellend. Unter denselben stehen in Blenden die vier Statuen des Sophokles, Aristhophanes, Menander und Euripides. Von der Säulenlaube kommt man gleiches Fußes in einen durch die beiden obern Geschosse gehenden Saal, in welchem der Hof, wenn Redoute ist, speiset. Unter der Säulenlaube im Erdgeschosse ist der Haupteingang, der nach den Logen und nach dem Amphitheater führt. Die Seite nach der Bibliothek hat im Erdgeschosse einen gleichen Eingang und über demselben eine zweiseitige Freitreppe, auf welcher man zu dem obern Eingange nach dem Amphitheater steigt; dieser ist mit sechs gereifelten korinthischen Wandpfeilern gezieret, auf welchen sechs Statuen der Musen stehen. Zwischen den Pfeilern sieht man Basreliefe und unter denselben Bildsäulen in Blenden. Die gegenüberstehende Seite nach dem Graben ist auf gleiche Weise verzieret. Die Hinterseite nach der katholischen Kirche hat nur einen Eingang im Erdgeschosse, der nach dem

Theater führet. Über demselben siehet man sechs gereifelte korinthische Wandpfeiler, welche einen Giebel tragen. Auf demselben stehen die Bildsäulen der drei Grazien, und am Giebelfelde, halb erhoben, Orpheus, welcher mit seiner Leier Tiere und Steine bewegt. Zwischen den Pfeilern sind vier Basreliefe, die Geschichte des Orpheus vorstellend.

Die *Katholische Kirche zu St. Hedwig.* Sie gehört, so wie die neben ihr liegende Reihe Häuser, schon zur Friedrichsstadt, wo sie unten ausführlicher angezeigt ist.

Die *Königliche Bibliothek.* Sie ward 1775 auf der Stelle zu bauen angefangen, wo vorher das Seitengebäude des Palastes des hochsel. Markgrafen von Schwedt stand. Sie ist, nach Ungers Zeichnung, von Boumann dem Sohne gebauet. Die Treppe und Dachverbindung sind auch von dem letztern angegeben. Das Gebäude ist rund und einwärts gebogen. In der Mitte hat es einen geradlinigten Vorsprung und an jeder Ecke einen Pavillon, zwischen jedem derselben eine runde Ausbeugung. Der mittelste Vorsprung hat über dem Haupteingange acht gekuppelte korinthische Säulen, welche bis unter das Dach gehn. Zwischen denselben steht die Aufschrift: Nutrimentum Spiritus. Über dem Dache ist eine hohe Verzierung von verschiedenen Zeichen der

Karl Benjamin Schwarz,
Der Platz am Opernhaus
mit der Königlichen Bibliothek

Gelehrsamkeit, auf welchen eine Krone ruhet. Jedes der beiden Eckpavillone zieren an beiden obern Geschossen sechs gekuppelte korinthische Säulen, deren Gebälk verkröpft ist, und über den Eingängen steht ein Adler. Das Dach ist mit Kupfer gedeckt. Auf dem Brustgeländer stehen Bildsäulen, so wie auch vor dem Haupteingange und vor den Seiteneingängen. Inwendig hat dieses Gebäude nur zwei Geschoß, welche aber von außen das Ansehen von vieren haben, indem jedes zwei Reihen Fenster hat. Der obere Teil ist der Bibliothek gewidmet. Er enthält einen sehr großen Saal zur eigentlichen Bibliothek und zwei ungleichseitige Eckzimmer oder Pavillone, wovon einer zum Kupferstich-, der andere zum Manuskriptenzimmer gebraucht wird. Der Saal wird in der Mitte von zehn korinthischen Säulen getragen. Das Erdgeschoß dient zu Montierungskammern.

Johann Stridbeck d. J., Die Lindenallee, 1690

Unter den Linden. Diese prächtige Straße nimmt die ganze Länge der Dorotheenstadt bis an das Viereck ein und ist 2990 rheinländische Fuß oder über 249 rheinländische Ruten lang und 14 Ruten 2 Fuß breit. Sie ist mit einer sechsfachen Allee von Linden bepflanzt, zwischen welchen auf jeder Seite eine breite gepflasterte Straße und in der Mitte ein ungepflasterter breiter Platz zum Spaziergange ist, der 1783

Karl Traugott Fechhelm,
Der Platz am Zeughaus, 1786

wieder mit einem doppelten hölzernen Geländer eingefaßt wurde. Auf beiden Seiten ist sie mit schönen und zum Teil prächtigen Häusern besetzt. Hier sind besonders merkwürdig:

Der *königliche Stall* rechter Hand. Ein weitläuftiges Gebäude, welches bis an die Letzte Straße geht und inwendig zwei geräumige Höfe umschließt. Es ward um 1690 unter Kurfürst Friedrich III. von Nering gebaut und sollte zum kurfürstlichen Marstall dienen. Das obere Geschoß des Vorderteils, welches wie jetzt zwei Geschoß hatte, wurde hernach der 1695 errichteten *Akademie der Künste* und das hohe Gebäude und der Eckpavillon des Hinterteils 1701 der *Gesellschaft der Wissenschaften* eingegeben. Im Jahre 1743 ward der ganze Vorderteil durch einen unglücklichen Brand verzehret. Es ward darauf 1745 auf Befehl des Königs von Boumann dem Vater gebaut, und das obere Geschoß zwischen der Königlichen Akademie der Wissenschaften und der Königlichen Akademie der Künste geteilet. Dieses neue Gebäude ist zwei Geschoß hoch, unten bäurisch, oben korinthisch, doch ohne Säulen; der mittelste Vorsprung wird von zwölf Zyklopen getragen, welche auf Termen ruhen. Auf dem Dache ist ein Brustgeländer, auf deren Postumenten Gruppen ruhn, welche die Wissenschaften und Künste vorstellen. Das Hintergebäude (in der Letzten Straße) hat in der Mitte die der Königlichen Akademie der Wissenschaften gehörige *Sternwarte oder das Astrono-*

mische Observatorium. Es ward 1700 von Grünberg gebaut. Über dem Stalle ist auf dieser Seite, in dem Pavillon nach der Letzten Straße zu, der Hörsaal für die Vorlesungen des königlich *Medizinisch-Chirurgischen Kollegium,* daneben sind eine Anzahl Sektionsstuben. Im Erdgeschosse des Seitengebäudes nach Prinz Heinrichs Palaste zu ist die *Vignesche Manufaktur von Hautelissetapeten.* Die drei übrigen Seiten dienen teils zu Ställen für die königlichen Maultiere, teils zu Pferdeställen für das Regiment Gens d'Armes, für welches auch auf den Höfen noch verschiedne Ställe gebaut sind und welches seine Hauptwache an der Seite nach der Stallstraße hat.

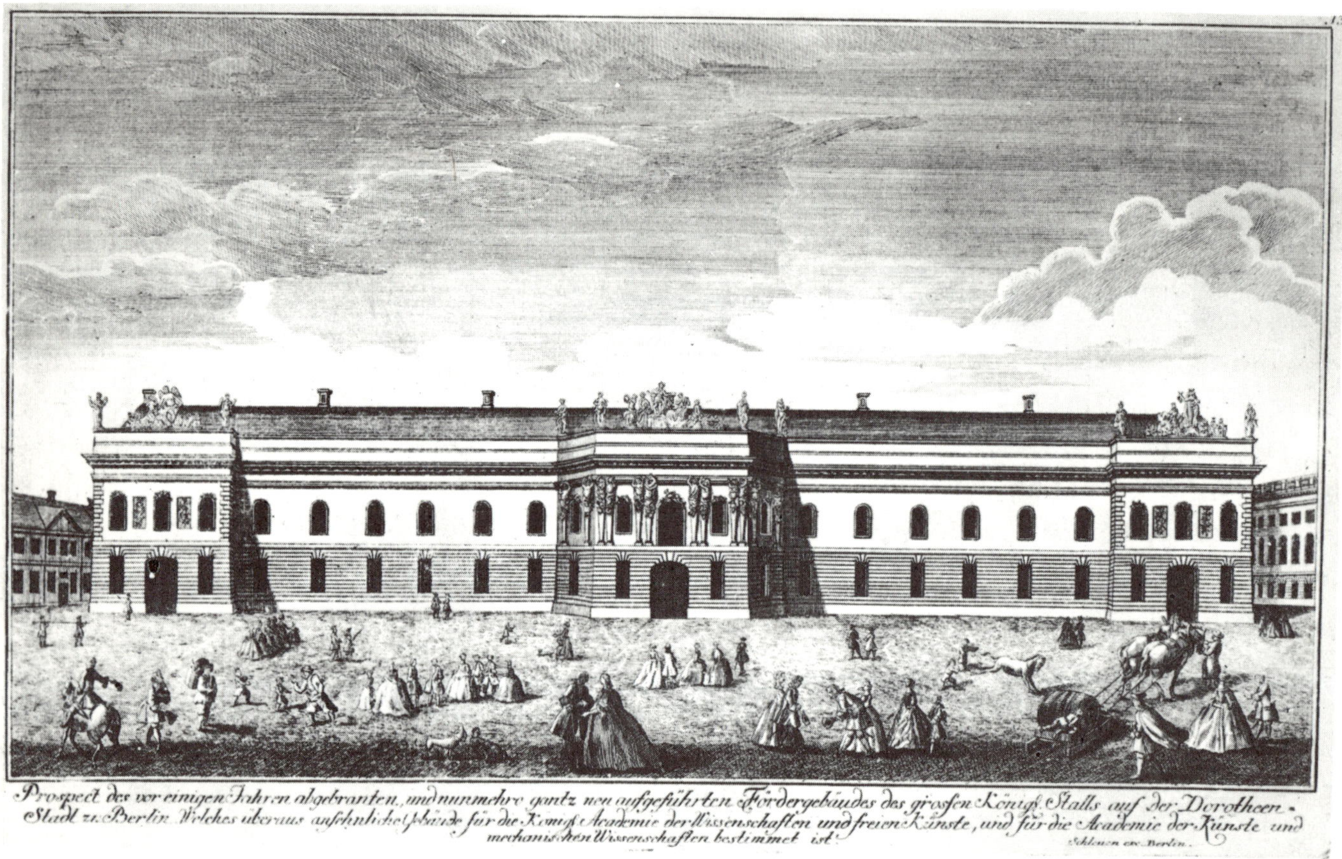

Johann David Schleuen,
Der Königliche Stall

Der *ehemalige markgräflich Schwedtsche Palast, jetzt dem Herrn von Bredow gehörig,* an der Ecke der Linden dem Stalle gegenüber. Er ist zwei Geschoß hoch und hat eine Auffahrt. Im vorigen Jahrhundert baute ihn der Artillerieobriste von Weiler; von dessen Erben kaufte ihn Markgraf Philipp Wilhelm, von welchem er an den Markgraf Friedrich Wilhelm von Schwedt kam, welcher ihn außen und innen durch Hildebrand verschönern ließ. Von dessen Erben kaufte ihn der jetzige Besitzer.

Das *Haus des Hrn. Kriegsrats Gravius.* Es ward 1752 nach Diterichs' Rissen von A. Krüger gebauet. 1777 ward ein von acht gekuppelten jonischen Säulen getragener Balkon vor dasselbe gesetzt.

Das *Hessische Haus* neben dem vorigen. Es ward 1752 gleichfalls nach Diterichs' Rissen von A. Krüger gebauet.

Der *Palast der Prinzessin Amalia von Preußen*, Äbtissin von Quedlinburg, Schwester des Königs, linker Hand. Der verstorbene Geheime Finanzrat Zinnow hatte dies Haus nach Diterichs' Angabe und Zeichnungen mit Beibehaltung des ehemaligen Möllerschen Hauses, welches die vier ersten Fenster nach der Neustädter Brücke zu begriff, 1750 bauen lassen, von dessen Erben es Ihre Königliche Hoheit 1765 kaufte und durch Boumann den Vater auf die jetzige Art verändern ließ, daß das Portal am Ende nach dem Tiergarten zu kam.

Das *von Rochowsche Haus* linker Hand. Es ward 1736 von dem Kammerpräsidenten von Osten erbauet.

Das *Pontonhaus* rechter Hand. König Friedrich Wilhelm ließ es 1736 zu Aufbewahrung der Schiffbrücken bauen. Sie werden aber jetzt außer Berlin verwahret, und dies Gebäude dient, das zur Artillerie nötige Nutzholz aufzubehalten. Es erstrecket sich bis an die Spree, dem Schiffbauerdamme gegenüber. Auf dem Hofe desselben sind noch das Laboratorium für die Artillerie und das Krankenhaus für das erste Regiment des Artilleriekorps. Das *gräflich Podewilssche Haus* rechter Hand. Das *gräflich Kamekensche Haus* an der Ecke des Vierecks linker Hand und das *von Borckesche Haus* gegenüber rechter Hand. Beide sind um 1729 von Grael erbauet.

In den Jahren 1771 bis 1776 ließ der jetzige König in dieser Straße 44 Häuser abtragen und, meistens vier Geschoß hoch, auf seine Kosten wieder aufbauen. Die Zeichnungen derselben sind sämtlich von Unger, außer die zum Dupuy-, Pailly-, Brumbey- und Forrestierschen Hause, die nach Boumann des Vaters Angabe sind. Die Häuser sämtlich aber sind von Unger erbauet worden. Unter denselben ist zu bemerken das Wirtshaus *Die Stadt Rom* rechter Hand an der Ecke der Stallgasse. Die Wirtshäuser *Die Sonne* (oder das *Hotel de Russie*) und *Der Hirsch* linker Hand.

Das *Quarré* oder *Viereck* am Ende der Linden ist mit lauter sehr ansehnlichen Häusern besetzt. Dieser Platz ist 30 rheinländische Ruten und 5 Fuß lang und 28 Ruten 7 Fuß breit. Am Ende desselben ist das *Brandenburger Tor*, welches in den Tiergarten führt. Am Tore rechts ist die *Kasarmenstraße*. Sie führet dicht an der Mauer nach den *Kasarmen für das Herzog Friedrichsche Infanterieregiment*, welche 1767 erbaut und weshalb die Stadtmauer weiter herausgerückt worden.

In die Linden öffnen sich die Wilhelmsstraße, die Friedrichsstraße und die Charlottenstraße auf der Friedrichsstadt. Auf der andern Seite gehen von derselben sechs Straßen ab, welche vom Brandenburger Tore an so aufeinander folgen: die *Kleine Wallstraße.* Sie führt an der Mittelstraße weg in die Letzte Straße. Sie hieß anfänglich auch die Mauerstraße. Die *Kirchstraße.* Sie durchschneidet die Mittelstraße und die Letzte Straße und gehet bis an das Ende des Katzenstiegs. Der Teil von dem Freimaurergarten an ist aber verschlossen. Die *Kleine Kirchgasse* ist ein Kehrwieder zwischen den Häusern, welcher keinen Ausgang als durch ein Haus hat.

Die *Querstraße*, ein Teil der Großen Friedrichsstraße, welche vom Hallischen Tore an durch die Friedrichsstadt bis an die Linden geht. Diese Fortsetzung derselben, welche durch die Neustadt von den Linden bis an die Große Weidendammsbrücke geht, heißt die Querstraße. Hier sind die *Fleischscharren* und der *Fischmarkt.* In dem Hause an der Ecke der Querstraße und Letzten Straße ist die *Ratswaage* und darüber die *Neustädter Schule.*

Die *Stallstraße* führet zwischen dem Akademiegebäude und dem Wirtshause Die Stadt Rom an die Letzte Straße. Zwischen dem Stalle und Prinz Heinrichs Palaste führet eine Gasse ohne Namen links in die Straße Hinter dem Observatorium und rechts nach dem Bauhof.

Die *Mittelstraße* geht mit den Linden parallel von der Kleinen Wallstraße an. Hier ist die *Kirche auf der Dorotheenstadt.* Die Kurfürstin Dorothea ließ sie, vermutlich von Rutger von Langevelt, 1678 bis 1687 erbauen. Das *Maison d'Orange*, ein französisches Armenhaus, nicht weit davon.

Die *Letzte Straße* geht mit den Linden parallel von dem letzten Ende der Neustadt bis ans Ende der Stallstraße. Die Gärten gehen auf den Weidendamm. Hier ist das *reformierte Predigerwitwenhaus*, 1773 erbauet. Das *Domhospital* und der *Rote Hof*, zwei reformierte Armenhäuser, jenes 1752 angelegt und 1778 neugebaut, dieses 1750 erbauet. Das *Haus der Freimaurerloge Royale York de l'Amitié.* Der Präsident Sylvester von Danckelmann bauete 1679 hier ein Haus. Der Oberhofmeister von Kameke, an den es hernach kam, ließ es 1712 von dem berühmten Schlüter, so wie es jetzt ist, bauen. Es hat einen Vorhof, und hinter dem Hause ist ein angenehmer Garten, welcher bis an die Spree gehet und in neuern Zeiten sehr verschönert worden. Am Ende der Letzten Straße, wenn man sich rechts wendet, um nach der Spree zu gehen, liegt an derselben ein 1750 erbautes *Schlachthaus* nahe an der Brücke.

Ein *Gang nach dem Schlachthause und der Brücke*, die vom Schiffbauerdamme nach dem Weidendamme geht. Hier steht ein *Schlachthaus*. Am Ende der Letzten Straße kommt die Straße *Hinter dem Observatorium*. Hier findet man rechter Hand das Hintergebäude des Stalls, die Sternwarte und den Anatomischen Hörsaal, wie oben gemeldet. Links stehen wohlgebaute Häuser, deren Gärten auf den Weidendamm gehen, worunter anzumerken ist: das *Haus der Akademie*, ehemals König Friedrichs I. Hühnerhof. Es ward, so wie es jetzt ist, 1765 von Boumann dem Vater gebauet. Die *Stallgasse*. Sie führt zu den auf dem Weidendamm gebaueten Ställen. Sie ward 1775, nach dem Bau der Kasarmen und Ställe auf dem Weidendamme, erweitert.

Der *Bauhof* oder *Schloßbauhof*, woselbst Bauholz zugerichtet zu werden pflegt. Ehe der Palast des Prinzen Heinrich gebauet ward, war er sehr viel größer. König Friedrich Wilhelm schenkte dem Kriegsrat Stolze eine alte Schloßbaumeisterwohnung und gab ihm die Erlaubnis, hier Häuser zu bauen. In neuern Zeiten sind hier mehrere und zum Teil wohlgebauete Häuser angelegt worden. Hier ist noch das *Krankenhaus für das Regiment Gens d'Armes*. Von da führt ein Gäßchen ohne Namen nach der Aufschwemme am Kupfergraben, woselbst das geflößte Bauholz ans Land gezogen wird.

Am Kupfergraben ist eine Kaye an diesem Graben von der Brücke neben dem Kupfergraben bis an die Kleine Weidendammsbrücke, welche schon oben bei dem Teil des Weidendamms, der zu Kölln gehört, erwähnet worden. Am Kupfergraben stehet das *Westphalsche Haus* mit einem Garten an der Aufschwemme. Dieses Haus ist nach den gemeinschaftlichen Rissen Boumanns des Sohnes und Naumanns vom letzteren gebauet. Das *Audibertsche Haus*. Am Ende des zu diesem Hause gehörigen Gartens ist eine *kleine Brücke* über einen schon vor alters gemachten, beim Kasarmenbau aber vertieften Abzugsgraben.

Diesseits derselben gehet der *Katzenstieg*. Ein schmaler Damm bis ans Ende der Wiesen an der Spree an einem sumpfigen Ort, der das *Moderloch* heißt. Die Gärten der Häuser in der Letzten Straße und Hinter dem Observatorium gehen auf diesen Damm. Von der Friedrichsstraße an bis an dessen Ausgang in der Letzten Straße neben dem Freimaurergarten ist er beständig an beiden Seiten mit einer Gattertür verschlossen.

Jenseit der Brücke liegen noch am Kupfergraben die *Kasarmen für das vierte Regiment Artillerie.* Dieses Gebäude ist vier Geschoß hoch und hat außer der Hauptfronte zwei Seitenflügel, wovon der linke einen schiefen Winkel macht. Hinter demselben liegen das *Krankenhaus für das vierte Regiment Artillerie* und fünf Ställe für das Regiment Gens d'Armes. Diese Gebäude sind sämtlich von Boumann dem Vater 1773 auf einer ehemaligen Wiese erbaut worden.

Eine *kleine Brücke* an dem Abzugsgraben neben den Ställen. Von derselben geht zwischen dem Graben und den Ställen eine Kaye nach dem Weidendamm an der Spreeseite neben der Zugbrücke. Der zur Dorotheenstadt gehörige Teil des *Weidendamms* geht von der Kleinen Weidendammsbrücke bis zur Großen Weidendammsbrücke. Hier ist eine *Zugbrücke über den Neuen Graben*, 1775 gebauet. Ein *Magazin zu Montierungsstücken für die Armee*, von Boumann dem Vater 1774 erbaut. Es ist mit einem besondern Graben umzogen. Der übrige Platz zwischen dem Weidendamme, der Friedrichsstraße und dem Katzenstiege ist noch eine Wiese.

Die Dorotheenstadt hat nur ein Polizeiquartier und ein Kirchspiel.

Vor dem Brandenburger Tor, dem einzigen dieser Stadt, ist der *königliche Tiergarten* oder Park. Dieser anmutige Wald, welcher beinahe bis Charlottenburg geht, wird unten [...] etwas ausführlicher angezeigt. Rechts desselben ist der *Exerzierplatz*, worauf die berlinische Garnison öfter manövrieret. Hinter demselben liegen die *Habermaaßische Meierei* an der Spree dicht an der Stadtmauer, dem Schiffbauerdamme gegenüber. Sie war im 16ten Jahrhunderte ein kurfürstliches Vorwerk, welches Kurfürst Joachim Friedrich 1604 seiner Gemahlin Eleonora verlieh. 1670 ward das Wohnhaus nebst dem Weinberge der Kurfürstin Dorothea auf Lebenszeit verliehen. König Friedrich I. ließ 1705 das jetzige Wohnhaus an der Spree zu seinem Vergnügen bauen. Durch die Anlegung des Schönhauser Grabens, durch den Treckschuytendamm und den Bau des Charitéhauses verlor dieses Vorwerk den größten Teil seiner Grundstücke. Vor einigen Jahren erhielt der jetzige Besitzer die Meierei auf Erbpacht. Jetzt ist ein *Kaffeegarten* daselbst.

Ein *königlicher Holzmarkt.* Etwas über denselben, gleich außer dem Unterbaum, geht links ein *Floßgraben* aus der Spree, worüber hier eine *kleine Brücke* führt. Er fällt hinter dem Exerzierplatze wieder in die Spree.

Weiter hinauf an der Spree *Bellevue*, ein Lustschloß

Sr. K. H. des Prinzen Ferdinand, wohin gerade aus dem Potsdamer Tore eine große breite Allee führt. Der ehemalige Oberbauintendant von Knobelsdorff legte hier 1743 eine *Meierei* an und bauete auch das kleine, sehr niedlich

Karl Benjamin Schwarz, Das Schloß Bellevue

angelegte *Landhaus.* Das größere Gebäude an der Spree ließ der ehemalige Staatsminister Freiherr von Horst Exzellenz, dem es zur Sommerwohnung diente, 1773 besser einrichten. 1784 kaufte S. K. H. diese Meierei, Lusthaus und alles Zubehör und läßt wegen der angenehmen Lage noch einen großen Palast daselbst bauen.

Noch weiter hinaus, auch dicht an der Spree, ist die *Kattunbleiche des Schutzjuden Wulff* nebst einem ansehnlichen Wohnhause. Neben demselben eine *Mühle*, welche vom Floßgraben getrieben wird, der hier in die Spree fällt.

V. DIE FRIEDRICHSSTADT

Der südwestlichste Teil aller Städte. Östlich grenzt sie an die Köpenicker Vorstadt, Neukölln und den Friedrichswerder. Von den beiden letzten Städten scheidet sie der ehemalige Festungsgraben, und die Brücken, welche über denselben dahin bringen, sind oben angeführt. Nördlich liegt die Dorotheenstadt ihrer ganzen Länge nach.

Der Platz, wo sie jetzt stehet, enthielt vorher teils zur Köllnischen Vorstadt gehörige Gärten, Wiesen und Äcker, teils gehörte er zum Tiergarten und ehemaligen kurfürstlichen Vorwerke. Schon 1678 fing man an, auf dem Grunde des Tiergartens die linke Reihe der Häuser Unter den Linden auf der Dorotheenstadt zu bauen, welches damals die Friedrichsstadt genennet ward. 1688, gleich nach Friedrichs III. Regierungsantritt, ward im August eine Kommission (bestehend aus dem Obermarschall von Grumbkow, dem Geheimen Rate D. L. von Danckelmann und den Baumeistern M. M. Smids und Nering) verordnet, »welche die Äcker und Wiesen, worauf die neue Friedrichsstadt gebauet werden soll, so gut als möglich erhandeln sollen«. Die erste Anbauung geschah gleich 1688 von der jetzigen Kronenstraße bis zur Jägerstraße auf dem Grunde des ehemaligen kurfürstlichen Vorwerks und Gartens. Neringen ward nicht allein die Anlage der Straße aufgetragen, sondern es mußten auch, bis an seinen Tod, alle Häuser nach dessen eignen oder doch von ihm gebilligten Zeichnungen gebauet werden. Nach Nerings 1695 erfolgtem Tode ward die Anordnung

Blick von der Friedrichstadt nach Berlin, um 1750

des fernern Baues dem Ingenieur Behr und nebst ihm Grünbergen aufgetragen. Damals wurden um 1696 die Französische und Behrenstraße sowie 1701 die Jerusalemer und Leipziger Straße angelegt. 1706 bekamen die Straßen ihre Namen. Die damalige Friedrichsstadt endigte sich mit der Mauer- und itzigen Junkerstraße, doch so, daß die Lindenstraße noch etwas weiter hinaus bebauet war. Es waren aber noch immer viele wüste Stellen darin, deren Bebauung sich König Friedrich Wilhelm von 1721 an mit scharfem Ernste angelegen sein ließ. Teils ließ er selbst Gebäude aufführen, teils wurde den Bürgern die Bebauung dieser Plätze anbefohlen, und Gerlach hatte die Aufsicht darüber. Die Anzahl der Häuser nahm so zu, daß keine wüste Stelle mehr übrigblieb. Darauf befahl der König 1732 und in den folgenden Jahren, unter des Obersten von Derschau und Gerlachs Direktion die Friedrichsstadt ansehnlich zu erweitern. Die Markgrafenstraße ward jenseit der Junkerstraße, die Kochstraße, Zimmerstraße und Leipziger Straße wurden jenseit der Mauerstraße verlängert. Die Wilhelmsstraße, der Wilhelmsplatz, der Friedrichsstädtische Markt und die beiden Schützenplätze beim Anfange der Lindenstraße wurden bebauet. Und, nachdem 1734 das Leipziger Tor abgebrochen worden, ward auch der Dönhoffische Platz und weiter die beiden großen Plätze an den Toren, das Achteck und das Rondell, neu angelegt. Alle diese Straßen wurden von 1733 bis 1738 auf königliche Kosten gepflastert. Zugleich wurde diese Stadt, nebst der Neustadt und der Köllnischen Vorstadt, von 1734 bis 1736 auf königliche Kosten mit einer steinernen Mauer umschlossen, welche, die Tore eingerechnet, 2 169 rheinländische Ruten lang ist und, ohne die Tore, 41 053 Rtlr. gekostet hat.

Die Friedrichsstadt ist jetzt der ansehnlichste Teil von Berlin. Die Straßen gehen alle gerade und stoßen fast alle winkelrecht aufeinander, sie sind sämtlich ungefähr sechs rheinländische Ruten breit. Die Häuser in den unter König Friedrich Wilhelm gebauten Straßen sind zwar meist nur zwei Geschoß hoch und unter einem Dache fortgeführet, welches ihnen ein etwas einförmiges Ansehen gibt. Allein, es sind nicht nur unter dem jetzigen Könige, zum Teil auf königliche Kosten, viele hohe und prächtige Häuser gebaut, sondern es stehen auch sonst in der Friedrichsstadt viele ansehnliche öffentliche Häuser und Paläste.

Diese Stadt bestehet jetzt aus 1 669 Vorder- und 680 Hinterhäusern innerhalb den Toren und 54 Häusern außerhalb denselben. Das 1750 erbaute Kolonistendorf *Neuschönberg*,

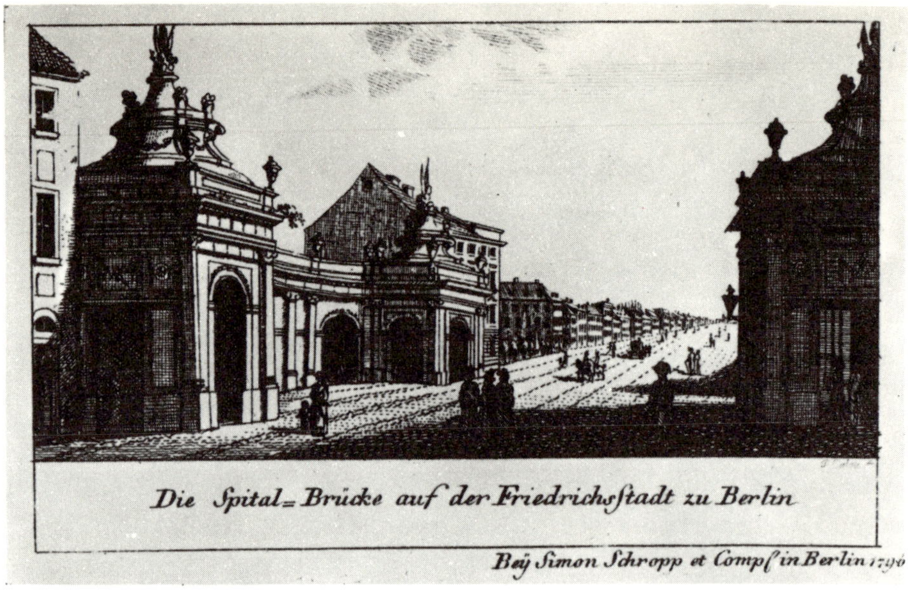

Friedrich August Calau,
Die Spitalbrücke, 1796

eine kleine Stunde von der Stadt bei dem Dorfe Altschönberg, gehört auch dazu.

Folgende Straßen und Plätze sind zu bemerken:

An der *Spitalbrücke* stehen diesseit einige ansehnliche Häuser. Der *Dönhoffsche Platz.* Er war zur Zeit der Befestigung eine Esplanade vor dem Leipziger Tore und hieß auch der Große Markt. König Friedrich Wilhelm ließ ihn um 1734 nach abgetragenem Leipziger Tore mit Häusern besetzen. Er bekam den Namen vom General Grafen von Dönhoff. Der jetzt regierende König ließ von 1774 bis 1776 fast alle Häuser, vier Geschoß hoch, nach Ungers Rissen auf seine Kosten neu bauen.

Auf der Seite nach der Spitalbrücke ist das *Haus des Bankiers Schickler*, 1735 von Diterichs gebaut. Hinter demselben ist ein Garten und schönes Gartenhaus. Das *von Schwerinsche Haus*, 1777 auf königliche Kosten ganz neu und sehr schön erbaut.

Dieser Platz ist rundherum mit einer Allee von Linden und zwei Seiten nach der Spitalbrücke mit vielen hölzernen Krambuden besetzt. Er dienet zur Wachtparade des Pfuhlschen Regiments. Hier ist noch ein *Wachthaus des Woldeckschen und Braunschen Regiments.* Der *steinerne Obelisk* oder *Meilenzeiger*, von welchem an 1730 der Weg bis Potsdam gemessen und Meilensteine gesetzt worden. Er stand damals gerade vor dem Leipziger Tore.

Die *Jerusalemsstraße.* Sie geht am Dönhoffschen Platz vorbei von der Schinken- oder Jerusalemsbrücke neben der Jerusalemskirche bis in die Lindenstraße. Am Ende derselben ist an der Lindenstraße die *Jerusalemskirche.* Ein Bürger zu Berlin namens Müller stiftete zum Andenken seiner

Wallfahrt nach dem gelobten Lande eine Kapelle der Jungfrau Maria, dem heil. Kreuz und dem Heil. Fabian und Sebastian zu Ehren, deren in einer Urkunde von 1484, worin ihr fünf Bischöfe Ablaß verschreiben, zuerst Erwähnung geschiehet. Kurfürst Friedrich Wilhelm schenkte sie 1671 dem Magistrate des Friedrichswerders, welcher ein Hospital für Arme errichten wollte. Der kurfürstliche Rat von Martitz ließ 1679 die Kapelle reparieren und stiftete das benachbarte Hospital. Die Einwohner der Friedrichsstadt hielten anfänglich in dieser Kapelle ihren Gottesdienst, und da ihre Zahl zunahm, ward dieselbe verschiedene Male vergrößert. Als aber die Gemeine zu stark war, wurde 1728 diese Kirche nach Gerlachs Rissen erbauet. Der Turm ward 1730 fertig. Weil man aber zum hölzernen Aufsatze schlechtes Holz genommen und es gegen das Wetter nicht genugsam verwahret hatte, mußte der Turm, soweit er hölzern war, 1747 wieder abgetragen werden. Diterichs und Feldmann machten zwar verschiedene noch vorhandene Zeichnungen zu dessen Wiederherstellung, die Ausführung aber unterblieb aus Mangel des Geldes. Noch itzt steht nur der steinerne Teil des Turms unter einer schlechten Verdachung. 1779 ward er repariert. Das *Hospital* ist zunächst der Kirche. Es ward, wie schon oben gedacht, von dem kurfürstlichen Rat von Martitz 1679 gestiftet. Es werden 10 bis 12 alte Frauen darin unterhalten. Unweit der Kirche ließ der König 1782 zwei und 1785 fünf Häuser durch Unger zeichnen und bauen, sämtlich von zwei Geschoß.

Die *Leipziger Straße* geht vom Dönhoffschen Platze bis an das Achteck und durchschneidet die Friedrichsstadt quer in der Mitte. Sie ist eine der prächtigsten Straßen und bis an das Achteck 270 rheinländische Ruten lang. Sie ist voll ansehnlicher Häuser und Paläste. Der jetztregierende König hat 1773 bis 1777 46 neue Häuser nach Ungers Zeichnungen erbauen lassen, deren einige, wie z.B. die Eckhäuser an der Jerusalemsstraße, vier Geschosse, die übrigen aber drei Geschosse haben. Ohnweit des Potsdamer Tors linker Hand sind zu bemerken das *von Löbensche Haus*, worin das Hauptritterschaftskreditkollegium seine Session und Kasse hat. Der *gräflich Reußische Palast.* Der Staatsminister von Happe ließ ihn 1737 bauen. Die erste Zeichnung machte Stoltze und ließ auch den Grund und das Kellergeschoß darnach aufmauern. Darauf ward eine neue Zeichnung von Diterichs gemacht und der Rest dieses Palastes unter seiner Aufsicht aufgeführt. Er mußte sich zwar in etwas an die erste Anlage binden, aber dieses Gebäude gehört dennoch zu den schönsten in Berlin. Nach seiner Angabe ist auch der sehr schöne Garten angelegt.

Die *Königliche Porzellanfabrik.* Der Kaufmann J. E. Gotzkowsky errichtete sie 1759 in diesem Hause, 1763 übernahm sie der König. In dem Vorderhause ist die Niederlage des Porzellans. Im Hinter- und Seitengebäude sind die Öfen zum Brennen und die Säle, wo das Porzellan gedreht, geformt und gemalt wird. Auf beiden Seiten der Fabrik wurden 1783 zwei Flügel von Unger angebaut, worin zwei große Säle sind für die Vorräte von Porzellan. Auf einem Platze hinter der Porzellanfabrik ist das *Exerzierhaus für das Herzog Friedrichsche und das Möllendorffsche Regiment.* Neben derselben ist das *freiherrlich von [der] Recksche Haus*, hinter welchem ein schöner Garten ist.

Unter den neu gebauten Häusern sind besonders zu bemerken: das *Bärsche* große *Haus*, diesseits der Markgrafenstraße linker Hand. Es gehört zu den schönsten Privathäusern in Berlin. Das *Oesfeldsche Haus* zwischen der Charlotten- und Friedrichsstraße. Das *Haus der Städtekasse* an der Ecke der Mauerstraße linker Hand.

Das *Achteck.* Ein achteckiger Platz, 44 rheinländische Ruten lang und breit, am Ende der Leipziger Straße, mit ansehnlichen Häusern besetzt. Jenseit desselben ist das *Potsdamer Tor.*

Folgende vier Straßen gehen mit der Leipziger Straße parallel quer durch die Friedrichsstadt und liegen vom Dönhoffschen Platze gerechnet derselben zur linken Hand:

Die *Krausenstraße* gehet vom Dönhoffschen Platz bis in die Mauerstraße bei der Böhmischen Kirche. Das *Irrenhaus* (zwischen der Charlotten- und Friedrichsstraße), woselbst melancholische und rasende Leute verpflegt werden. Es ward 1728 zu diesem Gebrauche gewidmet und ist 1747 durch ein hinten daranstoßendes Haus und Garten in der Schützenstraße erweitert worden. In demselben ist auch ein Saal zum Gottesdienste.

Die *Schützenstraße* geht von der Lindenstraße bis in die Mauerstraße. Hier ist das *von Marschallsche Haus* zu bemerken.

Die *Zimmerstraße* geht von der Lindenstraße bis in die Mauerstraße. Hier bemerkt man das *von Thielesche Haus* an der Ecke der Charlottenstraße, 1734 von Gerlach gebauet.

Die *Kochstraße* gehet von der Jerusalemsstraße an der Jerusalemskirche bis in die Wilhelmsstraße, wo der Palast der Prinzessin Amalia gerade auf dieselbe stößt. Hier sind unter andern schönen Häusern die beiden zur *Realschule* gehörigen Häuser, das eine linker Hand an der Ecke der Friedrichsstraße, das andere rechter Hand zwischen der Friedrichs- und Wilhelmsstraße. In diesem letztern war schon ehedem das *Friedrichsstädtische Gymnasium*, welches 1743 errichtet, aber schon 1748 wieder aufgehoben worden.

Die *Lindenstraße.* Sie fängt am linken Ende des Dönhoffschen Platzes neben dem Ausgange der Neuen Kommendantenstraße an, gehet bis an das Rondell am Hallischen Tor und umschließt also die ganze Friedrichsstadt linker Hand nach der Köllnischen Vorstadt. Sie ist auf beiden Seiten mit Linden bepflanzt und ist 330 rheinländische Ruten lang. Hier sind zu bemerken der *Stall für die Leibgarde zu Pferde* an der Ecke der Hasenhegergasse. Es ist ein freistehendes viereckiges Gebäude, welches zwei Höfe umschließt. *Koppenshof*, ein großes Gebäude, welches von vier Seiten einen großen Hof umschließt. Es war vor Zeiten eine Meierei. Jetzt gehört es dem Branntweinbrenner Müller, welcher von dem Zuckerwasser aus den Siedereien Branntwein brennet.

Das *Kollegienhaus.* Ein freistehendes Gebäude, zwei Geschoß hoch, mit zwei Seitenflügeln. König Friedrich Wilhelm ließ es 1734 von Gerlach erbauen und verlegte 1734 aus dem alten Kollegienhause in der Brüderstraße die damaligen sämtlichen Justizkollegien hieher. In diesem Hause sind also jetzt die Gesetzkommission, das Obertribunal, die Senate und Deputationen des Kammergerichts, das Kurmärkische Pupillenkollegium und das mit demselben verbundene Kurmärkische Konsistorium, das reformierte Kirchendirektorium nebst allen zu diesen Kollegien gehörigen Registraturen. Auf dem Hofe dieses Gebäudes steht auf einem Postumente das marmorne Brustbild des berühmten Großkanzlers Freiherrn von Cocceji, welches Ehrendenkmal der jetztregierende König diesem um das Vaterland höchst verdienten Minister 1766 errichten lassen. Es ist von C. B. Adam dem Jüngern angefangen und von Sigisbert Michel geendigt.

Anna Rosina Lisiewski/
Jakob Johann Haid/
August André Vindel,
Samuel von Cocceji

Der *Palast Sr. Exzellenz des Staatsministers Hrn. von Werder.* Er ist 1734 von dem Geheimen Rate von Börstell auf einem von König Friedrich Wilhelm geschenkten Platze erbauet worden.

Das *Rondell* ist ein runder Platz am Ende der Lindenstraße, 34 rheinländische Ruten lang und breit. Jenseit desselben ist das *Hallische Tor.* An diesem Tore ist außer der gewöhnlichen *Torwache die Hauptwache des Zietenschen*

Folgende Seiten:

Johann Georg Merz,
Der Palast des Barons
von Vernezobre (später der
Prinzessin Amalie)

Hofansicht
Pavillons von der Straßenseite

Karl Ludwig Schmidt,
Das Radziwillsche Palais
(früheres Palais Schulenburg)

Husarenregiments. Hinter dem Rondelle rechter Hand des Tors ist eine *Kasarme für das Möllendorffsche Regiment,* 1767 erbauet, weshalb die Stadtmauer über dem dicht vor dem Tore fließenden Floßgraben oder Landwehrgraben rechter Hand herausgerückt ist. Weiter hinauf an dieser Seite an der Mauer sind die *Krankenhäuser des Herzog Friedrichschen* und *des Braunschen Regiments.* An der Mauer linker Hand ist das *Krankenhaus des Möllendorffschen Regiments.* Und weiter herunter das oben bei der Köllnischen Vorstadt angezeigte ehemalige Magazin für das Zietensche Husarenregiment.

Vom Rondell gehen folgende Straßen durch die ganze Länge der Friedrichsstadt: die eben angezeigte Lindenstraße, die Friedrichsstraße und die Wilhelmsstraße. Die Friedrichsstraße wird unten angezeigt, wo wir von der Behrenstraße wieder zurückgehen.

Die *Wilhelmsstraße* ist die äußerste Straße am westlichen Ende der Friedrichsstadt. Sie geht vom Rondelle bis nach den Linden der Neustadt und ist 530 rheinländische Ruten lang. Vom Tore bis zur Kochstraße sind die Häuser von gleicher Höhe, zwei Geschoß hoch, und werden meistens von Zeugmachern und andern Manufakturisten bewohnt. Jenseit des Wilhelmsplatzes aber sind lauter prächtige Paläste.

Façade des Hauptgebäudes von dem Hauße des Herrn Geheimden
Raths Baron von Vernezober auf der Seite gegen dem Hof.

Façade du corps de Logis de l'Hôtel de Monsieur le Conseiller Privé
Baron de Vernezobre, du Coté de la Cour.

Schuhe 12 9 6 3 1 2 3 4 5 6 7 Rheinl. Ruthen
Pieds Verges de Rhinl.

Joh. Georg Merz excud. Aug. Vindel.

Façade der Seite gegen der Straße, von dem Hauße des
Herrn Geheimden Raths Baron von Vernezober.

Façade du Coté de la Ruë de l'Hôtel de Monsieur le Conseiller
Privé Baron de Vernezobre

Schuhe 12 9 6 3 1 2 3 4 5 6 7 Rheinl. Ruthen
Pieds. Verges de Rhinl.

Joh. Georg Merz excud. Aug. Vindel.

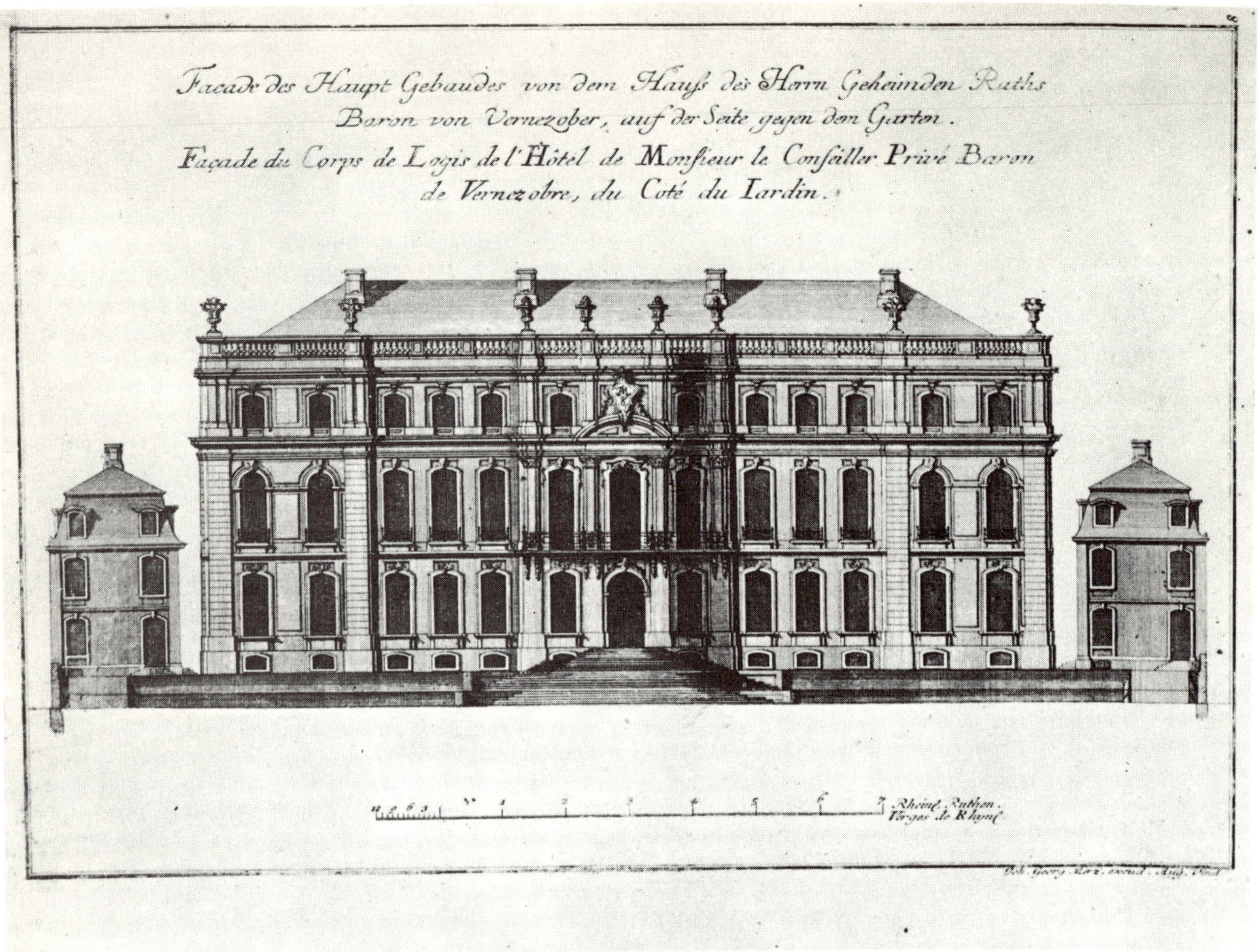
Façade des Haupt Gebaudes von dem Hauß des Herrn Geheimden Raths
Baron von Vernezober, auf der Seite gegen den Garten.
Façade du Corps de Logis de l'Hôtel de Monsieur le Conseiller Privé Baron
de Vernezobre, du Coté du Iardin.
Rheinl. Ruthen.
Verges de Rhyn.

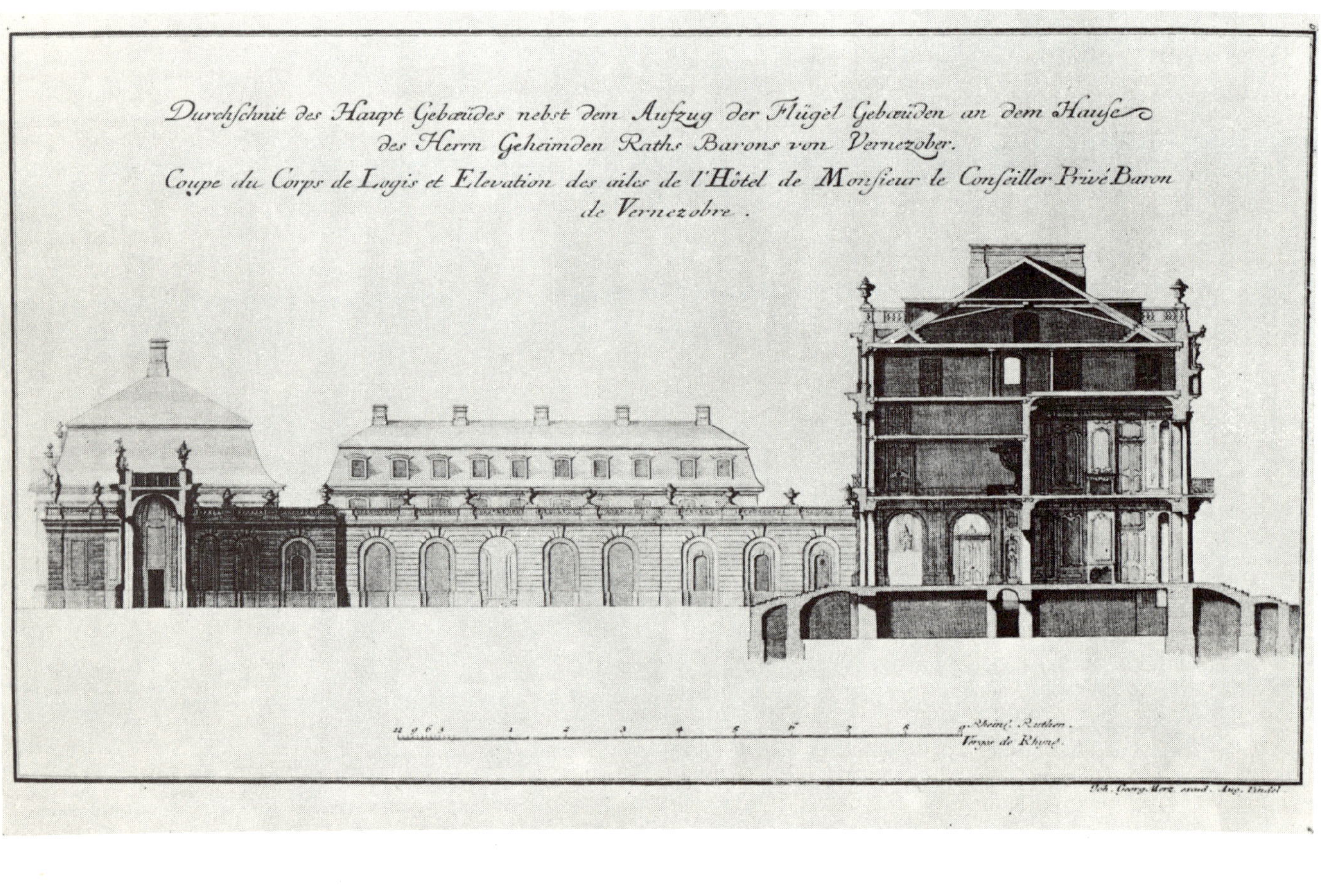
Durchschnit des Haupt Gebæudes nebst dem Aufzug der Flügel Gebæuden an dem Hause
des Herrn Geheimden Raths Barons von Vernezober.
Coupe du Corps de Logis et Elevation des ailes de l'Hôtel de Monsieur le Conseiller Privé Baron
de Vernezobre.
Verges de Rhyn.
Joh. Georg Merz excud. Aug. Vindel.

In dieser Straße sind anzumerken das *Schindlersche Waisenhaus* ohnweit dem Rondelle rechter Hand. Es ward 1734 vom Geheimen Rate Schindler zu Schöneiche bei Berlin gestiftet und nachher hieher verlegt. Es werden darin 22 Waisenknaben unterhalten. Das *Pfarr- und Schulhaus für die*

Gartenansicht
Hauptgebäude, Querschnitt
Erdgeschoß, Grundriß

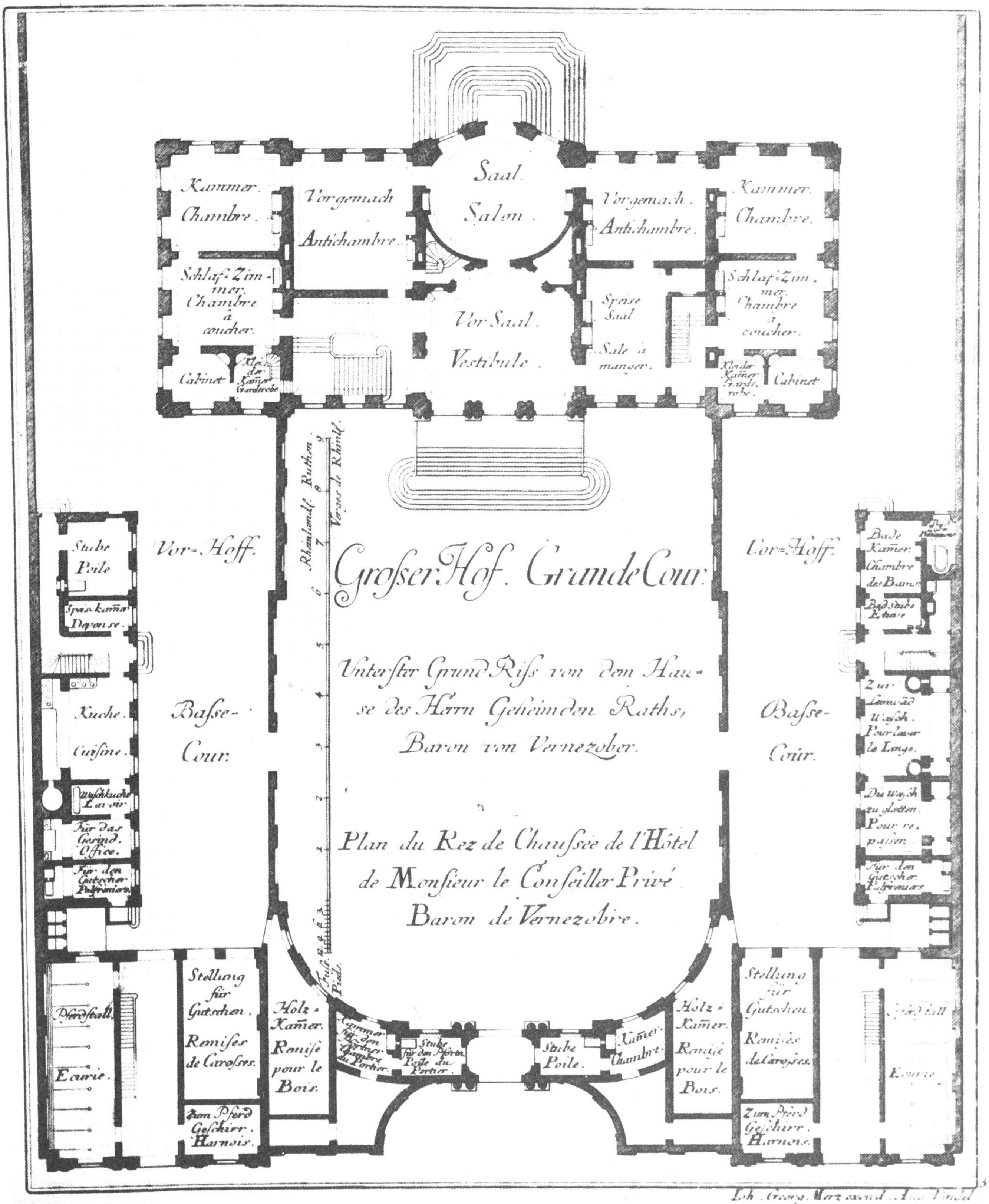

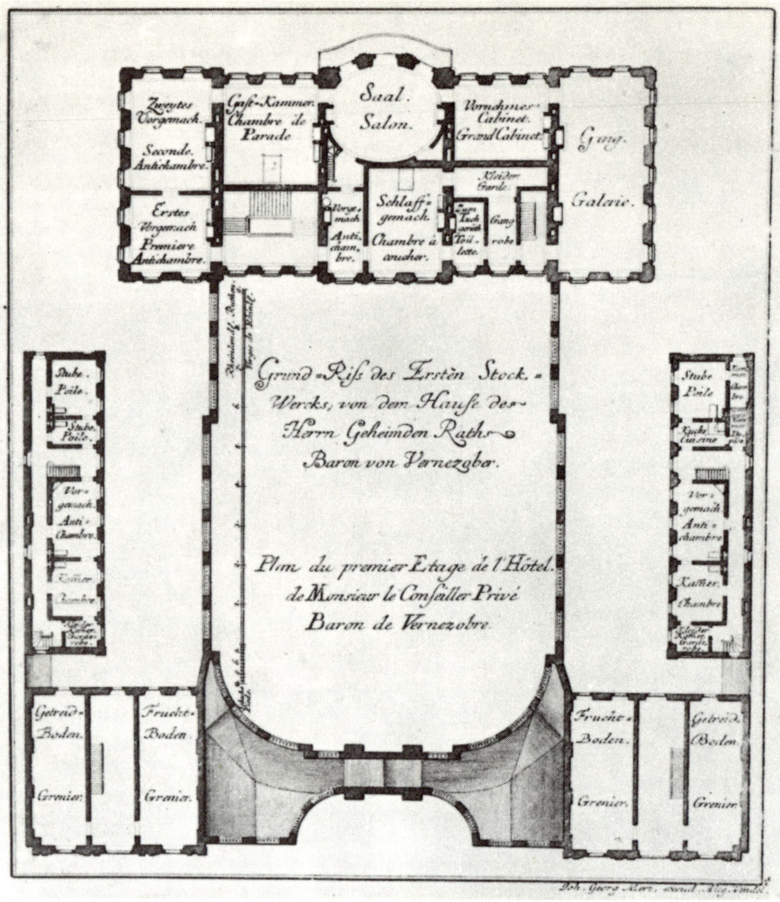

1. Stockwerk, Grundriß

Kellergeschoß, Grundriß

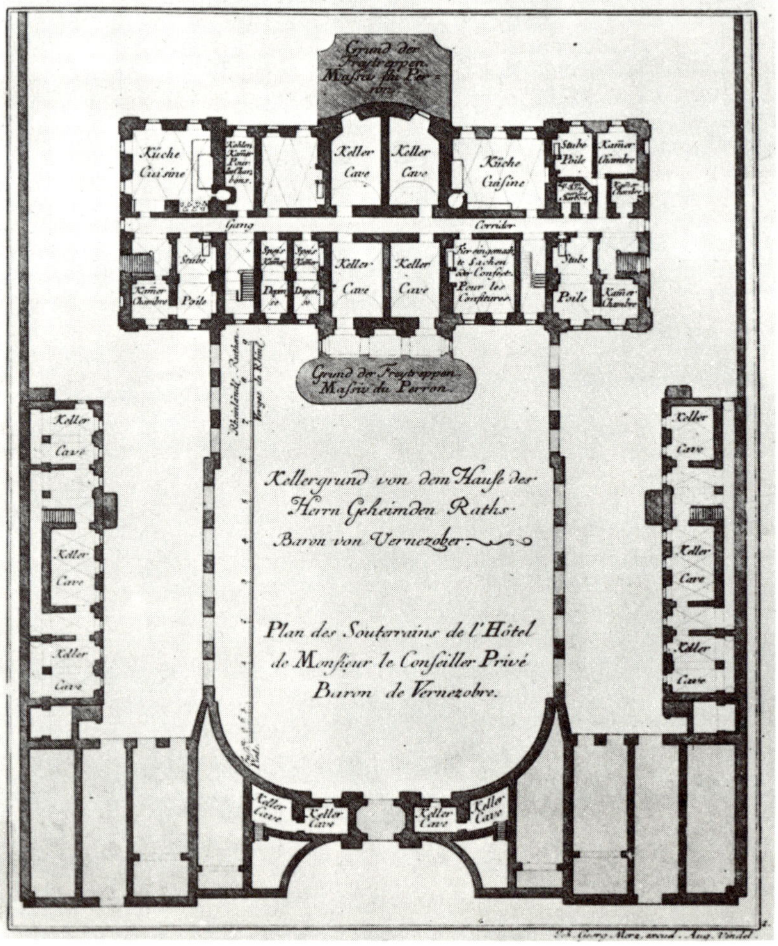

Böhmische Gemeine. Weiter herunter rechter Hand der *Palast der Prinzessin Amalia*, Äbtissin zu Quedlinburg, Schwester des Königs. Er stößt gerade auf die Kochstraße. Der Baron von Vernezobre, welcher bei Gelegenheit des Lawschen Aktienhandels sich aus Frankreich nach Brandenburg begab, ließ diesen Palast 1735 nach einer aus Frankreich verschriebenen Zeichnung bauen. Hinter demselben ist ein weitläuftiger Garten, welcher von Ihre K.H. neu nach englischer Art angelegt worden.

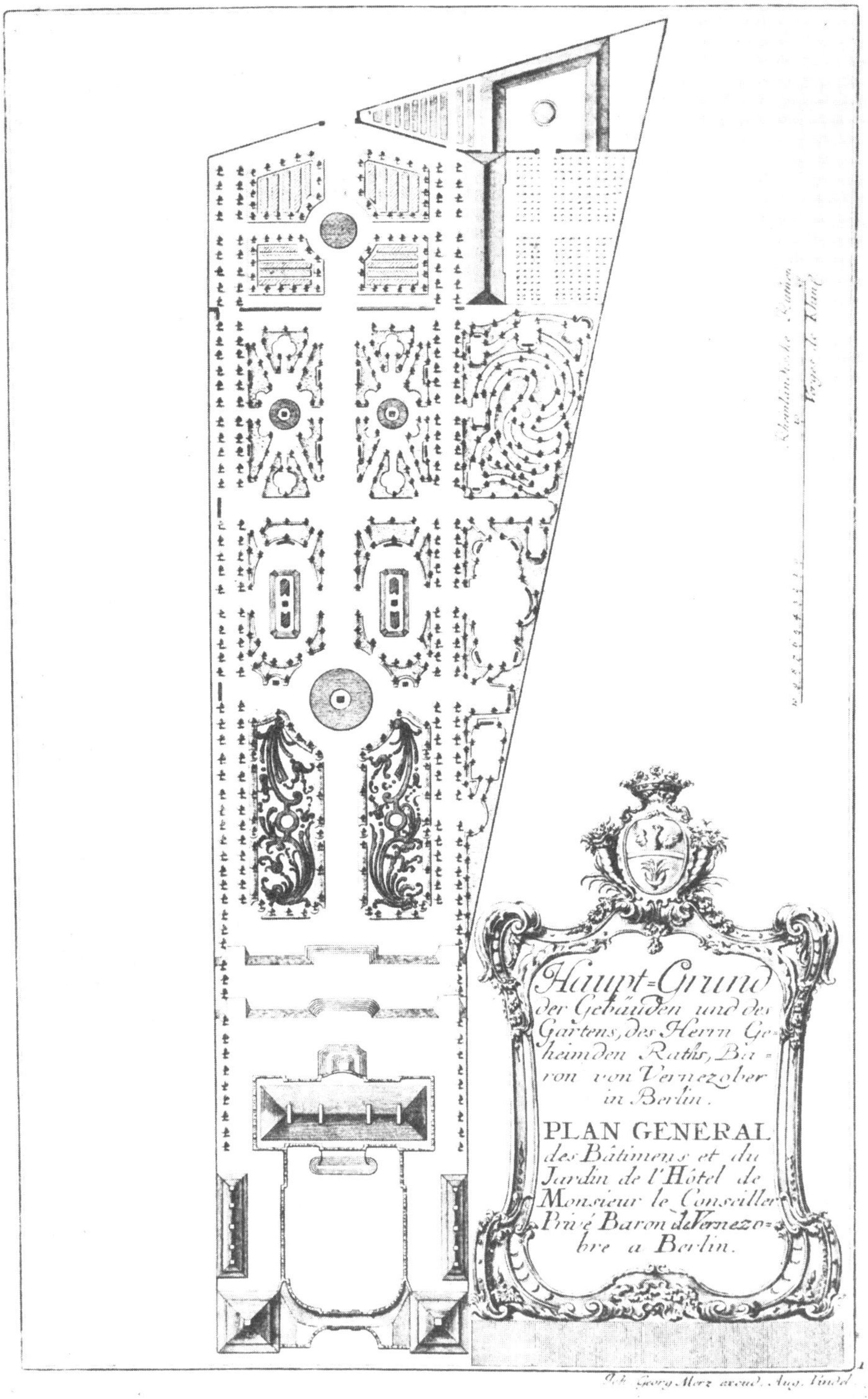

Garten

Jenseit des Wilhelmsplatzes liegen folgende Paläste: der *gräflich Schulenburgische Palast.* Ein schönes Gebäude mit einem Vorhofe, den zwei Seitenflügel umschließen. Der General von Schulenburg ließ ihn 1734 nach in Italien gemachten Rissen durch den Bauadjutanten Richter bauen. Hinter demselben ist ein sehr schöner Garten. Der *gräflich Eickstedtsche Palast.* Der *gräflich Beeßische Palast.* Diterichs baute denselben 1736 für den Geheimen Rat Kellner. Der *Palast des Herzogs Friedrich von Braunschweig.* Er ward 1735 gebaut. Seine Durchlaucht haben ihn aber sehr erweitern und verschönern lassen. Der *gräflich Sackensche Palast.* Er hat einen Vorhof, den zwei Seitenflügel umschließen. Wiesend bauete denselben für den ehemaligen Landjägermeister Grafen von Schwerin. Der itzige Besitzer hat ihn inwendig sehr verschönern lassen. Hinter demselben ist ein großer und schöner Garten. Das *von Kattesche Haus* zunächst der Behrenstraße. Der ehemalige Präsident von Görne ließ es 1735 von Gerlach bauen. Das *gräflich Solmssche Haus* diesseits der Behrenstraße rechter Hand. Der Oberstlieutenant von Pennavaire ließ es 1735 bauen. [...]

Zwischen der Leipziger und Behrenstraße liegt an der Wilhelmsstraße der *Wilhelmsplatz.* Ein viereckter, mit Linden bepflanzter, geräumiger Platz, auf den die Mohren-

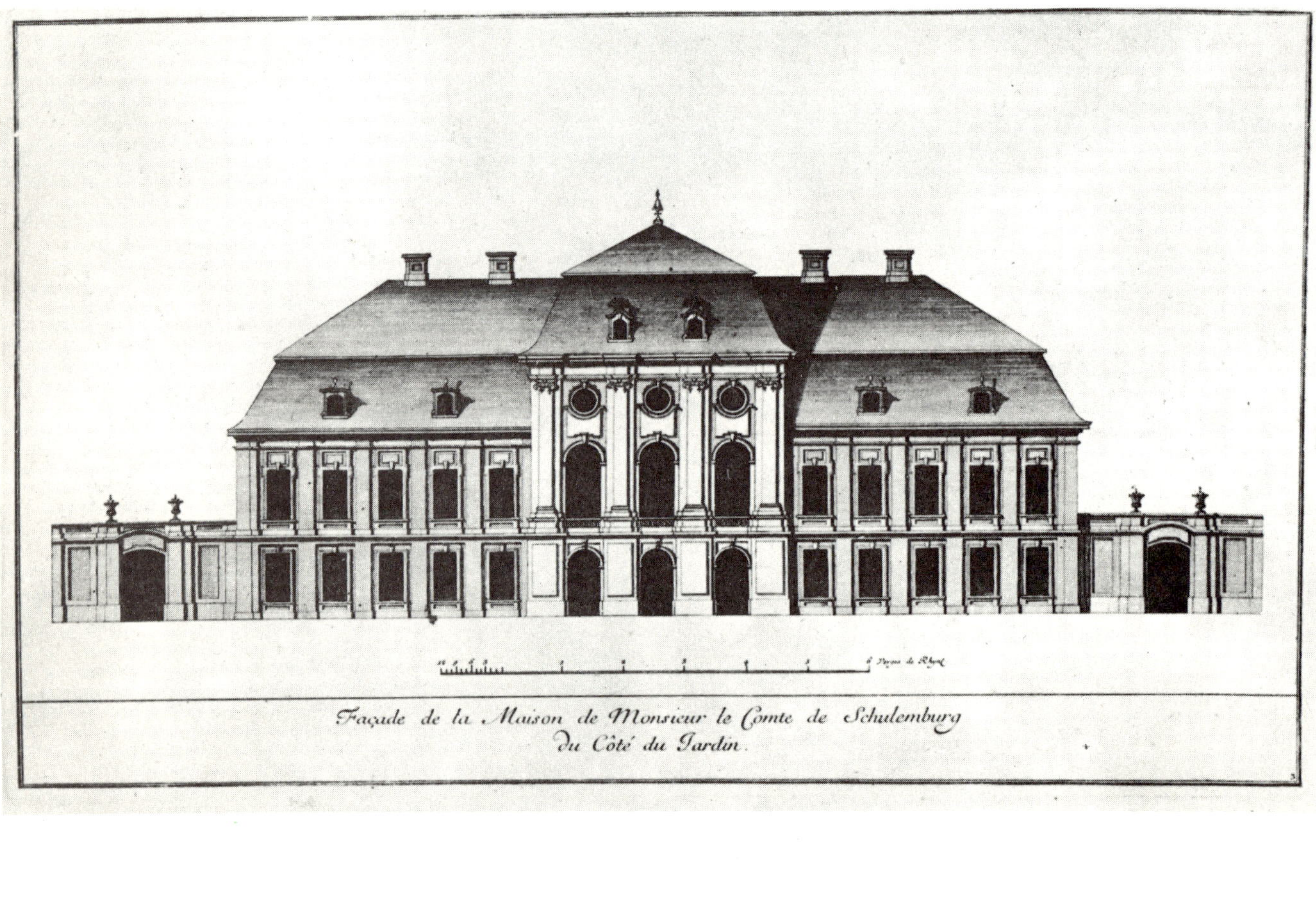

C. H. Horst/Jean George Ringlin, Das Palais Schulenburg, Gartenfront, um 1700

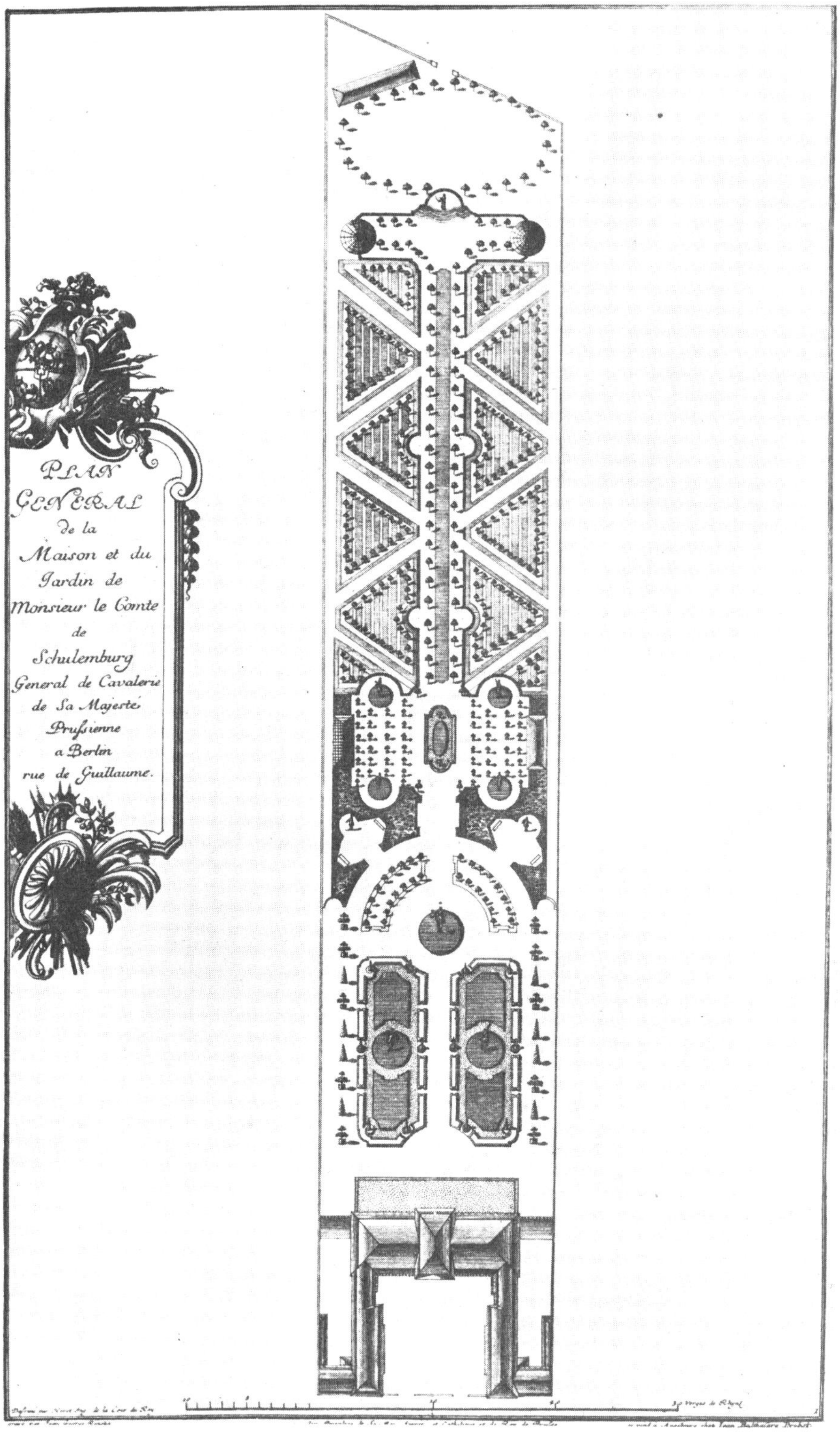

C. H. Horst/Jean George Ringlin,
Der Garten
des Palais Schulenburg,
um 1700

straße stößt. Er dienet zur Wachtparade für das Herzog Friedrichsche und Möllendorffsche Regiment. Er ist 45 rheinländische Ruten lang und 20 Ruten 4 Fuß breit. Auf demselben siehet man die marmornen Bildsäulen vier preußischer berühmter Generale, welche ihnen der jetzt regierende König hat setzen lassen:

Die *Bildsäule des verewigten Feldmarschalls Grafen von Schwerin*, der in der Schlacht bei Prag den 6ten Mai 1757

Friedrich August Calau,
Der Wilhelmsplatz

blieb, da er, eben eine Fahne ergreifend, sein Regiment gegen den Feind führte. Er ist in römischer Kleidung vorgestellt, in der rechten Hand den Kommandostab und in der linken die Fahne haltend, mit welcher er den glorreichen Tod fürs Vaterland starb. Diese Bildsäule ist von F. G. B. Adam angefangen und von Sigisbert Michel geendiget. Sie ist im Jahre 1771 an der Ecke dieses Platzes nach dem Ordenspalaste zu gesetzt worden.

Die *Bildsäule des* den 7ten September 1757 bei Moys gebliebenen *Generallieutenants von Winterfeldt.* Er ist auch in römischer Kleidung vorgestellt und stützt sich auf einen Eichenstamm, worauf Helm und Schild liegen. Er führt den Kommandostab in der rechten Hand und greift mit der linken an den Griff des Degens. Die Gebrüder Räntz haben diese Bildsäule in den Jahren 1773 bis 1776 verfertiget. Sie ward 1777 an der Ecke dieses Platzes nach der Leipziger Straße zu gesetzet.

Die *Bildsäule des* 1773 gestorbenen *Generals der Kavallerie Friedrich Wilhelm von Seydlitz* von weißem carrarischen Marmor. Er ist stehend in der Kleidung seines Regiments vorgestellet. Diese treffliche Bildsäule ward von dem königlichen Bildhauer Tassaert gearbeitet und 1778 an der Ecke des Platzes nahe am Ende des Ordenspalastes aufgestellt.

Die *Bildsäule des Generalfeldmarschalls von Keith*, der den 14ten Oktober 1758 in der Schlacht bei Hochkirch blieb, von carrarischem Marmor von Tassaert. Der Feldherr ist stehend in Infanterieuniform mit dem Kommandostab in der Hand vorgestellt.

Hier sind folgende Gebäude zu bemerken:

Der *Palast des Johanniterordensmeisters*, jetzt des Prinzen Ferdinand von Preußen, Bruders des Königs. Er ward 1736 nach de Bodts Zeichnung von Richter gebauet. Er ist zwei

Geschoß hoch und hat in der Mitte einen Vorsprung, zu welchem man auf einer freiliegenden Treppe steigt. Auf einer Säulenstellung von sechs jonischen Säulen ruhet ein großer Balkon. Über demselben ist der Vorsprung mit korinthischen Wandpfeilern geziert, zwischen welchen drei große Bogenfenster sind. Das Seitengebäude erstrecket sich ziemlich tief in die Wilhelmsstraße, und auf der andern Seite erstreckt sich der Stall und die Wohnungen der Hausoffizianten bis in die Mauerstraße, der Taubenstraße gegenüber. Hinter diesem Palaste ist ein weitläuftiger Garten.

Johann Georg Rosenberg,
Das Palais des Prinzen Ferdinand

Der *gräflich Finckensteinsche Palast* an der Wilhelmsstraße linker Hand neben dem gräflich Schulenburgschen Palaste. Der Staatsminister von Marschall ließ ihn um 1736 durch Gerlach bauen, aber der größte Teil der Erfindung wie auch der Garten ist von Horst. Er ist ohne das Kellergeschoß zwei Geschoß hoch und hat eine breite Auffahrt. Das Portal ist mit vier jonischen Wandpfeilern geziert. Hinter demselben ist ein schöner Garten, welcher sich, wie die Gärten aller oben angezeigten, in der Wilhelmsstraße linker

Hand gelegenen Paläste, bis an die Stadtmauer zwischen dem Achteck und Viereck erstrecket.

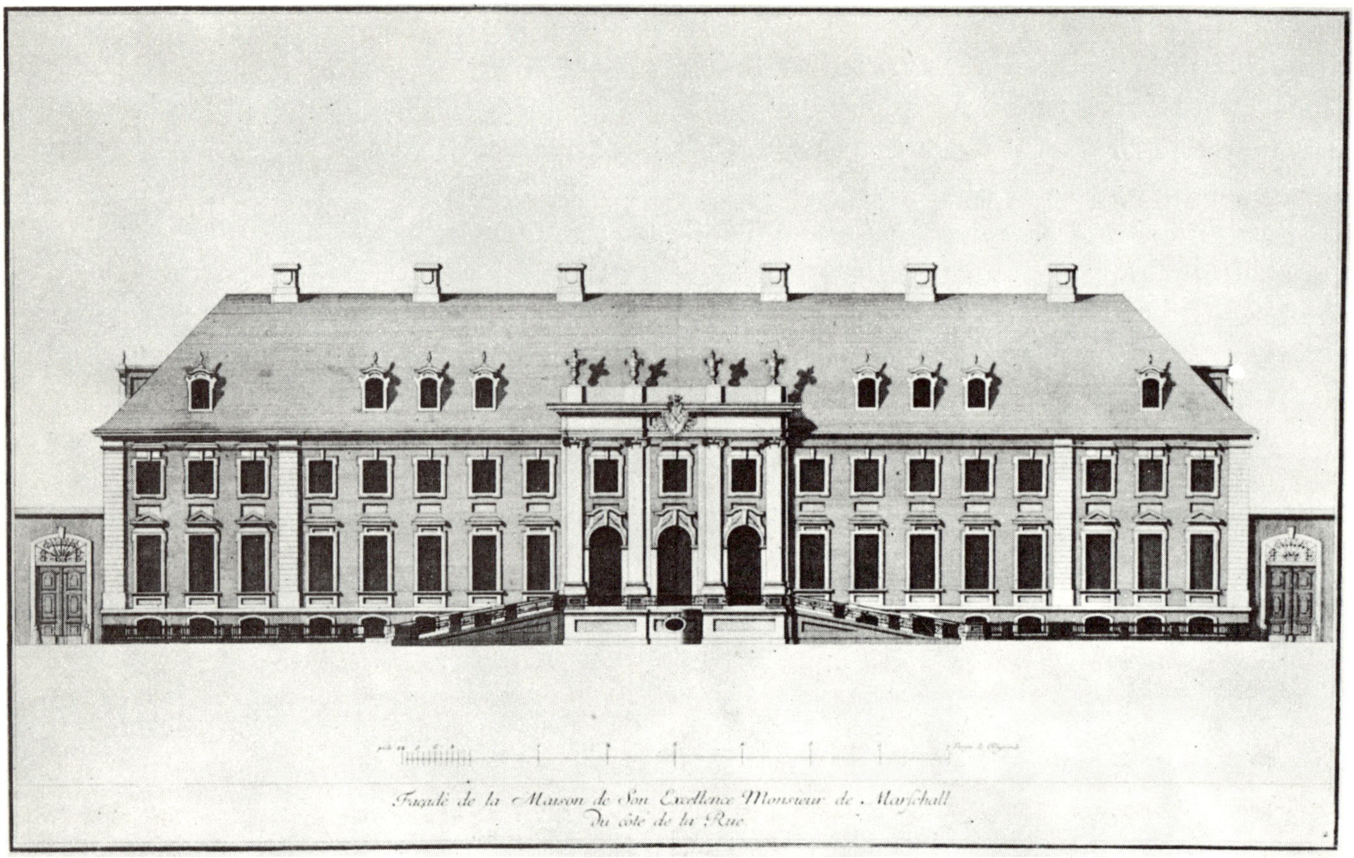

Johann Georg Pinz/Jeremias Wolff, Das ehemalige Marschallsche, jetzt Finckensteinsche Palais, Straßenfront

Am Wilhelmsplatze heißt die breite, aber kurze Straße zwischen dem Wilhelmsplatze und der Mauerstraße, wo sich die Mohrenstraße in dieselbe öffnet.

Die *Behrenstraße.* Sie geht von der Wilhelmsstraße bis nach dem Platze am Opernhause und macht auf dieser Seite die Grenze mit der Dorotheenstadt. Vor Erbauung der Friedrichsstadt war die Dorotheenstadt auf dieser Seite mit einem Walle und Graben umgeben. Der Graben ging längs dieser Straße, die daher im Anfange nur rechter Hand bebauet ward. Der Wall stand linker Hand, wo jetzt die Gärten der Häuser an der Seite der Lindenallee in die Behrenstraße gehen. Dieser Wall ward erst 1712 auf Kosten dieser Eigentümer abgetragen, welche dadurch ihre Gärten erweiterten, deren Mauern fast die ganze linke Seite der Behrenstraße einnehmen. Hier ist zu bemerken:

Das *Deutsche Komödienhaus.* Das Schauspielhaus ist eigentlich auf dem Hofe des jetzigen Döbbelinschen Hauses, wohin es der verstorbene Schauspieldirektor J. W. Schuch sehr unschicklich hat erbauen lassen. Das *Haus* zur Wohnung der *königlichen Bibliothekare* an der Seite des Bibliotheksgebäudes.

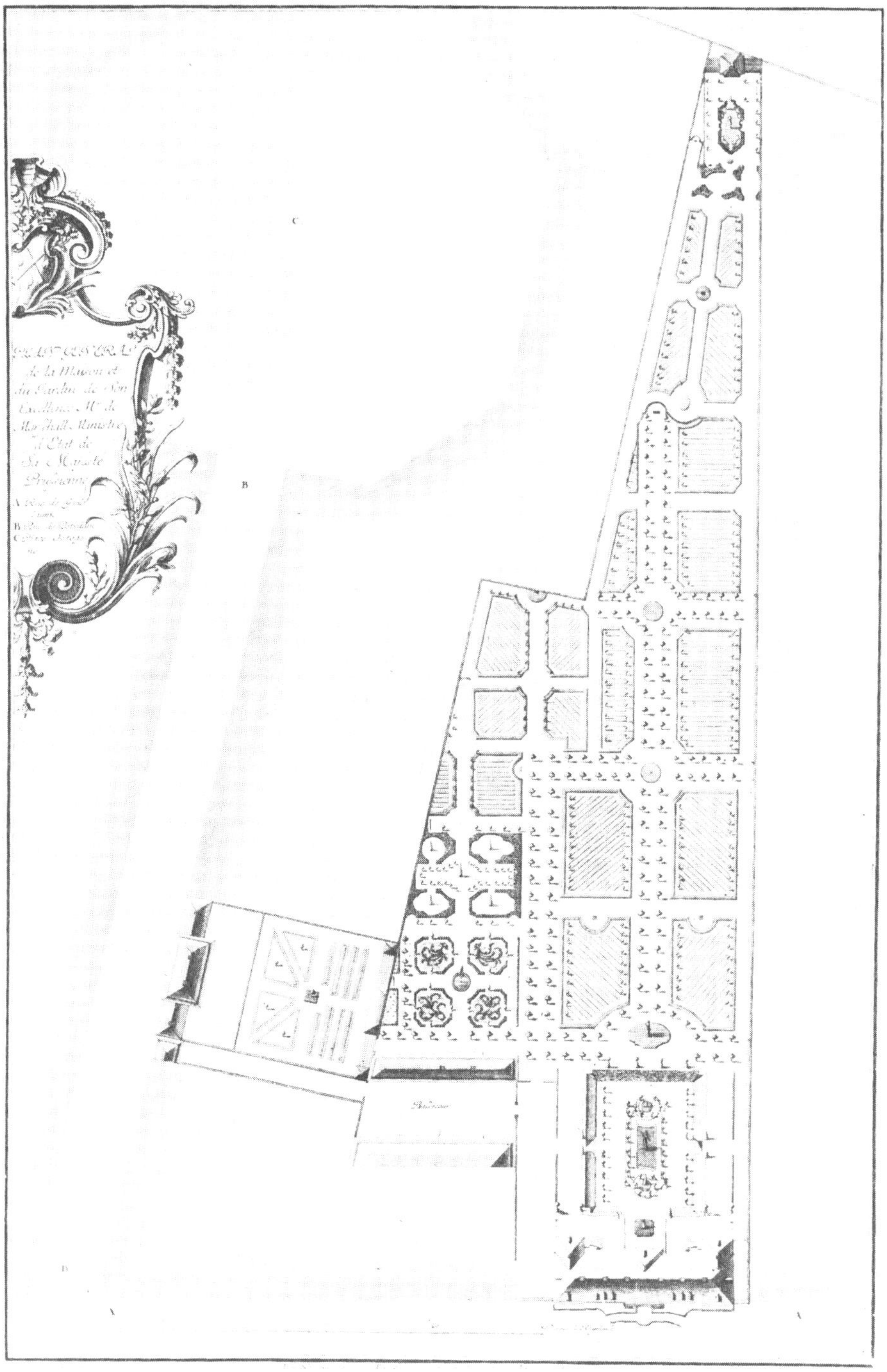

Garten

Zu Ende der Behrenstraße liegt auf dem Platze am Opernhause die *Katholische Kirche zu St. Hedwig.* Der Grundstein dieser Kirche ward auf königliche Erlaubnis 1747 gelegt, und 1755 waren die äußern Mauern mit dem größten Teil des Dachs fertig. Darauf mußte der Bau liegenbleiben, weil die Kollekten nicht ergiebig genug waren. 1771 ward derselbe wieder angefangen und 1773 geendigt, so daß die Kirche den 1ten des Wintermonats 1773 eingeweihet wurde. Doch ist der Turm hinter der Kirche noch nicht aufgebauet. Der König hat selbst zu dieser Kirche die Hauptzeichnungen gegeben, Büring hat das Modell verfertigt und Boumann der Vater hat den Bau derselben vollendet. Sie ist nach Art der Rotonda zu Rom aufgeführt und wird inwendig von 24 korinthischen Säulen getragen. Das Portal, zu welchem man auf einer freiliegenden Treppe steigt, zieret eine Säulenstellung von sechs jonischen Säulen, einen Giebel tragend, auf dem man drei Bildsäulen von Meyer dem Ältern siehet. Zwischen den Säulen sind drei Eingänge zur Kirche. 1778 ward Anstalt zum Baue der Sakristei und des Turms über derselben gemacht.

Johann Georg Rosenberg,
Die Katholische Kirche
zu St. Hedwig, 1777

Aus der Behrenstraße gehen folgende fünf Straßen in der Länge durch die Friedrichsstadt:

Die *Mauerstraße.* Sie ist die nächste an der Wilhelmsstraße und krümmet sich bis nach der Friedrichsstraße da, wo die Zimmerstraße sie durchschneidet. Diese Krümmung bezeichnet die Grenze der ersten Anlage der Friedrichsstadt unter König Friedrich I. Hier ist zu bemerken die *Dreifaltigkeitskirche* zwischen der Mohren- und Kronenstraße. Die Zeichnung dazu machte Naumann der Vater unter Favres Namen und vollführte auch den Bau 1737 bis 1739 auf königliche Kosten. Die Kirche ist rund, hat eine große Kuppel und eine Laterne darüber. Die *Böhmische Kirche.* Sie steht zwischen der Krausen- und Schützenstraße. Sie ward nach Diterichs' Zeichnung 1735 auf königliche Kosten von Naumann dem Vater gebaut und 1737 eingeweihet. Sie ist gleich der Dreifaltigkeitskirche rund, hat aber ein vorgerücktes Portal. In dieser Kirche haben die lutherischen und reformierten Böhmen ihren Gottesdienst sowohl in böhmischer als auch in deutscher Sprache. Desgleichen haben darin die auf der Friedrichsstadt in Garnison liegende Regimenter zum Teil ihren Gottesdienst. Unweit der beiden Kirchen sind 1783 vier Häuser auf königliche Kosten durch Unger gezeichnet und gebaut worden. Zwischen den beiden Kirchen liegt die *Hauptwache der beiden Regimenter Herzog Friedrich und Möllendorff.* Nicht weit von der Dreifaltigkeitskirche ist das *Adamsche Haus*, wo sich die Mittelmärkische Ritterschaftsdirektion versammlet.

Die *Kanonierstraße* geht aus der Behrenstraße bis an die Krümmung der Mauerstraße bei der Dreifaltigkeitskirche.

Die *Friedrichsstraße.* Der Teil der Friedrichsstraße in der Spandauer Vorstadt, welcher die Dammstraße heißt, und der Teil derselben in der Neustadt, welcher die Querstraße heißt, sind oben angeführt worden. Von da geht die Friedrichsstraße in gerader Linie fort durch die ganze Länge der Friedrichsstadt bis ans Rondell. Die Friedrichsstraße vom Oranienburger Tore bis ans Hallische Tor ist 890 rheinländische Ruten, folglich beinahe eine halbe deutsche Meile lang. Der Teil aber vom Hallischen Tor bis an die Behrenstraße beträgt etwan 600 rheinländische Ruten.

Die vielen schönen Privathäuser in dieser Straße anzuzeigen, würde zu weitläuftig sein. An öffentlichen Gebäuden

Johann Georg Rosenberg,
Die Mauerstraße mit Blick
zur Dreifaltigkeitskirche, 1786

sind hier anzumerken die *Maison de refuge* und *Maison françoise*, zwei französische Armenanstalten in einem Hause an der Ecke der Kronenstraße. Die Maison de refuge ist im obern Geschosse und die Maison françoise im Erdgeschosse. Ein *Stall für das Zietensche Regiment* im Johnschen Hause an der Ecke der Kochstraße. Der Eingang ist in der Kochstraße. Das *Krankenhaus des Pfuhlschen Regiments* ohnweit dem Rondelle. Ein *Stall für das Zietensche Regiment* an der Ecke des Rondells im *Bauerschen Hause.*

Johann Georg Rosenberg, Die Mauerstraße mit Blick zur Böhmischen Kirche, 1776

Die *Charlottenstraße* geht von den Linden der Dorotheenstadt am Friedrichsstädtschen Markte vorbei bis an die Kochstraße. Aus dieser Straße geht rechts die *Rosmaringasse* oder die *Kleine Wallgasse*, geht nach der Potsdamer Brücke zu.

Die *Markgrafenstraße* geht von der Behrenstraße am Friedrichsstädtschen Markte vorbei bis in die Lindenstraße. Sie öffnet sich in dieselbe gerade dem Kollegienhause gegenüber. Sie ist 275 rheinländische Ruten lang, woraus auch die ungefähre Länge der übrigen mit ihr parallel laufenden Querstraßen zu berechnen ist. In dieser Straße unweit der Leipziger Straße ließ der König durch Unger, welcher auch die Zeichnungen machte, 1784 drei neue Häuser von drei Geschoß und 1785 fünf Häuser von zwei und drei Geschoß erbauen. 1778 ward in dieser Straße neben dem Friedrichsstädtschen Markte wöchentlich dreimal in den drei letzten Tagen der Woche ein *Kornmarkt* angeordnet.

Die *Junkerstraße* gehet jenseit der Kochstraße links in die Lindenstraße. Der schiefe Gang derselben bezeichnet die alte Grenze der Friedrichsstadt vor der Erweiterung.

Der *Friedrichsstädtsche Markt.* Ihn umschließet die Charlotten-, Markgrafen-, Mohren- und Französische Straße. Sonst ging er in der Quere nur bis an die Jäger- und Taubenstraße, weil hier die Ställe für das Regiment Gensd'armes in zwei freistehenden Vierecken um die Kirchen standen. Da aber der jetzt regierende König 1773 diese 1736 gebauten Ställe wegbrechen und auf die Wiese am Weidendamm erbauen ließ, so ist dieser Platz dadurch zwiefach vergrößert worden. Er ist 1020 rheinländische Fuß oder 85 rheinländische Ruten lang und 348 Fuß oder 29 Ruten breit. Von 1777 bis 1785 ließ der König an diesem Platze auf seine Kosten dreizehn Häuser von Privatpersonen nach Ungers Zeichnungen und sieben Häuser nach Gontards Zeichnungen neu aufbauen. Die vorzüglichsten derselben sind das große *von Ammonsche Haus*, das *Ungersche Haus* u.a.m.

Auf diesem Platze ist zu bemerken:

Die *Französische Kirche.* Sie ward 1701 bis 1705 von Cayart nach dem Modelle der ehemaligen Kirche zu Charenton erbaut, welche 1624 von de Brosse gebaut, im Jahre 1685, nach der Widerrufung des Edikts von Nantes, aber niedergerissen worden. Vorzüglich merkwürdig ist der zierliche und prächtige *Turm*, welchen der König an dieser Kirche (so wie auch an der Deutschen Kirche) von 1780 bis 1785 hat erbauen lassen. Der Hauptplan ist von zwei Marienkirchen auf dem Platze del Popolo in Rom genommen, nur daß die hiesigen Türme noch mit einem runden Säulengange oder dem Dom vermehrt worden. Das ganze Turmgebäude besteht aus drei Teilen: (1) dem untern großen Viereck, dessen hintere Seite mit der Kirche verbunden ist und dessen drei übrige Seiten mit Vorsprüngen und Säulenlauben, jede von sechs korinthischen Säulen, geziert sind. In der Säulenlaube an der Vorderseite sind Statuen und Tafeln mit halberhobner Arbeit. Die Giebel der drei Vorsprünge tragen freistehende Bildsäulen, und die Giebelfelder haben folgende Basreliefe: an der Vorderseite Christus' Bergpredigt; an der Seite nach dem Markt desselben Unterredung mit der Samariterin am Brunnen; an der Mitte nach der Französischen Straße desselben Gespräch mit den Jüngern, die nach Emaus gingen. Zwischen den Giebeln ist eine Attika, deren Couronnements Bildsäulen haben. In der Mitte dieses Vierecks ist das zirkelrunde Gemäuer zum Dome und die heraufführenden Treppen. (2) Der Dom, 56 Fuß im

Durchschnitt; er besteht aus zwölf freistehenden korinthischen Säulen nebst den entsprechenden Wandpfeilern, welche letztern durch eine starke Wand verbunden sind. Auch er enthält Bildsäulen und Basreliefe nebst sechs Fenstern. Das Gebälk der Säulen trägt ein Brustgeländer mit Vasen, hinter welchem eine Attika hervorsteigt, worin vier Uhrtafeln und acht Fenster sind und die auf ihrer Plinthe wiederum Vasen hat. (3) Die Kuppel von Holz mit Kupfer gedeckt, grün angestrichen und mit goldenen Rosetten geziert. Ganz oben steht eine von Kupfer getriebene und vergoldete Figur, 15 Fuß hoch, welche die triumphierende Religion vorstellt, mit Evangelium und Palmzweig in den Händen und auf einem Würfel stehend. Das Gebäude ist mit Inbegriff der Figur 225 Fuß hoch.

Das Ganze macht einen ungemeinen Eindruck. Vorzüglich ist der untere viereckigte Bau sehr edel und verursacht durch die Schönheit seiner Verhältnisse, die wohlangebrachten Zierraten und das sanfte Licht der Farbenmischung eine sehr angenehme Empfindung. Der Hauptmann von Gontard hat nach des Königs eigener Idee die Risse gezeichnet und vom 27. Mai 1780 bis den 28. Juli 1781 den Bau geführt. Als am letztgenannten Tage der Turm zur Deutschen Kirche, der schon bis zum Architrave der Säulen des

Johann Georg Rosenberg,
Der am 28. Juli 1781 eingestürzte
Turm der Deutschen Kirche

Carl Benjamin Schwarz/
M. F. Adolph,
Der Friedrichsstädtische Markt

Doms fertig war, einstürzte, wurde das Gemäuer zu beiden runden Türmen, aber nichts von dem untern viereckigten Bau abgetragen, den 22. Oktober 1781 ein neuer Grundstein gelegt und dem ersten Bauinspektor Unger die Führung des Baues übertragen. Die Zierraten an dem Turme der Französischen Kirche sind von Sartori und Föhr nach Chodowiecki und Rodens Erfindung ausgeführt. Die Rosetten an der Kuppel und die oberste große Figur ist nach Melchior Kamblys Angabe vom Klempnermeister Johann Heinrich Köhler aus Potsdam gearbeitet. Der Gewitterableiter ist nach des Hrn. Direktor Achard und Hrn. Hofrat Herz Angabe vom hiesigen Schmiedemeister Reichart verfertigt und den 9. Dezember 1784 darauf gesetzt worden.

Durch den Bau dieses Turmes verlor die Französische Kirche ihren Kirchhof und erhielt dagegen den Kirchhof vor dem Oranienburger Tore. Die Zimmer im Turme sind dem französischen Konsistorium erteilet worden. Die *Bäckerei für die Armen der französischen Kolonie*, auch bei Gelegenheit des Turmbaues neu gebaut.

Das *Französische Schauspielhaus*. Der König ließ es 1774 auf seine Kosten durch Boumann den Vater bauen. Zu dem Portale, welches der König von Unger zeichnen ließ, geht man auf einer freiliegenden Treppe. Es ist mit vier jonischen gereifelten Wandpfeilern geziert, zwischen welchen drei große Eingänge sind, welche in das Vorhaus führen.

Die *Neue Kirche*. Sie ward 1701 bis 1708 von Simonetti nach Grünbergs Rissen erbauet. Das Dach, welches von Kennern für künstlich gehalten wird, weil die Kirche ein Fünfeck ist, wurde von Kemmeter dem Vater angegeben und ausgeführet. Diese Kirche erhielt zugleich mit der Französischen Kirche einen ähnlichen *Turm*. In Absicht des Baues selbst ist er mit dem oben beschriebenen völlig gleich, nur die Zierraten sind verschieden. Die halberhobene Arbeit in den Giebelfeldern der Vorsprünge ist folgende: An der Vorderseite: Paulus predigt zu Athen den unbekannten Gott; nach dem Markte: Paulus und Barnabas zu Lystra, wo das Volk sie anbeten will; nach der Mohrenstraße: Paulus zu Milet, wo er von den Ephesern Abschied nimmt. Die oberste Figur stellt die siegende Tugend vor, mit einem Palmzweig in der Hand, auf einer Kugel stehend. Die Zierraten sind von B. Rodes Erfindung und gleichfalls von Sartori und Föhr gearbeitet. Auf diesen Turm kommen die Glocken zu beiden Kirchen. Man rechnet die Kosten des Baues der beiden Türme auf 350 000 Taler.

Sonst ist hier noch das *Französische Waisenhaus* an der Ecke der Jägerstraße. Es ist 1725 gebauet und bekam 1780 noch ein Stockwerk durch Gontard. In demselben wird auch das französische Ober- und Untergericht gehalten. Die *Fleischscharren*. Ein *Kräuter- und Fischmarkt*.

Folgende fünf Straßen gehen mit der Leipziger Straße parallel quer durch die Friedrichsstadt und liegen derselben, wenn man vom Dönhoffschen Platze kommt, rechter Hand:

Die *Kronenstraße* geht von der Jerusalemsstraße bis in die Mauerstraße neben der Dreifaltigkeitskirche. In derselben ist das *von Knobelsdorffsche, nachher gräflich Flemmingsche Haus*, das seit 1778 dem Hrn. Präsidenten Rebeur gehöret. Es ward 1748 erbauet. Auch ließ der König hier 1785 ein Haus von zwei Geschoß durch Unger erbauen.

Die *Mohrenstraße* gehet von der Laufbrücke bis in die Mauerstraße an die Dreifaltigkeitskirche.

Die *Taubenstraße* und *Mittelstraße*. Der Teil dieser Straße vom ehemaligen Festungsgraben bis an den Friedrichsstädtschen Markt heißt die Mittelstraße, und der Teil jenseit des Friedrichsstädtschen Markts bis an die Mauerstraße heißt die Taubenstraße. Doch werden auch beide Straßen die *Mittelstraße* genennet.

Die *Jägerstraße* geht von der Jägerbrücke über den Friedrichsstädtschen Markt bis an die Mauerstraße. Hier ist zu bemerken: das *Hessensche Haus* an der Ecke dieser und der Markgrafenstraße. König Friedrich Wilhelm ließ es 1737 zum königlichen Domestikenhause erbauen und schenkte es nachher dem Geheimen Rate von Eckert. Nachher kam es an den Staatsminister von Boden und gehört itzt dem Kaufmann Hrn. Diedrich Karl Hesse. In diesem Hause ist jetzt das Hauptkomtor der Seehandlungskompanie. Der *gräflich v. Redernsche Palast* zwischen der Friedrichs- und Kanonierstraße. Daneben die *Knabenschule der französischen Ecole de Charité.* Das *Haus des Hrn. Oberhütteninspektor Andreä,* worin das königliche Seidenmagazin ist.

Die *Französische Straße* geht vom Graben hinter der Katholischen Kirche bis an die Mauerstraße. Hier ist unweit der Katholischen Kirche die *Voigtsche Stahlfabrik.*

Hinter der Katholischen Kirche ist der kleine Platz hinter dieser Kirche. Hier stehen einige wohlgebaute *Häuser,* worunter vorzüglich das *Gobbinsche* und *Boumannsche* gehören, welche auf einem Teil des hier vormals versandeten Grabens gebauet sind. Im letztern Hause versammelt sich die Kurmärkische Provinzialakzise- und Zolldirektion.

Die Friedrichsstadt hat vier Polizeiquartiere. [...] Sie hat zwei Kirchspiele, und die Friedrichsstraße scheidet solche. Die eine Hälfte nach der Köllnischen Vorstadt und dem Friedrichswerder zu gehört zur Jerusalems- und Neuen Kirche, die andere Hälfte aber jenseit der Friedrichsstraße gehört zu der Dreifaltigkeitskirche.

Vor den Toren der Friedrichsstadt ist noch folgendes zu bemerken:

Vor dem Potsdamer Tore. Es gehen von da zwei große Alleen von Weiden und Linden ab. Eine rechts nach dem Tiergarten und die andere links auf den Weg nach Potsdam. An beiden liegen Gärtnerhäuser und Gärten, welche zum Teil auch wohl ausgebaut sind und zu Brunnenkuren vermietet werden. Noch lieget auf dem Wege nach dem Tiergarten rechter Hand nahe an der Stadtmauer der *Botanische Garten der Realschule* und weiter hinauf linker Hand neben dem Tiergarten die *Richardschen, Michaelisschen, Tackermannischen und Taronischen Kaffeegärten* nebst der Wohnung des königlichen Hofgärtners und am Ende des

Tiergartens die königliche *Fasanerie.* Auf dem Wege nach Potsdam liegt noch linker Hand das Seidelsche Wirtshaus *Zur Stadt Leipzig,* auch gehet über den Floß- oder Landwehrgraben die *Schafbrücke,* welche 1785 neu gebauet worden. Jenseit der Schafbrücke liegen eine Anzahl im Jahr 1750 auf königliche Kosten gebauter Kolonistenhäuser, welche bis an Schöneberg reichen. Sie stehen unter des Magistrats zu Berlin Jurisdiktion und sind daher auch 1752 dem Feuerkatastrum einverleibet worden.

Vor dem Hallischen Tore. Dicht vor dem Tore gehet über den Floßgraben eine *Brücke* und noch eine zweite über einen im Jahre 1773 von Sr. Exzellenz dem Staatsminister von Blumenthal veranstalteten Abzugsgraben. Gleich linker Hand liegt ein *königlicher Holzmarkt* dicht am Floßgraben. Weiterhin linker Hand eine *holländische Grütz- und Mahlmühle* nebst dazugehörigen Wirtschaftsgebäuden und Gärten. Die Gebrüder Ephraim haben sie 1764 neu erbauen lassen. 1783 kaufte sie der Bäcker Hr. Goldhammer, am Dönhoffschen Platze wohnhaft. Der Ort hieß vorher der *Johannistisch.* Der *Kirchhof für die Friedrichsstadt.* Er liegt vor dem Holzmarkte. Dieser Kirchhof ward 1736 angelegt. Die *Barthsche Kattunbleiche und Garten* rechter Hand. Dicht vor dem Tore gerade der Brücke über liegt noch ein *Wirtshaus,* welches schon auf dem Grunde des Dorfes Tempelhof liegt. Vom Tore ab führet eine vierfache Allee nach den Tempelhofschen Bergen. Auf und an denselben liegen links nach dem Cottbuser Tore zu einige Weinberge und Häuser von Ackersleuten. Eine *Windmühle.* Der sogenannte *Düstere Keller,* ein Erdfall zwischen den Bergen. Er

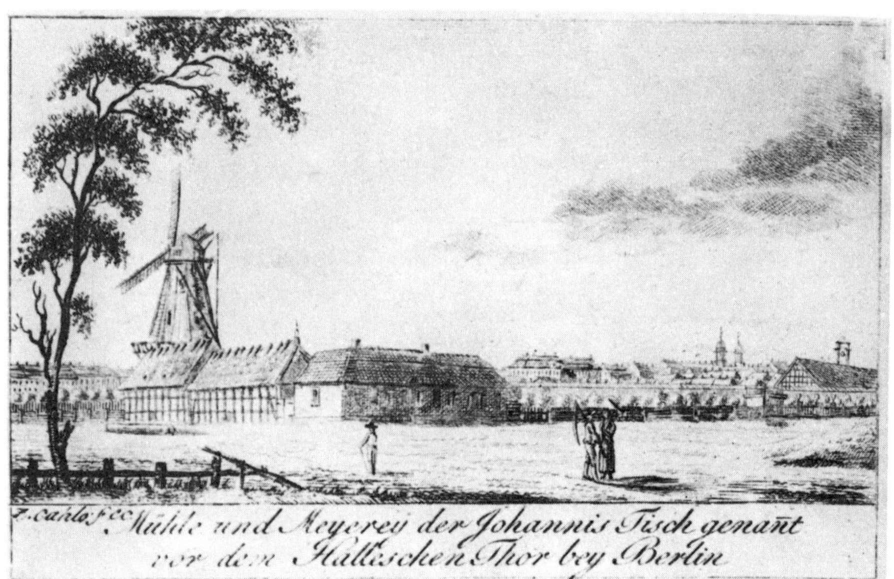

Friedrich August Calau,
Die holländische Grütz- und
Mahlmühle vor
dem Hallischen Tor, 1795

ist angenehm mit Bäumen bepflanzt. Die *Hasenheide*, ein Fichtenholz, an welchem auch eine Ziegelhütte lieget.

Zwischen den Tempelhofschen Bergen und dem Dorfe Tempelhof ist der Platz, wo jährlich die Musterung der in und um Berlin liegenden Regimenter gehalten wird.

Johann Georg Rosenberg,
Blick von den Tempelhofer Bergen nach Berlin

Johann Christian Leopold/
Friedrich Bernhard Werner,
Ansicht von Berlin, um 1730

Von den Einwohnern, ihrer allmähligen Vermehrung, jetzigen Anzahl und Einteilung

JOHANN. PETER. SÜSSMILCH.

Johann Georg Glume/
Friedrich Wilhelm Bollinger,
Johann Peter Süßmilch

[…] Berlin kam schon zu Ende des dreizehnten und im Anfange des vierzehnten Jahrhunderts durch Wollenmanufakturen und durch Handel in ziemliche Aufnahme, Kölln aber blieb viel geringer. Die eigentliche Anzahl aber und Vermehrung der Einwohner in den damaligen Zeiten läßt sich wegen des gänzlichen Mangels sicherer Nachrichten nicht bestimmen.

Die ersten gedruckten Nachrichten von der Anzahl derselben vom Ende des sechzehnten Jahrhunderts an kann man aus den Begräbnislisten schöpfen, welche der berühmte Süßmilch zuerst bekannt gemacht hat. Von 1583 bis 1593 gehen diese Listen nur auf die Nikolai- und Marienkirche. Von 1594 aber kommt doch mit einiger Unterbrechung die Petrikirche dazu.

[…] Wenn man nun 1590 die Anzahl der jährlich Verstorbenen etwas über 400 annimmt, so kann die wirkliche Zahl der Einwohner von Berlin und Kölln nicht über 12 000 gewesen sein.

So gering diese Anzahl zu sein scheinet, so ist es doch sehr wahrscheinlich, daß sie in der Mitte und gegen das Ende des funfzehnten Jahrhunderts merklich geringer gewesen sein werde. Berlin und Kölln hatten um 1440 viel innerliche Spaltungen. 1442 verloren sie durch die Trennung des Rats beider Städte nicht wenig von ihrer Stärke. Es ward ein Schloß oder Festung in Kölln angelegt, Berlin zu bezähmen, in welcher Stadt die Überbleibsel niederländischer Freiheit reger waren als in Kölln. Beide Städte empörten sich 1442 und 1448 gegen den Kurfürsten. Der Erfolg war, daß sie ihre demokratische Regierungsart, die Einkünfte von den Mühlen und alle Lehne der Bürger verloren. Von 300 Bürgern, die des Tumults wegen nach Spandau vor

Gericht geladen wurden, wurden viele um große Summen gestraft. Der Bürgermeister Bernhard Reiche mußte sich auch seines Lehnes ganz verzeihen, wurde aus den vier Hauptstädten und aus Spandau verbannet, entfloh nach Sachsen, wo er ermordet wurde; und es ist leicht begreiflich, daß ihm, nach einer so heftigen Revolution, nicht wenig mißvergnügte Bürger werden nachgefolgt sein. 1484 brannte die Stadt Berlin samt dem Rathause beinahe ganz ab. 1499 war eine sehr große Teurung und 1500 die Pest. Kurfürst Friedrich II. war sehr oft außer Berlin, und Kurfürst Albert Achilles fast beständig außer Landes. Erst Johann Cicero fing gegen das Ende seiner Regierung, um 1495, an, sich beständig in der Mark aufzuhalten.

Im sechzehnten Jahrhunderte hingegen waren die Bürger schon der monarchischen Regierung gewohnter und lebten ruhig. 1525 war eine so wohlfeile Zeit, daß ein Scheffel Roggen einen Schreckenberger und eine Tonne Bier zwei Schreckenberger galt. Daher kam es, sagt Engel, »daß sich auch viel Ausländische herein in die Mark begaben und sich allda niederließen«. Dazu kam der Eifer Kurfürst Joachims I. wider die Straßenräuber. Schon 1506 gab er deshalb einen ernstlichen Befehl. Und 1525 ließ er einen von seinen Höflingen, der einen Kaufmann bei Saarmund beraubt hatte, enthaupten. Joachim II. fing schon 1538 an, das Schloß (nun ferner nicht Zitadelle, sondern Palast des Landesherrn) nach damaliger Art aufs prächtigste zu bauen. Zwar war 1550 die Pest in Berlin, dennoch scheint es sich bald erholt zu haben. Durch die Reformation, die Joachim II. einführte, ward die Bevölkerung und durch die Einziehung der geistlichen Güter auch die Einkünfte des Landesherrn vermehrt. Das Kammergericht ward in eine bessere Verfassung gebracht, Spandau befestigt, ein prächtiger Hof gehalten und für die Sicherheit der Straßen gesorgt, da Joachim II. den Henning von Stoff, einen Edelmann, wegen Räuberei zu Berlin 1550 enthaupten ließ.

Die Einkünfte kamen zwar durch Joachims II. allzugroße Freigebigkeit in Unordnung, sie wurden aber durch den wirtschaftlichen Johann Georg wieder hergestellt. Er führte 1572 eine bessere Kontributionsanlage ein. Schon unter seinen beiden Vorgängern waren die Neumark, Krossen, Beeskow und Storkow mit der Mark wieder vereinigt worden. Die dadurch vermehrten Einkünfte wandte Kurfürst Johann Georg, gegen das Ende seiner Regierung, zur Verschönerung seiner Residenz an, indem er 1573 den Lustgarten anlegte, 1580 den Schloßbau weiter fortsetzte und auf dem Werder verschiedene Wohnungen für Hofbediente bauete. Er verordnete von 1583 bis 1590 viele Hofhandwerker, als Hofschlösser, Hofschornsteinfeger, Hofgoldschmiede, und richtete darauf auch auf die Polizei der Stadt seine Sorgfalt. Er ließ um 1585 die Nachtwache anordnen und gab 1593 den ersten Befehl zur Reinigung der Gassen von Misthaufen und Unflate. Die künstlichen Handwerker nahmen zu. Man findet z. B. schon um 1586 in Berlin einen Messingschläger mit vielen Gesellen, vermutlich von Nürnberg, um 1590 einen Messerschmied von Leipzig, einen Schwarzfärber, vorm Georgentore wohnhaft, desgleichen einen Seidensticker, verschiedene Hosenstricker, einen Pergamentmacher u. a. m. Der Kurfürst hatte auch einen Kapellmeister und eine musikalische Kapelle. [...] 1580 hatte Berlin eine öffentliche Wasserkunst, welche der Rat auf kurfürstlichen Befehl unterhalten mußte.

Es ist also gewiß, daß Berlin um 1590 blühender und folglich stärker bevölkert gewesen als hundert Jahre vorher. Doch schon 1598 war wieder die Pest in der Mark, an welcher, bloß in den beiden berlinischen Kirchspielen, nach Süßmilchs Berichte, 2200 gestorben sein sollen, so daß, wenn man Kölln dazurechnet, der vierte Teil der Einwohner der beiden Städte von der Seuche hingerissen worden wäre. [...] Man wird [...] wohl annehmen können, daß 1608, beim Absterben Kurfürst Joachim Friedrichs, nicht über 11000 Einwohner in beiden Städten gewesen sind. Gleichwohl wurden unter dieser Regierung wichtige Gebäude im Schlosse und auch in der Stadt von verschiedenen kurfürstlichen Geheimen Räten, als vom Grafen von Passau, Christoph von Waldenfels und andern, gebauet. Die Kurfürstin Katharina gab auf ihren beiden Vorwerken ein löbliches Beispiel guter Wirtschaft und die Kurfürstin Eleonora nachher gleichfalls.

Die Folgen davon zeigten sich in der kurzen Regierung Kurfürst Johann Sigismunds, der 1619 starb. Denn, obgleich 1611 wiederum die Pest (nur nicht so stark wie 1598) in Berlin war, so mehrten sich doch die Einwohner in dieser Zeit wieder etwas. Wenn man die Toten von 1609 bis 1619 (ohne das Pestjahr 1611) zusammenrechnet, findet man ohngefähr 420 zur Mittelzahl, so daß man um diese Zeit die Einwohner etwan wieder auf 12000, vielleicht etwas höher, setzen möchte. Dieser Kurfürst erhielt übrigens die klevischen Lande und den Besitz von Preußen, ein Zuwachs von Macht, der auf die Bevölkerung der Residenz einen Einfluß haben mußte.

Mit der unglücklichen Regierung Kurfürst Georg Wilhelms fing der Dreißigjährige Krieg [...] an. In dem für die ganze Mark so schrecklichen Jahre 1626 war in Berlin wieder die Pest, und in eben dem Jahre wurde eine neue sehr drükkende Kontribution unter dem Namen der Defensionssteuer ausgeschrieben, um die geringe Garnison zu besolden, welche der Rat unterhalten mußte. Desgleichen war 1629 bei Hofe ein so großer Geldmangel, daß der äußerst baufällige Altan des Schlosses nicht repariert werden konnte. 1631 mußte man die silbernen und vergoldeten Bilder der zwölf Apostel nebst dem Bilde Christi, alle von Mannsgröße, die 1614 aus dem Dom waren genommen worden, einschmelzen und vermünzen, um Soldaten zu werben, und 1636 konnte der Wachsbossierer Georg Psolimar für gelieferte Arbeit nicht 100 Rtlr. erhalten, weil sonst, nach des kurfürstlichen Pfennigmeisters Hoyer Stripens Berichte, »die täglich vorfallenden nötigen Ausgaben auch für des Kurfürsten eigenen Leib nicht können gehalten werden«. In dem erwähnten 1631sten Jahre wütete wieder in Berlin die Pest, wovon 2066 Menschen starben, welches leicht der vierte Teil der Einwohner gewesen sein mag. 1628 und 1633 wurde Berlin von den Kaiserlichen und 1636, 1638 und 1639 von den Schweden gebrandschatzet. Der Landesherr foderte auch starke Auflagen, dazu kamen die Münzverschlimmerungen oder die noch fortdaurende sogenannte Kipper- und Wipperzeit. Darauf erfolgte Teurung, indem der Feinde wegen der größte Teil des Landes unbestellt blieb. Daraus entstanden Hungersnot und die verderblichsten epidemischen Krankheiten. Der Kurfürst hatte sich nach Preußen in Sicherheit begeben. Der schändliche, dem kaiserlichen Hofe ganz verkaufte Statthalter Graf von Schwarzenberg dachte bloß an seine ehrgeizigen Absichten und gar nicht an das Wohl des Landes. Er gab von Spandau aus die verderblichsten Befehle für Berlin, riet 1638 wider alle gesunde Staatskunst dem Kurfürsten, diese Stadt den kaiserlichen Truppen zum Winterquartiere einzuräumen, und wollte 1639, zum Behuf einer entbehrlichen Fortifikation, die Vorstädte abgebrochen wissen. Obgleich der Kurfürst in beides nicht willigte, so ließ der Graf doch 1640 bei Annäherung einer feindlichen Partei die berlinischen Vorstädte und 1641 aus Furcht vor einem noch sehr ungewissen Überfalle die köllnischen Vorstädte mit kalter Hartherzigkeit abbrennen. Es ist leicht zu erachten, wie sehr solche traurige Vorfälle die Anzahl der Einwohner müssen vermindert haben und in welchen schlechten Umständen sich der überbleibendc Teil müsse befunden haben.

Selbst in den ersten Jahren der nachher so beglückten Regierung Kurfürst Friedrich Wilhelms des Großen konnte dieses Elend nicht verringert werden. [...] In den nächsten Jahren nach dem Westfälischen Frieden ist die Anzahl der Toten noch sehr gering, und wenn ja in einzelnen Jahren der Toten mehrere sind, so mag dieses wohl daher kommen, daß des Elendes halber die Sterblichkeit als daß aus vermehrtem Wohlstande die Bevölkerung größer gewesen. Bereits 1655 entspann sich ein neuer verderblicher Krieg, der sich zwar 1660 mit dem Olivischen Frieden endigte, zu dem aber die Kräfte des schon so sehr geschwächten Landes aufs äußerste angestrengt werden mußten. Berlin mußte in den Jahren 1659 und 1660 (zufolge einer von einer obrigkeitlichen Person 1661 verfaßten Nachricht) monatlich an 2000 bis 6000 Rtlr. an Kriegessteuer aufbringen, und doch war es, laut eben dieser Nachricht, so sehr heruntergekommen, daß, da sonst tausend Bürger gewesen waren, im Jahre 1661 nur dreihundert Bürger vorhanden waren. Die Zahl der Toten von 1661 zeigt auch die geringe Anzahl der Einwohner, denn es sind, die Toten beim Dome mitgerechnet, nur 258 Personen in beiden Städten gestorben. Ob man gleich sonst bloß aus der Anzahl der Toten eines einzelnen Jahres nicht ganz sicher auf die Anzahl der Einwohner schließen kann, so wird doch, wenn man alle obige Umstände zusammennimmt, ohne Übertreibung anzunehmen sein, die ganze Anzahl der Einwohner beider Städte sei 1661 nur zwischen 6000 und 7000 gewesen. In den nächsten Jahren ward sie in etwas vermehrt. Als 1668 die Konsumtionsakzise anstatt der Kontribution auf die Häuser eingeführt wurde, so hatte dies den heilsamen Erfolg, daß, der glaubwürdigsten Nachricht zufolge, bereits 1671 mehr als 150 Häuser, welche in Ruinen lagen, teils wieder hergestellt, teils nicht wenige neu aufgebauet worden. Man merkt um diese Zeit auch einigermaßen in den obgleich nicht vollständigen Totenlisten eine Vermehrung, denn um 1671 bis 1680 findet man etwan 350 Tote, daher wohl an 9800 Einwohner gewesen sein können. Die durch den ebenfalls 1668 fertig gewordenen Kanal zu Mühlrose vermehrte Handelschaft und Schiffahrt zu Berlin trug auch wohl etwas dazu bei, indessen wird der 1672 angegangene, obgleich glorreiche Krieg nebst der dadurch verursachten beständigen Abwesenheit des Kurfürsten verhindert haben, daß die Anzahl der Einwohner in Berlin sich nicht ebensosehr als ihr innerer Wohlstand vermehrte.

Im Jahre 1679 ward der Friede zu St. Germain geschlossen, seit welcher Zeit der Kurfürst fast beständig in Berlin und Potsdam gegenwärtig und dabei äußerst bemühet war, sein Land die Früchte des Friedens genießen zu lassen. Der Bau des königlichen Schlosses nach der Wasserseite um 1681, die Anbauung Neukölln und der Dorotheenstadt um eben diese Zeit, die bessere Bebauung des Werders, woselbst das Leipziger Tor 1685 erbauet ward und wo der bekannte Raule und andere große Staatsbediente ansehnliche Gebäude aufführen ließen, zeugen von der Aufnahme Berlins von 1679 bis zum Ende der Regierung des Kurfürsten.

[...] Die französischen Flüchtlinge vermehrten, besonders seit 1685, die Anzahl der Einwohner von Berlin gar sehr.

Daniel Chodowiecki,
Refugierte Franzosen gründen in Brandenburg Fabriken

Auch kamen nicht wenige Pfälzer, Schweizer und andere Fremde, um sich in Berlin zu setzen. Durch diese alle kamen Kunstfleiß und viele Manufakturen, die mit der vermehrten Nahrung auch die Bevölkerung vermehrten. Die Juden waren 1671 wieder aufgenommen worden und mögen 1690 auch schon eine beträchtliche Anzahl ausgemacht haben. Besonders war damals in Berlin eine starke Garnison, die man mit Weibern und Kindern, nach der geringsten Angabe, auf 5000 Menschen rechnen kann. [...]

In den Jahren 1692 bis 1698 findet Süßmilch die Mittelzahl der Toten 802, welches 22400 Einwohner vermuten läßt, ja aus der Anzahl der Toten von 1699 und 1700 kann man schließen, daß die Anzahl der Einwohner sich mit Anfange dieses Jahrhunderts unter König Friedrich I. wohl auf 28500 möge belaufen haben. Die vermehrte Macht des Landesherrn, die königliche Würde, die asiatisch prächtige Hofhaltung, die Anlegung der Friedrichsstadt, der Bau des Zeughauses, der Langen Brücke und viele andere ansehnliche Bauten, vor allem andern aber die Wirkungen des Fleißes und der Arbeitsamkeit der französischen und der andern Kolonisten, von welchen die Industrie sich auf die übrigen Einwohner auszubreiten anfing, verursachten diese schleunige Vermehrung. Sie ging mit dem Flore des Hofes und der Stadt unglaublich schnell fort. 1709 fand man bei einer allgemeinen Zählung der Einwohner (außer den Hofbedienten und der Garnison) 49855. [...] Wenn man aber zu den gezählten Bürgern die damals sehr zahlreichen Hofbedienten nebst der Garnison hinzutut, wird man die völlige Anzahl der Einwohner in diesem Jahre gewiß auf 55000 rechnen dürfen. [...]

In den nächsten Jahren, den ersten der Regierung König Friedrich Wilhelms, spüret man einige Verminderung, welches von der Abschaffung des unter König Friedrich I. bis auf höchste gestiegenen Prunks und der vielen unnötigen Hofbedienten und von der anstatt der bisherigen Verschwendung allgemein eingeführten Sparsamkeit herrühret. Aber in sehr wenigen Jahren zeigten sich die herrlichsten Früchte dieser Sparsamkeit und des durch Begünstigung der inländischen Manufakturen beförderten Fleißes. Der vermehrte Handel kam hinzu, wozu die Errichtung des Lagerhauses, die 1716 angefangene Russische Handlungskompanie und die Akquisition von Stettin 1720 nicht wenig beitrugen. 1721 waren nach einer vom Magistrat vorgenommenen Zählung 53355 Menschen, ohne die Garnison. Die Anzahl der Toten war nach Süßmilch 2333, welches

65 300 Einwohner anzeigt. Diese Zahl scheint ziemlich richtig, denn man kann die damalige Garnison wohl auf 12 000 Köpfe und darüber rechnen.

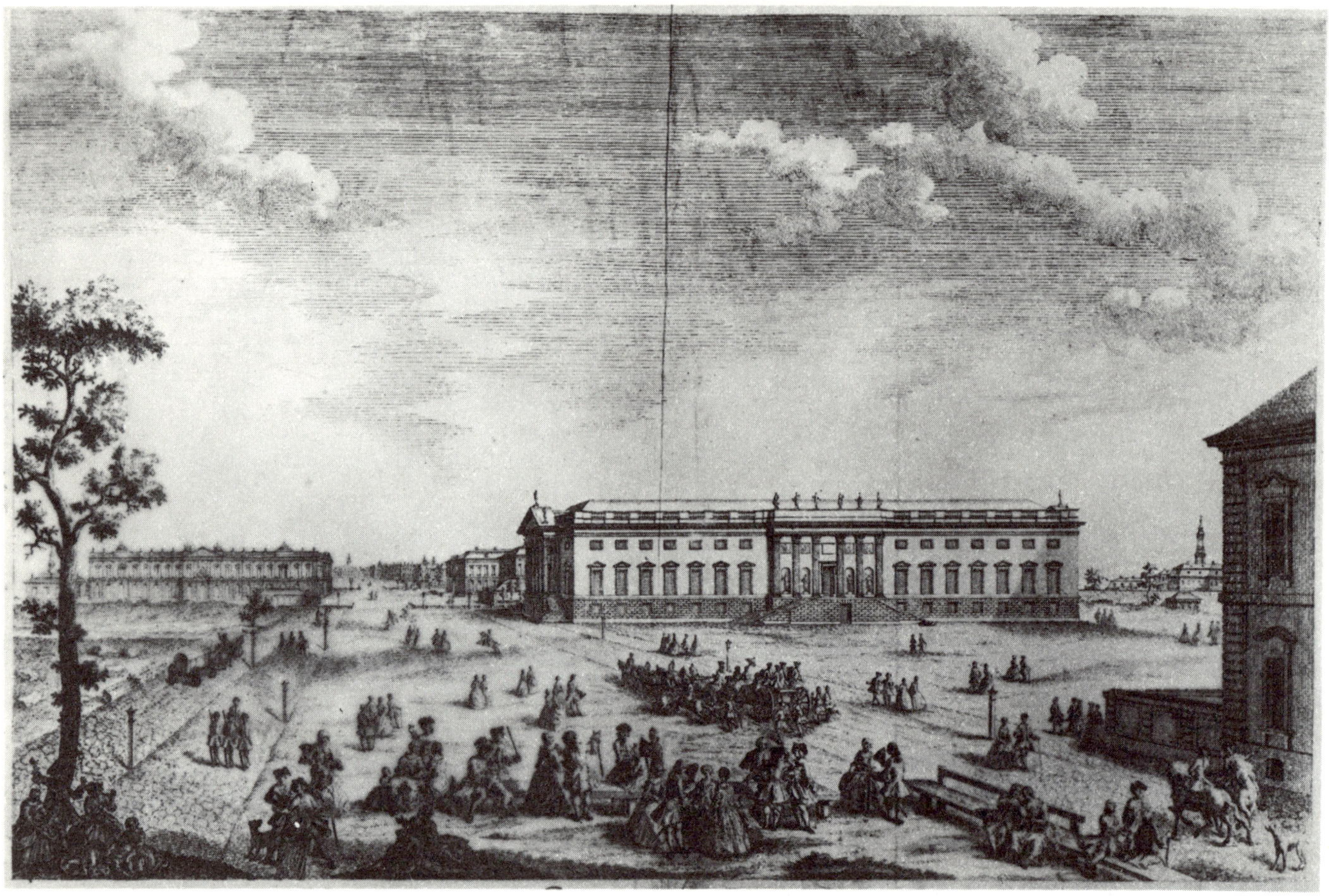

Johann Georg Fünck,
Das Friedrichsforum, etwa 1743

Im Jahre 1726 waren 9 815 Bürger. Wenn man nun jede Familie zu 4 Personen rechnet, so kommen 49 260 Personen heraus, welche mit den königlichen Offizianten und übrigen Eximierten und mit 12 000 Mann Garnison über 72 000 Menschen betragen werden. Dies stimmt mit der Zählung überein, welche der König am Ende dieses Jahres vornehmen ließ. Nach derselben waren (außer der Garnison und was dazugehört):

In	Berlin	15 332	Personen
	Kölln	10 821	
	Werder	4 131	
	Dorotheenstadt	3 478	
	Friedrichsstadt	12 144	
	Kölln. Vorstadt	4 498	
	Summa	61 041	Personen, ohne die Garnison

Man findet in den folgenden Jahren, daß die Bevölkerung ferner mit schnellen Schritten zunimmt. Sowohl innerlich durch vermehrten Wohlstand als äußerlich durch die Ankunft vieler Auswärtigen, durch die Vermehrung der Garnison, durch die große Erweiterung der Friedrichsstadt und Neustadt in und seit 1732 und durch den sehr ansehnlichen, auf Kosten des Königs und vieler Privatpersonen unternommenen Anbau. Es waren, die Eximierten eingeschlossen, vom Zivilstande vorhanden:

Im Jahre	1732	61 993,	1734	66 993,
	1733	63 017,	1735	67 743.

Man kann 1735 die Garnison wohl auf 16 000 rechnen, da sie seit 1727 mit 2 Infanterieregimentern und mit den Zietenschen Husaren vermehret worden war. Rechnet man diese Summe zu den obigen, so kämen für 1735 83 743 Einwohner heraus. [...] In den folgenden Jahren der Regierung König Friedrich Wilhelms war die Aufnahme der böhmischen Kolonie der hauptsächlichste Zuwachs von Berlin.

Für das 1740ste Jahr, in welchem König Friedrich der Große seine beglückte Regierung antrat, nimmt Hr. Süßmilch die Mittelzahl von 3 500 Toten und folglich 98 000 Einwohner, welches meines Erachtens ziemlich wahrscheinlich ist. In den folgenden Jahren nahmen wegen der beiden kurz aufeinanderfolgenden Kriege und der Abwesenheit der Garnison die Einwohner etwas ab; indessen berechtigt die Mittelzahl der Toten doch, die Einwohner in dem Jahre nach dem Frieden 1746 wieder ohngefähr auf 97 000 anzunehmen.

Von 1747 bis 1755 haben Süßmilch und Büsching die vollständigsten Listen der Einwohner folgendermaßen bekanntgemacht:

1747	106 803,	1750	113 289	1753	122 897,
1748	107 635,	1751	116 483,	1754	125 385,
1749	110 933,	1752	119 224,	1755	126 661.

Man siehet mit großem Vergnügen die wachsende Vermehrung der Bevölkerung in diesen glücklichen Friedensjahren, in welchen alle nützliche Künste und Manufakturen zunahmen, in welchen ein mäßiger Preis der Lebensbedürfnisse die Ehen vermehrte, in welchen die milde Regierung und der Ruhm Friedrichs des Großen eine große Menge Ausländer herbeizog.

Der folgende verderbliche Krieg, in welchem nicht allein der Hof und die Garnison abwesend war und zwei feindliche Überfälle geschahen, sondern welcher auch die Verheerung eines Teils der umliegenden Gegend, Teurung und Epidemien mit sich brachte, verringerte freilich die Bevölkerung. Die stärkere Nahrung, die nicht wenige Handwerker, Manufakturunternehmer und Kaufleute während des Krieges hatten, ersetzte freilich wieder viel, aber sie veranlaßte auch zuerst die höher getriebene Üppigkeit und mit der Münzverwirrung den höhern Preis der Lebensmittel, wodurch die verhältnismäßige Verminderung der Ehen verursacht ward, die man leider noch spüret.

Hier sind von den sieben Kriegsjahren die Summen der Einwohner vom Zivilstande ohne die Garnison, die damals gering war und deren Anzahl sich oft veränderte.

1756 99 177, 1759 94 433, 1762 98 090.
1757 94 219, 1760 95 245,
1758 92 356, 1761 98 238,

Im ersten Friedensjahre, 1763, waren 99 699 Personen von Zivilstande, und die Garnison war mit Weibern und Kindern 19 520 stark, zusammen 119 219 Personen. [...]

In den folgenden Jahren nehmen die Einwohner zu, so wie sich die Wirkungen des Friedens spüren lassen. Die Errichtung zweier neuer Artillerieregimenter nebst ihrer Augmentation und das viele Bauen tragen auch das Ihrige dazu bei, außer daß in den teuren und epidemischen Jahren 1771 und 1772 sich einige Verminderung zeigt, die 1771 nicht so sichtbar ist, weil die Garnison etwas stärker war. [...]

Die Anzahl der Einwohner vom Zivilstande nach den Städten war:

	Im Jahr 1777	Im Jahr 1784
Berlin	22 017	20 705
Altkölln	10 000	9 990
Werder	5 437	5 649
Neustadt	5 955	6 436
Friedrichsstadt	29 404	30 409
Neukölln	3 311	3 612
Kölln. Vorstadt	8 366	8 819
Spand. Vorstadt	13 809	15 101
Königsvorstadt	6 125	6 625
Stralauer Vorstadt	3 231	4 289
Summa	108 355	111 635

[...] Die Beschaffenheit der Bevölkerung läßt sich auch einigermaßen aus dem Verbrauche der Lebensmittel abnehmen.

Man rechnet, daß im Durchschnitte täglich ohngefähr 50 Ochsen, ohne die vielen Kälber, Schweine und Hammel, geschlachtet werden. Täglich werden über 30 Winspel Roggen verbacken, ohne Weizen, dessen auch viel verbacken wird.

Monatlich werden ohngefähr 1200 Winspel Weizen und Gerste verbrauet, wovon die Gerste zwei Drittel ausmacht. Monatlich werden ohngefähr 300 Winspel Roggen zu Branntwein geschroten, ohne die andern Arten von Getreide. [...]

Aus allem diesen kann das Vorurteil, das nicht wenige Auswärtige hegen, als ob Berlin schlecht bevölkert sei, genugsam widerlegt werden. Diese Sage, welche immer aus einem Buche ins andere ohne weitere Untersuchung nachgeschrieben wird, entsteht vielleicht daher, weil Berlin vor vielen andern Städten das Glück hat, einen verhältnismäßig sehr großen Umfang zu haben, daher die Straßen nicht eng, krumm und winklicht, sondern breit und gerade angelegt sind. Dies ist gesund und bequem; aber freilich fällt die Anzahl der auf den Straßen Gehenden nicht so in die Augen wie in den engen Straßen anderer Städte, weil sie sich nicht drängen. Hiezu kommt, daß eine sehr große Anzahl Manufakturen in Berlin sind, bei welchen der gemeine Mann in den Häusern beschäftigt ist. Auch gibt es in Berlin nicht so viel Pomp und Prunk, Einzüge, Aufzüge, Prozessionen und andere öffentliche Zeremonien, welche eine große Anzahl müßiger Leute auf die Straßen locken könnten; daher sieht man auf denselben nur diejenigen, die in Geschäften gehen. Ein Fremder also, der z.B. in gewissen Gegenden der Friedrichsstadt fast niemand auf den Straßen siehet, bildet sich ohne weitere Untersuchung ein, es wohnten auch sehr wenige Menschen da, indessen die Häuser voll fleißiger Weber und Spinner sind, die, mit zahlreichen Familien, ihres Tagewerks eingedenk, nicht auf den Straßen herumschweifen können. [...]

✦✦

Die Einwohner der Residenzen nach ihrer verschiedenen Beschaffenheit können in sechs Klassen geteilt werden. Dieselben sind:

I. DER MILITÄRSTAND

Das königliche Gouvernement gebietet über denselben. Es bestehet aus dem Gouverneur und Kommendanten. Die Regimenter der Garnison sind folgende:

Das adeliche Kadettenkorps

[...] Die Kadetten werden in allen Kriegesexerzitien geübt und lernen den ganzen kleinen Soldatendienst und die Evo-

Rechts:

Uniformen der preußischen Armee, 1796

lutionen. Sie haben auf dem Hofe ihres Hauses ein Wachthaus, auf welchem täglich um 11 Uhr eine Anzahl auf die Wache zieht, und auch gewisse Posten mit Schildwachen besetzt, die wie gewöhnlich abgelöset werden. Außer diesen Kriegesübungen werden sie in allen ihnen nützlichen Wissenschaften und Sprachen, desgleichen in den ritterlichen Leibesübungen unterwiesen. Hiezu sind sechs Professoren und eine Anzahl Lehrer in den Sprachen und Künsten bestellt. [...]

Eine Schwadron der Leibgarde zu Pferde; Kürassiere

Sie versiehet die Wachen vor den Zimmern des Königs. [...] 1784 betrug die Schwadron mit den hier befindlichen Frauen und Kindern 352 Köpfe und mit Einschluß der Beurlaubten und derselben Frauen und Kindern 364.

Das Leibregiment Husaren

Der Chef dieses Regiments ist Se. Exzellenz Herr Hans Joachim v. Zieten, General von der Kavallerie und Ritter des schwarzen Adlerordens. Es bestehet aus zehen Schwadronen, davon aber nur fünf in Berlin liegen, und ist 1730 errichtet. Dieses Regiment liegt auf der Friedrichsstadt. [...] Die fünf Schwadronen waren 1784 (Frauen und Kinder eingeschlossen) stark 1026 und mit den Beurlaubten ihren Frauen und Kindern 1694.

Das Regiment Gens d'armes; Kürassiere

[...] Es ist 1691 gestiftet und bestehet aus fünf Schwadronen. Die Ställe für die Pferde sind zum Teil im königlichen Stalle Unter den Linden, zum Teil auf den nebenliegenden

Karl Traugott Fechhelm, Der Schloßplatz, 1788

Potsdam
Friedrich Wilhelm der IIIte Koenig von Preussen
Potsdam

Wiesen, und die Hauptwache ist im genannten königlichen Stalle. Auf der Friedrichsstadt und Neustadt ist die Mannschaft einquartieret. [...] Das Regiment war 1784 (Frauen und Kinder eingeschlossen) stark 1153, mit den Beurlaubten und ihren Frauen und Kindern 1822 Köpfe.

Das Regiment Herzog Friedrich von Braunschweig; Infanterie

[...] Es ist 1702 gestiftet und bestehet, so wie alle in Berlin liegende Infanterieregimenter, aus zwei Grenadier- und zehn Musketierkompanien. Es liegt auf der Friedrichsstadt. [...] War 1784 (Frauen und Kinder eingeschlossen) stark 2449, mit den Beurlaubten und ihren Frauen und Kindern 4512.

Das Regiment von Möllendorff, Infanterie

Das Regiment ist 1713 errichtet. Es liegt auf der Friedrichsstadt. [...] War 1784 (Frauen und Kinder eingeschlossen) stark 2878, mit den Beurlaubten und ihren Frauen und Kindern 4818.

Das Regiment von Braun, Infanterie

[...] Das Regiment ist 1687 gestiftet. Es liegt auf der Friedrichsstadt und auf dem Friedrichswerder. [...] Dieses und das Woldecksche Regiment besetzen gewöhnlich die Schloßwache. War 1784 (Frauen und Kinder eingeschlos-

Louis Serrurier/
Christian Peter Jonas Haas,
Wache am Rosenthaler Tor,
1800

Daniel Chodowiecki, Friedrich II. bei einer Parade der Leibgarde, 1777

sen) stark 1870, mit den Beurlaubten und ihren Frauen und Kindern 5222.

Das Regiment von Woldeck, Infanterie

Das Regiment ist 1714 errichtet. Es liegt in Berlin und Altkölln. [...] War 1784 (Frauen und Kinder eingeschlossen) stark 2603, mit den Beurlaubten und ihren Frauen und Kindern 4990.

Das Regiment von Bornstädt, Infanterie

[...] Das Regiment ist 1655 schon errichtet und ist das älteste in der königlichen Armee. Es liegt in Berlin. [...] War 1784 (Frauen und Kinder eingeschlossen) stark 2642, mit den Beurlaubten und ihren Frauen und Kindern 4940.

Das Regiment von Thüna, Infanterie

[...] Das Regiment ist 1713 errichtet und liegt in der Königs- und Spandauer Vorstadt. [...] War 1784 (Frauen und Kinder eingeschlossen) stark 2621, mit den Beurlaubten und ihren Frauen und Kindern 4713.

Das Regiment von Pfuhl, Infanterie

[...] Das Regiment ist 1743 errichtet und bestehet aus zwei Grenadier- und zehn Füselierkompanien. [...] War 1784 (Frauen und Kinder eingeschlossen) stark 2035, mit den Beurlaubten und ihren Frauen und Kindern 4665.

Das königliche Feldartilleriekorps

[...] Das Feldartilleriekorps bestehet aus vier Regimentern, jedes von zehn Kompanien. Das erste Regiment ist schon 1672 gestiftet. [...] Das ganze Korps war 1784 (Frauen und Kinder eingeschlossen) stark 10186, mit den Beurlaubten und ihren Frauen und Kinder 20392. Hiezu gehört auch das reitende Artilleriekorps von 180 Mann, welche aus dem ganzen Korps der Artillerie ausgezogen worden. [...]

Das Pontonierkorps

Der Stamm desselben bestehet aus einem Hauptmanne, einem Premierlieutenant, drei Unteroffizieren und 75 Gemeinen, welche in der Prenzlauer Straße im Quartier liegen. [...]

Das Invalidenkorps

Es ist im Invalidenhause vor dem Oranienburger Tore befindlich. [...] War 1784 stark 918 Köpfe, Frauen und Kinder mitgerechnet.

Das Löbensche Regiment Landmiliz

Diese Landmiliz wird nur im Kriege zu Bestellung der Wachen in Berlin zusammengebracht. [...]

Die Soldaten sind zum Teil bei den Bürgern einquartieret, doch wurden schon vor dem Siebenjährigen Kriege für die beweibten Soldaten der Regimenter Woldeck in der Neuen

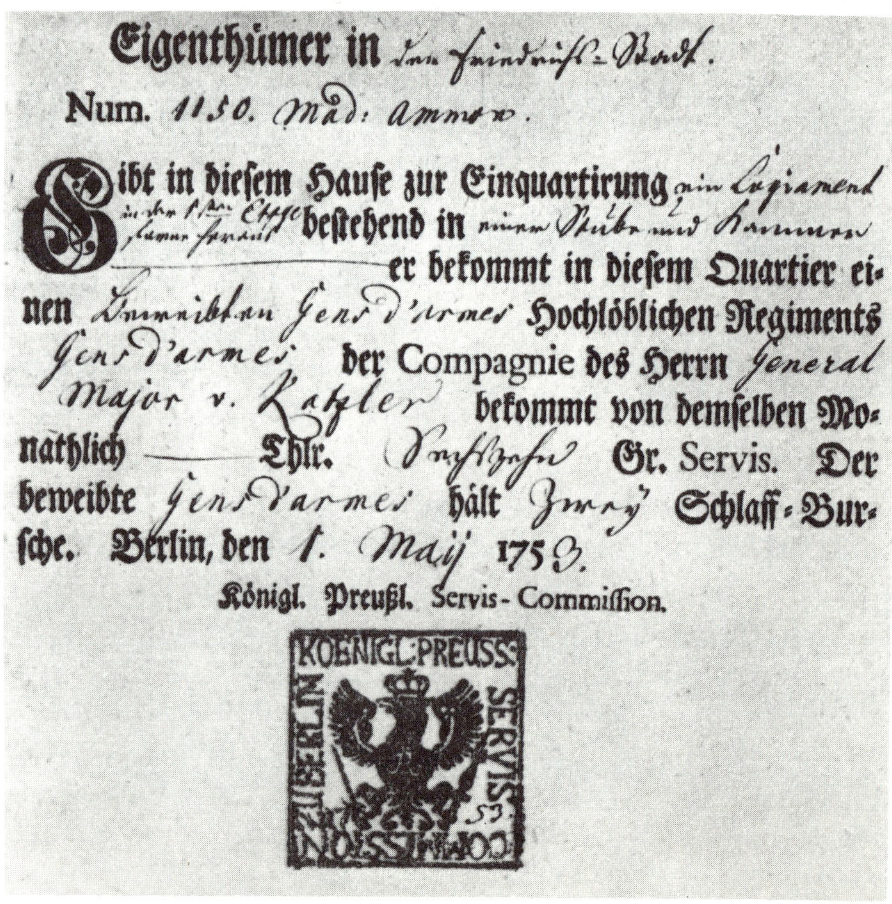

Eigenthümer in der Friedrichs-Stadt.
Num. 1150. Mad: Ammon.

Gibt in diesem Hause zur Einquartirung ein Logiament in der 1sten Etage [illegible] bestehend in einer Stube und Kammer
er bekommt in diesem Quartier einen Beweibten Gens d'armes Hochlöblichen Regiments Gens d'armes der Compagnie des Herrn General Major v. Katzler bekommt von demselben Monathlich — Thlr. Dreyzehen Gr. Servis. Der beweibte Gens d'armes hält Zwey Schlaff-Bursche. Berlin, den 1. Maij 1753.

Königl. Preußl. Servis-Commission.

Einquartierungsschein

Louis Serrurier/
Christian Peter Jonas Haas,
Das Denkmal
des Generals von Zieten auf dem
Wilhelmsplatz, etwa 1795

Friedrichsstraße, Braun in der Neuen Kommendantenstraße, Bornstädt an der Königsmauer und Pfuhl in der Neuen Kommendantenstraße Kasarmen erbauet. Nachher sind für die übrigen Regimenter auf königlichen Befehl an verschiedenen Orten der Stadt Kasarmen erbauet. [...] Übrigens ist es beinahe überflüssig anzumerken, daß kein Fremder sich in königlichen Landen und am wenigsten in Berlin vor gewaltsamer Werbung zu fürchten hat. In allen königlichen Landen werden die Rekruten aus den angewiesenen Kantonen mit Zuziehung der Zivilobrigkeit ausgehoben. In Berlin aber ist kein Kanton, sondern alle geborne Berliner sind von der Einrollierung frei. Die auswärtigen Rekruten werden in fremden Ländern auf königliche Kosten geworben, in Berlin aber ist kein Werbeplatz. [...]

II. DIE EXIMIERTEN

Man versteht unter dieser allgemeinen Benennung den Adel, die königlichen Räte und übrigen Bedienten, kurz alle diejenigen (exklusive der französischen Kolonie), die der Gerichtsbarkeit des Magistrats und der Stadtgerichte der

Residenzstädte nicht unterworfen sind, sondern unmittelbar unter die Gerichtsbarkeit des Kammergerichts gehören.

Zu den Eximierten gehören die Eigentümer der Freihäuser, ja vor Zeiten waren auch diejenigen, die nur in Freihäusern wohnten, eximiert. Die Freihäuser sind entweder (a) solche, die zum Schlosse gehören, dergleichen sind die Häuser auf der Schloßfreiheit, auf der Stechbahn und einige andere; oder (b) solche, die sonst kurfürstliche Häuser gewesen und von den Kurfürsten vor Zeiten zu Burglehen verliehen worden. Dies sind 12 Häuser, davon eilf in Berlin in der Heiligengeiststraße, Poststraße, Klosterstraße, Königsstraße und Stralauer Straße und eins in Kölln liegt. (c) Die auf einem königlichen Grunde erbauet worden. Dergleichen sind die meisten Häuser auf der sogenannten Monbijou-Freiheit von der Friedrichsbrücke vor Monbijou vorbei bis nach dem Oranienburger Tore, auch von der rechten Hand bis nach dem Weidendamme und ein Teil des Schiffbauerdamms, weil der Grund erst ein Vorwerk der Kurfürstin Dorothea und zuletzt der Königin Sophie Charlotte gewesen. Desgleichen die Invalidenfreiheit vor dem Königstore, einige Häuser, die auf dem Platze der ehemaligen Festungswerke erbauet worden, und die Häuser im Quarrée und der Wilhelmsstraße, deren Grund vorher zum Tiergarten gehörte, u. a. m. (d) Solche, die durch besondere Erlaubnis des Landesherrn die Freiheit erlanget. Der Freihäuser sind überhaupt an 500, aber bei einigen ist die Freiheit noch streitig. Sie stehen sämtlich unmittelbar unter dem Hofgerichte, sind größtenteils von Einquartierung und andern bürgerlichen Auflagen frei, müssen aber dagegen seit 1733, wenn fremde Herrschaften nach Berlin kommen, das Gefolge derselben logieren oder auch für dasselbe gewisse Notwendigkeiten, z. B. Betten usw., liefern. Zu Regulierung dieser Angelegenheiten ist eine besondere Kommission angeordnet, welche aus einem Kammergerichtsrate und zweien Besitzern von Freihäusern bestehet.

Von den Freihäusern wird beim Hofgerichte ein besonderes Hypothekenbuch gehalten.

III. DIE BÜRGERSCHAFT DEUTSCHER NATION

Hierdurch werden alle diejenigen verstanden, die bürgerliche Nahrung treiben und ihrem Charakter oder Stande nach nicht von der Gerichtsbarkeit des Magistrats oder der Stadtgerichte eximiert sind.

Daniel Chodowiecki,
Die Familie des Künstlers,
1771

IV. DIE FRANZÖSISCHE KOLONIE

Es waren schon seit der Mitte des vorigen Jahrhunderts eine Anzahl Franzosen in Berlin, welche auch 1672 einen eigenen Gottesdienst bekamen. Aber die größte Anzahl kam ins Land, als nach der Widerrufung des Edikts von Nantes den 8. Oktober 1685 viele tausend Franzosen der Religion wegen ihr Vaterland verließen und Kurfürst Friedrich Wilhelm ihnen noch im nämlichen Monat, den 29. Oktober 1685, eine Freistatt eröffnete. Ihre Anzahl nahm in den folgenden Jahren immer mehr zu. Zu ihrem Besten wurden sowohl in den kurfürstlichen Staaten als in auswärtigen Ländern ansehnliche Geldsammlungen gemacht. Im Jahr 1686 kamen die Waldenser aus den piemontischen Tälern, welche gleichfalls wegen ihrer Anhänglichkeit an die protestantische Religion hart bedrückt wurden, zu diesen französischen Flüchtlingen hinzu. In den Jahren 1698 und 1699 ward die Kolonie durch die Wallonen und die schweizerischen Refugierten sehr vermehrt, welche Kurfürst Friedrich III. in sein Land zog. Die ersten waren im 16. Jahrhundert von dem grausamen Herzog Alba aus den Niederlanden vertrieben worden und hatten sich zu Mannheim, Heidelberg und Frankenthal angebaut, wurden aber damals, als die französischen Heere die Pfalz innehatten, ihrer Kirchen beraubt und aufs härteste gedrückt. Die letzten waren französische Flüchtlinge, welche sich anfangs in der Schweiz, besonders im Kanton Bern, niedergelassen hatten, denen aber damals der Platz zu enge ward, weshalb sie um Aufnahme in die brandenburgischen Länder ansuchten. Desgleichen kamen um eben die Zeit die Protestanten aus dem Fürstentume Orange an, die der Religion wegen ihr Vaterland, welches damals an Frankreich gefallen war, verlassen mußten. Im Jahre 1700 waren in allen königlichen Ländern an 13 200 Refugierte.

Die französischen Kolonien genießen besondere Rechte und Freiheiten. Sie haben besondere Gerichte, vor welchen alle zur französischen Kolonie gehörige Personen, sie seien von Adel, in Bedienungen oder Bürger (bloß Militärpersonen ausgenommen, welche unter den Kriegsgerichten stehen), müssen belangt werden. Es gehören aber zur Kolonie nicht allein die der Religion wegen aus Frankreich vertriebenen Personen und ihre Nachkommen, sondern es können sich auch unter der französischen Kolonie Gerichtsbarkeit begeben alle sich in königlichen Ländern niederlassende Fremde und Ausländer ohne Rücksicht auf die Religion oder Nation. Jedoch nehmen diese an den Benefizien der Refugierten nicht anders teil, als insoweit sie sich nach dem Zirkulare vom 7ten Julius 1772 dazu qualifizieren. Die Oberaufsicht über die Kolonie führet das französische Oberdirektorium oder das Conseil françois, von welchem auch die französische Zivil-Etatskasse abhängt. Desgleichen haben die Franzosen ein besonderes Oberkonsistorium und Schulkollegium (Conseil académique) und sowohl Kirchen als Schulen, in welchen in französischer Sprache geprediget und gelehret wird. Desgleichen besondere Armenanstalten.

In den letzten Jahren hat die Zahl der Franzosen sich hier eher vermindert als vermehrt.

V. DIE BÖHMISCHE KOLONIE

Es haben sich seit 1732 viele der Religion wegen aus Böhmen vertriebene Protestanten nach Berlin begeben. Sie haben verschiedene nützliche Manufakturen angelegt, einige sind auch wegen der guten Gartengewächse, die sie ziehen, bekannt. König Friedrich Wilhelm ließ ihnen auf der Friedrichsstadt eine eigene Kirche bauen, an welcher zween Prediger, ein lutherischer und ein reformierter, stehen, die sowohl böhmisch als auch deutsch predigen.

Eine besondere Gerichtsbarkeit haben die Böhmen nicht, sondern sind den ordentlichen Gerichten, unter die sie, ihrem Stande nach, gehören, unterworfen.

Außer der berlinischen böhmischen Gemeine befinden sich noch zu Nowawes bei Potsdam, zu Schöneberg und zu Rixdorf bei Berlin, zu Grünelinde bei Köpenick und zu Friedrichshagen ohngefähr 90 böhmische Familien, die zum Teile sich zur berlinischen Kirche halten.

Auch die Anzahl der böhmischen Gemeine scheint immer mehr abzunehmen, ohne Zweifel, weil, so wie bei den Franzosen, viele Nachkommen der ursprünglichen Böhmen sich itzt zu den Deutschen halten.

VI. DIE JUDENSCHAFT

Vor alten Zeiten sind die Juden wie aus mehrern christlichen Staaten so auch aus der Kurmark zu verschiedene Malen und zuletzt 1572 wegen der sehr ungerechten Beschuldigung, daß der Jude Lippold den Kurfürsten Joachim II. sollte vergiftet haben, vertrieben worden. Kurfürst Friedrich Wilhelm der Große gab, als Kaiser Leopold 1669 die Juden aus Österreich vertrieben hatte, unterm 21. Mai 1671 funfzig Judenfamilien die Erlaubnis, sich in der Kurmark gegen ein gewisses Schutzgeld niederzulassen. Diese Familien vermehrten sich nach und nach so, daß unter König Friedrich I. im Jahre 1700 112 Judenfamilien in der Residenzstadt befindlich waren. Beim Antritte der Regierung König Friedrich Wilhelms ward der Judenschaft ihr Privilegium unterm 20ten Mai 1714 erneuert. In diesem Privilegium werden 128 damals in den Residenzstädten ansässige Schutzjudenfamilien namentlich angeführet. Unterm 29ten September 1730 ward das erste Generalprivilegium und Reglement für die Judenschaft in allen königlichen Ländern gegeben. Das neueste Generalprivilegium ist vom 17ten April 1750, in welchem und einigen nachher ergangenen Reskripten die Art, wie sich Judenfamilien in den königlichen Ländern ansetzen können und wie sie sich zu verhalten haben, festgesetzt ist.

Jetzt besteht die Judenschaft in Berlin aus etwa 400 bis 500 Familien. Jeder Hausvater hat die Freiheit, eines seiner Kinder im Lande sich setzen und verheiraten zu lassen, auch unter gewissen Bedingungen ein zweites Kind, jedoch haben verschiedene der reichen Häuser Hauptprivilegien für ihre sämtlichen Kinder.

In dem Generalprivilegium vom Jahre 1750 ist den hiesigen Juden zwar nur erlaubet, in dem eigentlichen Berlin vierzig Häuser eigentümlich zu besitzen, unterm 11ten No-

Anna Maria Wernerin/B. Goblin,
In der jüdischen Synagoge
in der Heidereutergasse, 1714

vember 1763 aber hat der König aus besonderer Gnade die Anzahl mit dreißig vermehret. Einige Familien haben in Absicht des Ankaufs von liegenden Gründen die Rechte der Christen erhalten. Die Juden müssen statt der Stolgebühren eine gewisse Summe an den Propst der Nikolaikirche, imgleichen auch jährlich 165 Rtlr. an das Graue Kloster zahlen.

Die berlinischen Juden stehen wegen Gewinnung ihres Schutzes, wegen ihrer Prästationen, Nahrung, Verheuratung und ihres übrigen Verhaltens unter der Kurmärkischen Krieges- und Domänenkammer. Wegen Klagen und Justizsachen ward den 23. November 1708 eine besondere Judenkommission errichtet. Diese ward bei der neuen Einrichtung des Kammergerichts mit demselben vereiniget, so daß nunmehr die hiesigen Juden in der ersten Instanz unter dem Instruktionssenat des Kammergerichts stehen.

Die Streitigkeiten der Juden unter sich können auch von dem hiesigen Oberlandrabbiner nach jüdischen Gewohnheiten geschlichtet werden. Sein Spruch wird zwar für rechtskräftig gehalten, jedoch gilt derselbe nur als ein schiedsrichterlicher Spruch und können die Parteien, wenn sie sich nicht dabei beruhigen wollen, die Sache an das Kammergericht bringen; auch stehet die Vollstreckung der Exekution demselben nicht zu, sondern er muß den ordentlichen Richter der Juden dazu verlangen.

Im Jahr 1775 hat der König die bisherigen Ältesten der berlinischen Judenschaft, Daniel Itzig und Jakob Moses, zu immerwährenden Oberältesten der Judenschaften in sämtlichen königlichen Landen ernennet. Diese müssen, wenn der König an sämtliche unter dessen Schutz stehende Juden etwas befiehlt, solchen den Befehl gehörigen Orts zuschikken und für dessen Befolgung sorgen. Auch müssen alle Ältesten in den Provinzen sowohl, was ihre Abgaben anbetrifft, als auch ihre übrigen gemeinschaftlichen Gesuche bei Hofe, an diese Oberältesten gelangen lassen. Von diesen wird auch alle übrige Einrichtung gefordert.

Die Juden leben größtenteils von der Handlung. Die reichsten Häuser haben verschiedene nützliche Fabriken und Manufakturen angelegt; sie haben auch Anteil an den hiesigen Handlungskompanien und führen ansehnliche Wechselbanken. Die übrigen führen einen Ausschnitthandel mit allerhand Waren und dürfen offne Läden haben. Es gibt auch unter ihnen vereidete Bankomäkler. Mit Wolle, mit rohen Häuten, gefärbtem Leder, rohem Tabak, Holz, Wein und Hökerwaren zu handeln ist ihnen im Generalprivilegium verboten, desgleichen ist ihnen auch Brauhäuser zu halten und zünftige Handwerke zu treiben versaget.

Die freien Künste sind ihnen erlaubt, und es gibt unter ihnen einige Maler, Stempelschneider und Petschierstecher. Man muß überhaupt von der berlinischen Judenschaft rühmen, daß unter derselben verschiedene Gelehrte, viele Leute vom Geschmacke und Liebhaber der schönen Wissenschaften angetroffen werden. Sie haben zwei Buchdrukkereien, in welcher hebräische Bücher gedruckt werden.

Sie genießen freie Religionsübung und haben im Jahre 1700 bis 1714 eine öffentliche Synagoge gebauet. Ihre Armenanstalten sind sehr löblich [...].

Anton Graff/Daniel Berger,
Isaak Daniel Itzig, 1789

Johann Gottlieb Riedel/
Daniel Berger,
David Friedländer, 1789

Johann Michael Probst,
Sommerparade Friedrichs II.
im Lustgarten, um 1750

Von den zur Militär-, bürgerlichen und Polizeiregierung der Residenzen gehörigen Kollegien und andern zum Nutzen derselben gestifteten Kollegien und Anstalten

I. DAS GOUVERNEMENT UND ÜBERHAUPT DIE MILITARISCHE VERFASSUNG DER RESIDENZEN

Der Gouverneur der Residenzen (jetzt des Herrn Generallieutenant Wichard Joachim Heinrich von Möllendorff Exzellenz) ist Befehlshaber nicht allein über alle hier in Garnison liegende Regimenter, sondern auch überhaupt über alle in Berlin befindliche Militärpersonen. Überdem wird auch das Polizeidirektorium bei Aufrechthaltung der Ordnung in der Stadt von dem Gouvernemente unterstützt, und bei verschiedenen Polizeisachen wirken beide gemeinschaftlich. Der Gouverneur hat zum Verschicken von allen in Berlin liegenden Infanterieregimentern einen Unteroffizier zur Ordonnanz, von den Husaren einen zu Pferde, der die Nacht über bei ihm bleibt, und von den Gensdarmes einen Gemeinen. Durch dieselben werden alle Befehle an die Regimenter, oder wo es sonst nötig ist, verschickt.

H. Seiffert/Benet Salomon, Wichard Joachim Heinrich von Möllendorff, 1796

Der Kommendant (jetzt des Herr Generallieutenants Heinrich Gottlob von Braun Exzellenz) empfängt von dem Gouverneur alle Befehle, welche er weiter austeilet und die der Platzmajor (jetzt der Herr Hauptmann Dettloff) besorget. Der Kommendant hat einen reitenden Husaren und von dem Regimente von Pfuhl und von der Artillerie täglich, von den andern Infanterieregimentern aber nur, wenn sie Wache geben, einen Gemeinen zur Ordnung. [...]

Überhaupt sind es 34 Wachen, die von der Garnison besetzt werden. [...] An den Toren müssen die wachhabenden Offiziere oder Unteroffiziere bei allen aus- und einpassierenden Reisenden sich genau nach ihrem Namen, Stand, Ort, wo sie herkommen, Absicht des Hierbleibens oder Durchreisens, Wohnung, Geschäfte und vermutlicher

Dauer ihres hiesigen Aufenthalts erkundigen und den davon gemachten, von ihnen unterschriebenen Zettel auf die Schloßwache schicken. Hier werden diese eingelaufenen Zettel in ein Buch eingetragen und die Zettel selbst partienweise zum Gouverneur und, wenn derselbe sie durchgesehen, zum Kommendanten gebracht, bei dem sie bleiben. Der Gouverneur erhält täglich des Morgens und des Abends einen Hauptrapport und von allen Torzetteln des Tages noch einen Rapport. Ist der König gegenwärtig, so schickt der Kommendant abends um 7 Uhr den Rapport unterschrieben und versiegelt an den Kapitän von der Schloßwache, der ihn erbricht und um 8 Uhr selbst an den König abgibt. Ist der König aber nicht hier, so schickt der Kommendant jeden Abend den Rapport nach Potsdam an Seine Majestät. [...]

Der König hält gewöhnlich zu Anfange des Monats Mai die Spezialrevue über sämtliche in Garnison liegende Infanterie- und Kavallerieregimenter im Tiergarten. [...] Den 21sten pflegt der König mit diesen sämtlichen Truppen, die zusammen 30 000 Mann ausmachen, drei Tage nacheinander große Revue, gewöhnlich auf der Ebene bei Tempelhof, zu halten. Die Kavallerie macht die zwei ersten Tage zuerst ihre Evolutionen und Manöver, so daß, wenn solche abmarschiert ist, die Infanterie erst aufmarschiert. Den ersten Tag marschiert sowohl die Kavallerie als Infanterie in Parade mit klingendem Spiele, fliegenden Fahnen und ihren Regimentsstücken bei dem König vorbei. Den dritten [Tag] läßt der König gemeiniglich von der ganzen Armee eine besondre Attacke machen. Den 24sten Mai marschieren sodann sowohl die fremden Regimenter als auch die Beurlaubten der Garnison wieder fort.

Zur Erhaltung der Sicherheit und Ordnung gehen des Nachts Patrullen in der ganzen Stadt herum. Sie fangen an, sobald es finster wird, und fahren bis zur Reveille fort, nur nach 10 Uhr die ersten halben Stunden jeder Stunde nicht, als wo die Nachtwächter auf den Straßen sind. Die Einrichtung ist so getroffen, daß durch die Abschickung dieser Patrullen von den 34 Wachen alle Gegenden der Stadt hinlänglich besorgt werden.

Das Gouvernement hat die obere Aufsicht auf die beständige Unterhaltung und nötige Ausbesserung der Stadtmauer, der Palisaden, der Stadttore und Schlagbäume, der Wachten und deren Utensilien und der Schilderhäuser, der unter dem Gouvernement stehenden Zug-, großen und kleinen Brücken, Kanäle, Schälungen und Rückgeländer, des

Louis Serrurier/
Christian Peter Jonas Haas,
Das Neue Exerzierhaus
in der Alten Schützenstraße,
um 1800

Gouvernementshauses und der dazugehörigen Gebäude samt den Gebäuden des Gouvernementsbauhofs, des Steinpflasters sämtlicher Straßendämme in der Stadt und den Vorstädten, welche Geschäfte dasselbe durch den Bauadjutanten besorgen läßt. Hiezu ist ein besonderer Fond ausgesetzt. Aus demselben bekommt auch ein Planteur Gehalt, welcher die Kastanien-, Linden- und Weidenbäume auf den freien Plätzen und an den Gewässern der Stadt pflanzt und im guten Stande erhält. Es werden aus diesem Fond auch die Sitzbänke im Lustgarten, auf dem Dönhoff- und auf dem Wilhelmsplatze gemacht und unterhalten. [...]

II. VOM MAGISTRATE, DEM POLIZEIDIREKTORIUM UND DEN STADTGERICHTEN

1. Der Magistrat oder Rat der Residenzstädte

Berlin ward anfangs ganz demokratisch regiert. Die angesessenen Bürger wählten jährlich zwölf Ratmanne aus ihrem Mittel, welche aber ohne die gesamte Bürgerschaft nichts Wichtiges tun konnten. [...] Es gingen jährlich von den Ratmannen vier ab und wurden vier neue gewählet. Diese vier neue Ratmanne waren [...] eigentlich an der Regierung; die acht alten hatten aber auch Anteil daran und bestätigten zum Teile die von den neuen gegebnen Freiheiten durch ihr Zeugnis. Daher rührt die in den Urkunden damaliger und der folgenden Zeit oft vorkommende Benennung Rademanne olde vnd nye. [...]

Daß Kölln im dreizehnten Jahrhunderte schon mit Berlin verbunden gewesen, ist nicht zu beweisen. 1307 aber verbanden diese Städte sich, unter Bestätigung des Landesherrn, Markgraf Hermanns, einen gemeinschaftlichen Rat zu haben. Es ward festgesetzt, daß zwei Dritteile der Ratmanne aus Berlin und ein Dritteile derselben aus Kölln jährlich erwählet werden sollten, und zwar die berlinischen von den köllnischen Bürgern in Berlin und die köllnischen von den berlinischen Bürgern in Kölln. Eine sinnreiche Anordnung, um mehr Unparteilichkeit bei den Wahlen zu erhalten und der schwächern Stadt, welche weniger Ratmanne stellte, durch ihren Einfluß der Wahlen der mächtigern Stadt ein mehreres Gewicht zu geben, das unter beiden Städten mehrere Gleichheit und folglich mehrere Zufriedenheit zuwege bringen sollte.

Bei dieser Vereinigung wird auch der Schöppen zuerst gedacht, deren Amt nicht über drei Jahre dauern und deren sieben, vier aus Berlin und drei aus Kölln, auf obige Art gewählt werden sollten. Diese Schöppen waren Beisitzer des Gerichts, welches die Ratmanne hielten, obgleich damals ein besondrer Schulze (Praefectus, Scultetus) oder ein vom Rate unabhängiger Stadtrichter in Berlin war, dessen Gerichtsbarkeit die Ratmanne erst 1391 von dem Inhaber derselben, Tyle Brugghe, erkauften. [...]

Nach der Vereinigung des Rats beider Städte ward auch das gemeinschaftliche Rathaus bei der Langen Brücke gebauet, dessen zuerst 1365 in dem Vertrage Gerards und Matthias Valke mit den Ratmannen zu Berlin und Kölln wegen des Zolles zu Saarmund gedacht wird.

1377 wollten sich die Köllner von den Berlinern trennen, wie in einer ungedruckten berlinischen Chronik berichtet wird. Diese unterblieb aber, und in den folgenden unruhigen Zeiten verbanden sich vielmehr die Räte beider Städte noch genauer. Kurfürst Friedrich I. hatte durch Hilfe der Städte die Edelleute zu bezwingen gesucht. Nachdem dieses geschehen, suchte er auch sich die Städte in der Mark unterwürfiger zu machen. Diese wurden mißtrauisch darüber und vereinigten sich genauer untereinander. Zugleich hatten die Räte der Städte schon seit einiger Zeit eine stärkere Gewalt über die Bürger sich zuzueignen gesucht. Der Rat zu Berlin (ohne die Gemeinheit) kaufte 1391 von Tyle Brugghe das Schulzengericht über Berlin und Kölln. 1432 vereinigte sich Kölln genauer mit Berlin durch einen besondern Vergleich. In demselben wird unter andern festgesetzt, daß die Burgermeister (die hier zum erstenmal vorkommen) und Ratmanne jährlich durch Mehrheit der Stimmen die Ratmanne und Schöppen wählen sollen, nämlich in Berlin zwei

Burgermeister, zehn Ratmanne und vier Schöppen und in Kölln einen Bürgermeister, fünf Ratmanne und drei Schöppen. In dieser Urkunde werden auch zuerst die sogenannten vier Gewerke erwähnt, nämlich die Gewerke der Knochenhauer oder Schlächter, der Gewandmacher oder Wollenweber, der Schuster und der Bäcker, welche in jeder Stadt ihre besondere Innung und bis ins siebzehnte Jahrhundert einen starken Einfluß in die Ratswahlen und die Verhandlung der Angelegenheiten der Gemeinheit hatten. Aus ihnen wurden vermutlich besonders die Ratmanne erwählet, wie dieses auch in andern Städten gewöhnlich war.

Es ist leicht zu erachten, daß die durch diesen Vergleich gemachte neue Anordnung unter der Bürgerschaft Mißvergnügen verursacht habe, da vorher die Ratswahlen von der gesamten Bürgerschaft geschehen waren. Kurfürst Friedrich II. zog aus diesem Unwillen der Bürger gegen den Rat Vorteil, um seine eigene Gewalt zu vermehren. Er hatte nach Antritt seiner Regierung 1440 verlangt, daß ihm jederzeit ein Tor geöffnet werden sollte, welches der Rat abschlug. Er kam mit 600 Reutern vor das Spandauer Tor, und es ward geöffnet. Nun klagten die über den Rat schwierigen vier Gewerke und gemeinen Bürger bei dem Kurfürsten, und dieser veränderte durch einen Ausspruch, dessen Gültigkeit die Bürgermeister, Ratmanne, vier Gewerke und die ganze Gemeine von Berlin und Kölln durch einen offnen Brief 1442 Montags nach Reminiszere erkennten, die ganze Verfassung des Rates. Er ward darin festgesetzt, daß der Kurfürst die Schlüssel von allen Toren haben und der Rat beider Städte nicht mehr vereinigt, sondern in jeder Stadt ein besonderer Rat sein sollte. Vorjetzt setzte der Kurfürst selbst zwei Bürgermeister und zehn Ratmanne in Berlin, desgleichen einen Bürgermeister und fünf Ratmanne in Kölln. […]

Diese wichtige Veränderung ward nicht ruhig angenommen, weil noch viele Bürger der alten Verfassung gewogen oder wenigstens mit der neuen nicht zufrieden waren. Es erfolgte unmittelbar ein Aufruhr, der aber durch die Macht des anwesenden Kurfürsten bald gedämpft ward. Schon am St. Johannistage dieses 1442sten Jahres mußten der Rat und die Gemeine beider Städte dem Kurfürsten nicht allein erlauben, in Kölln eine Burg zu bauen, sondern sich auch der Obern und Niedern Gerichte beider Städten und der Niederlage begeben und das Rathaus dem Kurfürsten abtreten. Auch dieses verursachte Bewegungen, besonders da der Kurfürst zum Behufe des Baues der Burg die köllnische

Stadtmauer einreißen ließ. Kaum war der Kurfürst zu Ende des 1442sten Jahres zum Reichstage nach Nürnberg abgegangen, als neue Unruhen entstanden, indem sich die Städte an ihre schriftlichen Zusagen und Abtretungen nicht kehrten und sonst gegen den Kurfürsten sich sehr widerwillig bezeigten, welches endlich 1448 in eine nochmalige völlige Empörung ausschlug, die sich damit endigte, daß die Städte nach dem Ausspruche der Schiedsrichter und des Landtages ihre beiden Briefe von 1442 halten mußten und noch mehr von ihren Rechten und Freiheiten verloren.

Von dieser Zeit an blieben die Räte beider Städte ganz getrennt. 1534 setzten sie sich auch wegen der Stadtgüter, wovon Berlin zwei Drittel und Kölln ein Drittel bekam, mit Konsens Kurfürst Joachims II. gänzlich auseinander. Die jährlichen Umwechselungen der Bürgermeister geschahen in beiden Städten ununterbrochen gemeiniglich am Tage Thomae bis 1708. [...]

Johann Friedrich Wentzel/ Johann Georg Wolffgang, König Friedrich I.

Im Jahre 1709 fand König Friedrich I. für gut, die Magisträte aller zu Berlin gehörigen Städte zu vereinigen und daher unterm 17ten Januar dieses Jahres zu verordnen, »daß von nun an und hinführo in unsern hiesigen Residenzen, Berlin, Kölln, Friedrichswerder, Dorotheenstadt, und Friedrichsstadt, und allen den Vorstädten, nur Ein Stadtrath seyn, und daß derselbe die Administration aller vorbenannten unserer Residenzen, so hinführo sämmtlich den Namen von Berlin tragen sollen, unweigerlich über sich nehmen solle«. Von dieser Verordnung schreibt sich die Benennung die Residenzstädte Berlin her.

Jetzt bestehet der Magistrat oder Rat zu Berlin aus einem Präsidenten, welcher seit 1726 vom Könige ernennet wird (anitzt der Herr Geheime Kriegsrat Philippi), drei, auch zuweilen vier Bürgermeistern, zwei Syndikussen, einem Ökonomiedirektor, einem Kämmerer, welcher zugleich auch Ratmann ist, und noch zwölf Ratmännern. [...] In öffentlichen Patenten wird gesetzt: Wir Präsident, Bürgermeister und Rat hiesiger Residenzien. Dieses Kollegium wählet alle Mitglieder und subalterne Bediente sowohl des Magistrats als der Stadtgerichte und hat das Patronatsrecht über sämtliche Kirchen (nur den Dom, die Parochialkirche, die Kirche vor dem Spandauer Tor, die Dreifaltigkeitskirche, Böhmische Kirche und Friedrichshospitalkirche ausgenommen), auch über die beiden Stadtgymnasien, das vereinigte Berlin- und Köllnische und das Friedrichswerdersche. Es verwaltet das allgemeine Regiment der Stadt. Es hat die Jurisdiktion sowohl in Zivil- als Kriminalsachen über alle Einwohner Zivilstandes, sie mögen bürgerliche Nahrung treiben oder nicht, insoferne letztere nicht eximiert und der Jurisdiktion des Kammergerichts oder der französischen Gerichte unterworfen sind. Von den Bescheiden wird in zweiter Instanz in eigentlichen Justiz- und Vormundschaftssachen an den Appellationssenat des Kammergerichts, in allen übrigen Sachen aber an die Kurmärkische Krieges- und Domänenkammer appellieret.

Der Magistrat ist seit 1747 in vier Departemente eingeteilet. (1) Das Justizdepartement [...] (2) Das Polizeidepartement oder Polizeidirektorium [...] (3) Das Ökonomiedepartement [...] (4) Das Kämmereidepartement [...]

Die Stadtverordneten werden vom Magistrate gewählt. Sie müssen mit einem Hause angesessen sein. Ihr Amt ist, die Verordnungen des Magistrats der Bürgerschaft bekanntzumachen, auf den öffentlichen Märkten gute Ordnung zu halten, bei gerichtlichen Haustaxen vom Zustand des Hauses Bericht zu geben, bei Feuersgefahr bei Besorgung der Sprützen zu assistieren usw. [...] Der Magistrat versammelt sich auf dem Berlinischen Rathause alle Dienstage, Donnerstage und Sonnabende vormittags.

2. Das Polizeidirektorium

Es ist mit dem Magistrate aufs genaueste verbunden. Der Stadtpräsident ist zugleich Polizeidirektor, welcher deshalb vom Könige eine besondere Instruktion hat. Beisitzer sind der im Rate sitzende französische Ratmann und zwei andre Ratmänner. Außerdem sind bei diesem Kollegium ein Polizeiinspektor und zwei Polizeimeister nebst verschiedenen Marktmeistern und Polizeidienern. Für dieses Kollegium gehören alle Polizeisachen, die Sorge für gehörige Feier der Sonntage und Festtage, die Direktion des Gesindeamts, die Besorgung, daß die Residenzen mit Getreide, Brot, Fleisch, Bier, Fischen und allen Viktualien, Heu, Stroh usw. versorget, die Zufuhr befördert und niemand übersetzet noch bevorteilt werde. Alle Marktsachen, Hökersachen und Verkäufereien. Die Aufsicht auf das Stadtmagazin, aufs Schlachten, Backen und Brauen nebst Anfertigung der Taxen, die Aufsicht auf die Wirtshäuser, Garküchen, Wein-, Bier-, Kaffeehäuser, und daß darin keine Hasardspiele geduldet werden, die Aufsicht auf die Glückstöpfer und dergleichen, auf gemeine Tanzböden und lüderliche Häuser. Aufsicht auf richtige Ellen, Maß und Gewicht und daß solche geeicht sind, aufs Hausieren, auf die Fiaker und Fuhrleute, und auf den Leichenkommissar, auf die Nachtwachen, auf die nächtliche Sicherheit der Straßen, auf die

Reinigung derselben, aufs Pflastern, Aussetzung der Steine an den Kanälen und Konservation der Linden, auf Verhinderung der Aufläufe des gemeinen Volks und andern Mutwillen, und Aufmerksamkeit auf die sich einschleichenden Vagabunden und verdächtige Leute.

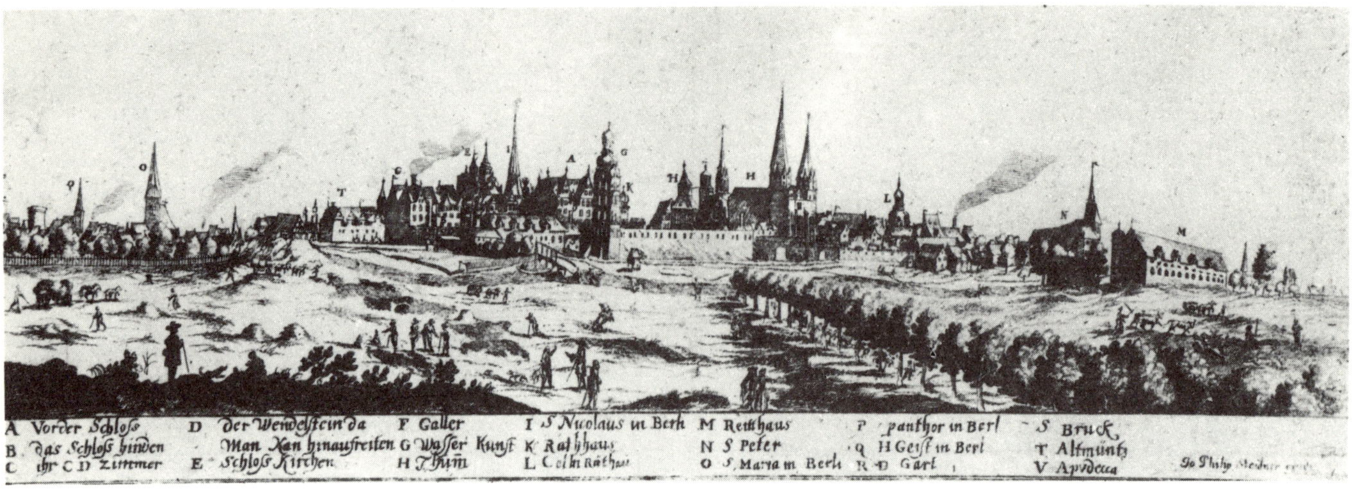

Johann Philipp Steidner, Ansicht von Berlin, Ende 17. Jahrhundert

In ältern Zeiten besorgte der Magistrat das Polizeiwesen allein. König Friedrich Wilhelm trug den 16. Julius 1735 die Besorgung des Polizeiwesens dem Gouvernemente und dem Magistrate gemeinschaftlich auf. König Friedrich II. machte bald nach Antritt seiner Regierung eine ganz neue Einrichtung und setzte durch einen unmittelbaren Befehl vom 16. Januar 1742 den jedesmaligen Stadtpräsidenten zum Polizeidirektor an. Er gab demselben unterm 20. Februar 1782 eine ausführliche Instruktion. Vermöge derselben hängt er bloß vom Könige und dem Generaldirektorium ab. [...]

Die Städte und Vorstädte wurden 1742 in achtzehn Quartiere eingeteilt, denen ebenso viele Quartierkommissarien vorgesetzet sind, deren Namen und die Anzeige der ihnen zugehörigen Quartiere man in dem Adreßkalender findet. Jeder dieser Kommissarien soll die genaueste Kenntnis seines Quartiers, der darin befindlichen Häuser und darin wohnenden Einwohner haben. Jeder Einwohner muß bei Strafe von 2 Rtlr. seinem Quartierkommissar jeden Fremden, den er bei sich beherberget, noch vor Abends namentlich anzeigen, davon dieser weiter dem Polizeidirektorium Nachricht gibt.

Die öffentliche Sicherheit ist so vollkommen, als man es in einer so großen und volkreichen Stadt kaum vermuten sollte. Es gehen viele Jahre vorbei, ehe man von einem Straßenraube höret, und fast niemals bleibt der Täter unentdeckt; von Diebesbanden höret man selten, von Morde[n]

auf den Straßen gar nicht, von gewaltsamen Einbrüchen und andern beträchtlichen Diebstählen vergleichungsweise gegen andere große Städte nicht viel. Man kann auf den Straßen die ganze Nacht hindurch ebenso sicher gehen als bei Tage. Diese Sicherheit hat man teils der Aufmerksamkeit der Polizei auf das Betragen aller verdächtigen Personen zu danken, teils tragen die Patrullen, welche auf Befehl des Gouvernements die wachhabende Garnison die ganze Nacht tut, die Nachtwächter und die in allen Straßen vom September bis Mai brennenden Laternen nicht wenig dazu bei.

Über die Mietkutschen oder Fiaker, welche 1742 verordnet sind und vor dem Schlosse den ganzen Tag über zur Bequemlichkeit des Publikums halten, ist ein besonderer Kommissar bestellt. 1782 wurden auch eine Anzahl Portechäsen oder Sänften auf Kosten eines Privatmannes angeordnet, welche an verschiedenen Orten der Stadt stehen.

Die Feueranstalten sind so wohl angeordnet, daß eine Feuersbrunst selten mehr als ein Haus verzehret. In allen Gegenden der Stadt sind Sprützenhäuser verteilet, worin die Sprützen und andere Feuergerätschaft verwahret werden; diese werden auf das erste, durch die Glocken oder Trommeln gegebene Zeichen geöffnet. Die Schornsteinfeger müssen sich einstellen, daher kein Schornsteinfeger ohne besondere Erlaubnis aus der Stadt verreisen darf. Die Bürger, die dazu durch monatlich ausgeteilte Feuerzettel schon vorher bestellet sind, eilen zum Feuer: die Eigentümer, die eigene Häuser besitzen, mit Eimern, die aber zur Miete wohnen, mit Ober- und Untergewehr zur Bewachung der geretteten Sachen. Die Garnison tritt auf ihren angewiesenen Lärmplätzen ins Gewehr, um Unordnung zu verhü-

Johann Friedrich Schleuen,
Feuerwehr beim Löschen

ten. Außer diesem haben die Ratmänner als Feuerherren ein jeder ein besonderes Viertel zu respizieren, von welchen auch jährlich mit Zuziehung der Garnison, der Polizeikommissarien, der Stadtverordneten, der Rats-, Mauer- und Zimmermeister und der Schornsteinfeger eines jeden Reviers die Feuervisitation gehalten wird, daher niemand etwas Neues bauen oder Feuerstellen verändern soll, wann er solches nicht zuvor von dem Ratmanne des Reviers hat besichtigen und in Hauptbauen oder Veränderungen einem vom Gouvernemente und dem Polizeidirektorium ausgefertigten Erlaubnisschein darüber erhalten hat. Nähere Nachricht von diesen wohleingerichteten Anstalten kann man in der besonders deshalb publizierten Feuerordnung für die hiesigen Residenzien vom 2ten April 1727 finden.

Öffentliche Brunnen findet man in allen Straßen ohngefähr alle 200 Schritte. Es sind wohleingerichtete Ziehbrunnen (zusammen 517), die fast alle sehr gutes Wasser geben. Neben jedem Brunnen stehen auf Schleifen zwei große, mit Wasser gefüllte Feuerfässer, um bei Feuersbrünsten gebraucht zu werden.

Georg Paul Busch,
Feuerwehrübung, etwa 1727

Die Nachtwache besteht aus 2 Nachtwachtmeistern und aus 52 in alle Straßen verteilten, mit Spießen und Seitengewehr bewaffneten Nachtwächtern. Sie rufen alle Stunden der Nacht ab, wie hoch es an der Zeit sei, und stoßen dabei ins Horn; bei einer vorfallenden Feuersbrunst geben sie ein besonderes Zeichen. Bei vermerkten Unordnungen auf der Straße stoßen sie in ihre Pfeifen, dies müssen die Schildwachen sogleich anzeigen, und alsdann wird von der Wache den Nachtwächtern Hülfe zugeschickt. [...]

Die Straßenreinigung geschiehet durch 36 mit zwei Pferden bespannte Karren, wozu der König jährlich 6500 Rtlr. gibt und die Einwohner nichts beitragen. Seit 1777 ist diese Anstalt einer besondern Gesellschaft übergeben worden, welche ihr Komtor auf der Friedrichsstadt in der Leipziger Straße hat. Im Jahre 1784 ward den Eigentümern befohlen, daß alle Montage und Donnerstage vor 3 Uhr nachmittags in den Straßen aufgefeget, der Rennstein gereiniget und der Kot über den Rennstein in Haufen gebracht werden solle.

Die Wegschaffung der Bettler von den Straßen geschieht durch 2 Armenwachtmeister und 20 Armenwächter, welche die Bettler aufgreifen und nach dem vor dem Königstore befindlichen großen Arbeitshause bringen, wo die Unvermögenden versorgt, die gesunden und starken Bettler aber zur Arbeit angehalten werden. [...]

Zur Versorgung der Stadt mit Lebensmitteln sind die öffentlichen Märkte auf dem Neuen Markt und auf dem Molkenmarkte dienstags und freitags. Auf dem Spitalmarkte hingegen und auf dem Friedrichsstädtischen Markte mittwochs und sonnabends. Auf diesen Märkten halten die Bauern, welche mit Lebensmitteln zur Stadt kommen, und die Gärtner ihre Waren feil. Der Strenge des Befehls nach (der aber nicht so genau beobachtet wird) sollen die Höker vor 11 Uhr nichts zum Wiederverkauf kaufen. Auf diesen Märkten haben ebenfalls die Mehlhändler und die Müller, welche Mehl auf Wagen zum Verkaufe bringen, desgleichen die zum Fischverkauf vom Magistrate konzessionierte Fischer und die fremden Fischer feil. Auf dem Neuen und Spitalmarkte stehen die Wildhändler aus. Die Gärtner sitzen täglich auf allen Märkten mit Gartengewächsen. Ein jeder, der zu Markte kommt, zahlt ein gewisses bestimmtes Stättegeld, welches zum Besten der Kämmerei verpachtet ist.

Im Herbste wird aus der Kurmark, Lausitz und Schlesien eine überaus große Menge Obst und einiges Gartengewächse, z.B. Sellerie, Kartoffeln und dergleichen, auf Schiffen zum Verkauf gebracht. Diese haben ihren Stand auf der

Spree von der Schleuse an bis zur Gertraudenbrücke, auch, wenn der Platz zu enge ist, auf der Spree am Lustgarten. Auch wird hier die auf Schiffen ankommende Butter feilgehalten. Wenn sie zwei Tage zum öffentlichen Verkauf gestanden hat und nicht verkauft ist, darf sie von den Butterhändlern und Hökern gekauft werden.

Es sind drei Schlachthäuser an der Spree verordnet, worin alles zum öffentlichen Verkauf bestimmtes Vieh öffentlich muß geschlachtet und hernach besichtigt werden. In Berlin an der Paddengasse, in Neukölln an der Blocksbrücke, auf der Neustadt in der Letzten Straße. Auch das Vieh, welches Privatpersonen in ihren Häusern schlachten, muß, sobald es geschlachtet ist, besichtigt werden, ob es gesund ist. Durch die Schlachthäuser wird auch die Richtigkeit der Fleischakzise kontrolliert. [...] Alles Rindvieh, was zum Verkauf in die Stadt gebracht wird, muß vorm Königstore am sogenannten Stelzenkruge verkauft werden (andere Gastwirte dürfen den Verkauf des Viehes nicht verstatten) und alle Kälber auf dem Werderschen Markte. Das Fleisch verkaufen die Schlächter in den verschiedenen Fleischscharren, und besonders am Neuen Markte werden geräucherter Speck, geräucherte Würste und andere Fettwaren verkauft.

Das zu Wasser ankommende Getreide wird auf der Spree am Alten Packhofe verkauft. Es wird daselbst von den Kornmessern vermessen, von einem Visitator verzeichnet und in dessen Gegenwart auf Wagen geladen. Das Getreide, das zu Lande kommt, wird auf den zwei Kornmärkten aufgefahren. [...] Die Bäcker verkaufen das Brot in ihren Häusern, auch sind verschiedene Brotbänke oder Brotscharren, welche der Magistrat vermietet; das in denselben sowie auch von den Viktualienhändlern verkaufte Brot und Semmel muß von den Bäckern genommen werden. Die Kohlen, welche zu Schiffe nach Berlin gebracht werden, stehen zum Verkauf auf der Spree, teils an der Jungfernbrücke, teils am Spitalmarkt zwischen der Grünstraßenbrücke. Sie werden von den geschwornen Kohlenmessern, die solches in Pacht vom Magistrate haben, mit den vom Magistrat erhaltenen Tonnen den Käufern zugemessen. Dieses geschiehet auch mit den auf Wagen eingeführten Kohlen. Auch bringen die Bauern in kleinen Säcken auf den Markt solche zum Verkauf. [...]

3. Das Stadtgericht

Markgraf Woldemar gab 1317 den Bürgern zu Berlin die Freiheit, daß sie sich vor keinem fremden Richter stellen durften. 1319 verlieh ihnen Herzog Rudolf zu Sachsen als Vormund des jungen Markgrafen Heinrich, daß sie Schulden und Exzesse wegen bloß vor dem Schulzen und der Gemeine und vor keinem fremden Richter stehen sollten. Indessen verordnete er auch in eben diesem Briefe, daß Ratmanne und Schöppen alle Exzesse, die in ihrem Gerichtssprengel vorgingen, abtun sollten. Es hatten also die Ratmanne und Schöppen eine konkurrierende Gerichtsbarkeit mit dem Schulzen, bis endlich der Rat auch das Schulzengericht an sich brachte. 1354 besaß es Tyle Brugghe, des Kurfürsten Münzmeister und Bürger zu Berlin, und 1391 verkaufte er oder einer seiner Nachfolger gleiches Vor- und Zunamens »den wisen creftigen Rathmannen zu den Berlin dat Scholtambacht in beden Steden in Berlin und Cölln met dem oversten und nedersten Gerichte« nebst allen Rechten, wie sie seine Vorfahren besessen hatten, für sechs Schock Groschen und viertehalbhundert Schock böhmischer Groschen. 1442 verlor die Stadt Berlin nach dem Tumulte durch schiedsrichterlichen Ausspruch nebst verschiedenen andern Freiheiten auch die obern und niedern Gerichte. Kurfürst Joachim I. erteilte aber 1508 dem Rate zu Berlin und Kölln wieder die Gerichtsbarkeit, soweit sich das Patrimonium der Stadt erstreckt, und über die darauf wohnenden Bürger. 1536 verlieh Kurfürst Joachim II. dem Burgermeister Hansen Tempelhof die Untergerichte zu einem rechten Mannlehen, welche seine Söhne Hans und Georg 1544 mit Bewilligung des Kurfürsten den Burgermeistern, Ratmannen, Verordneten der vier Gewerke und ganzer Gemeine für 2250 Gulden in Brandenburgischer Münze verkauften.

Magisträte in den Residenzien verwalteten bis 1709 jeder in seinem Viertel die Gerichte selbst, und der Stadtrichter saß mit im Magistrate nach dem Syndikus. Als aber im Jahr 1709 die Kombination aller Magisträte geschah, so wurde aus den Magistratspersonen ein besonderes Stadtgericht errichtet, auch durch die Gerichtsverfassung vom 21. Januar 1710 verordnet, daß das Stadtgericht jedesmal mit einem Direktor, welches einer von den Burgermeistern sein sollte, besetzet werden sollte. So war es bis 1728, da wegen verschiedener bei König Friedrich Wilhelm eingelaufenen Beschwerden ein ganz neues Gericht, bestehend aus einem Präsidenten und dreien Assessoren, mit Zuziehung des Magistrats (der deshalb durch einige Deputierte in der geheimen Ratsstube erscheinen, auch die Instruktion dieses neuen Gerichts entwerfen mußte) angeordnet wurde. [...]

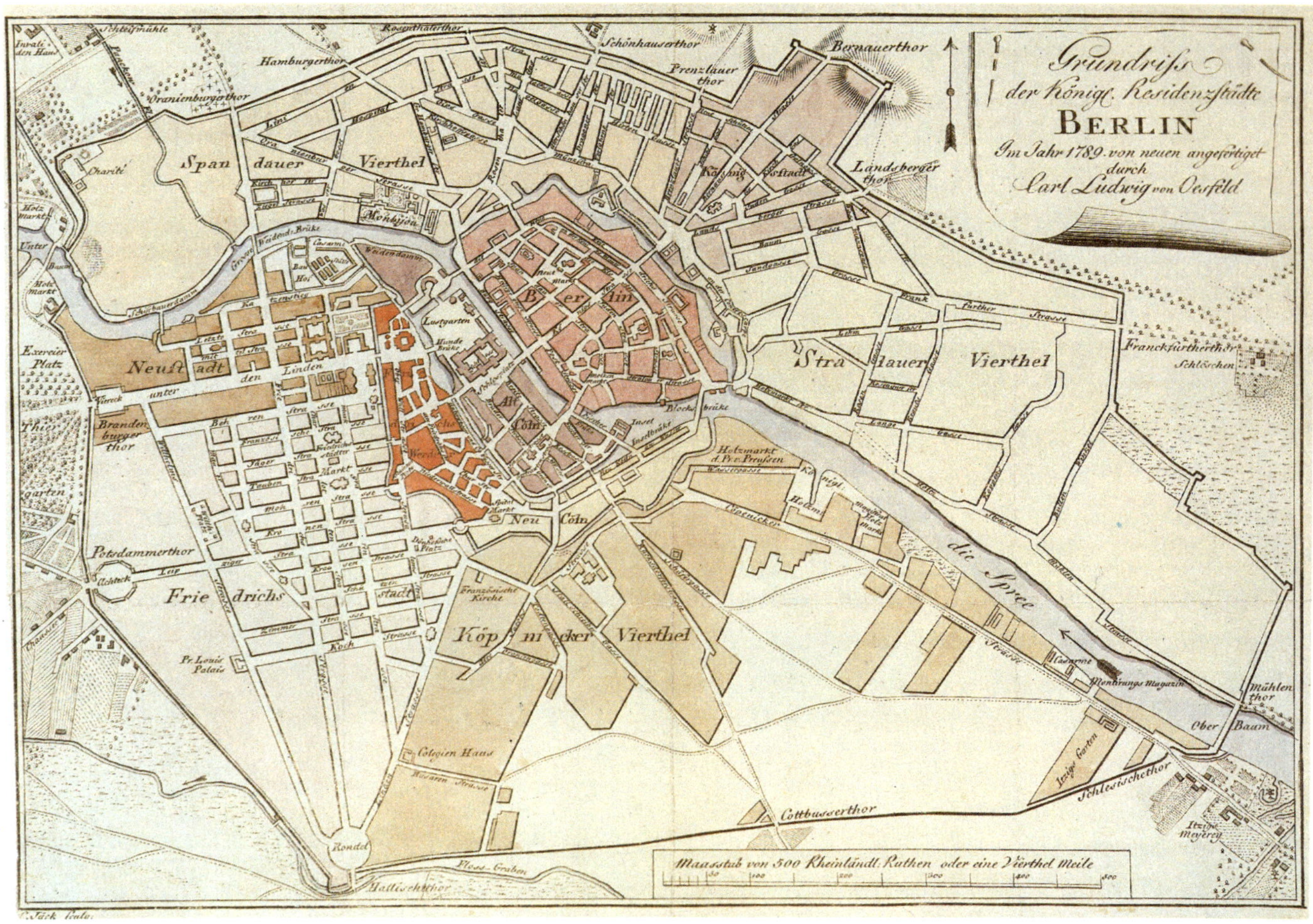

Karl Ludwig von Oesfeld,
Plan von Berlin, 1789

Von Kaufmannschaft, Manufakturen und Fabriken, freien und mechanischen Künsten und allem andern Gewerbe und Nahrung überhaupt

I. DIE KAUFMANNSCHAFT

Alle Kaufleute im weitläuftigen Verstande des Worts sind in vier Hauptarten zu teilen: (1) Die zu den beiden Kaufmannsgilden gehörigen, (2) die privilegierten Kaufleute. (3) Die konzessionierten Handelsleute. (4) Die Juden.

(1) Alle zu den Gilden gehörige Kaufleute, es mögen Bankiere, Speditöre, Kommissionäre, solche, die im Großen oder Kleinen handeln, sein, müssen sich zu einer von den beiden hiesigen Gilden einschreiben lassen. Die erste nennt sich die Kaufmannschaft der Materialhandlung, worin (außer vielen Großhändlern, Bankieren, Speditören und Kommissionären) sich die Spezerei- und Gewürzhändler oder, wie man sie in Berlin nennet, die Materialisten, befinden. Sie erhielt ihr Privilegium und Gildeartikel von Kurfürst Friedrich III. den 10. Februar 1692, welche von König Friedrich Wilhelm bestätigt wurden. 1734 bestand die Gilde aus 85 Mitgliedern. Nach geschehenem Anbau der Friedrichsstadt und wegen vergrößerter Volksmenge wurde die Zahl auf 100 angesetzt. Nachher ist sie immer gewachsen. [...] Diese Gilde hat ihre Ältermänner, Deputierte und Sekretäre. Diese versammlen sich (außer den großen Morgensprachen, die des Jahrs zweimal, auf Johannis und Martini, zu Aufnahme neuer Mitglieder, Einsammlung der Beiträge usw. gehalten werden) den ersten Mittwoch in jedem Monate, und wenn es ein Festtag ist, Tages darauf zur Morgensprache auf der Börse, um über die Angelegenheiten der Gilde ihre Beratschlagungen zu halten, wozu bei außerordentlichen Fällen die ganze Gildengesellschaft eingeladen wird. [...]

Zu der andern Gilde gehören (außer allen übrigen Bankieren, Speditören und andern großen Kaufleuten) alle die-

Friedrich August Calau,
Der Neue Packhof
und die Börse

jenigen, welche mit seidenen, wollenen, baumwollenen, leinenen Zeugen, Tüchern, Bändern, Strümpfen, mit sogenannten kurzen und Galanteriewaren sowohl im Ganzen als auch ausschnittsweise handeln. Diese Gilde nennt sich die Kaufmannschaft der Tuch- und Seidenhandlung. Sie hat gleichfalls ihre Ältermänner usw., hält auch auf der Börse ihre Zusammenkünfte, so wie die erste Gilde. Diese zweite Gilde bekam ihr Privilegium und Handelsordnung von Kurfürst Friedrich III. den 2. August 1690, welche von König Friedrich Wilhelm den 16. Dezember 1716 bestätigt wurden, nachdem sich das Jahr zuvor die deutschen Kaufleute mit den französischen vereinigt hatten. Die Zahl der Mitglieder der Gilde belief sich 1785 auf 211. – Bei den Versammlungen dieser beiden Kaufmannsgilden werden, außer ihren Beratschlagungen, auch die Lehrbursche ein- und ausgeschrieben. Wenn sich ein Kaufmann etablieren will, meldet er sich bei seiner Gilde, und nachdem er das Bürgerrecht bei dem Magistrate erlanget hat, wird er bei der Gilde aufgenommen, wofür er etwas erleget. [...]

(2) Die Kaufleute, welche Privilegien haben, sind die Apotheker, die Buchhändler, diejenigen, die mit italienischen Waren handeln, die Papierhändler, die Mehlhändler (welche eine Innung haben) und die Butterhändler, welche letztere auf 27 festgesetzt sind und außer ihren Privilegien auch eine Gilde unter sich errichtet haben.

(3) Die konzessionierten Handelsleute sind diejenigen, welche eine Konzession haben, mit Brettern, kurzen Waren, desgleichen mit Viktualien usw. zu handeln.

(4) Die Juden stehen unter besonderm königlichen Schutze, wofür sie starke Abgaben geben. Sie genießen dadurch die Freiheit, mit allen außer den [oben] verzeichneten Sachen zu handeln. Es befinden sich darunter sehr große

und ansehnliche Häuser, als das Daniel Itzigsche und andere, die einen großen in- und ausländischen Handel treiben, andere, welche große Manufakturen haben, und die übrigen machen allerlei Arten Handlungsgeschäfte sowohl im Ganzen als auch im Ausschnitt und im Kleinen.

Um Wechsel oder Handlungsgeschäfte zu schließen, versammlen sich seit 1761 die Kaufleute und Mäkler alle Tage gegen 12 Uhr unter der Bogenlaube der Stechbahn als auf einer Börse.

Man kann die Geschäfte der Kaufmannschaft füglich in folgende drei Zweige teilen.

(1) *Wechselhandel.* Es sind in Berlin ansehnliche Wechselkomtore, die auf die ansehnlichsten Plätze Europas Wechsel ziehen können. Darunter gehören vornehmlich die Herren David Splitgerbers sel. Erben, deren Komtor in ihrem Hause (an der Petrikirche) ist, der Geheime Kommerzienrat Friedrich Wilhelm Schütze (in der Spandauer Straße), Walter van Asten sel. Erben und Komp. (in der Brüderstraße), August Wilhelm Börger (in der Spandauer Straße), Chr. Christian Engel (in der Poststraße), Paul und Cornelius Hesse (vor dem Königstore), Anhalt und Wagner (bei der Petrikirche), Ernst Christoph Döllen (in der Oberwallstraße), Siegmund und Christian von der Lahr (in der Breiten Straße), Christian Friedrich Holzecker (in der Heiligengeiststraße), Merk und Neubronner (im Thomasschen Hause auf der Schloßfreiheit). Wohin auch die oben gedachten jüdischen Kaufleute und Bankiere Daniel Itzig (in der Burgstraße), Herz Abraham Leffman (in der Poststraße), Levis Erben (in der Königsstraße) zu rechnen sind.

Der allhier blühende Handel sowohl mit den königlichen Provinzen als mit fremden Ländern, die Münze und die

Der Alte Packhof

darzu nötigen Gold- und Silberlieferungen, der Aufenthalt vieler Fremden allhier gibt zu vielfältigen Wechselgeschäften Anlaß. [...]

(2) *Vom Großhandel und Speditionshandel.* Es gibt außer den oben erwähnten großen Handlungsgesellschaften in Berlin ansehnliche Handelshäuser, welche sowohl innerhalb als außerhalb Landes beträchtliche Geschäfte treiben. Dieser Handel geschiehet teils mit inländischen Produkten und Fabrikwaren, teils mit ausländischen Waren. Hier können nur einige derselben genannt werden.

Das oben gedachte Wechselkomtor der Splitgerberschen Erben führt (außer dem Wechselgeschäfte) einen sehr ausgebreiteten Handel, wobei es viele und ansehnliche Fabriken hat. [...] Der Bankier und königliche Geheime Rat Friedrich Wilhelm Schütze hat ebenfalls außer seinen Wechselgeschäften einen ansehnlichen auswärtigen Großhandel. Abraham Gottlieb Fickers Witwe und Komp. (auf der Kay am Wasser zwischen der Gertrauden- und Jungfernbrücke) führet einen großen Handel mit in- und ausländischen rohen Produkten, Walter van Asten sel. Erben und Komp. (in der Brüderstraße) Kommissions- und Wechselgeschäfte, Platz und Gaum (am Dönhoffschen Platze) mit Weinen und rohen Produkten. Friedrich Oeding (in der Bischofsstraße) mit Materialwaren und Heringen im Ganzen. Ernst Christoph Döllen (in der Oberwallstraße) hat außer der Speditionshandlung auch eine Niederlage von feinem schlesischen Tischzeuge und leinenen Damasten. Philipp Jakob van der Lahr, Christ. van der Lahr, Johann Georg Holzecker führen außer dem oben gedachten Wechselgeschäfte einen ansehnlichen Handel im Großen, desgleichen Speditionen und Kommissionen. So auch August Wilhelm Börger (in der Spandauer Straße), Kremer (in der Breiten Straße), Jakob (in der Klosterstraße) und viele andere. Mit eigenen fabrizierten Waren treiben die weiter unten benannten Kaufleute und Manufakturier einen großen Handel und haben zum Teil sowohl in den größern Städten des preußischen Landes als in vielen auswärtigen Handelsstädten Deutschlands beträchtliche Niederlagen von ihren Waren. Z.B. die Entrepreneure des Lagerhauses, die Kaufleute J.G. Wegely und Söhne, Gebrüder Hesse u.a.m.

Einige ansehnliche Kaufleute in Berlin handeln hieselbst gar nicht oder treiben wenigstens nur einen Spekulations- und Speditionshandel, bereisen hingegen die Messen zu Braunschweig, Danzig, Frankfurt an der Oder und am Main, Leipzig usw. und machen daselbst, zum Teil bloß mit fremden Manufakturwaren, große Geschäfte. Z.B. Herr Andreas Lautier (in der Königsstraße), Gebr. Platzmann (in der Brüderstraße), Gebr. Link und Komp. (in der Breiten Straße im Daumschen Hause), Barrez und Bouvier (in der Grünstraße), Hager und Keßler (in der Königsstraße) und andere.

Die vorteilhafte Lage von Berlin gibt zu einem ansehnlichen Speditions- und Transitohandel Gelegenheit, da nicht allein die Stadt den schiffbaren Strom der Spree, sondern dieser auch Verbindungen mit den andern größern Strömen der Mark Brandenburg durch verschiedene angelegte Kanäle hat. Deswegen gehen viele Waren über Berlin zu Wasser aus Hamburg und Stettin usw. nach Schlesien, Polen und Böhmen, desgleichen viele schlesische Produkte und Manufaktur- und Fabrikwaren nach Hamburg und weiter. Auch gehen viele Waren aus Sachsen und dem ganzen Reiche zu Lande über Berlin nach Pommern, Preußen usw. bis Rußland. Die Kanäle, welche den berlinschen Handel so sehr erleichtern, sind folgende: (a) Der Neue Graben, der auch Friedrich-Wilhelms-Graben genennet wird, vereiniget die Spree und vermittelst derselben und der Havel die Elbe mit der Oder. [...] (b) Der Finowkanal vereiniget unmittelbar die Oder mit der Havel. [...] (c) Der Plauensche Kanal verkürzt die Fahrt von Magdeburg nach Berlin über die Hälfte. [...] (d) Der Neue Oderkanal geht aus der Oder bei dem Dorfe Güstebiese in der Neumark und fällt dem Dorfe Hohensaaten gegenüber bei Wutzo [Hohenwutzen] oder ohngefähr eine Meile unterhalb Oderberg wieder in die Oder. [...] Es sind in Berlin zwei Kornmärkte, der eine an den drei ersten Tagen in der Woche in der Klosterstraße, der andere seit 1778 an den andern drei Tagen am Friedrichsstädtschen Markte in der Markgrafenstraße.

(3) *Vom Einzel- und Ausschnitthandel.* Derjenigen Kaufleute, die einen Einzel- oder Ausschnitthandel mit allerlei Arten von Waren treiben und deshalb offne Läden haben, ist eine große Menge. [...] Die Posamentierer und Nadler haben vermöge ihres Innungsprivilegium die Freiheit, mit ihren selbstverfertigten und sonst mit allerlei kurzen und Ellenwaren zu handeln. Man findet auch auf allen öffentlichen Plätzen offene Buden, worin Konzessionisten mit allerlei kurzen und Ellenwaren, besonders auch mit gebleichter und ungebleichter Leinwand handeln. Apotheker sind jetzt neunzehn deutsche und drei französische, deren Namen man im Adreßkalender findet. Buchhändler sind jetzt dreizehn deutsche und vier französische. Die deutschen Buchhändler handeln vermöge ihrer Privilegien mit allen Arten

Friedrich Wilhelm Weidemann/
Georg Paul Busch,
Friedrich Zorn, 1719

Schwartz/Georg Paul Busch,
Ursula Maria Zorn

Büchern in allen Sprachen, desgleichen auch mit Landkarten und Kupferstichen, wenn sie wollen. Die französischen Buchhändler handeln bloß mit französischen Büchern sowie auch mit Landkarten und Kupferstichen. Bloß mit Kupferstichen und Landkarten handeln Simon Schropp und Komp. (im Jordanschen Hause in der Heiligengeiststraße), Kirchmayer und Komp. (an der Langen Brücke), Morino und Komp. (in der Brüderstraße). Mit Musikalien handeln der Hr. Musikrat Hummel (dem Fürstenhause gegenüber) und J. C. F. Rellstab der Sohn (an der Garnisonkirche), welcher letzterer auch eine Leihbibliothek von Musikalien hat. Einige Bücherantiquare handeln mit alten Büchern, haben auch Leihbibliotheken, in welchen Bücher zum Lesen für wöchentliche oder monatliche Bezahlung weggeben werden. [...]

In Berlin fallen auf folgende Tage sechs Jahrmärkte ein: (1) auf Laetare in Berlin, (2) auf Philippi Jakobi auf der Friedrichsstadt, (3) acht Tage nach Fronleichnam auf der Friedrichsstadt, (4) auf Laurentii in Kölln, (5) auf Krucis in Berlin, (6) auf Allerheiligen in Berlin Kram-, Vieh-, Pferde- und Ochsenmarkt. (7) Der Christmarkt ist hauptsächlich nur für die Einwohner der Residenzstadt eingerichtet, von welchen allerhand Waren, besonders Puppenwerk, Drechslerarbeit, Pelzwerk und Naschwerk verkauft wird. Er dauert vom 12. Dezember bis zum Neujahre; die Buden werden hauptsächlich in der Breiten Straße aufgeschlagen. (8) Der Wollenmarkt ist nach der Wollschur im Anfange des Junius in der Königsstraße.

Die Manufakturen und Fabriken sind seit der Regierung Kurfürst Friedrich Wilhelms des Großen in den brandenburgischen Landen überhaupt und besonders in Berlin in sehr blühenden Zustand gekommen. Man hat dabei sehr vieles den Holländern, den aus Frankreich der Religion wegen vertriebenen Protestanten, den Pfälzern und den Schweizern zu danken, welche den Eingebornen Beispiele gegeben haben, die mit Eifer sind nachgeahmt worden. Seit dieser Zeit haben die jedesmaligen Landesregenten für das Aufkommen der Manufakturen und Fabriken rühmlichst gesorget. Insbesondere hat König Friedrich Wilhelm die größte Sorgfalt dafür getragen und zur Aufnahme einiger Fabriken ansehnliche Summen verwendet. In beidem ist er aber noch von Friedrich dem Großen übertroffen worden, der zur Erweiterung der alten und zur Anlegung neuer Manufakturen unglaubliche Summen verwendet. Jeder Unternehmer nützlicher Manufakturen und Fabriken kann sich von diesem in allen Teilen der Regierungskunst so großen Monarchen den ersprießlichsten Beistand versprechen. Viele erhielten und erhalten noch ansehnliche Geldvorschüsse ohne Zinsen, vielen sind sehr große Summen mit wahrhafter königlicher Milde geschenkt worden. Sehr vielen sind auf königliche Kosten die weitläuftigsten Manufakturhäuser gebaut und nachher geschenkt worden. Alljährlich enthalten die Zeitungen Nachrichten von den vielfachen Prämien, welche der König durch das Generaldirektorium auf die fleißigste und beste Arbeit in verschiedenen Zweigen der Industrie aussetzt. Kurz, keine Art Vorschub zur Erweckung des nützlichen Fleißes und der Arbeitsamkeit ist von ihm jemals gesparet worden. [...]

Verzeichnis der vornehmsten Manufakturen und Fabriken in Berlin

1. Wollenmanufakturen

König Friedrich Wilhelm legte den ersten Grund zu den Wollenmanufakturen, da er gleich im Anfange seiner Regierung die Ausfuhr der inländischen Wolle verbot und teils die schon im Lande befindlichen Weber unterstützte und vermehrte, teils aus auswärtigen Ländern Weber, Färber und andere zur Beförderung der Manufaktur nötige Personen mit großen Kosten kommen ließ. Die erste Frucht seiner königlichen Sorgfalt war das königliche Lagerhaus (in der Klosterstraße). In demselben werden feine und grobe

Tücher und andere wollene Zeuge verfertiget. [...] Der erste Anfang der Wollenmanufaktur im Lagerhause wurde im Jahr 1713 von dem Staatsminister Johann Andreas von Kraut zum Besten armer Wollarbeiter errichtet, denen die Wolle zum Verarbeiten gegeben und die verfertigten Tücher und Zeuge (zur Bekleidung der königlichen Armee) sogleich gegen bare Bezahlung des Arbeitslohns abgenommen wurde. Diese Anstalt hatte einen so glücklichen Fortgang, daß schon im Jahre 1716 die ganze Armee aus dem Lagerhause gekleidet werden konnte. Die Manufaktur wurde immer stärker, zumal da auch die Verfertigung der feinen Tücher dazukam, welche in der Folge so sehr zugenommen hat, daß jetzt das ganze Land damit versehen werden kann; daher das Lagerhaus das ausschließende Recht zur Verfertigung feiner Tücher hat. Es ist deshalb im Lagerhause beständig ein ansehnliches Warenlager sowohl von feinen und ordinären Tüchern als von leichten wollenen Zeugen, welche aber eigentlich nur im Ganzen verkauft werden.

Den Grund zur Verfertigung der feinen Tücher legte der Manufakturier Franz Roussel. Schon gegen das Ende des vorigen Jahrhunderts hatte derselbe in Brandenburg die erste Manufaktur von Perpetuellen, Flanellen und von spani-

Johann David Schubert/
Johann Samuel Halle,
Der Weihnachtsmarkt
in der Breiten Straße, 1795

schen wollenen Drogueten und andern dergleichen Zeugen nach englischer Art angeleget. Er wurde darauf von König Friedrich Wilhelm nach Berlin berufen, wo er auf seine Kosten die erste feine Spinnerei von spanischer Wolle selbst anlegte, auch zuerst feine Tücher aus spanischer Wolle verfertigen ließ. Er war auch der erste, der das schöne Scharlachtuch verfertigte, worin ihm sein Sohn Peter Roussel nachfolgte. Zur Vollkommenheit des Scharlachs hatte die schon zu Ende des vorigen Jahrhunderts durch den aus Brabant nach Brandenburg gekommenen Färber Blell in der Kurmark emporgebrachte Färberei sehr vieles beigetragen.

Im Jahre 1723 wurde das Einkommen dieser Manufaktur zum Besten des Großen Waisenhauses in Potsdam gewidmet. Im Jahre 1764 ward das Lagerhaus dem königlichen Kommerzienrat Herrn Heinrich Schmidts und Söhnen, die aus Aachen nach Berlin kamen, gegen eine ansehnliche jährliche Rekognition überlassen; und itzt haben es der Hr. Geheime Kommerzienrat S. A. Schmidts und dessen Schwager Herr Kammerrat Wolf erblich erhalten. Die Arbeiten dieser Manufaktur teilen sich in drei Zweige: (1) in die spanische Tuchweberei, welche zu verfertigen sie das ausschließende Recht hat, (2) in die ordinäre Tuchweberei und (3) die Verfertigung der leichten wollenen Zeuge. Bei der ersten Art sind zwei Werkmeister und bei den beiden andern ein Werkmeister gesetzt, welche die Arbeiten anordnen und in Aufsicht haben. Dabei ist noch eine eigene sehr ansehnliche Färberei. Zu beiden Arten sind ansehnliche Magazine von rohen Materialien vorhanden, wozu zwei Meister mit hinlänglichen Leuten gehören. Um das Wasser in die Färberei zu leiten, ward 1777 das Druckwerk an der Spree angelegt.

Im Jahre 1783 ließ der König ein großes Weberhaus hinter dem Lagerhause auf dessen Rahmplatz am Stadtgraben bauen, in welchem in 48 Stuben auf 84 spanischen Stühlen gearbeitet wird. Sonst arbeiten die Weber und Spinner außer dem Hause, die übrigen Arbeiten aber werden im Hause verrichtet. Die Schrobbeler, Streicher und Kämmer arbeiten in besondern Zimmern und liefern ihre fertige Wolle ins Magazin, von da sie durch die Werkmeister und Kommerzbediente an die Spinner ausgeteilt wird. Diese liefern sie wieder in das Haus ab; alsdann wird sie, wenn es nötig ist, auf denen im Hause befindlichen drei Zwirnmühlen gezwirnt, darauf von den darzu bestellten Personen gespult, von den Kettenscherern zu Ketten geschoren und endlich den Webern zum Verweben ausgeteilt. Nachher

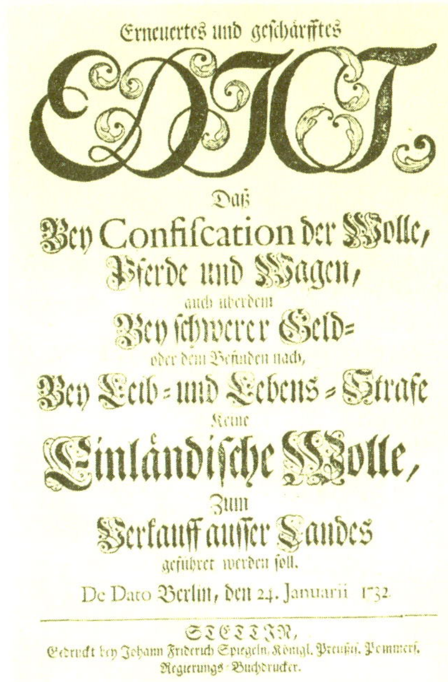
Erneuertes und geschärfftes
EDICT,
Daß
Bey Confiscation der Wolle,
Pferde und Wagen,
auch überdem
Bey schwerer Geld=
oder dem Befinden nach,
Bey Leib= und Lebens=Strafe
Keine
Einländische Wolle,
Zum
Verkauff ausser Landes
geführet werden soll.
De Dato Berlin, den 24. Januarii 1732.

STETTIN,
Gedruckt bey Johann Friderich Spiegeln, Königl. Preußis. Pommers. Regierungs-Buchdrucker.

Edikt gegen die Ausfuhr einheimischer Wolle vom 24. Januar 1732 werden die fertigen und schon in den Walkmühlen auf dem Mühlendamme gewalkten Tücher im Hause völlig appretiert, woselbst Rauher, Scherer, Presser, Nopperinnen, Zubereiter und dergleichen zu Bereitung der Tücher erforderliche Leute mehr in großer Menge sich befinden. Im Jahre 1785 haben sich auf 221 Tuch- und Zeugstühlen 339 Weber für das Lagerhaus beschäftiget und haben 9280 Stücke an Tüchern und Zeugen verfertiget, am Werte 474300 Rtlr. Die Anzahl der Schrobbeler, Kämmer, Plüser, Nopper und Spinner etc. beträgt wohl einige tausend Personen. Auch verfertigen viele Tuchweber sowohl in Berlin als in Brandenburg, Ruppin und Treuenbrietzen ordinäre Montierungstücher für das Lagerhaus, denn das Lagerhaus hat, so wie andere Lieferanten, ordinäre Montierungstücher für verschiedene Regimenter zu liefern. Die feinen Montierungstücher für die Offiziere bei den königlichen Armeen werden ausschließend vom Lagerhause verfertigt und geliefert.

Joh. Georg Wegely und Söhne haben eine weitläuftige Manufaktur von wollenen und baumwollenen Zeugen, die sie nicht allein in Deutschland absetzen, sondern auch nach Frankreich, der Schweiz, Italien und Spanien versenden. Ihr Manufakturhaus ist auf der Insel, worin sich außer der Spinnerei (die auch zum Teile außerhalb dem Manufakturhause in Berlin und in Pommern und der Neumark für sie getrieben wird) alle oben bei dem Lagerhause angezeigte Anstalten, die zur Manufaktur gehören, befinden. Besonders haben sie eine schöne Wollenfärberei und vorzüglich das Geheimnis einer guten Appretur. Im Jahre 1782 arbeiteten für diese Manufaktur 360 Weber auf soviel Weberstühlen, worauf 9630 Stücke verfertigt wurden, deren Wert 176400 Taler betrug und wovon beinahe die Hälfte außer Landes debitieret war.

Paul und Kornelius Hesse besitzen jetzt die ehemalige Jakob Langesche Wollenzeugmanufaktur (an der Königsbrücke). Es werden darin alle oben erwähnte Zeuge verfertiget. Im Jahr 1782 wurden auf 407 Stühlen 11350 Stücke, am Werte 152100 Rtlr., verfertigt und davon für 63100 Rtlr. außerhalb der königlichen Länder verkauft. 1785 ward auf beinahe 600 Stühlen gearbeitet. Diese Unternehmer machen außer den ansehnlichen Geschäften in den königlichen Ländern noch weit größere nach Frankreich, der Schweiz, Italien und Holland und beziehen unter den berlinischen Manufakturisten allein die Messen in Frankfurt am Main, woselbst sie auch zwischen den Messen ein beständiges Warenlager halten.

Außer diesen drei großen Manufakturen sind noch viele beträchtliche Manufakturisten aller Arten von wollenen Zeugen in Berlin. [...] Außer [ihnen] sind noch eine große Menge Weber, die teils für Kaufleute arbeiten, teils für eigene Rechnung für sich wollene, auch halbwollene Zeuge verfertigen. In diesem Fall verkaufen sie ihre Waren zum Teil an die Kaufleute, die einen Ausschnitthandel damit führen, zum Teil bereisen sie die Messen und Jahrmärkte, und einige derselben haben ihre Waren auch in Läden auf den öffentlichen Plätzen feil. Es sind überhaupt 105 zünftige und unzünftige Meister, die zusammen 2200 Stühle im Gange haben.

Das hiesige zünftige Tuchmachergewerk bestehet aus 51 Meistern, welche auf 248 Stühlen zum Teile für das Lagerhaus, zum Teile für sich selbst weben. Sie haben zusammen im Jahre 1782 für sich in allem 8194 Stücke gemacht, deren Wert sich auf 143370 Taler belaufen hat.

Es haben also 1782 überhaupt in der ganz- und halbwollenen Tuch- und Zeugmanufaktur 336 Manufakturiere 3097 Stühle in Arbeit gesetzt, worauf 113104 Stücke wollene Zeuge verfertiget worden, deren Wert sich auf 1785098 Rtlr. belief. Da nun außer den Webern, deren ungefähr 3270, wenn man die zweimännigen Stühle mitrechnet, sein werden, noch eine große Menge anderer Arbeiter dazu, so wird es nicht zu viel sein, wenn man die Anzahl aller in den berlinischen wollenen Zeugmanufakturen arbeitenden Personen auf 13000 setzet, wozu diejenigen, die auf dem Lande mit Spinnen für die Manufakturen beschäftiget sind, noch nicht mitgezählet worden.

Wollene gewirkte Strümpfe wurden in Berlin zuerst 1687 von J. Ammann, einem der Religion wegen vertriebenen Pfälzer, gemacht. Dazu kamen die refugierten Franzosen, unter denen im Anfange des jetzigen Jahrhunderts Isaak Dalençon der stärkste war. Gegenwärtig sind 106 Strumpfwirkermeister in Berlin, welche überhaupt 157 Stühle im Gange haben. [...] Es beschäftigen sich bei diesen Stühlen außer den Webern noch eine beträchtliche Anzahl Menschen mit Spinnen, Zwirnen und Spulen. [...]

Gestrickte wollene Strümpfe. Es sind 5 Strumpfstrickermeister, welche zusammen 44 Stricker haben. [...]

2. Seidenmanufakturen

König Friedrich Wilhelm, der vom Anfange seiner Regierung an sich bemühete, nützlichen Fleiß und Arbeitsamkeit bei seinen Untertanen zu erwecken, legte auch den ersten Grund zu den Seidenmanufakturen im Lande dadurch, daß er bereits 1714 die Anlegung der Maulbeerpflanzungen veranlaßte und hernach die Zucht derselben aus dem Samen, soviel nur tunlich war, begünstigte. In Berlin war der durch viele Schriften berühmte Rektor Johann Leonhard Frisch der erste, der sich die Errichtung der Maulbeerpflanzungen und die Erziehung der Seidenwürmer mit großem Eifer angelegen sein ließ. Auf seine Veranlassung ließ die Gesellschaft der Wissenschaften (deren Mitglied er war) die Wälle um Berlin und Spandau mit Maulbeerbäumen bepflanzen; er hatte auch zuerst die Idee, die Kirchhöfe in Städten und Dörfern mit Maulbeerbäumen zu besetzen, welches hernach durch königliche Edikte im ganzen Lande befohlen und allgemein gemacht worden. Er legte in den Jahren 1708 bis 1714 eine große Maulbeerpflanzung vorm Spandauer Tore in der Heidereutergasse an, aus welcher teils durch junge Bäume, teils durch Samen überaus viele andere Maulbeerpflanzungen entstanden.

Ferdinand Hilfreich Frisch,
Johann Leonhard Frisch, 1744

Man fing darauf auch an, seidene Zeuge zu verfertigen. Um das Jahr 1730 legte der Schutzjude David Prager in Potsdam eine Sammetmanufaktur an. Er verschrieb dazu zween Schweizer namens Schopp und Riniker und einen Leipziger Seidenweber namens Hollinger, welche diese wichtige Manufaktur völlig instand setzten; zu gleicher Zeit errichtete ein französischer Refugierter namens Bourguignon die erste Seidenmanufaktur in Berlin.

König Friedrich II. fuhr fort, den Maulbeerbaum und die Seidenzucht aufs äußerste zu befördern, daher auch beide sowohl in Berlin als überhaupt in der Kurmark sehr ansehnlich geworden sind. Er ließ aus fremden Landen Plantöre zum Maulbeerbau und der Seidenzucht erfahrne Leute verschreiben, welche mit königlichen Pensionen begnadigt wurden. Diesen ward eine Anzahl junger Burschen aus den Waisenhäusern gegeben, welche unter ihrer Anführung die Pflanzung der Maulbeerbäume und die Wartung der Seidenwürmer lernten. Auch werden jährlich noch sowohl Seidenwurmeier als auch Maulbeersamen (der teils aus fremden Ländern verschrieben, teils in inländischen Pflanzungen gezogen wird) an diejenigen umsonst ausgeteilet, die Seidenwürmer erziehen oder Maulbeerpflanzungen anlegen wollen. Besonders werden an die Prediger und Küster auf dem Lande, die die meiste Seide ziehen, jährlich gewisse Preise ausgeteilet. Auch hat sich der patriotische Minister, des Herrn von Hertzberg Exzellenz, um die Vergrößerung des Seidenbaues teils durch ausgesetzte Preise, teils durch eigne Anlagen sehr verdient gemacht. Er hat seit

1780 jährlich an Preisen für die fleißigsten Seidenbauer mehr als 50 Friedrichsd'or und seit 1784 noch überdem viele Stücke der silbernen Schaumünze ausgeteilt, welche er von dem Medaillör Abramson auf den Seidenbau hat schlagen lassen. Was auf seinem Landgut Britz von ihm selbst und von andern jährlich an Seide gewonnen wird, ist beträchtlich und dabei von vorzüglicher Güte.

Die Seidenmanufakturen haben sich seit 1740 in Berlin ungemein vermehret. Nicht nur haben die Unternehmer vom Könige Schenkungen, Stuhlgelder, Geldvorschüsse, Bonifikationen auf fabrizierte sowie auch noch besonders auf die außer Landes verkaufte Waren usw. erhalten, sondern der König ließ meist auf eigne Kosten aus Lyon, Turin, der Schweiz, Holland, Sachsen usw. erfahrne Arbeiter von allen zu einer Manufaktur nötigen Arten kommen, als Seidensortierer, Wicklerinnen, Blattmacher, Musterzeichner, Moulinierer, Musterleserinnen, Färber, Appreteure, Stuhlschlösser, Stuhlaufsetzer usw., und gab ihnen Pensionen. Desgleichen wurden auch geschickte Seidenwirker in allen Arten von Zeugen und Stoffen verschrieben, ihnen Pensionen gezahlt und Lehrlinge aus dem Lande gegeben, um sie zu unterrichten. Die Namen dieser geschickten Leute, die den Grund zum Wachstum der hiesigen Seidenmanufakturen geleget haben und darum angeführt zu werden verdienen, sind, soviel uns bekannt worden, folgende: Baron, Bourguignon, Chaumont, Clavin, Combes, Dequaire, Fonrobert, Giroud, Grenet, Labaye, Liebmann, Masa, Payan, Paquelin, Paturel, Perian, Prost, Puys, Ranpon, Rene, Schrobach, Simon, Talandier. [...]

Durch diese Veranstaltungen des Königs sind die berlinischen Seidenmanufakturen in den Stand gesetzt, alle Arten von seidenen Zeugen von allen Mustern und Farben zu verfertigen. [...] Unternehmer von Seidenmanufakturen in Berlin sind jetzt die Kaufleute Girard, Michelet und Komp. (in der Königsstraße, wo auch ihre Niederlage ist): Sammet und seidene, auch halbseidene Zeuge, seit 1748; sie hatten 1782 139 Stühle im Gange. Sie haben in diesem Jahre 2 163 Stück für 175 000 Rtlr. verfertiget. Die Gebrüder Baudouin (deren Manufaktur und Niederlage zwischen der Alten und Neuen Grünstraßenbrücke ist): seit 1753; 148 Stühle, sie haben 300 Stück für 130 000 Rtlr. verfertigen lassen. Diese Manufaktur hat auch die Moirmaschine des ehemaligen Manufakturisten Treitschke in Besitz, da dieser aber das Geheimnis der Behandlung der Maschine nicht entdecken wollen, so bleibt solche ungenutzt. Die Gebrüder

Bernhard und Komp. (Moses Mendelssohn) (in der Spandauer Straße), seit 1750; 29 Stühle in Sammet und Seide in Berlin 580 Stück für 58 000 Rtlr. verfertigt. [...] Isaak Blanc (in der Breiten Straße) und Ferdinand Beyrich (an der Ecke der Breiten Straße im Heilschen Hause) seit 1772; Sammet und alle Arten seidene Zeuge auf 60 Stühlen, sie haben 800 Stück für 70 000 Rtlr. verfertigen lassen. Die Seidenwirkermeister Klinz und Stabrö (in der Köpenicker Vorstadt), seit 1759; 49 Stühle, 1 950 Stücke für 53 970 Rtlr. Meyer Benjamin Levi (in der Heiligengeiststraße), seit 1765, 19 Stühle. Die Kaufleute Gardemin und Komp. (in der Heiligengeiststraße), seit 1776; 65 Stühle, 1 500 Stücke für 90 000 Rtlr. Die ehemalige Moses Riessche Sammet- und Seidenfabrik haben Israel Markus und von Halle übernommen (in der Königsstraße in des Lederhändlers Otto Hause). Isaak Hirsch (in der Spandauer Straße), seit 1775; 7 Stühle, für 6 000 Rtlr. Baron, 40 Stühle, für 22 880 Rtlr., arbeitet auch in Potsdam. [...]

Seidene Flor- oder Gazemanufaktur: alle Sorten glatte, façonierte und geblümte, auch mit Gold- und Silberstreifen und Blumen durchwirkte Flore und dergleichen: Wöhlermann und Natusch (seit 1771) hatten 1782 86 Stühle, wozu 3 zu Zwirnmarly sind (1784 118 Stühle). Das Manufakturhaus ist im du Trosselschen Hause an der Kontreskarp, die Niederlage in der Spandauer Straße. Sie haben 5 000 Stücke für 70 000 Rtlr. verfertigen lassen. Palmié und Geiger (auf der Stechbahn), 120 Stühle. Jeremias Baron (in der Poststraße). Panconius (an der Ecke der Linden- und Junkerstraße). Querhammel (vor dem Köpenicker Tore in der Jakobsstraße), seit 1776; 28 Stühle, 1 456 Stück für 156 000 Rtlr., Benoit (in der Jägerstraße) macht schwarze und weiße soufflierte Gazen. Johann Ludewig Rudolphi (an der Ecke der Spittelbrücke und des Dönhoffschen Platzes), seit 1780; 44 Stühle, 2 500 Stück für 15 000 Rtlr.

Außer diesen hier benannten Seidenmanufakturisten sind noch 10 kleinere vorhanden; sie lassen zusammen auf 172 Stühlen alle Arten von seidenen Zeugen verfertigen. [...] Mit dem Ende des 1782 Jahres sind also in Berlin bloß in Sammet und ganz seidnen Zeugen von 56 Manufakturisten 1 083 Stühle im Gange gewesen, welche überhaupt 34 130 Stücke Sammet und seidene Zeuge verfertiget, deren Wert sich auf 1 106 916 Rtlr. belaufen hat. Wenn man hierzu alle anderen Arbeiter, die das Ihrige zu dieser Manufaktur beitragen müssen, als Haspeler, Moulinierer, Wickler, Spuler, Kettenscherer, Färber und dergleichen mehr, rechnet, so werden durch diese Manufakturen gewiß 7 000 Menschen ernähret.

Außer allen diesen Seidenmanufakturen sind noch zwei starke zwar außerhalb Berlin, wovon aber die Niederlagen der verfertigten Waren in Berlin sind, als Michel Gottlieb Beske in Frankfurt an der Oder, 65 Stühle, und André Simon in seiner Manufaktur in Köpenick, 21 Stühle. Derselbe macht auch Milchflor.

Aus dem Musterbuch
des königlichen Seidenmagazins

Seidne Strümpfe wurden zuerst unter Kurfürst Friedrich III. um 1694 verfertiget. Der Pfälzer Ammon und die Franzosen Dalençon und Delon hatten die ansehnlichsten Manufakturen. Delon hatte die meisten Stühle. Als er 1719 starb, ward seine Seidenstrumpfmanufaktur durch den einige Zeit vorher aus Frankreich angekommenen Manufakturier Franz Duchesne übernommen und durch ihn und seinen noch lebenden Sohn Paul Duchesne (in der Heiligengeiststraße) fortgesetzt und sehr erweitert; er hatte 1782 36 Stühle, worauf 7 800 Paar Strümpfe für 234 000 Rtlr. verfertiget worden. Unter der Regierung des jetzigen Königs sind die Seidenstrumpfmanufakturen ansehnlich vermehret, indem der König ihnen viele Vorteile sowohl durch Vorschüsse als auch durch Stühle, ingleichen die Vergütungsprozente der verarbeiteten Seide sowie bei den seidenen Zeugen, angedeihen läßt. [...] Die italienische Blumenmanufaktur ward 1770 von de Rieny errichtet; jetzt hat sie der Kaufmann Martin Friedel (an der Gertraudenbrücke). Es beschäftigen sich damit ungefähr 140 Frauenspersonen. Man findet in dieser Manufaktur Blumen, welche alle Arten der Natur und derselben Farben mit den Häuten der Kokons oder Seideneier nachahmen. [...]

Antoine Pesne,
Gottfried Adolph Daum

Seidene und reiche Stickerei wird in Berlin in so großer Mannigfaltigkeit und Vollkommenheit als in irgendeinem andern Orte innerhalb oder außerhalb Deutschland (Frankreich nicht ausgenommen) verfertigt. Die schönsten Manns- und Damenkleider sowohl in Gold und Silber als in Seide nach allen Farben und Schattierungen, Stühle, Kaminschirme, ja ganze Tapeten (wovon im königlichen Schlosse in Potsdam Beispiele sind), werden nach dem besten Geschmacke und sehr glänzend und dauerhaft verfertigt. [...]

3. Halbseidenmanufakturen

Alle Arten von halbseidenen Zeugen werden in Berlin in großer Menge verfertigt. [...] Fast alle große Seidenmanufakturisten lassen auch halbseidene Waren verfertigen. [...]

4. Baumwollenmanufakturen

(a) Kattune und Zitze. Unter der Regierung König Friedrich Wilhelms waren alle Zitze, Kattune und dergleichen baumwollene Zeuge aufs schärfste verboten. Sie durften nicht allein nicht zu Kleidern getragen, sondern auch nicht einmal alt zu Möblen, Bettumhängen und dergleichen gebraucht werden. Unter der Regierung Friedrichs II. legte Paul Demissi die erste Baumwollenspinnerei an, wozu er die Spillen aus der Schweiz kommen ließ. Darauf fing J. P. Duplantier zuerst an, ostindische Kattune zu drucken. Als aber

darauf einige sächsische und böhmische Kolonien anfingen, Kattune zu weben, ward das Drucken fremder Zeuge untersaget. Duplantier verkaufte darauf seine Druckerei an die Gebrüder Oemigke, welche auch selbst eine Manufaktur anlegten. Jetzt befinden sich in Berlin folgende Zitz- und Kattunmanufakturen:

David Simons Witwe und Komp. (an der Friedrichsbrücke), seit 1745; 90 Stühle für 39 000 Rtlr. Stephan Dutitre (in der Poststraße), seit 1756; 74 Stühle, auch zu baumwollenen Zeugen und Barchent, 40 000 Rtlr. Johann Gottlob Hankel (an der Kupfergrabenbrücke hinter dem Neuen Packhofe), seit 1757; 35 Stühle. Johann Georg Sieburg (im Quarré am Brandenburger Tore), seit 1763; 73 Stühle, 49 160 Rtlr. Isaak Benjamin Wulff (in der Neuen Friedrichsstraße neben der Garnisonschule), seit 1767; 78 Stühle. Die Manufaktur ist im Tiergarten. Ermeler (in Neukölln am Wasser), seit 1756; 10 Stühle. Bartsch und Komp. (in der Wilhelmsstraße), seit 1753; 55 Stühle.

Erneuertes EDICT, Wegen Des verbotenen Catün-Gebraüchs.
De dato Berlin, den 30. April 1734.
Alten Stettin, Gedruckt bey Joh. Friderich Spiegeln, Königl. Preuß. Pommerschen Regierungs-Buchdrucker.

Edikt gegen den verbotenen Kattungebrauch vom 30. April 1734

Alle diese benannten Manufakturiere lassen nicht allein selbst den Zitz und Kattun weben, sondern auch drukken. [...] Außer den oben benannten Kattunmanufakturen, die selbst ihre Kattune weben lassen, wird noch eine große Menge Kattune und andere baumwollene Zeuge von Deutschen, Böhmen und Sachsen, die sich hier niedergelassen haben, verfertiget. [...]

(b) Manchester und andere baum- und halbbaumwollene Zeuge. Manchester und Utrechter baumwollene Sammete wurden 1769 sowohl von dem Entrepreneur der königlichen Manchestermanufaktur, dem Kaufmann Richter und Komp., gemacht, als auch in einer von der Seehandlungsgesellschaft 1775 errichteten Manchestermanufaktur unter der Direktion des Herrn Hotho (in der Köpenicker Straße) verfertiget. Im Jahre 1782 wurde letztere von der Seehandlung an Thomas Hotho und Karl Fr. Welper verkauft. Ersterer hatte schon 1764 eine Manchestermanufaktur zu Potsdam etabliert, und sie wird jetzt von ihm und Welper fortgesetzt. Die Niederlage ihrer Waren ist in Berlin (in der Manchestermanufaktur an Monbijou) und bestehet hauptsächlich in Manchester, Velverette, Jeannette, Riquen und allen übrigen Sorten baumwollenen Waren, so wie solche in England zu Manchester verfertigt werden. Sie hatte 1785 64 Stühle im Gange. [...]

5. Leinenmanufakturen

Feine und gröbere Leinwand, leinen Damast, auch Tafelgedecke werden in Berlin verfertiget. Allein nach Verhältnis der andern Zeuge nicht so viel, weil teils in kleinen Städten auf dem Lande die ordinäre Leinwand verfertiget wird, teils auch die schlesischen Tafelgedecke hier stark debitieret werden. Vorzüglich werden alle gestreifte und karierte Tücher und Leinwand von allen Farben und Mustern gemacht. Besonders sind George Kubatschek und Komp. (seit 1749), Makzat, Prochaska und Schaffarzky (in der Wilhelmsstraße) unter den Böhmen vorzüglich zu bemerken. [...]

Hieher gehöret auch die Brabanter Kantenmanufaktur. Veitel Heine Ephraim hat solche um 1770 angelegt, und dessen Sohn Benjamin V. Ephraim setzte sie in seinem Hause (in der Heiligengeiststraße) fort, woselbst von Christen- und Judenkindern alle Sorten von Kanten geklöppelt werden. Die Eltern der Kinder machen sich für sie auf 2 oder 3 Jahre verbindlich. Die Kinder können schon in den Lehrjahren etwas verdienen und werden auch im Lesen und Schreiben unentgeldlich, sie seien Christen oder Juden, unterrichtet. [...]

6. Manufakturen und Fabriken von allerhand Metallen

Die Gold- und Silbermanufaktur. Dieselbe läßt Gold- und Silberdraht, Lahn, Flittern, Borten, Franzen, Schärpen und dergleichen verfertigen. Sie ward 1693 von den Gebrüdern Bose aus Leipzig errichtet. Der damalige kurfürstliche Generalempfänger und nachheriger Staatsminister v. Kraut trat denselben das zu einer solchen Manufaktur erhaltene Privilegium ab. Die Prachtliebe König Friedrichs I., vermöge welcher ungemein viel Gold und Silber auf Kleidern und Möbeln gebraucht wurden, beförderte den Debit dieser Manufaktur gar sehr. Der Kaufmann Severin Schindler (nachmaliger königlicher Geheimer Rat), ein Bosenscher Tochtermann, erweiterte sie daher ungemein. Nach Schindlers Tode kaufte König Friedrich Wilhelm den ganzen Vorrat von goldnen und silbernen Tressen nebst allen dazugehörigen Werkzeugen der Witwe ab und schenkte die Einkünfte der Manufaktur dem Potsdamschen Waisenhause. Es war zwar unter der Regierung dieses Königs gar keine Pracht in Berlin, aber wenn Pracht in Kleidern sein sollte, so wußte man von nichts als von Besetzung mit goldnen und silbernen Tressen. Daher blieb diese Manufaktur im Flor. Sie war bis 1736 im Schindlerschen Hause am Molkenmarkte, der König ließ aber bei Erweiterung der Friedrichsstadt 1737 ein eigenes Haus am Wilhelmsplatze zu dieser Manufaktur erbauen. Seine Absicht war dabei, daß die Arbeiter zur Bewohnung der erweiterten Friedrichsstadt beitragen sollten. Er bestimmte hiernächst zur Betreibung dieser Manufaktur einen ansehnlichen Fond, und in kurzem kam es dahin, daß alles, was im Lande an goldenen und silbernen Tressen, Troddeln, Schärpen usw. nötig war, in der Manufaktur gemacht werden konnte. Es wurden aus derselben auch Lieferungen für die russisch-kaiserliche Armee gemacht. Die Manufaktur ward durch königliche Räte zum Besten des Potsdamschen Waisenhauses administriert. Um den Debit derselben zu sichern, verordnete der König nicht allein, daß alle Gespinste vom feinen Silber durch dieselbe gearbeitet werden sollten, sondern er versah sie auch mit einem besondern Privilegium, welches, außer dem Verbot aller fremden Tressen durchs ganze Land, auch den Manufakturschulden bei Konkursen vor allen andern Gläubigern den Vorzug gab, so daß sie als ein Eigentum des Potsdamschen Waisenhauses wie ein Pium Corpus angesehen werden soll. Die Manufaktur blieb unter königlicher Administration, bis 1763 der jetzige König diese Manufaktur mit allen ihren Rechten ohne Ausnahme dem verstorbenen Veitel Heine Ephraim gegen eine jährliche beträchtliche Rekognition übertrug, sogar daß die Manufaktur noch die Jura piorum corporum hat. Seitdem ist dieselbe mit vielen nützlichen Maschinen bereichert und viele Arbeiter mehr dabei angesetzet worden. Ephraim sicherte durch seine letzte Disposition den ferneren Fortgang dieser Manufaktur und machte ein sehr ansehnliches Kapital zum Fideikommiß zum Besten der Manufaktur. Seine sämtliche Erben besitzen dieselbe, und besonders haben die drei Gebrüder Ephraim Veitel Ephraim, Josef Veitel Ephraim und Benjamin Veitel Ephraim die Direktion. Die zur Manufaktur erforderliche Seide (welche vormals in Holland gezwirnt und gefärbt werden mußte) wird im Ephraimschen Hause (unweit der Spandauer Brücke) auf eigenen dazu eingerichteten Maschinen zugerichtet und gefärbt. Im Hause der Gold- und Silbermanufaktur (auf dem Wilhelmsplatze) werden die Arbeiten verrichtet, womit man das Gold und Silber bis zur Dicke eines Pfeifenstiels ziehet, alsdenn wird es den außer dem Manufakturhause befindlichen Gold- und Silberdrahtziehern, Plättern, Spinnern und dergleichen übergeben und nachher von den Posamentierern zu Tressen, Schnüren, Franzen und dergleichen verarbeitet. Die Niederlage der Waren ist sowohl im Manufakturhause als auch auf dem Mühlendamme im Ephraimschen Hause, wobei so wie zu den übrigen Anstalten Aufseher, Buchhalter und andere Komtorbediente bestellt sind. Im Jahre 1782 haben sich 813 Personen, an Gold- und Silberdrahtziehern,

Plättern, Spinnern, Flitterschlägern, Kantillenmachern, Posamentierern usw., für diese Manufaktur beschäftiget und für 299 651 Rtlr. verfertigt. [...]

Gleich nach Übernahme der Gold- und Silbermanufaktur ward 1763 mit königlicher Bewilligung eine *Silberaffinerie* beim Ephraimschen Garten auf dem Schiffbauerdamm erbauet, aus welcher sowohl die königliche Münze als auch die Gold- und Silbermanufaktur das gereinigte Silber bekommen. Das Gebäude ist ohne die Roßmühlen 150 Fuß lang und 48 Fuß tief. Es sind zwei Roßmühlen da, wovon jede 6 Blasebälge treibet, jede Roßmühle ist 60 Fuß lang und breit. Es sind bei dieser Affinerie 2 Schmelzöfen, 1 Seigerofen, 1 Klarofen, 1 Kupfergarmacherofen und ein großer Treibofen, worin Brandsilber verfertiget wird. Überdem ist auch ein Laboratorium vorhanden, worin die feinen Silber in Barren geschmolzen werden, auch ein Pochwerk von 3 Stampen, wodurch die Krätze gepocht und gewaschen wird. Außerdem ist hier eine Schmiede, worin alles nötige Eisenwerk verfertigt wird. [...]

7. Die königliche Porzellanmanufaktur

Der Kaufmann Wilhelm Kaspar Wegely fing 1751 zuerst an, echtes Porzellan zu machen. Er erbauete deshalb in der Neuen Friedrichsstraße neben der Königsbrücke ein großes Haus und ließ darin vieles, und was die Masse betrifft, ziemlich gutes Porzellan machen. Doch muß er seine Rechnung nicht dabei gefunden haben, indem er das ganze Werk wieder aufgab und das ansehnliche Warenlager durch öffentliche Versteigerung verkaufen ließ. Im Jahre 1760 trat der hiesige Kaufmann Johann Ernst Gotzkowsky an desselben Stelle, nachdem ihm das Geheimnis, echtes Porzellan zu machen, von Ernst Heinrich Reichard gegen eine bestimmte Summe Geldes war geoffenbaret worden. Er machte in dem in der Leipziger Straße belegenen, von den Dorvilleschen Erben erkauften Hause die Einrichtung dazu, stand aber im Jahre 1763 schon wieder davon ab. Das angefangene Werk ward für königliche Rechnung übernommen und dem Gotzkowsky die Summe von 225 000 Rtlr. dafür bezahlet. Der König ließ nicht nur die Gebäude der Fabrik erweitern und ansehnlich vermehren, sondern auch alles zu derselben größern Vollkommenheit Erforderliche veranstalten. Er verordnete zu derselben einen eigenen Direktor (jetzt Hr. Geheimer Rat Grieninger), einen Inspektor und bestätigte die Arkanisten, welche zu beständiger Verbesserung der Masse, der Farben usw. bestimmt sind, nebst den Vorgesetzten sämtlicher Arbeiter, deren Zahl 500 beträgt.

Der Direktor stehet unmittelbar unter dem König und muß beim Schluß eines jeden Monats seinen Bericht von dem Fortgange und Betriebe des Werkes nebst dem summarischen Kassenextrakt an den König selbst einreichen, worauf er jedesmal den nächstkommenden Tag beschieden wird. Die Handlungskommission der Porzellanfabrik besteht aus dem Direktor und dem Inspektor (jetzt Hrn. Kammerrat Klüpfel). Die Porzellanfabrik hat ihre eigene Gerichtsbarkeit, welche durch den Direktor und einen eigenen Gerichtshalter verwaltet wird.

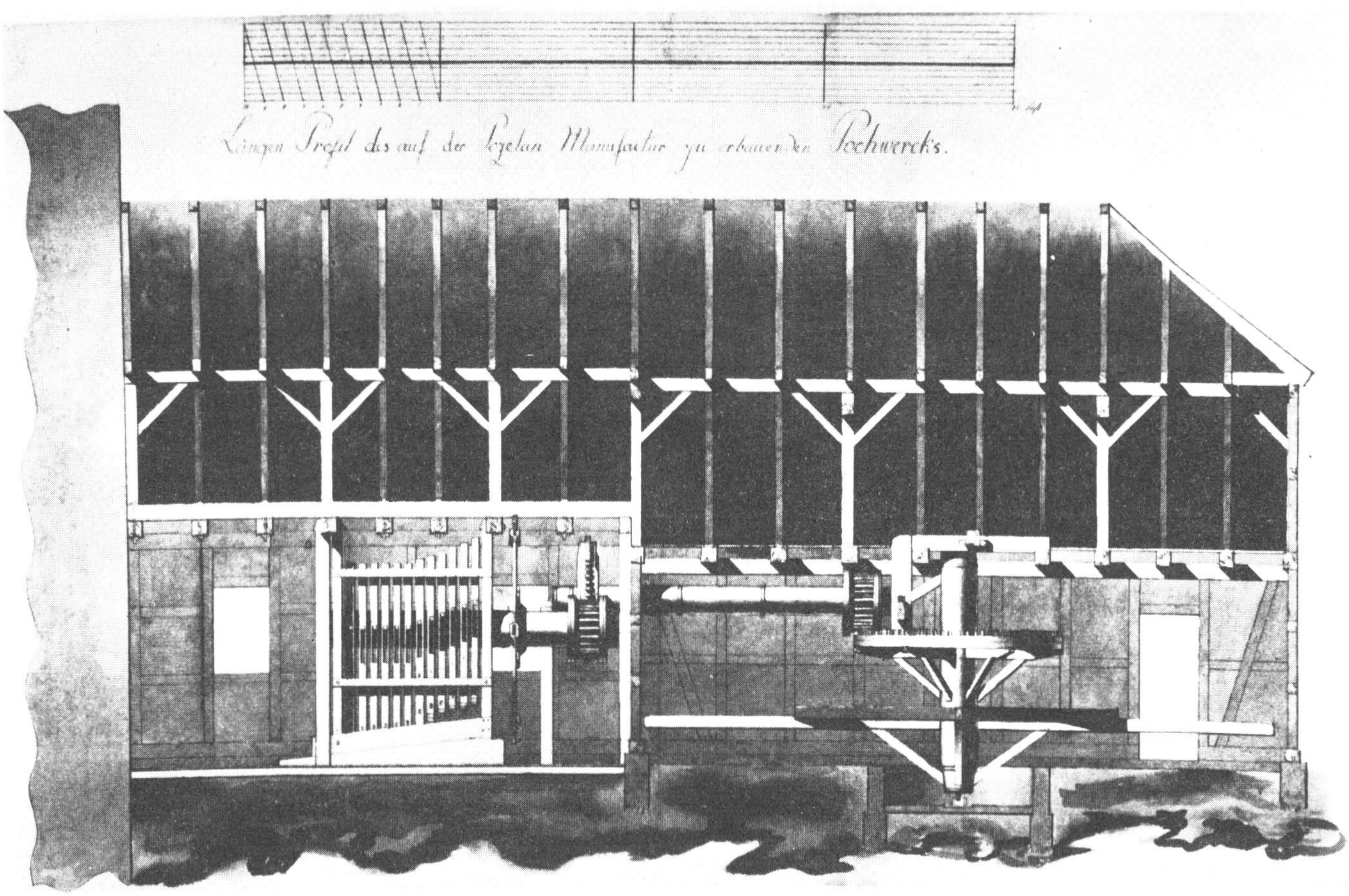

Das Pochwerk der Königlichen Porzellanmanufaktur, 1796 (Längsprofil)

Der König kommt fast niemals nach Berlin, ohne seine Porzellanfabrik und derselben Produkte in Augenschein zu nehmen. Er machet auch öfters selbst Bestellungen nach eigener Angabe, und wenn solche gut ausgeführet an ihn abgeführet werden, bezeuget er darüber sein besonderes Wohlgefallen. Hierdurch aufgemuntert, bestreben sich alle, die dabei beschäftiget sind, mit größtem Eifer, das Werk je länger je vollkommener zu machen. Und dies ist auch bereits itzt schon insoweit geschehen, daß Kenner dem dermaligen Berliner Porzellane wegen seiner Masse, Farben und Malerei den Vorzug vor allen anderen Porzellanen geben.

Das Hauptwarenlager ist im Vorderhause, wo man alle

vorrätige Porzellane in Augenscheine nehmen, auch von allen Sorten Porzellan kaufen oder Bestellungen davon machen kann. Außer diesem Hauptwarenlager sind zu Warschau, Danzig, zu Hamburg, zu Königsberg in Preußen, zu Breslau, zu Stettin und zu Magdeburg Niederlagen und Faktoreien von Berliner Porzellanen, um derselben Ankauf den auswärtigen Liebhabern desto bequemer zu machen. Wobei anzumerken ist, daß, obgleich diesen Niederlagen und Faktoreien gewisse Provinzen und Gegenden einzig und allein zum Porzellanverkauf durch Kontrakt zugestanden worden und kein anderer darin mit Porzellan handeln darf, es doch einem jeden Partikulier ganz frei gestellet bleibet, sich an das Hauptwarenlager zu Berlin selbst zu wenden und zu seinem eigenen Gebrauch von demselben kommen zu lassen, was er will. Von den Preisen der Porzellane in allen Gattungen kann man auf dem Hauptwarenlager der Fabrik ein Verzeichnis erhalten. [...]

III. DIE INNUNGEN UND DIE ZÜNFTIGE UND UNZÜNFTIGE GEWERKE

Die gewöhnlichen Handwerker, woraus ein großer Teil der Nahrung der Residenzstadt Berlin bestehet, teilen sich in zwei Zweige: (a) in die zünftige Gewerke und Innungen, d.i. solche, die durch ein erteiltes Privilegium eine gewisse Innung oder Gesellschaft errichtet haben, wobei nach gewissen im Privilegium vorgeschriebenen Artikeln gehandelt

Daniel Chodowiecki, Buchdruckerei

Ausschreibebuch
der Köllner Fischermeister für
Christoph Friedrich Giese,
1795

werden muß. Ein solches Gewerk hat bei seinen Gewerksversammlungen eine obrigkeitliche Person aus dem Magistrate zum Beisitzer, welche nicht allein auf die Handhabung der Ordnung beim Gewerke sehen muß, sondern auch alle Streitigkeiten in Handwerkssachen mit Zuziehung der Altmeister, soviel es sich tun läßt, schlichten und im Falle er die entstandenen Streitigkeiten nicht auseinandersetzen kann, an den Magistrat zu fernerer Entscheidung Bericht abstatten. Ferner muß der Beisitzer das Ein- und Ausschreiben der Lehrlinge nebst der Ausfertigung der Geburts- und Lehrbriefe besorgen. Einige Gewerke haben sehr alte Privilegien. Die Innungsbriefe der Bäcker, Kürschner, Tuchmacher und Schuster sind aus dem 13ten Jahrhunderte und der Schlächter von 1311. König Friedrich Wilhelm ließ 1732 alle alte Privilegien von dem Magistrat den Gewerken abnehmen und nach dem im Jahre 1731 ergangenen Reichsschlusse von der Kurmärkischen Kriegs- und Domänenkammer für sämtliche Gewerke neue verfertigen, worinnen nicht allein alte Mißbräuche abgeschafft, sondern auch eine genaue Vorschrift wegen der Gebräuche und Verhalten der Gewerke festgesetzt worden; diese wurden alsdann gedruckt und im Jahre 1734 an die Gewerke erteilet. Von dieser Zeit an erhalten alle wandernde Gesellen eine Kundschaft, welche von dem Assessor, dem Altmeister und dem Meister, wo der Geselle in Arbeit gestanden, unterschrieben ist; die Originale der Geburts- und Lehrbriefe mit dem Gewerksinsiegel bleiben beim Gewerke, die Kopie aber bekommt der Geselle, welcher auf die Wanderschaft gehet.

Der Fleischermeister
Georg Ernst Teichmann

Da verschiedene Gewerke, als die Bäcker, Schuhmacher, Schneider, Sattler und andere mehr, sehr stark sind, so ist bei solchen festgesetzt, wie viele alle Jahre Meister werden sollen, damit die Anzahl derselben nicht übermäßig groß anwachsen möge, z. B. bei den Schuhmachern können nur alle Jahre 8 Meister angenommen werden, und zwar nach der Ordnung, wie sich die Gesellen, um Meister zu werden, gemeldet haben, bei den Sattlern nur 1 Meister usw. Ferner ist bei einigen Innungen die Anzahl der Meister festgesetzt, so daß keiner eher Meister werden kann, bis einer von der Zahl abgegangen ist. Es sei denn, daß er die Witwe eines verstorbenen Meisters heirate. Dergleichen sind die Destillateure, die Fischer usw.

Gleiche zünftige Verfassung wie die Gewerke sowie auch Beisitzer aus dem Rate haben das Amt der Wundärzte und das Amt der Goldschmiede (wozu auch die Juweliere usw. gehören), desgleichen die Innungen der Eisenkrämer und Bretterhändler. Sämtliche zünftige Gewerke, Ämter und Innungen sind zusammen 68. [...]

(b) Die unzünftigen Gewerke sind solche, die ihr Gewerbe treiben, ohne daß sie darüber ein Privilegium oder Innungsartikel erhalten oder unter sich gewisse Verträge gemacht hätten, die aber doch Gesellen und Jungen zu ihrem Geschäfte haben und gemeiniglich deshalb gewisse Gewohnheiten beobachten. Sie haben auch keine Assessoren aus dem Rate. Hieher gehören viel Manufaktur- und Fabrikenarbeiter. [...]

IV. DIE ÜBRIGEN GEWERBE

Außer der Kaufmannschaft, den Künsten, den Manufakturen und Fabriken und den Handwerkern haben eine überaus große Menge Menschen noch andere Gewerbe. Dahin gehören z. B. Gastwirte, Billardeure, Brotverkäufer, Obstverkäufer, Garköche, Kohlenverkäufer, Trödler, Bierschenker, desgleichen die große Anzahl von Personen, die vom Verkaufe der Lebensmittel sich nähren, als Viehmäster (welche Kühe halten und die Milch verkaufen, auch sonst Vieh zum Schlachten mästen), Federvieh- und Wildhändler, Höker von allen Gattungen, so auch Fuhrleute, Mietkutscher, Schiffer usw., desgleichen Ackerleute und Taglöhner und Handarbeiter und sehr viele mehr. [...]

Der Personen, welche bei der Kaufmannschaft, den Künsten, Manufakturen, Fabriken, Handwerken und andern Gewerben zu Ende 1784 in Berlin waren: [...] Herren und Meister 21 539, Diener und Gesellen 7 744, Jungen und Arbeiter 6 293. [...]

Der Personen, die in Berlin zu Ende 1784 in königl. und andern Ämtern standen: [...] 3 433.

Außer denen angeführten Personen, welche teils in Ämtern standen, teils verschiedene Gewerbe trieben, waren nah zu Ende 1784 in Berlin 1 507 Personen, welche bloß von ihren Mitteln leben. 7 003 Armen, welche in den deutschen und französischen Armenanstalten teils Pflege und Wohnung, teils Almosen erhielten. Darunter waren: deutsche Armen: 6 009, französische Armen: 994.

Desgleichen waren in den drei Gefängnissen (1) auf der Hausvoigtei oder dem Gefängnisse der Eximierten, (2) auf dem Amte Mühlenhof, (3) auf dem Kalandshofe oder dem bürgerlichen Gefängnisse zusammen 98 Gefangene, worunter 47 waren, die um Schulden oder kleiner Vergehungen willen auf kurze Zeit im Gefängnisse saßen.

Karikatur
auf das Billardspielen,
1787

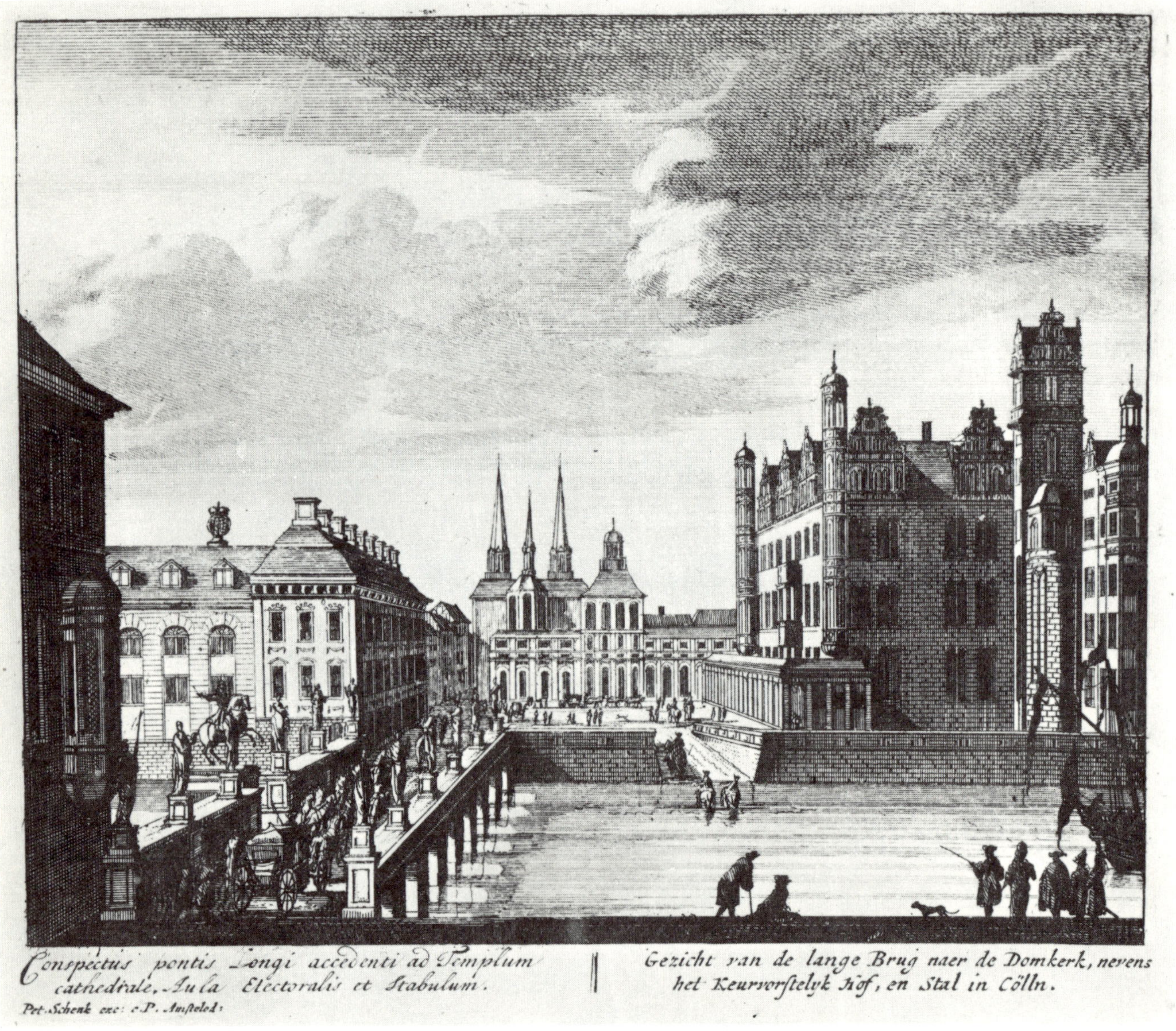

Pieter Schenk,
Die Lange Brücke mit Blick
zur Domkirche

Von den Religionen der Einwohner

Von milden Stiftungen

Die brandenburgischen Provinzen gehören zu den Gegenden Deutschlands, welche bald im Anfange an der heilsamen Religionsverbesserung durch den unsterblichen Luther teilnahmen. Das Volk war derselben von Anfang an geneigt. Aber Kurfürst Joachim I. hing teils wegen verjährter Vorurteile, teils wegen politischer Ursachen, teils wegen der Verbindung mit seinem Bruder Albert, Kurfürsten und Erzbischof von Mainz, noch an der römischen Kirche. Ob er gleich der Reformation nicht gewogen war, so ward doch die Überzeugung von den Irrtümern und Mißbräuchen der römischen katholischen Kirche allgemeiner; besonders fand dies in Berlin statt, und von Berlin aus verbreitete sich die gereinigtere christliche Lehre über die übrigen Kreise der Kurmark. Kurfürst Joachim II. nahm mit seinem Hofe das lutherische Glaubensbekenntnis öffentlich an, und 1539 ward durch den damaligen Bischof von Brandenburg, Matthias von Jagow, den 1. November, am Tage Allerheiligen, in Spandau und tags darauf, den 2. November, in Berlin in der Domkirche das heilige Abendmahl zuerst öffentlich unter beiderlei Gestalt ausgeteilt. [...]

Kurfürst Johann Sigismund (der den 25. Dezember 1613 die reformierte Lehre angenommen hatte) [ließ] 1614 sein Glaubensbekenntnis drucken und [gab] seinen neuen Konfessionsverwandten die Domkirche am Sonntage Trinitatis 1614 ein. [...] Insonderheit unter den Regierungen des Kurfürsten Friedrich Wilhelm und seiner königlichen Nachfolger ward die Anzahl der reformierten Einwohner immer größer, so daß mehrere Kirchen für sie erbauet werden mußten. Die Parochialkirche war darunter die erste. [...]

Der Hof hat jederzeit solche Grundsätze geheget, daß er zwischen beiden protestantischen Kirchen keinen merklichen Unterschied gemacht und mehr auf das Wesentliche des Christentums als auf Nebensachen und Meinungen gesehen, worüber man sich zur Zeit der Reformation ohne Not getrennet hatte. Es kommt um deswillen bei Hofämtern gar nicht darauf an, ob jemand lutherisch oder reformiert sei. Unter der itzigen Regierung sind auch Personen von der römisch-katholischen Kirche nicht von Hofbedienungen, wohl aber in der Kurmark von Stellen in den königlichen Kollegien ausgeschlossen gewesen.

Es sind wahrhaft christliche tolerante Gesinnungen besonders in neuern Zeiten die Grundsätze aller preußischen Staaten geworden und haben vorzüglich unter den Gliedern beider protestantischen Kirchen sowohl im ganzen Lande als vornehmlich in dieser Residenz einen solchen allgemeinen Geist der Duldung, der Vertragsamkeit und gegenseitigen Liebe ausgebreitet, daß man in Berlin von dem verhaßten Unterschiede, der wohl anderswo unter beiden noch immer gemacht wird, fast gar nichts weiß. [...] Ein glücklicher Vorzug, den Berlin und das ganze Land vor vielen andern deutschen Ländern und Städten, wo die eine oder die andere Partei noch immer unter einer Art von Bedrückung stehet, voraus hat und von dem sich in vieler Absicht sehr glückliche Folgen zutage legen.

Man ist übrigens auswärts sehr schlecht von dem hiesigen Zustande der Religion unterrichtet, wenn man sich einbildet, als wenn in Berlin ein allgemeiner Geist des Unglaubens und der Religionsgleichgültigkeit unter den Einwohnern herrsche. Dies ist ein grobes Vorurteil. [...] Freilich ist in diesem Jahrhunderte in Berlin eher als irgendwo sonst in Deutschland freimütig und offenherzig über religiöse Vorurteile geurteilt und gezeigt worden, wie wenig sie zum Wesentlichen der Religion gehören, ja, wie sie vielmehr dem wohltätigen Zwecke der Religion zuwider sind. Freilich – Dank sei es unsrer erleuchteten Regierung – wird in Berlin niemand wegen besonderer Religionsmeinungen von einer Inquisition in gewalttätigen Anspruch genommen, sondern, wer sich als einen guten und treuen Bürger des Staats erweiset, bei dem fragt man nicht nach seinem Glaubensbekenntnisse. Jeder genießt hier das unschätzbare Glück einer völligen Gewissensfreiheit. Allein, obgleich von allen Sekten unter den Christen sich hier Anhänger finden mögen, so haben doch eigentlich nur die drei Hauptkonfessionen der Christenheit öffentliche gottesdienstliche Versammlungen. [...]

Die Juden genießen nicht nur als Untertanen des königlichen Schutzes, sondern auch einer freien Religionsübung:

haben ihre öffentliche Synagoge, Schulen in ihren Häusern, besondere Armenanstalten und einen Kirchhof. Ihre Anzahl belief sich im Jahre 1784 auf 3372 Personen. [...]

VON MILDEN STIFTUNGEN

1. Das königliche Invalidenhaus

Das Invalidenkorps wird von einem Obersten (jetzt Hrn. v. Pelchrzin) kommandiert. Die Invaliden sind in drei Kompanien geteilet. Sie bekommen Uniform und Löhnung gleich andern Soldaten, freie Wohnung im Hause und ein Stück Gartenland. König Friedrich II. stiftete diese Anstalt zum Aufenthalte der durch Wunden zum Dienste untüchtig gewordenen Soldaten. [...]

Alle Soldaten, welche nicht mehr dienen, aber noch nicht in das Invalidenhaus aufgenommen werden können, weil die Anzahl darin festgesetzt ist, bekommen bis dahin monatlich einen Taler, den man den Invalidentaler zu nennen pflegt. [...]

Johann David Schleuen, Das Invalidenhaus

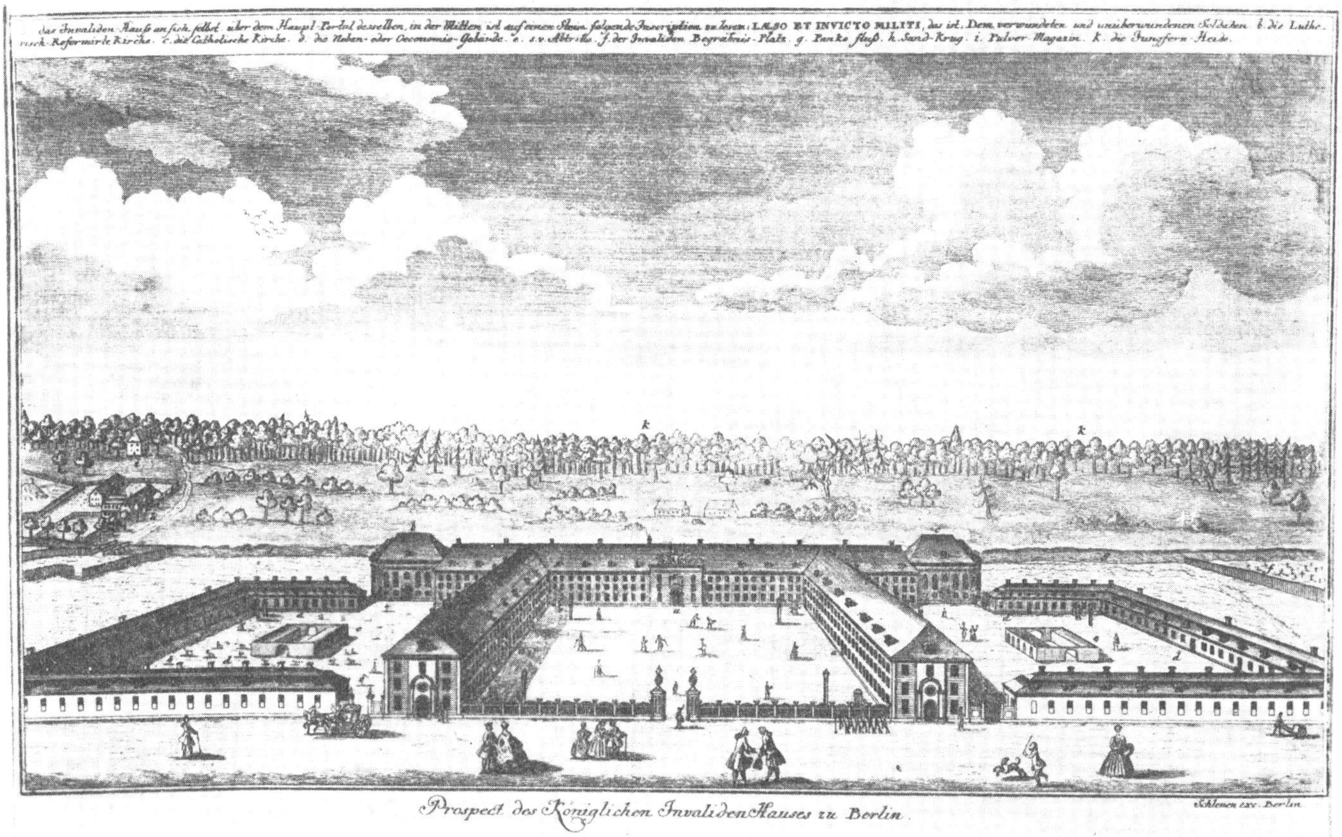

2. Öffentliche Armenanstalten, welche unter der Aufsicht des königlichen Armendirektoriums stehen

Kurfürst Friedrich III. erließ im Jahre 1695 ein Edikt wegen Abstellung der Bettelei. In demselben wird einer Armenkommission gedacht, die hernach 1699 auf beständig errichtet ward, woraus nachher das Armendirektorium entstanden ist. [...] Die öffentlichen Armenhäuser und Armenanstalten, die unter dessen Aufsicht stehen, sind nach dem Alter ihrer Stiftung folgende:

a) Das Dorotheenhospital vorm Königstore hinter dem Georgenkirchhofe, vom Kurfürst Friedrich Wilhelm dem Großen und seiner zweiten Gemahlin Dorothea gestiftet. Es sollte zur Aufnahme von armen Fremdlingen gewidmet sein, welche oft aus Mangel der Pflege unter freiem Himmel starben. [...] 1711 ward es zu einem Aufenthalte für Wahnwitzige bestimmt und hernach bei Errichtung des Irrenhauses 1727 in ein Hospital für 12 arme Bürgerwitwen, halb reformierter und halb lutherischer Konfession, verwandelt, deren Anzahl nun bis auf 15 erhöhet ist. Sie bekommen Wohnung, Licht und Feurung unentgeldlich.

b) Das Große Friedrichshospital oder Waisenhaus. Kurfürst Friedrich III. faßte 1697 den Entschluß, in Berlin ein allgemeines Armenhaus zu Verpflegung verwaister Kinder und wahnwitziger, kranker und betagter Personen zu stiften. Er ließ dazu den Platz anweisen, schenkte die Baumaterialien und verschiedene Geldsummen zum Bau. Der letzte ward 1697 angefangen und nach etlichen Jahren geendigt. König Friedrich Wilhelm erweiterte das Gebäude mit einem Flügel und bauete die Kirche, welche 1716 fertig wurde. Außer diesem vermehrte er die Einkünfte dieses Hospitals durch ansehnliche Schenkungen. Nachdem das Charitého-

Johann David Schleuen,
Das Große Friedrichshospital
und Waisenhaus

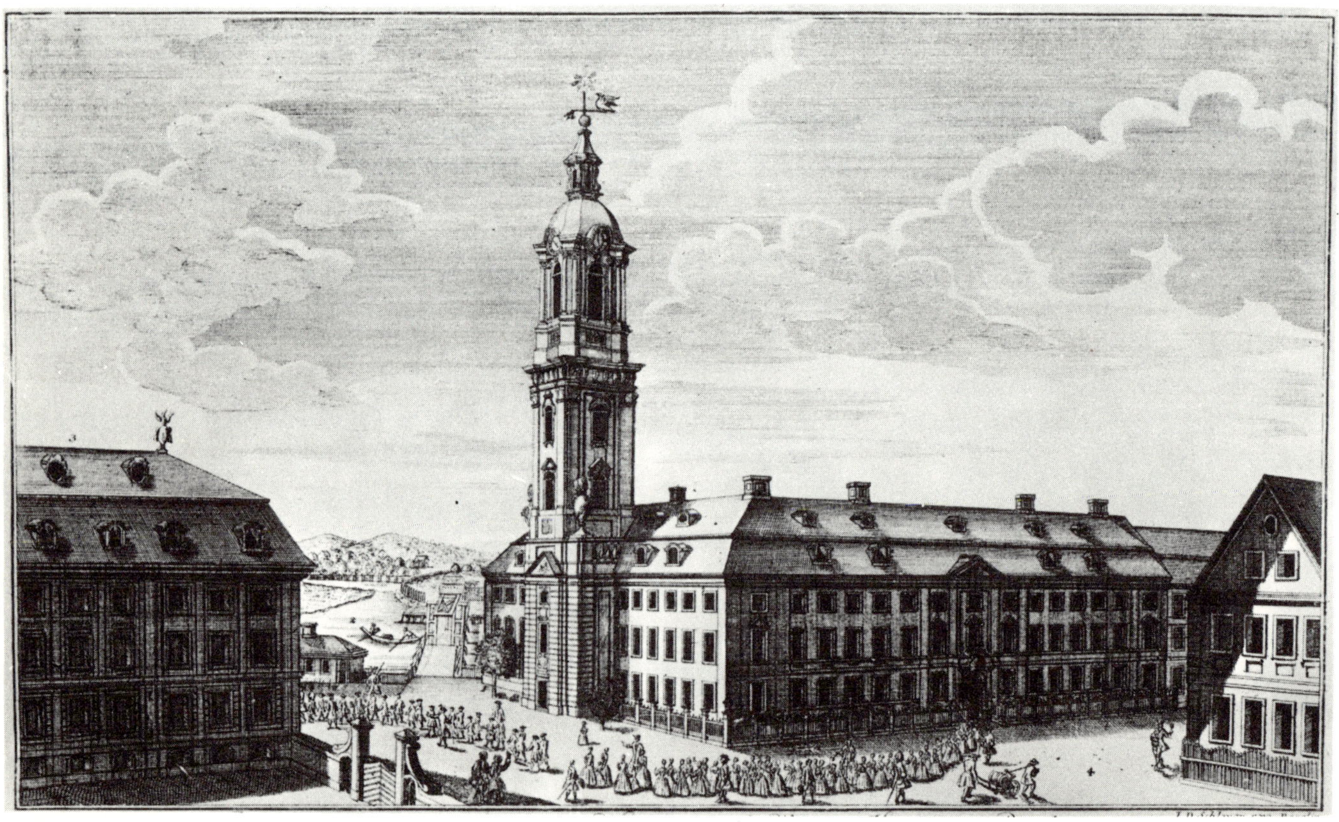

spital für arme Betagte und das Irrenhaus für Wahnwitzige angelegt worden, behielt dies Hospital nur den Zweck eines Waisenhauses. [...] Es werden darin einige hundert elternlose Kinder, die entweder in Berlin geboren oder deren Eltern doch einige Jahre hier gewohnt, lutherischer oder reformierter Konfession, von acht Jahren und drüber ernährt, erzogen und unterrichtet. Kleinere Kinder, welche noch an der Brust genährt werden müssen oder noch nicht acht Jahre alt sind sowie auch ein Teil der Erwachsenen werden außer dem Hause zur Verpflegung für ein monatliches Kostgeld an gewisse Leute gegeben. [...]

Sämtliche Waisenkinder empfangen den nötigen Unterricht im Lesen, Schreiben, Rechnen und Christentum. [...] Außer den Schulstunden lehrt man die Kinder allerhand Arbeiten, nämlich Wollspinnen, die Mädchen aber auch zugleich Nähen, Kochen und Flachs spinnen. Beide Geschlechter stricken auch Strümpfe. Die großen Mädchen werden im letzten Jahre, um solche zu guten und brauchbaren Dienstboten zu bilden, zu Dienstboten angehalten. [...]

c) Das Koppensche Armenhaus, in der Hospitalstraße gelegen, worin 22 alte Frauen Wohnung, Feuerung und täglich 1 Groschen bekommen. Auch wohnt der Totengräber der dahinter liegenden zwei Armenkirchhöfe darin. Es hat seine Stiftung 1708 dem sel. Ratmann Koppen zu danken, welcher auch 1705 zwei große, hinter dem Hause gelegene Plätze, die jetzt zum Armenkirchhof gebraucht werden, geschenkt hat. Die Ausgaben für dieses Armenhaus, welches jetzt gewissermaßen mit der Charité verbunden ist, bestreitet das Armendirektorium.

d) Das Charitéhaus besteht (1) aus einem Krankenhause, wo kranke Leute völlige Kur, und (2) aus einem Hospital, wo Elende und Abgelebte Verpflegung erhalten. (3) Aus einer Anstalt, wo alle schwangere Personen, verheuratete und unverheuratete, einige vor der Entbindung, aufgenommen, verpfleget, entbunden und erst nach den Wochen entlassen werden. (4) Aus einem besondern Pavillon für krätzige und venerische Personen. König Friedrich I. ließ 1710, da die Pest in seinen Landen wütete und schon bis Prenzlau gekommen war, als er besorgte, daß sie sich auch nach Berlin verbreiten möchte, den Grund zu diesem Hause legen als zu einem Lazarett für arme hiesige Einwohner, im Fall sie von der Pest angesteckt würden; da aber dieselbe nicht weiterdrang, sollte es zu einem Hospitale und Arbeitshause angewandt werden. Ehe aber noch der dazu gemachte Entwurf völlig ausgeführt werden konnte, trat König Friedrich

Wilhelm die Regierung an. Dieser wollte es zuerst zu einem Krankenhause für die Garnison widmen und ein andres Armenhaus auf der Friedrichsstadt bauen. Allein der damalige Armenwundarzt und nachherige erste Inspektor dieses Hauses, Christian Gottfried Habermaaß, erwarb sich das große Verdienst, daß er dem Könige den ersten Vorschlag tat, dies Haus zu einer Übungsschule für praktische Ärzte und Wundärzte einzurichten. Dadurch ward König Friedrich Wilhelm veranlaßt, den 18. November 1726 zu verordnen, daß ein allgemeines Krankenhaus für die Residenzstädte angelegt werden sollte, dessen erste Besorgung dem berühmten Leibarzt Eller und dem Regimentswundarzt Senff, nachher dem Generalchirurgus Holtzendorff aufgetragen wurde. 1727 ward diese Anstalt so erweitert, als sie bis 1785 geblieben ist, und bekam vom König den Namen der Charité. Es wurde ein Speisesaal für einige hundert Menschen, alle nötige Wirtschaftsgebäude, Schlachthaus, Küche, Waschhaus, große Keller und Böden zur Verwahrung vieles Getreides, ein starkes Gewölbe zur Malzbereitung, eine Brauerei, Viehställe und alles, was zu einer großen Wirtschaft gehört, angelegt, zugleich wurden die Wohnungen für die Kranken und für alle, die bei dem Hause dienen, erweitert und aufs bequemste eingerichtet. Der König schenkte dem Hause im Jahre 1733 100 000 Rtlr. und erteilte demselben zu einem beständigen Fond ausschließungsweise den Verlag aller Kundschaften, Lehrbriefe und Geburtsbriefe der Handwerker in allen seinen Staaten. Hiezu kamen noch verschiedene Schenkungen edelmütiger Privatpersonen. […]

Antoine Pesne/
Georg Friedrich Schmidt,
Johann Theodor Eller,
1740/1754

Im Charitéhospitale werden jährlich an 3 000 Menschen beiderlei Geschlechts, Wöchnerinnen und Säuglingen, teils als Kranke, die nach ihrer Genesung wieder herausgehen, teils als Hospitaliten, die zeitlebens darinbleiben, unterhalten. Alle geschwängerte Weibspersonen, die sich angeben, werden, wenn sie ihrer Niederkunft nahe sind, darin aufgenommen; sonst bleiben sie bis zur Niederkunft im Hospitale des Arbeitshauses. Es sind besondere Zimmer für die äußern und die innern Schäden, besonders für die Melancholischen, und ganz abgesonderte für die von der Lustseuche Angesteckten. Die Männer und Frauen von jeder Art sind wieder gesondert.

Die Kur der Kranken wird unter der Aufsicht eines Arztes und Wundarztes (jetzt Hrn. Prof. Selle und Hrn. Prof. Voitus) von zween Pensionären und sechs Feldscherern besorgt, welche letztere beständig im Hause gegenwärtig sind. In der Apotheke ist ein Provisor. Die Arzeneien werden aus der Hofapotheke unentgeldlich geliefert. Die Speisen für die Kranken und Genesenden bestimmt der Arzt. Den angehenden Ärzten und Wundärzten, die auf dem königlich Medizinisch-chirurgischen Kollegium studieren, ist erlaubt, den Operationen beizuwohnen. Bei den Wöchnerinnen wird die praktische Hebammenkunst sowohl für die angehenden Hebammen, welche die öffentliche Hebammenschule besuchen, als auch für die Studierenden des königlich Medizinisch-chirurgischen Kollegium, welche sich dieser Wissenschaft widmen wollen, gelehrt. [...]

Kranke oder gebrechliche Personen können sich zur Aufnahme in dieses Haus mit Zeugnissen von ihren Predigern oder andern glaubwürdigen Personen auf dem Rathause, auch, wenn sie sehr elend sind, gleich bei der Charité selbst täglich melden. Ein dazu bestellter Wundarzt untersucht die Krankheiten der sich zur Kur meldenden Personen. Es können sich auch Kranke für wöchentliche Bezahlung, welche dem Hause anheimfällt, daselbst in die Kur begeben, welches häufig geschieht. [...]

e) Das Irrenhaus (in der Krausenstraße zwischen der Charlotten- und Friedrichsstraße), worin rasende, wahnwitzige und trübsinnige Personen verpfleget werden. [...] Das jetzige Haus in der Krausenstraße ward zu diesem Gebrauche gewidmet, als dessen Besitzer 1726 wahnwitzig und ohne Erben starb. Es ward auf Kosten der Armenkasse, mit Verwendung eines besondern Vermächtnisses, dazu eingerichtet. 1747 ward zu Erweiterung ein hinten daranstoßendes Haus und Garten in der Schützenstraße gekauft, und 1766 ward es durch innere Veränderungen bequemer eingerichtet. Von den Einwohnern der Residenzen werden ganz Arme unentgeldlich, die übrigen und Auswärtige gegen billige Verpflegungskosten und alle bei dringender Gefahr sogleich aufgenommen, auch nicht eher als nach Gutachten des Arztes von dem Armendirektorium wieder entlassen, und wenn sie arm sind, in andere Armenhäuser gebracht. Die ganz Rasenden, solange sie sich in diesem Zustande befinden, werden in gewissen, von starken Bohlen gemachten Verschlägen, denen nur sehr uneigentlich die Benennung von Kasten gegeben wird und die im Winter durch oberhalb gezogene Röhren gewärmt werden, aufbewahrt und zum Teil angeschlossen. Die andern halten sich in ordentlichen Zimmern auf und genießen alle den Umständen nach mögliche Freiheit, im Hause, Hofe und Garten herumzugehen; die dazu geschickt sind, werden mit Spinnen und an-

Johann David Schleuen,
Die Charité

dern Arbeiten beschäftiget. Ein besonderer Arzt und Wundarzt tragen für die Wiederherstellung der Gesundheit dieser unglücklichen Personen die möglichste Sorge; und im Hause ist durch Bestellung eines Inspektors, Kontrolleurs, einer Haushälterin, nötiger Zuchtmeister und Bedienten alles zur möglichsten Erleichterung der Not, zur Ordnung, Reinlichkeit und Sicherheit eingerichtet. Die unglücklichen Kranken werden, soviel möglich, liebreich behandelt. Ihre Anzahl ist seit 1764 ohngefähr 150 mehr und weniger. [...]

f) Das Arbeitshaus (in der Königsvorstadt). Es ward 1742 vom König Friedrich II. gestiftet, um der überhandgenommenen Straßenbettelei zu steuren. [...] Es ward zu diesem Behufe anfänglich das Haus des Schlächtergewerks im Rondell am Hallischen Tor gemietet, wohin man sogleich etwa anhundert mutwillige Bettler brachte und zur Arbeit anhielt. 1756 ward [...] der Bau des jetzigen großen Gebäudes angefangen, welches 1758 fertig ward. Der König schenkte die Baumaterialien an Holz und Kalksteinen dazu. Es sind in demselben beständig an 500 und sehr oft mehr Arme verpflegt worden, und ist so geräumig, daß in demselben, ohne die Offizianten und Domestiken, weit über 1 000 Personen Raum haben. [...]

Alle darin aufzunehmende Personen sind in zwei Hauptklassen geteilt. Zu der ersten (welche völlig mit dem Hospital des Charitéhauses übereinkömmt und daher den Namen Hospital des Armenhauses mit Recht verdiente) gehören (a) alle alte oder sonst Hilfe und Mitleid verdienende Personen, welche sich ihren Unterhalt nicht verschaffen können und nicht betteln wollen. Diese melden sich bei der Armenkasse mit einem Scheine von ihrem Prediger und werden nach geschehener Untersuchung angenommen. Sie spinnen so viel Wolle, als ihr Alter und Leibesbeschaffenheit erlaubt, und wenn sie mehr spinnen, als ihr Unterhalt dem Hause kostet, wird ihnen solches bezahlt. (b) Gehören dahin Arme von gutem Herkommen oder sogenannte Pauvres honteux. Wenn sich diese melden, werden sie nach vorgängiger Untersuchung ebenfalls und zwar in besondere dazu bestimmte Stuben aufgenommen, darin mit Essen und anständiger Arbeit versehen, und wenn sie mehr arbeiten, als ihr Unterhalt kostet, wird es ihnen gleichfalls bezahlt. Alle Personen dieser Klasse haben einen bessern Tisch und fast täglich Fleisch, arbeiten nach Vermögen, dürfen des Sonntags und, wenn es nötig, auch in der Woche ausgehen, haben auch im zweiten Geschosse ihre von der zweiten Hauptklasse ganz abgesonderte Wohnungen, daher diese erste

Klasse viel mehr ein Hospital oder Armenhaus als ein Arbeitshaus zu nennen wäre.

In die zweite von der ersten ganz unterschiedene Hauptklasse gehören (a) alle diejenigen, die sich der obigen Wohltaten nicht bedienen wollen, sondern vielmehr betteln. Sie werden ohne Unterschied des Alters und Standes, sie mögen herumlaufendes Gesindel, Handwerksbursche, Bürger, abgedankte Soldaten, Soldatenweiber oder deren Kinder sein, durch die Armenwächter und bedürfenden Falls mit Assistenz der Wache aufgegriffen und ins Arbeitshaus in diese Klasse geliefert und das erstemal mindestens drei Monat, das zweitemal ein Jahr und das drittemal mehrere Jahre, auch nach Beschaffenheit zeitlebens, darin behalten und werden nie entlassen, bis sie glaubhaft machen, wovon sie sich nähren wollen. (b) Kommen auch in diese Klasse, jedoch nach vorgängiger richterlicher Erkenntnis, ungetreues liederliches Gesinde und Lehrbursche, und zwar auf die vom Gerichte bestimmte Zeit; desgleichen werden die venerisch gewesenen, in dem Charitéhause kurierten Weibspersonen eine Zeitlang hier unter leidlicher Arbeit behalten, damit sie nicht durch liederliches Leben die Folgen der Kur vereiteln sollen. Die Personen dieser Klasse werden angehalten, Wolle zu spinnen und zuzubereiten, bekommen ein stärkeres Maß der Arbeit, welches sie bei Strafe liefern müssen, und werden notdürftig beköstigt, haben auch im dritten Geschosse ihre besondere Wohnung. Kinder, die entweder selbst gebettelt oder den aufgegriffenen Bettlern angehören, werden besonders verpflegt, täglich einige Stunden von einem Schulmeister im Christentum, Lesen usw. unterrichtet, die übrigen Stunden zum Wollespinnen angehalten und bei der Arbeit einer Person der ersten Klasse anvertraut. Die Aufsicht im Hause und über die Arbeit führt ein Kommissarius nebst einem Kontrolleur, ferner ein Werkmeister, den der Entrepreneur hält und bezahlt. [...]

g) Die Armenkasse ist auf dem Berlinischen Rathause. Sie ward 1695 gestiftet. Ihre Einkünfte bestehen aus einem ansehnlichen festgesetzten Beitrage, den der König aus seinen Kassen tun läßt, aus einigen Schenkungen und Vermächtnissen und aus den fortdauernden Beiträgen vermittelst der monatlichen Kirchenkollekten, Almosenbücher und Neujahrskollekten. Auch pflegt der König oft sehr ansehnliche Geschenke dazuzugeben. [...]

Der Zeichensaal
der Akademie der Künste,
1701

Von Akademien, gelehrten Gesellschaften, öffentlichen Vorlesungen, Gymnasien und Schulen

I. AKADEMIEN UND GELEHRTE GESELLSCHAFTEN

1. Die königliche Akademie der Wissenschaften

Der große Leibniz entwarf den Plan einer königlichen Gesellschaft der Wissenschaften. König Friedrich I. ließ im Jahre 1700 den 10ten Julius ihren Stiftungsbrief ausfertigen, und Leibniz ward mit dem Titel eines Königlichen Geheimen Justizrats zum Präsidenten derselben bestellt. Er nahm diese Würde an, blieb aber in hannöverischen Diensten und kam gleich darauf nach Berlin, um die königl. Sozietät in Ordnung zu bringen. Es ward auch schon 1700 der ältere Kirch zum Astronomen bestellt. Indessen verursachte der Krieg, der im Anfange dieses Jahrhunderts in Europa ausbrach, und die Langsamkeit, mit welcher besonders die Sternwarte (welche eigentlich das der Akademie gewidmete Gebäude war) aufgeführet wurde, daß zehn ganze Jahre vergingen, ehe sie recht zustande kam.

Johann Martin Bernigeroth, Gottfried Wilhelm Leibniz

Im Jahre 1710 ließ der König eine endliche Einrichtung der königlichen Gesellschaft der Wissenschaften bekanntmachen, worin verordnet ward, daß künftig allemal ein Wirklicher Geheimer Rat Präsident sein und wie es mit der Verwaltung und Berechnung ihrer obgleich damals noch geringen Einkünfte, mit der Wahl und Aufnahme ihrer neuen Mitglieder, mit ihren ordentlichen und außerordentlichen Versammlungen, mit der Ausgabe ihrer Schriften und so weiter gehalten werden sollte. Die Mitglieder wurden in vier Klassen eingeteilt. Die erste Klasse sollte sich mit Naturlehre, Arzeneikunst und Chemie beschäftigen; die zweite mit Mathematik, Astronomie und Mechanik; die dritte mit Verbesserung der deutschen Sprache und der Landesgeschichte; die vierte mit Literatur, besonders der orientalischen, und wie solche zur Fortpflanzung des Evangelium unter den Ungläubigen nützlich anzuwenden sein möchte. Jede von diesen vier Klassen sollte ihren besondern Direktor haben, den sie nach der Mehrheit der Stimmen aus ihrem Mittel zu wählen hätte. Jede Klasse hatte ihre besondere Versammlungen, und nur bei außerordentlichen Gelegenheiten kamen alle Klassen zusammen.

Georg Paul Busch, Gottfried Kirch

Diese königl. Gesellschaft nahm bereits auswärtige Mitglieder an und gab 1710 den ersten Teil ihrer Abhandlungen unter dem Titel Miscellanea Soc. Reg. Berol. etc. heraus. Aber erst den 19ten Jenner 1711, nachdem der Bau der Sternwarte völlig geendet, ward die erste feierliche Versammlung gehalten. Dieser gelehrten Gesellschaft und besonders dem verdienstvollen ehemaligen Rektor Frisch, einem der vorzüglichsten Mitglieder derselben, hat man auch die Einführung der weißen Maulbeerbäume und den Seidenbau in hiesigen Landen zu verdanken. Die ersten Bäume wurden in Berlin und Spandau auf die Wälle der Festungswerke gepflanzt. Auch bei Köpenick wurde eine sehr ansehnliche Pflanzung solcher Bäume angelegt und von Friedrich I. der Gesellschaft der Wissenschaften zum Eigentum überlassen, so wie sie auch das Nutzungsrecht aller auf den Wällen um Berlin und Spandau gepflanzten Maulbeerbäume erhielt.

Nach König Friedrichs I. Tode war das Schicksal der königl. Gesellschaft der Wissenschaften sehr mißlich. Sein Nachfolger König Friedrich Wilhelm sahe ihre gelehrten Arbeiten nicht aus dem vorteilhaftesten Gesichtspunkte an. Die Gelehrsamkeit überhaupt schien ihm mehr ein Zeitverderb, als dem Staate wirklich vorteilhaft zu sein. Bloß der Vorschlag, den die Gesellschaft dem Könige tat, daß sie ein medizinisch-chirurgisches Kollegium zum Unterrichte der Feldschere bei der königlichen Armee stiften und zu demselben ihr Theatrum Anatonicum hergeben wolle, rettete sie vom völligen Untergange. Da der König diesen Vorschlag annahm, bekam die Sozietät auch den botanischen Garten, der vorher eine Zeitlang zur Schloßapotheke gehört hatte. Sie mußte sich aber dabei anheischig machen, die verschiedenen seltenen ausländischen Bäume und Gewächse, die König Friedrich Wilhelm gar nicht liebte, deren Sammlung schon Kurfürst Friedrich Wilhelm angefangen hatte und die in den königlichen Lustgärten verteilt waren, in diesen Garten zu nehmen und zu unterhalten. Die königl. Sozietät teilte also ihre damals geringen Einkünfte mit dem neuerrichteten Medizinisch-chirurgischen Kollegium und den Orangenbäumen im botanischen Garten und erhielt endlich nach vierjähriger Ungewißheit 1717 die königliche Bestätigung, welche sie hauptsächlich ihrem Beschützer, dem Staatsminister v. Printzen, zu danken hatte. Sie fing nunmehr an, sich wieder zu erholen und ihre vorigen Beschäftigungen, obgleich nicht mit der vorigen Tätigkeit fortzusetzen. Im Jahre 1723 erschien erst der zweite Teil von den angefangenen Miscellaneen, und es gehörten zwanzig andere Jahre dazu, ehe die folgenden Teile, bis auf den VIIten, welches der letzte ist, erscheinen konnten. König Friedrich Wilhelm nahm jedoch in den letzten Jahren seiner Regierung vorteilhaftere Gesinnungen gegen die königl. Sozietät an. Er beschenkte sie im Jahre 1735 mit einer beträchtlichen Anzahl astronomischer, mathematischer und zur Naturlehre und Arzeneigelahrtheit gehöriger Bücher aus der königl. Bibliothek, die mit dem Büchervorrate, den die Gesellschaft seit ihrer Stiftung gesammelt hatte, vereiniget wurden.

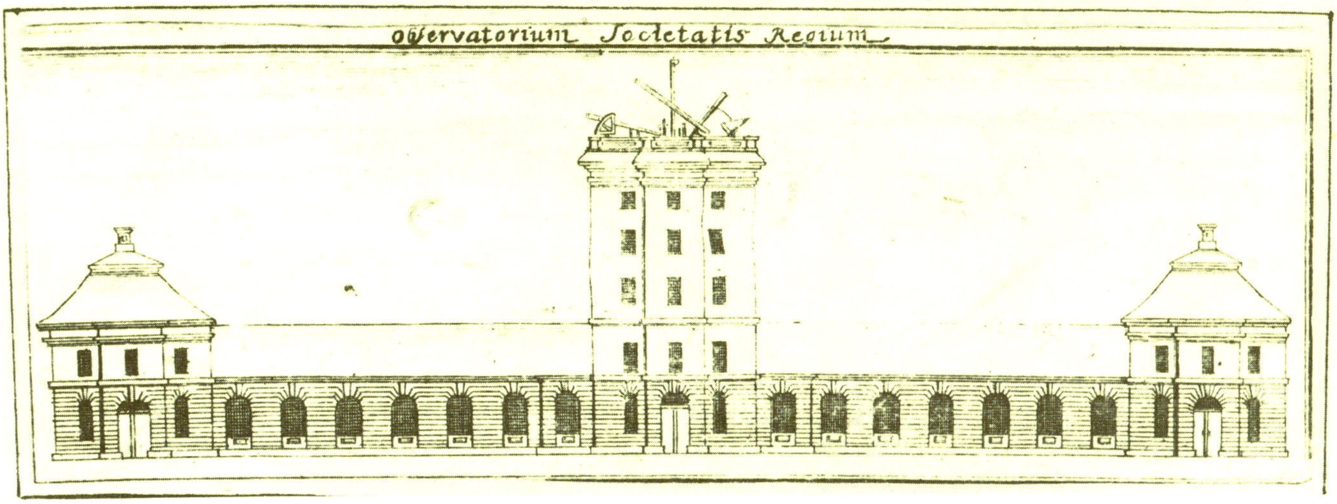

Die Sternwarte
der Akademie der Wissenschaften
in der Dorotheenstadt

Als Friedrich der Große im Jahre 1740 den Thron bestieg, konnte man von einem so großen Kenner der Wissenschaften wohl versichert sein, daß er die königl. Gesellschaft der Wissenschaften seines besondern Schutzes würdigen würde. Sie erhielt ihn auch von den ersten Tagen seiner Regierung an und würde die glücklichen Wirkungen davon sogleich empfunden haben, hätten es nicht die Kriege von 1741 bis 1744 verhindert. Unterdessen vereinigten sich einige Standespersonen, welche die Wissenschaften liebten, mit einigen Gelehrten, die zum Teil Mitglieder der alten Gesellschaft der Wissenschaften waren, eine gelehrte Gesellschaft zu stiften. Sie faßten ein Reglement in französischer Sprache ab, welcher sie sich auch in ihren Versammlungen bedienten, die beim Feldmarschall Grafen von Schmettau, hernach bei dem Staatsminister Freiherrn von Borcke und zuletzt auf dem Schlosse, wo ihnen der König einen Saal einräumen ließ, gehalten wurden.

Es ward auf Befehl des Königs gegen das Ende des Jahres 1743 eine Kommission niedergesetzt, um die alte königl. Sozietät und die neue gelehrte Gesellschaft unter dem Namen einer königl. Akademie der Wissenschaften zu verbinden. Diese bekam im Anfange des Jahres 1744, den 24. Jenner, neue Statuten, die aber bald hernach durch ein vom Könige vorgeschriebenes Reglement abgeändert wurden. Herr von Maupertuis wurde 1746 zum Präsidenten bestellt. Die bereits als Kuratoren vorhandenen vier königlichen Minister wurden zwar in dieser Qualität bestätigt, weil aber alle Autorität dem Präsidenten allein gegeben wurde, kamen diese vier Stellen allmählich in Abgang, so daß gegenwärtig drei derselben seit vielen Jahren unbesetzt blieben. Sechzehen Plätze in der Akademie wurden für vornehmere königliche Staats- und Kriegsbediente, die Liebhaber und Beförderer der Wissenschaften sein sollten, bestimmt, die unter dem Namen Ehrenmitglieder von der Akademie gewählt werden sollten. Jede der vier Klassen sollte aus sechs Mitgliedern bestehen, diese sollten in Berlin wohnhaft sein, und jedem wurde aufgelegt, jährlich eine oder zwei gelehrte Abhandlungen für die Akademie auszuarbeiten. Aus diesen sechs Mitgliedern jeder Klasse sollte auch der Direktor derselben gewählt werden. Endlich sollte die Akademie aus den königlichen Staaten und auswärtigen Ländern auch fremde oder auswärtige Mitglieder ernennen können, deren Zahl nicht bestimmt worden. Die Gegenstände, mit deren Untersuchung und Verbesserung die Akademie sich beschäftigen sollte, sind alle Wissenschaften überhaupt (ausgenommen die geoffenbarte Theologie, die bürgerlichen Rechte, die bloße Poesie und Redekunst). Die vier Klassen, worin die ordentlichen Mitglieder eingeteilt wurden, sind die Klassen der Physik, der Mathematik, der spekulativen Philosophie und der Philologie. Die Akademie bekam einen beständigen Sekretär, der in allen Versammlungen das Protokoll führet. Eine Kommission, die aus den vier Direktoren, dem Sekretär und Bibliothekar bestehet, sollte die Ausgabe der Memoiren besorgen. Außerdem sollten die Direktoren auch die ökonomischen Geschäfte der Akademie besorgen. Seit 1764 aber hat der König eine besondere Kommission, die aus Mitgliedern der Akademie besteht, hiezu ernennt.

Alle Jahre wird ein Preis von 50 Dukaten auf die beste Schrift über eine von der Akademie aufgegebene Materie gesetzt. Die Preisaufgaben werden abwechselnd aus den jeder Klasse eigenen Wissenschaften gewählt, so daß auf eine Frage aus der Physik eine mathematische, hernach eine philosophische u. s. f. folget. Im Jahr 1747 ist zu dem Zwecke von dem berühmten Hedlinger eine Denkmünze gegraben worden, die ausgeprägt 50 Dukaten an Gelde wert ist. Die Preisfragen werden durch die öffentlichen Zeitungen bekannt gemacht.

Den 23sten Jenner 1744, als an dem Tage vor dem Geburtstage des Königs, hielt die neue Akademie ihren ersten Versammlungstag. Den 31. Mai 1745 erteilte sie den ersten Preis, und den 15. Julius dieses Jahres ward beschlossen, daß künftig der Druck der Abhandlungen der Akademie in französischer Sprache geschehen sollte. Im Junius 1746 nahm der König den Titel eines Protektors der Akademie an. Eine Benennung, die zeigte, wie sehr der König die Akademie schätzte. Im Jahre 1744 ließ der König die Vorderseite des königlichen Stalls Unter den Linden, der 1743 abgebrannt war, wiederum aufbauen und verlieh den größten Teil des obern Stockwerks der königl. Akademie zu ihren Versammlungen, zur Verwahrung der Bibliothek, der mathematischen Instrumente, der Naturalien, der mechanischen Modelle und anderer Seltenheiten.

Herr von Maupertuis starb 1759, und seine Stelle ist bis itzt unbesetzt geblieben. Darauf befahl der König der Akademie, daß sie, bis ein Präsident ernennet würde, keine Mitglieder wählen sollte, indem sich Seine Majestät vorjetzt die Ernennung der Mitglieder selbst vorbehalten haben. [...]

In dem der Akademie zugehörigen Hause, hinter ihrer Sternwarte, ist ein chemisches Laboratorium erbauet und mit den nötigen Instrumenten versehen worden.

Man hat der Akademie die Herausgabe eines Schulatlas von 44 Karten, einer schätzbaren Sammlung von Seekarten verschiedener Länder, eines Grundrisses von Berlin und vom Tiergarten zu danken.

2. Das königl. Medizinisch-Chirurgische Kollegium

Der erste Entwurf zu Anlegung eines anatomischen Theaters kam von der königl. Gesellschaft der Wissenschaften her. Die Anstalten dazu nahmen 1717 ihren Anfang, und das erste Reglement desselben kam 1719 heraus. Die Absicht des Königs war besonders, geschickte Wundärzte für die Armee zu haben, daher war die erste Veranstaltung, daß im Winter anatomische Vorlesungen und Demonstrationen gehalten und im Sommer die Chirurgie gelehret werden sollte. Da der große Nutzen dieser Anstalt bald verspürt wurde, so ward sie 1724, besonders durch die Bemühung des Prof. Buddeus und des Generalchirurgus Holtzendorff, in ein medizinisch-chirurgisches Kollegium verwandelt. Von den sechs jetzigen Professoren ist jährlich einer Dekanus. Die öffentlichen Vorlesungen sind folgendergestalt eingerichtet:

Die beiden Professoren der Anatomie lehren in den Wintermonaten alle Teile derselben durch öffentliche Demonstrationen. Im Sommer pflegt der erste Professor die Physik und der zweite die Osteologie zu lesen. Der Professor der Chirurgie handelt in den Wintermonaten alle chirurgische Operationen ab, zeigt den Zuhörern an toten Körpern die Handgriffe und läßt sie dieselben selbst verrichten. Auch wenn Operationen im Charitéhospital vorfallen, werden sie dazu gezogen. Im Sommer pflegt er die Heilung der Wunden nebst der Lehre von den Verrenkungen und Brüchen der Knochen vorzutragen. Auch lieset derselbe jetzt über die Hebammenkunst und zeigt die Praxis bei den Entbindungen, die im Charitéhospital vorfallen. Der Professor der Botanik demonstrieret in den Sommermonaten alle in dem königlichen botanischen Garten befindliche, in der Medizin und Chirurgie brauchbare Pflanzen und Kräuter und stellt auch mit seinen Zuhörern botanische Exkursionen auf das Feld an. In den Wintermonaten lieset er die Materia medica. Die Professoren der Physiologie, Pathologie und Therapie endigen ihre Vorlesungen in Jahresfrist. Der Professor der Chemie trägt diese Wissenschaft nebst der Pharmazie jährlich vollkommen vor, und seine Zuhörer haben die Erlaubnis, in der königlichen Hofapotheke die chemischen und pharmazeutischen Bearbeitungen der Arzeneien zu sehen. Jährlich im Wintermonate (als der Zeit des Anfangs der Vorlesungen) wird ein Verzeichnis der Vorlesungen aller Professoren gedruckt. Die öffentlichen Vorlesungen werden unentgeldlich im großen Hörsaale gehalten. Wer denselben beiwohnen will, muß bei dem Dekan sich einschreiben lassen und zu dessen Beglaubigung eine Matrikel lösen. Zum Behufe der Lehrstunden ist ein Vorrat an anatomischen, chirurgischen und physikalischen Instrumenten nebst einigen anatomischen Präparationen vorhanden.

Außer den öffentlichen Vorlesungen halten die Professoren noch Privatvorlesungen über einzelne Teile der Arzneiwissenschaft, als über die medizinische Botanik, Physiologie, Hebammenkunst, gerichtliche Medizin usw. Außerdem darf niemand Privatvorlesungen über die Medizin und Chirurgie halten, es sei denn, daß der Chef des Kollegium besondere Erlaubnis dazu erteile.

Die Einrichtung dieses Kollegium ist für junge Leute, die sich der Medizin und Chirurgie widmen, vortrefflich, so daß schwerlich auf irgendeiner deutschen Universität zu gründlicher Erlernung dieser Wissenschaften so gute Anstalten sein werden. Es wird daher auch von Einheimischen und Fremden stark besucht. Es sind viele darunter, die schon auf Universität gewesen, ja selbst schon als Doktoren promoviert haben, dennoch aber dieses Kollegium besonders wegen der Anatomie, Chirurgie und Hebammenkunst besuchen. Das Anatomische Theater gehört unter die vorzüglichsten und berühmtesten von Europa. Es werden zu demselben alle in den sechs Wintermonaten (vom 1. November bis Ende Aprils) im Charitéhospitale, im Irrenhause und in den übrigen Armen- und Waisenhäusern sterbende, wie auch die Leichname aller, die vom Armendirektorium Almosen genießen, wenn die Verwandten sie nicht beerdigen lassen können, und derer, die sich selbst entleiben, abgeliefert. Es hat seit geraumer Zeit unter der Aufsicht eines Mekkel und Walter, zweier der berühmtesten Anatomiker Europens, gestanden, welches zu dessen Ruhme schon genug ist. Es sind beständig eine ziemliche Anzahl Ärzte und Wundärzte vorhanden, welche unter Aufsicht der Professoren der Anatomie selbst präparieren. Zur Vervollkommnung der Chirurgie, wozu dieses Kollegium zuerst ist gestiftet worden, hat es die größte Wirkung gehabt. Es sind aus dieser Schule die vortrefflichsten Wundärzte, besonders bei der königlichen Armee, hervorgekommen, um deren Bildung Henckel unverkennbare Verdienste hat.

Insonderheit ist in Berlin die Wundarzneikunst in einem so vorzüglichen Zustande als in irgendeiner Stadt Deutschlands, ja man darf sagen Europens. Außer den Herren Generalchirurgen Schmucker, Bilguer, Theden und dem Herrn Prof. Voitus, welche sich durch Schriften berühmt gemacht haben, sind unter den Regimentswundärzten bei der hiesigen Garnison, unter den königlichen Pensionärwundärzten und bei dem hiesigen Amte der bürgerlichen Wundärzte Männer von geprüfter Einsicht in nicht geringer Anzahl vorhanden. [...]

3. Die königliche Akademie der Künste und mechanischen Wissenschaften

Es hatten sich um das Jahr 1690 verschiedene Künstler aus Liebe zur Kunst zusammengetan, um eine Privatakademie zu errichten. Augustin Terwesten war auch von dieser Gesellschaft. Dieser nahm Gelegenheit, als der Kurfürst im Jahre 1694 über ein Gemälde von ihm seine Zufriedenheit bezeigte, die Vorstellung zu tun, daß in Berlin eine Akademie der Künste nach dem Muster der Pariser errichtet werden könnte. Der Kurfürst ließ sich diesen Vorschlag nicht allein gefallen, sondern trug auch Terwesten die Ausführung desselben auf, welcher, mit Zuziehung Schlüters, der im Jahre 1694 als Hofbildhauer in kurfürstliche Dienste gekommen war, den ersten Entwurf zu der Errichtung der Akademie machte, den der Kurfürst approbierte und seinen ersten Minister, Eberhard von Danckelmann, zum Protektor der neuen Akademie ernannte. Der Baumeister Nering bekam also im Jahr 1695 Befehl, das obere Stockwerk der Vorderfaçade des königlichen Stalles auf der Dorotheenstadt zur Akademie einzurichten. Diese ward in sechs Zimmer abgeteilt, welche im Jahre 1697 fertig wurden, so daß sie auch der Kurfürst besahe und sein besonderes Wohlgefallen darüber bezeugte. Die akademischen Unterweisungen nahmen ihren Anfang. Die Akademie bekam auch einigen Fond zu ihrer Unterhaltung. Das Reglement war aber noch nicht ganz in Ordnung gebracht und ward erst den 20. März 1699 verfaßt und den 1. Julius, als die Akademie im Beisein des Hofes öffentlich eingeweihet wurde, publiziert. Dieser Verzug rührte von den Streitigkeiten her, die unter den Mitgliedern wegen des Direktorats entstanden, woran ein sonst geschickter Miniaturmaler, Joseph Werner aus der Schweiz, schuld war, welcher sich unter Protektion des Premierministers von Danckelmann zum beständigen Direktor aufdringen wollte. Unterdessen fiel Danckelmann in Ungnade, und nach seinem Falle ward es kund, daß der Kurfürst von Werners Berufung zum beständigen Direktor gar nicht war unterrichtet gewesen. Es ward daher 1699 das Reglement zustande gebracht und die Akademie den 1. Julius eingeweihet. Man ließ Wernern den Titel eines Direktors, da die andern nur Rektoren hießen, aber die Aufsicht über die Akademie ward ihnen jährlich wechselsweise aufgetragen. Indessen waren doch unter den Rektoren beständige Streitigkeiten.

D. Richter/Samuel Blesendorf,
Erhard von Danckelmann

Die Akademie hatte jedoch guten Fortgang. 1706 wuchs die Anzahl der Studierenden so stark, daß außer den vorherigen 3 Klassen noch eine vierte errichtet werden mußte. In diesem blühenden Zustande blieb sie bis ins Jahr 1713, da Friedrich I. starb. Unter König Friedrich Wilhelm ward die Akademie zwar nicht geachtet, indessen dauerte die Unterweisung der Lehrlinge fort, die beständig noch vielen Nutzen schaffte. In diesem Zustand befand sich die Akademie, als im Jahre 1743 im Monat Julius in den unter den Zimmern der Akademie befindlichen königlichen Ställen ein unglücklicher Brand entstand, der die sämtlichen Zimmer der Akademie, alle Gemälde, Zeichnungen, Gipsbilder, Kupferstiche und sonderlich die vortrefflichen Abgüsse der antiken Bildsäulen und die Formen dazu verzehrte, welchen unersetzlichen Schaden die Akademie noch bis jetzt empfindet. Die abgebrannte Seite ward jedoch auf Befehl des Königs wieder aufgebaut und halb der Akademie der Wissenschaften, halb der Akademie der Künste gewidmet. Im Jahr 1751 ward Herr Blaise Nicolas le Sueur aus Paris vom Könige zum Direktor der Akademie der Künste ernennt und mit einer Pension von 600 Rtlr. begnadiget. Dem Eifer dieses würdigen Mannes hatte die Akademie den Anfang ihrer Wiederherstellung zu danken. Doch kam sie erst im Jahre 1770 zum Besitz der ihr angewiesenen Zimmer. Nach dessen 1782 erfolgtem Tode ward der berühmte Herr B. Rode vom Könige zum beständigen Direktor ernennet.

Daniel Chodowiecki/
Daniel Berger,
Christian Bernhard Rode,
1772

Zu Anfange des Jahres 1786 wurde die ursprüngliche Einrichtung der Akademie nach dem Reglement wiederhergestellet, nachdem der König aus höchsteigener Bewegung des Geheimen Etats-, Krieges- und dirigierenden Ministers wie auch Ober-Berghauptmanns Herrn Baron von Heinitz Exzellenz die Oberaufsicht über die Akademie übertragen und auf dessen Vorschlag den Fond derselben ansehnlich vermehret hat. Es sind die ehemaligen Rektorate bei der Akademie wiederhergestellt, ein Sekretär der Akademie ernannt, die Gehalte der Professoren vermehret und noch ein besonderer Zeichenmeister bestellt worden, auch wird der vom Könige der Akademie bewilligte neue Fond teils zur Bestreitung der zum Zeichnen nach dem Leben erforderlichen Kosten, teils zur Anschaffung der der Akademie noch fehlenden Zeichnungen, Kupferstiche und Gipsmodelle verwandt werden; überhaupt aber soll bei selbiger inskünftige nicht bloß auf die Anziehung von Malern, Kupferstechern, Bildhauern und Zeichnern, als vielmehr auf bessern Unterricht solcher Handwerker mit Bedacht genommen werden, die bei ihren Arbeiten Geschmack, Ordnung und die Lehre von der rechten Haltung nötig haben, und so wird hier nach und nach zum Besten des Staats eine wahre Kunstschule gebildet werden, wie solche in Nürnberg, Augsburg, in England und Frankreich existieren. Es sollen Handwerkern gute Zeichnungen und Modelle von ausländischen Erfindungen vorgezeigt und sie, dergleichen selbst zu erfinden, durch Preise aufgemuntert werden. Auch soll, wie es bei andern Akademien gebräuchlich ist, hier ebenfalls alle Jahr eine öffentliche Ausstellung von Kunstsachen geschehen, damit das Publikum sich von den Früchten dieser Einrichtung überzeugen und gute Künstler kennenlernen kann. Mit dieser Ausstellung soll im Jahre 1786 im Monat Mai der Anfang gemacht werden. [...]

4. Königliche neue Ritterakademie oder Académie militaire

Der jetztregierende König stiftete dieselbe 1765 und setzte sie gleich anfangs unter Generaldirektion Seiner Exzellenz des Herrn Generallieutenants Freiherrn von Buddenbrock. Der König ließ 1765 in der Burgstraße ohnweit der Kavalierbrücke ein ansehnliches Gebäude zur Wohnung der jungen Edelleute und ihrer Gouverneure bauen, welches sie im Jahre 1769 bezogen, und das hinter demselben liegende Haus in der Heiligengeiststraße wurde zur Wohnung für die Professoren bestimmt.

Der König besoldet eine Anzahl Professoren und Lehrer, welche die jungen Edelleute in der Religion, Mathematik, Ingenieurkunst, Philosophie, Moral, Recht der Natur, den Anfangsgründen der bürgerlichen Rechte, der Geschichte, den Sprachen, desgleichen im Zeichnen, Fechten und Tanzen unterrichten. Das Reiten geschiehet unter Aufsicht des königlichen Stallmeisters auf der königlichen Reitbahn. Außer den Lehrstunden stehen sie unter Aufsicht ihrer Gouverneure, deren jetzt fünf sind. [...]

Anton Graff,
Johann Georg Sulzer,
1774

Pfenninger,
Catherine Wilhemine Sulzer

5. Die Gesellschaft der naturforschenden Freunde

Im Jahre 1773 verbanden sich verschiedene hiesige Gelehrte, eine Gesellschaft zu Erforschung der Natur zu errichten, welche von dem königlichen Geheimen Staatsrate unterm 25. Oktober 1773 genehmigt wurde. Darauf nahm die Gesellschaft viele hiesige und auswärtige bekannte und berühmte Naturforscher zu Mitgliedern an, deren Zahl sich jetzt schon über 200 beläuft.

Den ersten Plan und die Haupteinrichtung dieser nützlichen und auswärts berühmten Gesellschaft hat der verstorbene Dr. Martini mit einigen Freunden und ersten Mitgliedern entworfen. Martini war bis an seinen Tod beständiger Sekretär derselben. Wegen der immer zunehmenden Korrespondenz ist das beständige Sekretariat ganz abgeschafft worden. [...] Die Gesellschaft hat bereits 10 Bände ihrer Schriften herausgegeben, nämlich 4 Bände unter dem Titel: Beschäftigungen der etc. und 6 Bände unter dem Namen: Schriften der Gesellschaft naturforschender Freunde. Seit der kurzen Zeit ihrer Einrichtung besitzt sie schon ein ansehnliches Naturalienkabinett und einen nicht unbeträchtlichen Anfang zu einer Bibliothek [...]. Die Versammlungen werden alle Dienstage nachmittags bei einem der hiesigen ordentlichen Mitglieder der Reihe nach gehalten.

Johann Gottfried Schadow/Rick, Markus Herz

II. ÖFFENTLICHE UND PRIVATVORLESUNGEN

Es werden in Berlin fast über alle Wissenschaften öffentliche Vorlesungen gehalten, welche sowohl jungen Studierenden Gelegenheit geben, in den ihnen nötigen Wissenschaften gründlichen Unterricht zu erhalten, als auch andere Liebhaber der Gelehrsamkeit alles Standes veranlassen, sich mit verschiedenen Wissenschaften zu beschäftigen. Teils sind diese Vorlesungen vom Generaldirektorium veranlasset, teils werden sie von verschiedenen Gelehrten freiwillig gehalten. [...]

III. GYMNASIEN UND SCHULEN

1. Das Joachimsthalsche Gymnasium

Es führt den Namen von seinem Stifter, dem Kurfürsten Joachim Friedrich, welcher im Anfange des siebenzehnten Jahrhunderts sein ohnweit Neustadt-Eberswalde in der Mittelmark erbauetes Jagdschloß Joachimsthal, die dabei liegenden Gebäude und Kirchen samt den dazugehörigen Äckern, Gärten und Wiesen zur Anlegung einer Fürstenschule widmete. Er schenkte gleich im Anfange dazu ansehnliche Summen und Pächte und vermachte der Schule einige Klöster und Amtsdörfer in der Alt- und Uckermark. Von den Einkünften sollten 120 junge Leute adelichen und bürgerlichen Standes, und von diesen viele selbst bis auf die Kleider freigehalten werden. Die übrigen aber, welche über oben benannte Zahl in dieser Schule ihren Unterricht haben wollten, mußten auf eigne Kosten leben. 1607 wurde das Gymnasium zu Joachimsthal eingeweiht und das dreizehnte Jahr des Alters als das mindeste zur Aufnahme bestimmt. Es vergrößerte sich aber wegen seiner guten Einrichtung in kurzer Zeit. Da der Hof seit Johann Sigismunds Zeiten sich zur reformierten Konfession bekannte und wegen der beträchtlichen Erweiterung der Einnahmen dieser Kurfürst als der zweite Stifter des Gymnasiums anzusehen war, so wurde von 1616 bei Besetzung der Stellen darauf gesehen, daß die Lehrer reformiert waren. Der Krieg, der Deutschland gegen die Mitte des vorigen Jahrhunderts verwüstete, verursachte nach 30 Jahren der Schule gänzlichen Verfall, denn im Jahre 1636 wurde das Gymnasium von den Schweden dergestalt verwüstet, daß sich Lehrer und Zuhörer zerstreueten. Erst nach dem Westfälischen Frieden, da die Ruhe in Deutschland wiederhergestellet war, sammelte sich gegen das Jahr 1650 wieder eine kleine Schule davon in Berlin, aus welcher Kurfürst Friedrich Wilhelm der Große das Gymnasium herstellete. Im Jahre 1653 wurde zwar die Köllnische Schule mit der Joachimsthalschen vereinigt und die Zahl der Lehrer vermehrt, aber es dauerte doch bis 1660, ehe sie ihrer Stiftung gemäß blühend werden konnte, denn damals erst wurde ihr durch die wirklich erhaltenen Einkünfte von verschiedenen Ämtern aufgeholfen. Weil nun unterdessen festgesetzt worden, daß diese Fürstenschule auf immer in Berlin bleiben sollte, so wurden anfänglich auf dem kurfürstlichen Schlosse in dessen Vorder-

Friedrich August Calau,
Die Burgstraße mit dem
Joachimsthalschen Gymnasium,
1795

teile einige Zimmer dazu eingerichtet und hernach 1667 an der Ecke der Langen Brücke ein eigenes Haus für dasselbe gekauft, welches 1690 ganz neu erbauet wurde. Der Grund zu dem jetzigen großen und schönen Gebäude des Gymnasium wurde unter der Regierung Friedrichs I. geleget, allein unter Friedrich Wilhelm ward es 1717 erst fertig. In den weitläuftigen Vorder-, Hinter- und Seitengebäuden ist zu geräumigen Wohnungen für den Oberamtmann, für die Professoren, Inspektoren und Gymnasiasten, für Kommunität, zu unterschiedenen Hörsälen und Klassen, zur Bibliothek und überdies noch zu Wohnungen für die Unterbedienten desselben hinlänglich Raum.

Johann Heinrich Ludwig Meierotto

Das Gymnasium ist besonders in diesem Jahrhunderte jederzeit in dem größten Flor gewesen und hat viele gelehrte und berühmte Lehrer gehabt. Es stehen gegenwärtig bei demselben sechs ordentliche Professoren, nämlich (1) der beständige Rektor (jetzt Hr. Prof. Meierotto), welcher jetzt zugleich Professor der Beredsamkeit ist, (2) der Professor der Gottesgelahrtheit, (3) der griechischen Sprache, (4) der Philologie, (5) der Physik und Mathematik, (6) der Philosophie und Geschichte, außerdem drei außerordentliche Professoren. [...]

Das große Examen, welches vier oder fünf Tage währet und alle Klassen durchgehet, wird jährlich 14 Tage vor Ostern gehalten. Einige Schüler der höhern Klassen halten dabei öffentliche Reden. Nach Endigung des Examens in jeder Klasse geschiehet von dem Rektor die Versetzung aus den niedern in die höheren Klassen. Diejenigen, welche das Jahr hindurch besondern Fleiß und gute Sitten bewiesen haben, bekommen Bücher zu Prämien. Weil aber in allen Klassen nicht mehr als 40 von verschiedenem Wert ausgeteilet werden können, so genießen die übrigen Fleißigen und Gesitteten doch die Ehre, daß ihre Namen öffentlich verlesen werden, welches auch die Unfleißigen und Unordentlichen zu ihrer Demütigung leiden müssen. [...]

2. Das vereinigte Berlinische und Köllnische Gymnasium im Grauen Kloster und die unter demselben stehende zwei Stadtschulen

Das jetzige Gymnasium im Grauen Kloster ist aus zwei vereinigten Stadtgymnasien entstanden, von deren jedem eine kurze Nachricht erteilet werden soll. Das Berlinische Gymnasium ist das erste und älteste nicht nur in Berlin, sondern auch in der ganzen Mark Brandenburg und für Adeliche und Bürgerliche des ganzen Landes gestiftet worden. Es entstand 1574 durch die Vereinigung der beiden Schulen bei den Pfarrkirchen zu St. Nikolai und St. Marien, und der Kurfürst Johann Georg schenkte zum Sitze desselben einen

Teil des vormaligen Grauen Klosters in der von demselben benannten Klosterstraße, dessen letzter Franziskanermönch schon einige Jahre vorher gestorben war. Der Bürgermeister Joachim Steinbrecher verwandte große Mühen und Kosten an die Einrichtung der Klassen, und am 13. Juli 1574 konnte das Gymnasium schon eingeweihet werden, welches vorzüglich durch eine Rede seines großen Beförderers und Wohltäters, des berühmten Kanzlers Distelmeier, geschahe. Nach und nach kamen auch Wohnungen für die Lehrer in dem Kloster zustande. Der Kurfürst ließ eine Schulordnung verfertigen, welche er 1579 bestätigte, schenkte aber das Gymnasium mit seinen Gebäuden und die an dieselben stoßende Kirche dem Magistrat. Es hatte schon in den ersten Jahren über 600 Schüler auf einmal, welche man in 7 Haufen abteilte, und es wurden 13 Lehrer für dasselbe bestimmet, von welchen der erste Rektor und Professor für Theologie und Aufseher der ganzen Anstalt, der zweite der Rektor sein sollte usw. In seinem ersten Jahrhundert sind von 20 Rektoren nur 3 im Rektorat gestorben, die übrigen aber, welche wegen des sehr geringen Gehalts bald abgingen, sind Professores, Prediger, Inspektores, Pröpste, Generalsuperintendenten, Konsistorialräte und Bischöfe geworden. Von 1674 bis 1765 hat das Gymnasium beständig 9 Lehrer gehabt. Unter seinen Rektoren ist Johann Leonhard Frisch der berühmteste, insonderheit wegen seines deutsch-lateinischen Wörterbuchs, wegen der Erfindung des Berliner Blaus und wegen der zuerst zum Behuf des Seidenbaues angelegten Maulbeerbaumpflanzung. Die Kapitalien des Gymnasiums sind dadurch ansehnlich vergrößert worden, daß der Kaufmann zu Venedig Sigismund Streit, aus Berlin gebürtig, 1752 für die Lehrer und arme Studierende 10 000 Taler und für die Witwen der Lehrer 3 000 Rtlr. Kapital, 1760 aber für jene noch 50 000 Rtlr. geschenket und verordnet hat, daß die letzte Summe durch die Zinsen, welche sie trägt, erst auf 148 000 Taler anwachsen und hernach zum Nutzen des Gymnasiums angewandt werden solle. Jetzt, da dieses gedruckt wird, ist die Summe beinahe vorhanden und wird nun bald genutzt werden, die Witwen aber genießen schon seit des Stifters Tode die Zinsen des für sie bestimmten Kapitals. Die Streitische Stiftung steht unter einem besondern Direktorium. Es war das Berlinische Gymnasium 1766 unter den 3 Stadtgymnasien noch in einigem Flor.

Des Köllnischen Gymnasiums Geschichte ist noch nicht recht und hinlänglich untersucht worden, also auch noch wenig bekannt. Es verlor 1730 seine Schulgebäude durch den heftigen Brand, welche die Petrikirche verwüstete, und bekam nun seinen Sitz in dem größten Teil des mittlern Stockwerks des Köllnischen Rathauses. Unter dem letzten Rektor Christian Tobias Damm nahm die Anzahl der Schüler nach und nach sehr ab, welches denselben so verdroß, daß er zu seinen Kollegen oft sagte, das Gymnasium solle ganz eingehen, sich auch dem Unterricht in demselben entzog. Der damalige Propst in Kölln, Johann Peter Süßmilch, Oberkonsistorialrat, wünschte, daß das Köllnische Gymnasium mit dem Berlinischen vereinigt und dadurch den Lehrern des vereinigten Gymnasiums mehr Gehalt verschaffet werden mögte.

Als nun des Berlinischen Gymnasiums Rektor Joh. Jak. Wippel 1765 starb, verordnete das Oberkonsistorium eine Kommission zur Untersuchung der 3 Stadtgymnasien, welche in ihrem Bericht vorschlug, aus den 3 obern Klassen des Berlinischen und Köllnischen Gymnasiums ein vereinigtes Gymnasium unter dem Ephorat der Pröpste zu Nikolai und Kölln und aus den übrigen oder untern Klassen eines jeden eine Stadtschule zu errichten, anstatt des bisherigen Privatgeldes ein mäßiges Schulgeld für die Schulkasse einzuführen und die Klassen des Gymnasiums nach den Sprachen und Disziplinen einzurichten. Der König bewilligte, daß die Stadtkämmerei außer den 100 Talern, welche sie seit 1762 jährlich zu der Schulkasse gab, noch 800 Taler dazu liefern dürfte. Den Herrn Dr. Anton Friedrich Büsching, welchem eine Ratsstelle in dem Oberkonsistorium angetragen war, berief der Magistrat zum Direktor der zu vereinigenden Gymnasien und der beiden Stadtschulen und überließ ihm die Entwerfung und Vollziehung des Plans. Die feierliche Eröffnung des vereinigten Gymnasiums und der beiden Stadtschulen, einer auch im Grauen Kloster und der andern auf dem Köllnischen Rathause, geschahe am 29sten Mai 1767. Der Direktor hat den Plan so eingerichtet, daß das Gymnasium ein Mittelding zwischen einer Universität und einer gemeinen Stadtschule und nicht bloß für Studierende, sondern auch für den Nähr- und Wehrstand nützlich ist, in den beiden Stadtschulen aber die Knaben teils zum Gymnasium, teils für den Nährstand zubereitet werden. [...]

Anton Friedrich Büsching

3. Das vereinigte Friedrichswerdersche und Friedrichsstädtische Gymnasium

Das Friedrichswerdersche Gymnasium hat seine Stiftung vom Kurfürsten Friedrich Wilhelm. Er befahl im Jahr 1681 dem damaligen friedrichswerderschen Magistrate, eine öffentliche Schule anzulegen und bestimmte dazu teils aus dem Verkauf dreier Präbenden im Klevischen, teils aus den Einkünften der friedrichswerderschen Mühlen, teils aus eingekommenen Strafgefällen einen freilich anfänglich nur geringen Fond, der aber seit der Zeit nach und nach teils aus landesherrlichen Kassen, teils aus der Magistratskämmerei ansehnlich vermehrt worden ist. Doch ward kein eignes Gebäude für die Schule erbaut, sondern diese ward auf das von 1671 bis 1678 erbaute Werdersche Rathaus verlegt, dessen ganzes oberes Geschoß noch itzt das Gymnasium innehat. Wohnungen für die Lehrer hat das auf dem Werderschen Rathause befindliche Gymnasium nicht, sondern diese wohnen in Privathäusern.

Georg Gottfried Küster

Unter dem Rektorat des nachmals als Professor der Theologie in Halle so bekannt gewordenen Dr. Joachim Lange (von 1697 bis 1709) erhielt diese vorher unbeträchtliche Schulanstalt wegen der damaligen großen Frequenz und der durch Lange gemachten neuen vorzüglichen Einrichtungen das Prädikat eines Gymnasiums, welches 1701 feierlich eingeweiht ward. Nach Langens Abzug fing der Flor des Gymnasiums wieder an abzunehmen. Es sank und stieg abwechselnd, bis es endlich in den letzten Jahren des 1776 im 81sten Jahre seines Alters verstorbnen Rektor Küster ganz unbeträchtlich ward. Seitdem der Herr Oberkonsistorialrat Gedike 1779 zum Direktor und Rektor des Gymnasiums ernannt worden, ist dasselbe in kurzer Zeit wieder zu einen solchem Flore gekommen, daß es nunmehr mit den andern berlinischen Gymnasien wetteifert und gegenwärtig weit über 200 Schüler zusammen hat. [...] Die innere Einrichtung des Gymnasiums in Ansehung der Gegenstände des Unterrichts, der Methode, der Lehrbücher und der Disziplin ist unter der gegenwärtigen Direktion völlig verändert und dem Geist und den Bedürfnissen unsers Zeitalters angemessen gemacht worden. [...]

Mit dem Friedrichswerderschen Gymnasium ward 1742 das wenige Jahre vorher auf Befehl König Friedrich Wilhelms gestiftete, aber aus Mangel eines hinlänglichen Fonds nicht gedeihende Friedrichsstädtische Gymnasium vereinigt. Doch blieb auf der Friedrichsstadt eine kleine deutsche Schule, an der die beiden Kantoren der friedrichsstädtischen Gemeine und ein Bakkalaureus als Lehrer stehen, welche dem Direktor des vereinigten Gymnasiums subordiniert sind. [...]

Das Gymnasium hat itzt fünf Klassen. [...] Der Unterricht ist übrigens nicht bloß für künftige Gelehrte eingerichtet, sondern auch zur Bildung des Bürgers und andrer Stände.

Außer den gewöhnlichen Gegenständen des Unterrichts wird schon in den untern Klassen Geographie, Historie und Naturgeschichte gelehrt, außerdem eine allgemeine Kenntnis des menschlichen Körpers, allgemeine Kenntnis der preußischen Staatsverfassung und andre jedem auch Ungelehrten nötigen Kenntnisse. Schon in den untersten Klassen werden die Schüler teils durch Lesen und Unterredung des Lehrers, teils durch schriftliche Übungen zur Reinigkeit und Richtigkeit der deutschen Sprache angewiesen, welcher Unterricht in allen Klassen stufenweise fortgesetzt wird. Die Mathematik wird in den beiden ersten Klassen gelehrt, die reine in der zweiten, die angewandte in der ersten. Statt der letztern wird abwechselnd die Physik gelehrt und mit den nötigsten Experimenten begleitet, wozu itzt schon eine kleine Sammlung von Instrumenten vorhanden ist. In den historischen Lektionen wird mit der alten und neuern Staatengeschichte abgewechselt. In den untern Klassen werden die Schüler vorzüglich mit der Geschichte des Vaterlandes bekanntgemacht. Die lateinische, griechische und französische Sprache werden nicht nur in besondern Lektionen getrieben, sondern es wird auch der wissenschaftliche Unterricht, wo und soviel es sein kann, mit dem Sprachunterrichte verbunden nach der von Hrn. Gedike in seiner Einladungsschrift über die Verbindung des wissenschaftlichen und philologischen Schulunterrichts vorgetragenen Ideen. Es geschieht dies vornehmlich in Ansehung der Philosophie und der philosophischen Geschichte. [...] Eine der wichtigsten Lektionen in der ersten Klasse ist die allgemeine Enzyklopädie der Gelehrsamkeit, die Herr Gedike Jahr aus Jahr ein fortgesetzt vorträgt.

Zur bessern Aufsicht auf die Sitten ist eine wöchentliche Zensur und eine größere vierteljährige Zensur angeordnet. Monatlich hält der Direktor in allen Klassen ein Examen. Jährlich gegen Ostern wird ein großes öffentliches Examen angestellt. Am Ende dieses Examens werden für 30 Taler Bücher als Zeichen der Zufriedenheit unter die besten Gymnasiasten aller Klassen verteilt. [...]

4. Das Französische Gymnasium

Die französischen Reformierten stifteten 1689 unter Kurfürst Friedrich III. dieses Gymnasium nach dem Muster der Gymnasien (Collèges) in Frankreich zu Erziehung ihrer Jugend. Es war anfangs in der Stralauer Straße, aber 1701 kaufte die französische Gemeine ein Haus auf dem Friedrichswerder unweit der Kirche, das dem General von Wangenheim gehört hatte, und ließ auf dem Platze das Schulhaus, das Haus für das Konsistorium und 1705 auch für die Zivilkollegien bauen. Die Statuten der Einrichtung des Gymnasiums sind vom 14. Mai 1704. Seit seiner Stiftung hat es zween Professoren, einen in der Philosophie und einen in der Beredsamkeit, welcher letztere jetzt zugleich Direktor des Gymnasium ist, fünf Kollegen, auch einen französischen und deutschen Schreib- und Rechenmeister. Sie empfangen sämtlich ihren Gehalt vom Landesherrn, daher sind die Lehrstunden des Gymnasium ganz und gar frei, außer einer kleinen Abgabe, welche die Schüler für ihre Matrikel bezahlen. Es werden darin auch Schüler außer der Kolonie und von andern Religionen aufgenommen und können ihre Studien darin solange fortsetzen, bis sie auf die Universität gehen. Das Gymnasium ist durch den Eifer des Hrn. Oberkonsistorialrat Erman, welcher 1766 zum Direktor und Professor der Beredsamkeit ernennet wurde, beträchtlich verbessert worden. Es bestehet aus sieben Klassen, und es wird nun auch Unterricht in der Mathematik erteilt. Es werden jährlich zwei öffentliche Examen gehalten und in dem Michaelisexamen den Schülern Preise, welche in Büchern bestehen, ausgeteilt. [...]

5. Die Realschule

Diese Schule ward im Jahre 1747 vom verstorbenen Oberkonsistorialrat Hecker, als Pastor an der Dreifaltigkeitskirche auf der Friedrichsstadt, angelegt. Die Absicht derselben war, daß Kinder, außer der Unterweisung im Christentum, darin zu jedem Stande und jeder Lebensart, der sie sich widmen wollen, sollten vorbereitet werden. Sowohl diejenigen, welche studieren, als auch die, welche Offiziere, Ingenieure, Kaufleute, Künstler, Landwirte und Handwerker werden wollen, sollen darin den ersten Unterricht finden können, der ihnen für ihr zukünftiges eigentliches Geschäft der nötigste und brauchbarste ist. Diese Schule führet daher den Namen einer Realschule, da sie sonst von der Kirche, bei welcher der Direktor derselben stehet, auch zuweilen die Dreifaltigkeitsschule genannt wird. Sie ist in vier Abteilungen geteilet, nämlich:

(a) Das Pädagogium ist der studierenden Jugend gewidmet. (b) Die Kunstschule für die, welche sich den mechanischen Künsten, Kaufmannschaft usw. widmen. (c) Die Mädchenschule für Frauenzimmer. (d) Die deutschen Schulen für künftige Handwerker. Obgleich diese vier Schulen sowohl in den Lektionen als auch in der Lehrart voneinander unterschieden sind, so machen sie doch in Ansehung des Unterrichts ein Ganzes aus.

Im Pädagogium wird die deutsche, lateinische, griechische, hebräische und französische Sprache gelehret. In der Kunstschule hingegen wird die griechische und hebräische Sprache weggelassen und die lateinische wird bloß nur zum notdürftigen Gebrauche gelehret. Die Philosophie, die Kirchengeschichte, die Altertümer, die Beredsamkeit und Dichtkunst werden nur im Pädagogium gelehret. Hingegen die Handlung, Buchhalten, Kenntnis der Manufakturen, die Ökonomie, das Briefschreiben, die Zeichenkunst, Vokalmusik, auch auf Verlangen das Drechseln und Glasschleifen werden bloß in der Kunstschule gelehret. In beiden, doch mit veränderter Lehrart, wird die Mathematik, die Rechenkunst, Geschichte und Erdbeschreibung vorgetragen. In der deutschen Schule wird bloß Rechnen, Schreiben und für die Knaben eine Kenntnis von Handwerken, für die Töchter aber Nähen und Stricken gelehret. In derselben werden auch beständig eine Anzahl Leute zu Landschulmeistern vorbereitet und in dem Garten der Realschule zugleich zum Seidenbaue angewiesen. [...]

6. Schule auf der Dorotheenstadt

Bei derselben steht ein Rektor, der Kantor als Kollege und ein Schreib- und Rechenmeister. Sie ist in der Letzten Straße. [...]

IV. ANDERE SCHULEN

In Berlin ist eine Anzahl sogenannter Freischulen, die [...] nur den ersten Unterricht der Jugend zum Zwecke haben. [...]

Johann Friedrich Schleuen,
Die königliche Bibliothek

Von Bibliotheken und Sammlungen aller Art

I. BIBLIOTHEKEN

1. Die königliche Bibliothek

Die königliche Bibliothek ist eine der ansehnlichsten in Europa. Die Privatbibliothek Kurfürst Friedrich Wilhelms des Großen ward um 1658 auf Bitte der damaligen Räte den vornehmsten Hofbedienten, Räten und Gelehrten zum Gebrauche geöffnet. Im Jahre 1663 wurde die kurfürstliche Bibliothek auf den Saal des alten Seitengebäudes des Schlosses gebracht und zugleich die Bibliothek des Doms derselben einverleibt. Sie wurde nachher sowohl unter dem Großen Kurfürsten als unter König Friedrich I. nach dem Plane, daß in keinem Teile der Gelehrsamkeit etwas fehlen sollte, ansehnlich vermehrt. Man ließ sich insbesondere gleich anfangs angelegen sein, alles was die Geschichte von Deutschland, die Reformationsgeschichte und das deutsche Staatsrecht anging, anzuschaffen. Nachher hat solche durch Schenkungen einzelner kostbarer Werke von Vornehmen und Gelehrten, auch durch Ankaufung ganzer Bibliotheken, besonders der Spanheimischen und Quintus Iciliusschen, einen ansehnlichen Zuwachs erhalten. Gegenwärtig beläuft sich die Anzahl auf 150 000 Bände, da König Friedrich II. durch Schenkung vieler Bücher aus seiner Privatbibliothek und durch Ankaufung einer sehr großen Anzahl nützlicher Bücher und kostbarer Werke solche ansehnlich vermehret hat und jeder Buchhändler und Buchdrucker in königlichen Ländern 2 Exemplare seines Verlags und Drucks liefert.

Da der Platz im Seitengebäude des Schlosses enge ward, so ließ der König auf dem Platze am Opernhause ein prächtiges Gebäude errichten, in welches die Bibliothek im Jahre 1779 versetzet ward. Sie steht im zweiten Geschosse dieses Gebäudes. Der sehr hohe und große Saal ist 258 rheinländi-

Johann Erich Biester

sche Fuß lang und 56 Fuß breit, hat an beiden Seiten Fenster und wird in der Mitte von 10 korinthischen Säulen und zwei Scheidewänden unterstützt. [...] Das Lesezimmer (in der Amtswohnung der Bibliothekare) ist täglich vor- und nachmittags (sonnabends nachmittags ausgenommen) offen und enthält Tische, Stühle und alle Bequemlichkeiten zum Lesen und Exzerpieren. Das Lesezimmer stößt an das Eckzimmer mit den Kupferstichen und verbindet dadurch dieses Haus mit der Bibliothek. [...] Die Oberaufsicht über die königliche Bibliothek führt seit dem Jahre 1709 allemal ein Staatsminister des geistlichen Departements (itzt Se. Exzellenz der Freiherr von Zedlitz). Die jetzigen Bibliothekarien sind Herr Hofrat Stosch und Herr D[r]. Biester [...].

2. Die Bibliothek der königlichen Akademie der Wissenschaften

Sie besteht aus zwei Abteilungen. Die erste macht ohngefähr 2000 Bände, sowohl physikalischer als mathematischer Bücher, aus, welche in der königlichen Bibliothek standen, aber vom Könige Friedrich Wilhelm 1735 der königl. Sozietät geschenkt wurden. Die zweite Abteilung ist seit Stiftung der alten Sozietät nach und nach entstanden. Die Bibliothek war nur klein, so daß auch vor 1726 nicht einmal ein Bibliothekar dabei war. Seit 1766, da König Friedrich II. zu ihrer Vermehrung eine jährliche Summe von den Einnahmen der Akademie angewiesen, hat sie einen beträchtlichen Zuwachs erhalten. [...] Herr Direktor Merian ist Bibliothekar.

II. SAMMLUNGEN

1. Die königliche Kunst- und Naturalienkammer

Die erste Anlage zu dieser Sammlung von Merkwürdigkeiten der Natur und Kunst wurde unter Kurfürst Friedrich Wilhelm dem Großen gemacht. Es wurde zu dem Ende alles, was hin und wieder zerstreut aufbewahrt, aber zu dieser Absicht dienlich war, zusammengebracht und in einigen Zimmern auf dem kurfürstlichen Schlosse aufgestellt. Durch die dem kurfürstlichen Hause zugefallenen Erbschaften nach und nach mit sehr vielen kostbaren Werken vermehrt. König Friedrich I. ließ deshalb fünf besondere Zimmer auf dem königlichen Schlosse dazu einrichten, woselbst die Kunstkammer auch noch befindlich ist. [...]

Es ist einem jeden erlaubet, diese Seltenheiten in Augenschein zu nehmen. [...]

2. Das königliche Münzkabinett

Der Grund zu einer Sammlung von Antiquitäten und Münzen war schon unter Kurfürst Joachim II. gelegt worden.

Aber bis auf Friedrich Wilhelm den Großen konnte sie nur als eine sehr unvollständige Privatsammlung angesehen werden. Dieser ließ die bereits vorhandene Sammlung vergrößern und, soviel damals möglich war, ergänzen. Den größten Zuwachs unter seiner Regierung bekam dieselbe nach dem Tode Kurfürst Karls von der Pfalz im Jahre 1685, welcher gewissen Verträgen gemäß seinen Vorrat von Münzen und Seltenheiten dem Kurfürsten von Brandenburg im Testamente vermachte. [...] Den ansehnlichsten Zuwachs aber erhielt sie durch die Ankaufung des Musäum des berühmten Bellori von Gemmen, Lampen, Statuen und andern Altertümern. Und man kann mit Wahrheit sagen, daß selbige damals den vornehmsten Kabinetten, wo nicht vorzuziehen, doch gleich zu schätzen gewesen ist. König Friedrich I. ließ drei Zimmer auf dem königlichen Schlosse einrichten, wo das Antiquitätenkabinett auch immer aufbewahret worden ist. Um 1726 ward diese Sammlung um etwas vermindert. Der König von Polen gab an König Friedrich Wilhelm zwei Regimenter Dragoner und erhielt dafür sechs große porzellanene Vasen und eine Anzahl antike Brustbilder, welche noch in der kurfürstlichen Sammlung von Antiken zu Dresden stehen. Im Jahre 1776 ließ König Friedrich II. alle hier befindliche Antiquitäten und auch die antiken Münzen nach Potsdam bringen, wo sie in dem Tempel der Antiken, unweit dem Neuen Schlosse, aufgestellt sind. Es blieben bloß die modernen Münzen hier, welche noch eine beträchtliche Sammlung ausmachen. [...]

Michael Andresas Herzog/
Georg Paul Busch,
Die Naturaliensammlung
Christian Maximilian Speners
(Ausschnitt)

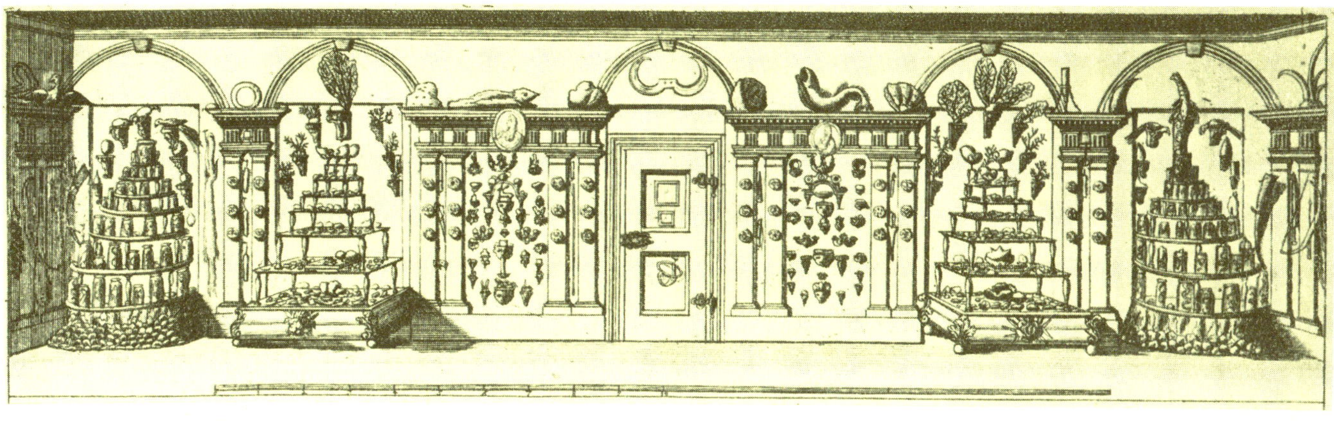

3. Das Naturalienkabinett der königlichen Akademie der Wissenschaften

[...] Stehet im dritten Geschosse der königlichen Sternwarte. Es entstand zuerst aus dem Kabinette des ehemaligen Hofrats und Leibarztes Spener und aus einem Teile des königlichen Kabinetts, den König Friedrich Wilhelm im Jahre 1735 der Akademie schenkte. Nachher sind viele schätzbare Sachen hinzugekommen. Dieses Naturalienkabinett steht unter der Aufsicht des berühmten Hrn. Prof. Gleditsch [...].

Daniel Chodowiecki,
Die Zelten im Tiergarten,
1772

Spaziergänge und Spazierfahrten, öffentliche Schauspiele und verschiedene andere Merkwürdigkeiten

I. ÖFFENTLICHE SPAZIERGÄNGE UND SPAZIERFAHRTEN

1. Öffentliche Spaziergänge

Berlin hat in der Stadt selbst und dicht vor den Toren, z. B. in dem Walde nach Treptow, die schönsten Spaziergänge. Verschiedene Straßen, z. B. die Lindenstraße auf der Friedrichsstadt, die Unterwasserstraße auf dem Werder, und einige Plätze, z. B. der Dönhoffsche und der Wilhelmsplatz, sind mit Bäumen bepflanzt. Die Kastanienallee im Lustgarten ist ein angenehmer Abendspaziergang, den die rundumher liegenden schönen Gebäude – das Schloß, der Dom, das Zeughaus – und der benachbarte Spreestrom noch reizender machen.

Der Weidendamm wird wegen der ungewöhnlich hohen und starken Weidenbäume, mit denen er bepflanzt ist, wenig Spaziergänge seinesgleichen haben. Ob er gleich mitten in der Stadt liegt, so gibt ihm doch die Aussicht auf Gärten und angenehme Wiesen ein ländliches Ansehen. Dies war noch weit schöner, ehe 1774 auf der großen Wiese am dorotheenstädtschen Teile des Weidendamms die Kasarme und die Ställe gebauet wurden. Indessen geben der benachbarte, meist mit Schiffen bedeckte Spreestrom und die Aussicht in die diesseits und jenseits der Spree liegenden Gärten, sonderlich in das königliche Lustschloß Monbijou, diesem Spaziergang noch ungemein viel Annehmlichkeiten.

Die Plantage von Kastanienbäumen auf dem Friedrichswerder neben der Neustädtschen Brücke ist schattigt und angenehm.

Die sechsfache Lindenallee auf der Dorotheenstadt ist 244 rheinländische Ruten oder 2688 Fuß lang und 170 Fuß breit. Die mittelste ungepflasterte Allee dient besonders zum Spazierengehen. Sie ist mit doppelten Schranken eingefaßt, und es sind eine Anzahl Bänke zum Ausruhen darin. Auf beiden Seiten sind volkreiche Straßen, welche von Wagen und Fußgängern selten leer sind, und fast alle Häuser, welche diese prächtige Allee einfassen, sind Paläste und ansehnliche Gebäude, wodurch dieser an sich sehr schöne

Louis Serrurier/
Christian Peter Jonas Haas,
Der Opernplatz mit Blick
zu den Linden, 1799

Spaziergang noch angenehmer wird. Ungefähr in der Mitte ist im Sommer ein Zelt aufgeschlagen, wo Eis, Limonade und andere Erfrischungen verkauft werden. Die Lindenallee führt durch das Brandenburger Tor zum *königlichen Tiergarten oder Park.*

Schon im Anfange des sechzehnten Jahrhunderts war ein Tiergarten vorhanden, welcher sich bis in die Gegend des jetzigen Dönhoffschen Platzes und längs dem neuen Ausflusse der Spree bis in die Gegend des jetzigen Zeughauses erstreckte. Er hatte nach Spandau zu die Länge des jetzigen Tiergartens, war mit einem Zaune vermacht und ward zur Jagd gebraucht. Im Jahre 1611 ward der Zaun, welcher schadhaft geworden, repariert; 1657 bis 1659 ward derselbe, da er im Dreißigjährigen Kriege völlig ruiniert worden war, ganz neu gemacht, die Allee oder Landstraße nach Spandau, welche ganz verwachsen war, ward gereinigt und zu der jetzigen Breite und geraden Linie gebracht, auch mit neuen Bäumen bepflanzt, von welchen verschiedene noch jetzt stehen mögen. Zugleich ward der Tiergarten mit Wilde besetzt, und weil damals noch nicht Gras genug vorhanden war, ward zum Unterhalte desselben an verschiedenen Orten ein Wispel Hafer ausgesäet. Aus Zossen wurden Hirsche von sechzehn bis achtzehn Enden und aus der Neumark Auerhähne geliefert. Bei dem Anbaue des Werders und der Köllnischen Vorstadt ward [...] ein Teil des Tiergartens dazu genommen und noch mehr bei dem Anbau der Friedrichs- und Dorotheenstadt. K. Friedrich I. ließ im Anfange dieses Jahrhunderts im Tiergarten verschiedene Alleen anlegen und die Hauptallee oder Landstraße nach Charlottenburg mit Laternen besetzen, welche, wenn der Hof daselbst war, des Nachts angezündet wurden. Die größte Schönheit und jetzige vortreffliche Anlage des Tiergartens aber hat man König Friedrich dem Großen zu danken, welcher bald nach dem Antritte seiner Regierung durch den Freiherrn von Knobelsdorff verschiedene Alleen und besonders den großen, mit Alleen besetzten Platz, den Großen Stern genannt, und links an demselben drei Labyrinthe von Hecken von Nadelholz anlegen ließ. Seitdem hat der geschickte königl. Planteur Herr Sello eine große Anzahl vortrefflicher Spaziergänge, Salons, Teiche usw. angelegt, die ihn zu einem der vortrefflichsten Lustwälder in der Welt machen.

Seine jetzige Breite gehet vom Potsdamer Tore bis an den Unterbaum und die Länge vom Brandenburger Tore bis an die dritte Brücke über den Floßgraben ohnweit der Mühle. Die größte Breite ist ohngefähr 280 rheinländische Ruten und die Länge 716 Ruten. Durch die ganze Länge geht die breite, mit hohen Bäumen und zum Teil mit geschnittenen Hecken eingefaßte Landstraße ganz geradeaus, und jenseit gehet noch eine sechsfache Allee rechts nach Charlottenburg. Sowie man in den Tiergarten tritt, stehen zwei kolossalische Bildsäulen, links der pythische Apoll mit dem Bogen und rechts Herkules Musageta mit der Leier. Am Brandenburger Tore rechts nach der Spree zu liegt der große Exerzierplatz. Diesseits desselben führet eine Allee, die Kurfürstenallee genannt, nach einem großen Platze an der Spree, welcher der Kurfürstenplatz oder der Zirkel genannt wird. Auf der Seite nach der Spree ist den ganzen Sommer durch eine Anzahl Zelte und Hütten aufgeschlagen, woselbst allerhand Erfrischungen verkauft werden. Der gegenüberstehende Zirkel ist mit einer doppelten Allee von sehr hohen Eichen und Ulmen eingefaßt und ist der

Hauptsammelplatz aller Spazierenden, welche teils unter den Alleen hin und her wandern, teils auf den Bänken ausruhen. An schönen Sommernachmittagen, sonderlich des Sonntags und Feiertags gegen 6 Uhr, pflegen hier einige tausend Spazierende zu Fuße, zu Pferde und in Wagen zusammenzukommen. Vom Zirkel gehen neun Alleen, nach der Zahl der Kurfürsten, ab. Außerdem ist noch ein Weg an der Spree, welcher links durch eine sich schlängelnde, mit Birken bepflanzte Allee, welcher der Poetensteig heißet, zu der ehemaligen Knobelsdorffschen Meierei, jetzt Sr. Königlichen Hoheit dem Prinz Ferdinand gehörig, führet. Dieser Prinz hat 1785 daselbst ein Landhaus anlegen lassen, welches wegen der schönen Lage den Namen Bellevue mit Recht verdient. Von da kommt man links über eine Brücke und durch einen sich windenden grünen Gang zum Großen Sterne. Dieser große runde Platz ist mit zwölf Statuen besetzt. Von ihm gehen acht Ausgänge aus, indem ihn die große Landstraße nach Charlottenburg und noch drei große Alleen durchschneiden. Nämlich (1) die Große Sternallee, mit einer doppelten Reihe von Eichen und Buchenbäumen besetzt, geht gerade von der Meierei nach der Wohnung des Hofjägers, welcher die Aufsicht über den königlichen

Daniel Chodowiecki,
Die Promenaden bei den Zelten

Friedrich August Calau,
Die Meierei des Hofjägers
im Tiergarten, 1795

Tiergarten hat. (2) Kleistensallee gehet neben der Meierei von der Wiese an bis nach dem jenseitigen Ende des Tiergartens, wo die Gärtnerwohnungen aufhören. Beim Anfange dieser Allee geht rechts ein sehr angenehmer Weg zum Reiten und Fahren, der die Judenallee heißt und sich bis nach des Schutzjuden Wulffs Kattunbleiche schlängelt. (3) Die Fasanenallee gehet von Bellevue dichte neben dem Poetensteig bis nach der Brücke über den Landwehrgraben, wo das königliche Fasanengehege angeht.

Auf dieser linken Seite des Tiergartens sind zwischen den vom Großen Stern abgehenden Alleen drei Labyrinthe, welche von dem Freiherrn von Knobelsdorff 1742 angelegt worden sind. Das erste Labyrinth zwischen der Fasanen- und Großen Sternallee heißt der Sternbusch, das zweite zwischen der Großen Stern- und Kleistensallee heißt der Prinzenbusch. Hinter demselben ist noch eine neuere angelegte, sehr angenehme Partie, in welcher man den Platanussalon nebst einer Allee von Platanusbäumen und den Apollsalon (von einer Statue des Apollo so benennet) findet. Das dritte und kleinste Labyrinth zwischen Kleistensallee und der Landstraße heißt Knobelsdorffs Labyrinth.

Am Ende der Fasanenallee dicht neben der Brücke gehet ein gekrümmter Gang, welcher auch der Poetensteig heißt, hinter den Labyrinthen weg, schlängelt sich am Ende von Knobelsdorffs Labyrinthe eine Zeitlang über eine Wiese (wo man in einiger Entfernung eine auf Holz gemalte Vorstellung des Neptuns sieht) bis an eine Allee, die durch die ganze Quere des Tiergartens gehet, von dem Ende der Gärtnerwohnungen an, ohnweit dem Ausgang von Kleistensallee bis jenseit am Ende des Exerzierplatzes. Sie heißt die

Jungfernallee. Sie wird auf dieser linken Seite des Tiergartens von der sehr langen Potsdamer Allee durchschnitten, welche vom Potsdamer Tore abgehet, in einen schiefen Winkel in die große Landstraße nach Charlottenburg fällt und geradeaus nach Bellevue führt. Von der Jungfernallee an liegen an dem linken Ende des Tiergartens lauter Gärtnerwohnungen und Wirtshäuser bis an das Achteck. Zwischen der Jungfernallee und der Potsdamer Allee ist nebst sehr vielen angenehmen Alleen das kleine Bassin, dem Taroneschen Kaffeegarten gegenüber. Jenseit der Potsdamer

Jakob Philipp Hackert,
Der Goldfischteich
im Tiergarten, 1761

Allee ist der Florasalon, welcher große runde Platz von sechs Alleen durchschnitten wird. Nicht weit davon ist das große Bassin, welches von einer dahinter stehenden Statue der Venus auch das Venusbassin genennet wird. Hinter demselben ist besonders ein gekreuzter Laubengang von Birken sehr niedlich, in dessen Mitte eine Statue stehet. Am Ende desselben, wo die Priesterallee vom Ende des botanischen Gartens der Realschule ab quer vorbeigehet, gehet ein Fußspaziergang von geschnittenem Nadelholze, in welchem sich noch ein Salon von Birken und ein Salon von Weißbüchen findet, bis nach dem Brandenburger Tore. [...]

2. Spazierfahrten

Die Gegend um Berlin bietet Gelegenheiten zu sehr angenehmen Spazierfahrten dar. Fremde stellen sich dieselbe öfters als bloß sandig, öde, dürre, unfruchtbar und unangenehm vor. Es ist wahr, die Gegend ist meistens, doch nicht allenthalben sandig, z.B. die ganze Gegend vor dem Schlesischen und Cottbuser Tor ist ein Wald und Wiese, welche dem Auge von der vermeinten Unfruchtbarkeit der Gegend von Berlin keine Idee hinterlassen. Die wirklich sandigen Gegenden sind öfters waldig, wie z. B. (den Tiergarten zu geschweigen) die Gegend der Jungfernheide längst der Panke bis nach dem Vorwerk Wedding und dem Gesundbrunnen, die Hasenheide vor dem Hallischen Tore und andere Gegenden mehr. [...]

Hinzukommen die Wasserfahrten durch den Unterbaum nach Charlottenburg und sonderlich durch den Oberbaum nach Stralau, Treptow und Rummelsburg usw. nach Köpenick, auf welcher Fahrt man an beiden Ufern der hier sehr breiten Spree nichts als Wald und angenehme Gegenden siehet. Zu diesen Spazierfahrten kann man an verschiedenen Orten Kähne und bedeckte Gondeln mieten. [...]

II. ÖFFENTLICHE SCHAUSPIELE UND LUSTBARKEITEN

1. Königliche Schauspiele, königliche Konzerte und Karnevalslustbarkeiten

(a) Italienische Oper wird auf königliche Kosten in dem prächtigen Opernhause auf der Neustadt in der Karnevalszeit wöchentlich zweimal und außerdem auf besondern königlichen Befehl bei hohen Vermählungen, Besuchen und andern großen Festen gespielt. Der Eingang ist, so wie bei allen auf Kosten des Hofes gegebenen Lustbarkeiten, unentgeldlich. Aufs Parterre können alle anständig gekleidete Mannspersonen kommen. Der erste Rang der Logen ist für den Hof und den Adel, und der königliche Hoffourier weiset die Plätze an. Die Parterrelogen und der zweite und dritte Rang sind für die hiesigen und fremden Minister, für die Räte der hohen Landeskollegien, für die zum Hofstaat gehörigen Personen und für Fremde bürgerlichen Standes. Ein Fremder, der die Oper sehen will, meldet sich (wofern er nicht sonst jemand kennet, der eine Loge hat) bei dem

Andreas Möller/Friedrich Kauke, Karl Heinrich Graun

königlichen Direktor der Lustbarkeiten, der demselben durch ein Billett einen Platz anweisen läßt.

Die königl. Kapell- und Kammermusik [...] gehöret bekanntlich zu den vornehmsten in Europa. Wenn neue Opern gespielet werden, so besorgt der königl. Dichter die Poesie und der königl. Kapellmeister die Komposition. Öfters werden auch alte Opern, aber nur von Grauns, Hassens oder Agricolas Komposition, wiederholet, welche der König selbst wählet. Die Dekorationen und Kleider sind prächtig, und es werden zu jeder Oper eine Anzahl neue gemacht. Die Texte werden in italienischer und deutscher Sprache gedruckt und verkauft.

(b) Italienische komische Oper wird auf königlichen besondern Befehl auf den Schloßtheatern in Potsdam, dem Neuen Schloß bei Sanssouci, in Berlin und Charlottenburg aufgeführet. Die Sänger und Sängerinnen wohnen beständig in Potsdam.

(c) Wenn bei der Königin große Konzerte gegeben werden, welches öfters geschiehet, so ist es jedermann erlaubt zuzuhören. Ein Fremder wird die gute Gelegenheit, die königl. Sänger und Sängerinnen und die vornehmsten Virtuo-

Linke Seite:

Karl Friedrich Fechhelm,
Blick vom Opernplatz
zu den Linden, etwa 1786

Daniel Chodowiecki,
Hauskonzert,
1757

sen der königl. Kammermusik zu hören, nicht vorbeilassen. Der Prinz von Preußen und der Prinz Heinrich lassen von ihren auserlesenen Kapellen sehr oft Konzerte geben, welchen beizuwohnen eine besondere Erlaubnis nötig ist.

(d) Karnevalslustbarkeiten. Das Karneval pflegt gemeiniglich in der Mitte des Dezembers anzufangen und wird den vierundzwanzigsten Jänner geschlossen. Doch leidet dieses, nach den Befehlen des Königs, Ausnahmen. Der König kommt mit seinem Gefolge diese Zeit über nach Berlin. Gemeiniglich pflegen die Karnevalslustbarkeiten folgendermaßen eingeteilt zu sein: sonntags und donnerstags große Cour bei der Königin, montags Oper, dienstags Redoute oder maskierter Ball im Opernhause, freitags Oper. An den Cour- und Apartementstagen wird gewöhnlich bei Hofe gespielt, auch öfters nach geendigter Tafel ein Ball gegeben. Jedes Karneval über werden zwei Opern aufgeführt, deren jede fünf- oder sechsmal gespielet wird. Der Anfang pflegt um 6 Uhr zu sein. Die Redouten oder maskierten Bälle werden auch im Opernhause gegeben. [...] Gespielt wird gar nicht, weil alle Hasardspiele in königlichen Landen verboten sind.

Daniel Chodowiecki/
Daniel Berger,
Karl Theophil Döbbelin

2. Andere öffentliche Schauspiele

Deutsche Schauspiele werden von der Döbbelinschen Schauspielergesellschaft im Schauspielhause in der Behrenstraße täglich gespielet.

Karl Ludwig von Oesfeld,
Gegend von Berlin, 1786

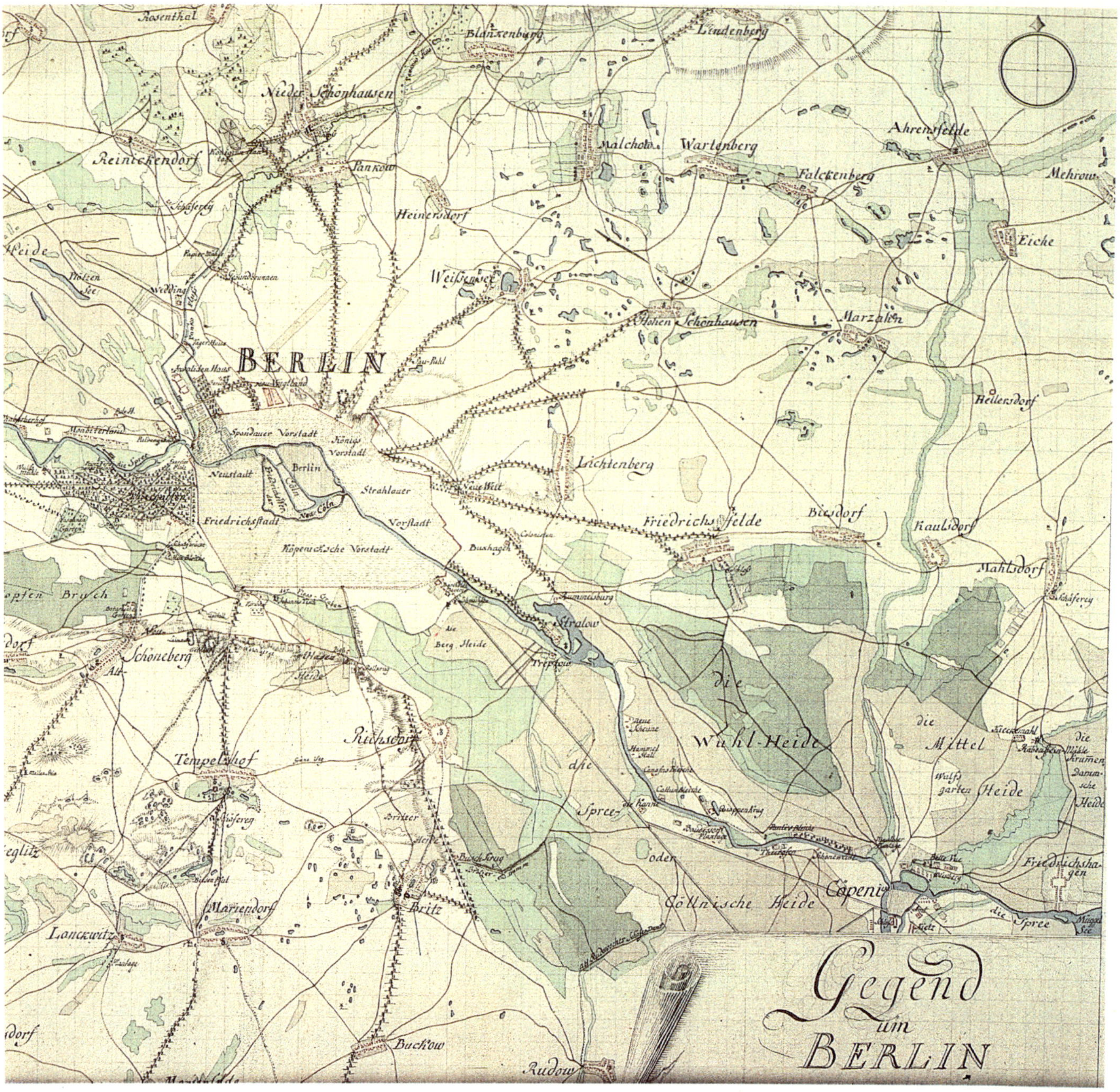

Von den in der Gegend um Berlin liegenden königlichen Lustschlössern und merkwürdigen Städten und Dörfern

Vor dem Brandenburger Tore

Charlottenburg. Eine Immediatstadt und königl. Lustschloß, liegt im Teltowschen Kreise, eine sehr kleine Meile von Berlin, die man von Tore zu Tore gemächlich in einer Stunde gehen kann. Es gehet durch den Tiergarten dahin ein sehr angenehmer Weg. Man kann auch, wenn man vom Weidendamme abfähret, durch den Unterbaum auf der Spree eine wegen der umliegenden waldigten Gegend sehr reizende Spazierfahrt zu Wasser dahin tun.

Die Kurfürstin Sophie Charlotte, Kurfürst Friedrichs III. zweite Gemahlin, ließ von Schlütern um 1696 ein Schloß ohnweit des Dorfes Lietzen bauen und es Lietzenburg nennen. 1706 ließ König Friedrich I. die Baustellen um das Schloß durch Eosander verteilen und die Risse zu den Häusern machen, zu deren Bau der König freies Bauholz gab. 1708 ließ er durch Nuglisch die Straßen abstecken. [...] 1705 ward der Stadt die Benennung Charlottenburg gegeben und ein Rat errichtet, auch in diesem Jahre und her-

Friedrich August Calau, Lietzow, 1795

Gedeon Romandon,
Kurfürstin Sophie Charlotte,
um 1690

nach 1711 Entwürfe zu einem Stadtprivilegium gemacht. Die eigentliche Stadtgerechtigkeit einer kurmärkischen Immediatstadt erhielt der Ort erst unter König Friedrich Wilhelm 1721. 1708 erging auf Supplizierung der neuanbauenden Bürger der Befehl, daß künftig die Landstraße von Berlin nach Spandau über Charlottenburg gehen solle. König Friedrich Wilhelm legte der Bürgerschaft zu ihrem bessern Auskommen 1717 Acker- und Wiesewachs zu. Mit der neuen Stadt ward nun das ehemalige Dorf Lietzen verbunden, und seitdem machen die Besitzer der 14 lietzenschen Bürgergüter mit der übrigen Charlottenburger Bürgerschaft ein Korpus aus. Das von Schlütern gedachtermaßen um 1696 für die Kurfürstin gebaute Schloß ist noch itzt unverändert vorhanden und macht einen Teil des Corps de logis aus, nämlich den mittelsten Teil des itzigen Schlosses von 3 großen und 8 schmalen Fenstern, der etwas höher ist, weil er über den beiden Stockwerken noch ein Halbgeschoß hat, doch ist die itzt darauf stehende Kuppel erst nachher von Eosandern darauf gesetzt worden. 1705 ließ König Friedrich I. durch Eosandern dieses Schloß vergrößern. Eosander setzte an das Corps de logis auf jeder Seite noch fünf Fenster, doch nur in zwei Stockwerken ohne Halbgeschoß, und auf das Schlütersche Gebäude die itzt darauf befindliche schöne Kuppel. Er bauete ferner die beiden Seitenflügel, doch nur von zwei Stockwerken. Die Facciate nach dem Garten zu verlängerte er, so wie Schlüter das Mittel angefangen hatte, durchaus mit einem Halbgeschosse über den beiden Geschossen. Diesen Teil des Gebäudes, welchen Schlüter und Eosander gebauet haben, pflegt man das alte Schloß zu nennen. König Friedrich II. hat linker Hand nach der Brücke zu das Corps de logis mit einer langen Facciate vom Freiherrn von Knobelsdorff verlängern lassen, welche nicht die Breite des alten Schlosses hat. Diesen Teil des Gebäudes nennt man gewöhnlich das neue Schloß. Das ganze Schloß ist inwendig sehr prächtig und mit dem besten Geschmacke möblieret. 1760 ward es zwar von den feindlichen Truppen gänzlich geplündert und alle Tapeten, Spiegel und Gemälde ruinieret, aber auf des Königs Befehl wurde alles (verschiedene Gemälde ausgenommen, welche nicht konnten ersetzet werden) so, wie es vorher gewesen war, wiederum neu eingerichtet. […]

Karl Benjamin Schwarz,
Schloß Charlottenburg, 1787

In dem großen königlichen Lustgarten gehet man neben der Wohnung des königlichen Lust- und Orangegärtners Hrn. Neumann durch eine kleine Türe. Man kommt zuerst in den Orangeriegarten, wo eine große Menge der größten und schönsten Pomeranzen-, Zitronen-, Lorbeer- und anderer fremder Bäume stehet, welche die ganze Gegend mit dem angenehmsten Dufte erfüllen. Linker Hand stehet eine Anzahl alter marmorner Statuen aus der Verlassenschaft

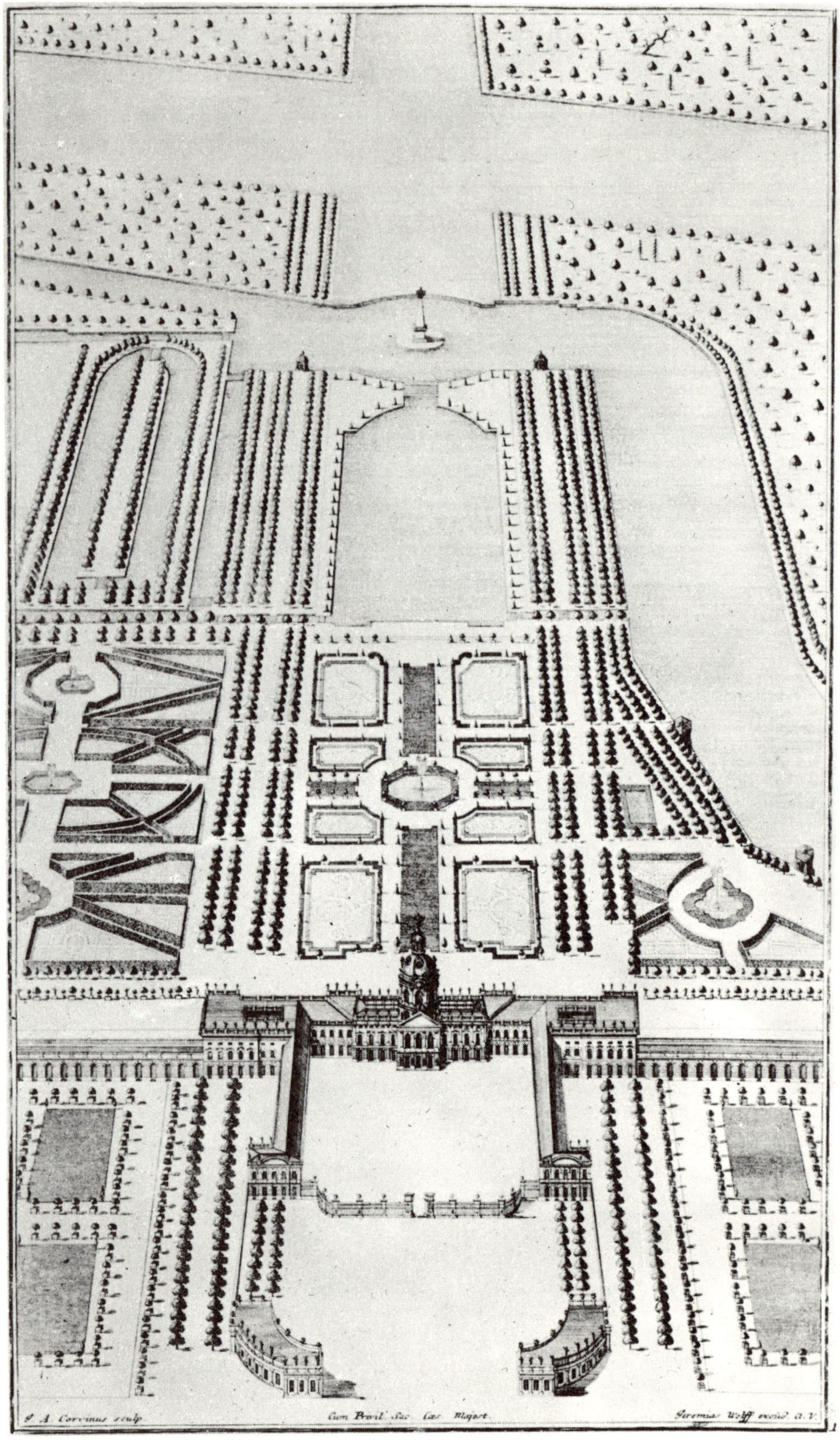

Johann August Corvinus/
Jeremias Wolff,
Perspektivische Ansicht
von Charlottenburg

des Markgraf Christian Ludwig. Der Orangeriesaal, der von Eosandern 1709 bis 1712 gebauet worden, hat in der Mitte einen schönen, auf Säulen ruhenden Salon und ist zusammen 700 Fuß lang. Er dienet bei großen Solennitäten zum Speise- und Tanzsaal. Auf der linken Seite ist ein bewegliches Theater, wo bei Anwesenheit des Hofes zuweilen Schauspiele aufgeführet werden. Auf dieser Seite stehet ein Abguß in Gips des Antinous und des antiken Flötenblasers. Auf der andern Seite stehet der Apoll von Belvedere und der antike Faun mit dem Kinde. In einem Nebenzimmer auf dieser Seite siehet man das Bildnis König Friedrichs I. in Medaillon und drei andere Basreliefe von Hulot.

Die erste Anlage des Gartens ward nach den Rissen des berühmten le Nôtre durch den Gärtner Simeon Godeau, der dazu aus Paris verschrieben wurde, 1694 und in den folgenden Jahren gemacht, doch hatte an der weiteren Anlegung desselben Renatus Dahuron und nach ihm Joh. Lohmann hauptsächlich Anteil. Er ist sehr weitläuftig und hat, obgleich der altfranzösische Geschmack jetzt nicht mehr gefällt, hin und wieder schöne Partien. Gleich wenn man aus dem Orangeriesaal tritt, kömmt ein Bogengang von Buchen, hinter welchen rechts in einem einsamen Winkel eine Gruppe von den drei Parzen stehet. Vor demselben und auf der andern Seite vor der Hinterfassade des neuen Schlosses ist eine vortreffliche grüne Wand von Ulmen, so hoch als das Schloß. Vor derselben stehen zu beiden Seiten die marmornen Brustbilder der zwölf römischen Kaiser des ersten Jahrhunderts und ihrer Gemahlinnen, von Günther 1663 gemacht. Linker Hand am Ende siehet man eine marmorne Statue König Friedrichs I. und rechter Hand am Ende die marmorne Statue Friedrich Wilhelms des Großen von Dusart, welche sonst im Lustgarten in Berlin stand. Desgleichen stehen sonst noch viele Statuen im Garten und drei kleine Lusthäuser an der Spree. [...]

Das Rathaus ist klein. Es sind in der Stadt viele schöne Gartenhäuser und Gärten befindlich, welche meist Privatpersonen in Berlin gehören, darunter sind das v. Rochowsche, Hönigsche und von Bodensche, desgleichen in Lietzen das Dietrichsche, Smidsische und Daumische Haus vorzüglich. An dem letztern besonders ist ein schöner Garten, worin viele rare ausländische Pflanzen mit großen Kosten und Sorgfalt gezogen werden. [...]

Die Senftnersche Ofen- und Krukenfabrik dicht vor Charlottenburg liegt jenseit der Spree. 1784 betrug der Wert der darin fabrizierten Waren 1415 Rtlr.

Charlottenburg hatte 1785 309 Bürgerhäuser und 14 in Lietzen. Darin waren 1996 beständige Einwohner außer der mit ihren Frauen und Kindern 511 Köpfe betragenden Garnison, welche in einer Schwadron der Garde du Corps bestehet. Die Nahrung dieser Stadt wurde durch die bei der feindlichen Invasion 1760 geschehenen Plünderung fast gänzlich zugrunde gerichtet, sie hat sich aber von Jahr zu Jahr vermehrt und verbessert. Es sind mehrere Wirtshäuser, z. B. das Posthaus, Born links nahe am Tore, der Weiße Schwan nahe am Schlosse, der Koch Müller in der Goldnen Sonne in der Schloßstraße u. a. m. [...]

Kaspar Merian,
Stadt und Festung Spandau,
um 1650

Spandau oder Spandow, eine Immediatstadt und Festung im Havelländischen Kreise, liegt zwei kleine Meilen von Berlin jenseits der Havel, wo die Spree in dieselbe fließet, in einer anmutigen Gegend. [...] Spandau gehört zu den ältesten Städten in der Mark, wie auch der wendische Namen schon anzeigt. Im 12. Jahrhunderte muß es schon von einiger Beträchtlichkeit gewesen sein, da 1197 Everhardus advocatus de Spandau und 1209 und 1211 Albertus in Spandowe advocatus als Zeugen in Diplomen vorkommen. 1229 muß es schon ein haltbarer Ort gewesen sein, da die Markgrafen Johann und Otto, als sie von dem Bischofe von Magdeburg bei Plauen geschlagen wurden und ihnen in Brandenburg die Aufnahme versaget wurde, nach Spandau flüchteten. Um diese Zeit muß auch schon das Nonnenkloster (vom Orden des h. Benedikts) daselbst entstanden sein, dem anfänglich die Marktkirche gehörte, bis sie 1244 den Bürgern von den Markgrafen Johann und Otto gegeben wurde. Dessen Propst stiftete 1244 nebst dem damaligen Bürgermeister ein Hospital vor dem jetzigen Potsdamschen Tore. Spandau ward auch schon damals und blieb bis ins

15te Jahrhundert der oftmalige Aufenthalt der Landesherrn, wie sehr viel von daher datierte Urkunden bezeugen. [...] 1319 ward Spandau von den Bürgern auf ihre Kosten mit einer Mauer umgeben. Vermutlich geschah dieses, weil die Stadt sehr erweitert worden war. [...] In der Urkunde von 1355 heißt Spandau schon castrum Spandau. [...] 1430 machte man in Spandau Pulver, und die Stadt hatte ihre eignen Büchsenmeister. 1521 im Frühling wurden im Schlosse neue Gebäude für den Kurfürst angefangen, welcher Bau 1522 und 1523 fortging und worüber der Hauptmann daselbst die Direktion hatte. Vor der Reformation hatten hier die Dominikaner von Kölln (die sogenannten schwarzen Mönche) und die Franziskaner von Berlin (graue Mönche), die ersten in der Mönchsgasse, die andern in der Jüdenstraße, ihr Haus oder Terminarie, wo sie sich zuzeiten aufhielten und in der Nikolaikirche Beichte saßen. 1539 genoß hier Kurfürst Joachim II. zuerst das heil. Abendmahl unter beiderlei Gestalt und machte dadurch den Anfang der Reformation in der Mark. 1557 ward der Anfang der Befestigung von Spandau durch Christoph Römer gemacht, um 1560 gab Balzer von Schönaich, Hauptmann daselbst, Bericht von den Mängeln der Festung. 1563 bewilligten zum

Johann Friedrich Nagel,
Ansicht von Spandau,
um 1790

Festungsbau die »vier Städte« jährlich 20000 Fl., die anderen Städte 14000 Fl. [...] 1577 mußten alle Städte in der Mittelmark Arbeitsleute zum Festungsbau senden; Berlin und Kölln gab zwanzig. 1578 ward die Johannisbastei zu Spandau vom Graf Roch gebauet. In demselben Jahre findet man auch einer Pulvermühle bei der Brücke erwähnt, die derselbe gleichfalls bauen ließ. Die Befestigung von Spandau setzte in diesen Jahren Franz Chiaramella fort. Die Zitadelle oder eigentliche Festung hat dem Ansehen nach der Graf Lynar ganz allein gebauet, und sie ward 1583 fertig. Gegen Ende der Regierung Kurfürst Georg Wilhelms führte während der Abwesenheit des Kurfürsten in Preußen der Graf von Schwarzenberg von Spandau aus eine harte und schädliche Statthalterschaft über die Mark. 1638 fing er an, die Festungswerke der Stadt durch den Ingenieur Jakob Holst und den Hauptmann Hydde Horenken verbessern zu lassen. 1641 starb er daselbst am Schlagflusse. 1645 und folgende Jahre ward die Festung und Stadtfortifikation durchaus ganz neu, wie sie noch itzt ist, gemacht unter Direktion des Kommendanten zu Spandau Johann Georg v. Ribbeck. Dieser Bau währte bis 1672. Neuerlich sind 1782 und 1783 die Festungswerke, welche verfallen waren, unter Aufsicht des königlichen Hauptmanns vom Ingenieurkorps, Hrn. v. Stamford, wieder instand gesetzt.

1723 wurde von den Kaufleuten Splitgerber und Daum auf dem Plane vor der Festung die Gewehrfabrik angelegt, und den Arbeitern, welche meist aus Lüttich kamen, ließ der König eine katholische Kirche erbauen (so wie alle zur Gewehrfabrik gehörigen Gebäude auf königliche Kosten erbauet sind). Dieselbe wird auch jetzt vom Könige erhalten, der den Prediger mit 200 Rtlr. besoldet. Die Facciate des Rathauses, 111 Fuß lang, wurde 1726 bis 1730 auf königliche Kosten von Stoltze neu gebauet. [...] In der Nikolaikirche, einem gotischen Gebäude, sind verschiedene Merkwürdigkeiten. Z. B. die Bildnisse Joachims von Röbel von 1572 und Zacharias Röbel 1575 in Lebensgröße, von einem unbekannten Bildhauer halb erhoben in Stein gehauen. In dem Gange nach der Sakristei steht unter einer Türe ein steinernes Bildnis in Lebensgröße des spandauschen Landreuters Schneider von 1603 und unter einer ähnlichen Türe in weißen Stein eine Mutter (Elisabeth Retzlow) mit zwei Kindern, 1604. Der 1389 aus Erz gegossene Taufstein, welches das älteste mir bekannte Denkmal der Bildgießerei in der Mark ist. Das steinerne Denkmal des Kaufmanns Haake 1767 von Meyer dem Ältern in Berlin gemacht. Die schon erwähnte metallene Gedächtnistafel des Grafen von Schwarzenberg. Hinter dem Altar sind verschiedene bemerkenswerte Gemälde aus dem sechzehnten Jahrhunderte [...].

In dem ehemaligen Palaste des Grafen von Lynar, den Kurfürst Friedrich Wilhelm kaufte, ist jetzt das Zuchthaus, wohin Weibs- und Mannspersonen durch Urteil und Recht auf eine Zeitlang oder für beständig gesendet werden. [...] Auf dem Plane vor dem Berliner Tore ist die Gewehrfabrik, worin die Läufe zu den Gewehren geschmiedet und gebohret, Kürasse, Säbel- und Bajonettklingen von aller Art geschmiedet und geschliffen werden, nebst allen dazugehörigen Maschinen sehr sehenswürdig. 1784 waren 80 Arbeiter darin. Eine besondere Merkwürdigkeit ist die Erschütterungsmaschine daselbst, welche von Herrn Paul Engel, einem scharfsinnigen mechanischen Künstler, erfunden worden; sie ist in einem obern Zimmer (aus welchem man eine sehr schöne Aussicht hat) und mit einem zur Gewehrfabrik gehörigen Wasserrade dergestalt verbunden, daß man, sobald man sich auf den Stuhl setzet, an dem ganzen Körper gelinder oder stärker, so wie die Maschine gestellt ist, erschüttert wird. Bei hypochondrischen, gelähmten und vom Schlage gerührten Personen ist sie schon mehrmals nützlich befunden worden. [...]

In der Stadt Spandau und deren drei Vorstädten (dem sogenannten Stresow vor dem Charlottenburger Tore, der Oranienburger und der Potsdamer Vorstadt), desgleichen auf dem Plane waren 1774 zusammen 522 Häuser, 1785 betrug die Zahl der Einwohner (1) in der Stadt und Vorstädten, Festung, Zuchthaus und Gewehrplan 3890, (2) unter der Amtsjurisdiktion waren 715, (3) die Garnison in der Stadt, nämlich das erste Bataillon und zwei Grenadierkompanien vom Regiment Prinz Heinrich, 1743, (4) die Garnison der Zitadelle, bestehend aus 3 Kompanien des Regiments Kowalsky, 466; zusammen 6814. [...]

Vor dem Potsdamer Tore

Der Garten der königlichen Akademie der Wissenschaften liegt auf der Feldmark des Dorfes Schöneberg zur Rechten der Potsdamer Straße am sogenannten Hopfenbruche, etwa eine halbe Viertelmeile von Berlin im Teltowschen Kreise. Ehedem war er ein kurfürstlicher Hopfengarten, in welchem der Hopfen für die damalige kurfürstliche große Brauerei zu Berlin gebauet wurde. Als Kurfürst Friedrich Wilhelm 1679 aus seinen siegreich geendigten Feldzügen zurückkehrte und nun die ökonomischen Umstände seines Hofstaats sowohl als der andern in höchsten Verfall geratenen Land- und Stadtgewerbe wieder in Ordnung brachte, so fand er gut, die Deputate, welche seine Unterbediente sonst an Bier aus gedachter Brauerei in natura erhalten hatten, nebst der Brauerei und dem Hopfengarten abzuschaffen (wogegen den Bedienten ihr Gehalt erhöhet ward). Dagegen war er bedacht, den Anbau der Küchen- und Gartengewächse zu befördern, welcher um Berlin sowohl als in der übrigen Mark wegen der Verwüstungen im Dreißigjährigen Kriege in so großen Verfall geraten war, daß an Baumfrüchten, Kohl und Gemüsekräutern fast ein gänzlicher Mangel war. Selbst für die kurfürstliche Tafel mußte oft Obst, Blumenkohl, Sellerie und dergleichen mit der Post von Hamburg, Braunschweig, Erfurt und Leipzig verschrieben werden. Der Große Kurfürst, welcher in seinen Feldzügen und auf seinen Reisen, vorzüglich am Niederrhein, weit bessere Küchen- und Baumgärtnereien gesehen, bessere Früchte genossen und dabei auch ein großer Kenner und Liebhaber von Gärten geworden war, beschloß, dergleichen in seinem Lande einzuführen. Der eingegangene Hopfengarten [...] schien dem Kurfürsten zu den ersten Versuchen und zugleich zu einem kleinen ruhigen Aufenthalt für sich am bequemsten zu sein. Er verschrieb aus Holstein den damals berühmten Küchengärtner Michelmann, durch welchen er sich den Platz zu seinem besondern Obst- und Küchengarten einrichten ließ. Hier pflanzte Friedrich Wilhelm der Große selbst, pfropfte, säete und erzog Früchte und Gewächse mit eigener Hand; ein großes Beispiel, wodurch er viele seiner hohen Bedienten nebst dem Landadel aufmun-

Christian Gottfried Matthes,
Die Schafbrücke
vor dem Potsdamer Tor, 1775

terte, sich auf den Gartenbau zu legen, wovon man bald die glücklichsten und zum Teil noch fortdaurenden Folgen in mehrern Provinzen der Länder sah. [...]

König Friedrich I., welcher in seinen jüngern Jahren mit seinen Brüdern zur Sommerszeit sich viel hatte im Küchengarten aufhalten müssen, ließ den Sohn des Gärtners Michelmann auf seine Kosten reisen, machte den kurfürstlichen Küchengarten zu einem königlichen Lustgarten, ließ ihn nach der neuen Art anlegen mit Glas-, Früh- und Treibhäusern, einiger Orangerie und mit vollkommenen Hofediensten von vierzehn Dörfern versehen und bestätigte den von Reisen zurückkommenden jüngern Michelmann in die Stelle seines Vaters, welcher denn auch daselbst neue seltene und gute frühe Fruchtarten, Blumen und Küchengewächse erzog. [...]

König Friedrich Wilhelm nahm von diesem Lustgarten alle Hofedienste der vierzehn Dörfer bis auf sechs Tagelöhner weg, wovon sich die Folgen bei der Unterhaltung bald zeigten. Die übrigen Regalien wurden dabeigelassen, und der Garten lieferte auf die königliche Tafel und in die Küche an Früchten und Gewächsen, was er konnte. Der Vorrat an Gewächsen und andern zur Orangerie gehörigen fremden Bäumen fast aus allen königlichen Lustgärten (welche König Friedrich Wilhelm gar nicht liebte) ward zur Unterhaltung bis auf weitere Bestimmung in diesen Garten gebracht. [...]

Unter König Friedrich II. erhielt alles Wissenschaftliche sogleich eine bessere Gestalt. 1744 ward der botanische Garten von der neuen Akademie der Wissenschaften dem berühmten Herrn Gleditsch, als königlicher Botanikus und Professor, zur Aufsicht und völligen Einrichtung übergeben. Diese letztere kam 1746 zustande. Es wurden neue Gewächshäuser gebauet und wegen Menge der fremden Pflanzen vermehrt, auch die in freier Luft aushaltenden Stauden und Sommergewächse systematisch geordnet und dazu ein Seminarium errichtet. Zu Beförderung dieser Anstalten tat dieser unermüdete Botaniker unterschiedliche Reisen und schaffte überhaupt soviel herbei, daß die Anzahl der Pflanzen mit den im Garten ohne Unterhaltung von selbst wachsenden Schwämmen, Schilf-, Gras-, Moos- und andern Wassergewächsen auf 6000 angewachsen war. Allein durch einige Wasserschäden und harte Winter, vorzüglich aber durch den feindlichen Überfall 1760 hat er soviel gelitten, daß man gegenwärtig die Anzahl von Gewächsen nicht über 2600 rechnen kann. [...] Was aber vorzüglich diesen Garten bei Kennern der Naturgeschichte in beständigem

Johann Gottlieb Gleditsch

Andenken erhalten muß, sind die wohlgeratenen Versuche, welche Herr Prof. Gleditsch dreimal gemacht, einen weiblichen Palmbaum, der seit vielen Jahren vergebens geblühet, ohne Früchte zu tragen, durch eine künstliche Begattung vollkommen zu befruchten. Er ließ dazu das befruchtende männliche Blumenmehl sich zweimal aus Leipzig und einmal aus Karlsruhe in Briefen schicken. Um gewiß zu sein, daß die Versuche geraten wären, wurden die reifen Datteln in die Erde gesteckt; sie keimten bald, und die jungen Bäume wurden zum Andenken dieser in unserm Jahrhundert so wichtigen Versuche zum Teil in verschiedene Gärten auswärts verschickt, zum Teil befinden sich dergleichen junge, von Samen erzogene Palmen noch im Garten, von welchen die männlichen jährlich blühen, sowie der alte weibliche Mutterstamm. – Die Anzahl der Gewächse wird durch die unermüdete Sorgfalt des großen Pflanzenkenners Hrn. Gleditsch beständig unterhalten und auch vermehret. Überhaupt hat dieser Garten, welcher zu seinem Zwecke sehr bequem liegt, da darin fettes, mageres, lockeres, festes Gartenland, trockner Heideboden, schlechtes Sandland, Sümpfe und Wiesengrund anzutreffen sind, von Zeit zu Zeit verschiedenen botanischen Gärten und Pflanzungen teils den Anfang, teils beträchtliche Zusätze gegeben; und durch ihn ist auch die Kultur der Gegend von Berlin ungemein verbessert worden.

Friedrich August Calau, Schöneberg

Schöneberg, ein Dorf nahe bei dem Garten der Akademie der Wissenschaften, zwischen welchem und diesem Dorfe 1750 unter Aufsicht des Generals von Retzow 10 Kolonistenhäuser angelegt und mit 20 Familien besetzt worden sind, deren jede auch einen Fleck Landes zum Garten bekam. Zugleich ward die Landstraße mit einer Allee bepflanzt.

Otto Christian Sahler/
Friedrich Wilhelm Schaub,
Lankwitz

Grunewald, ein Jagdschloß zwei Meilen von Berlin, im Teltowschen Kreise rechts von dem Wege nach Potsdam im Walde an einem See sehr angenehm gelegen. Das Schloß ward, laut der Aufschrift über der Türe, unter Kurfürst Joachim II. von Kaspar Theiß 1542 erbauet. Nachher wurden die gegenüberliegenden Gebäude und Torwege unter Kurfürst Johann Georg um 1580 vom Grafen R. von Lynar erbauet. [...] Unweit Grunewald liegt ein Tal und See, die *Hundekehle* genannt, und weiter herunter nach Zehlendorf

Jagdschloß Grunewald,
um 1800

ein See, der *Schlachtensee* genannt, welche Namen vermutlich auf eine Schlacht oder Begebenheit mit den Wenden deuten. [...]

Louis Serrurier/
Christian Peter Jonas Haas,
Die Kirche in Tempelhof

Vor dem Hallischen Tore

Tempelhof, ein Dorf 1 Meile von Berlin. Es war (wie auch schon der Name zeigt) ein Eigentum der Tempelherren, nach deren Vertilgung es mit andern Gütern derselben an den Johanniterorden fiel. Dieser Orden verkaufte 1435 dies Dorf nebst Rixdorf, Marienfelde und Mariendorf den Städ-

Am Tempelhofer Berg

ten Berlin und Kölln für 2439 Schock 40 Groschen böhmischen Geldes. Der Magistrat hat es nachher in diesem Jahrhunderte dem Geheimen Rate Levin von Scharden verkauft. Jetzt gehört es den Erben des Hrn. Geheimen Finanzrats von Reinhard. Dieses Dorf liegt sehr angenehm. Durch dasselbe gehet eine sehr schöne fünffache Lindenallee, und es sind verschiedene Landhäuser von Privatpersonen in Berlin daselbst. Die Kirche, welche auf einer Anhöhe liegt, ist sehr alt und ihrer Bauart wegen merkwürdig, da sie aus granitartigen, ins Gevierte gehauenen Felssteinen gebauet ist. Nicht weit davon liegt das herrschaftliche Haus, bei welchem zwei sehr schöne Gärten befindlich sind. [...]

Rixdorf

Vor dem Cottbuser Tore

Ryksdorf [Rixdorf], ein Dorf ¾ Meile von Berlin an der Landstraße nach Sachsen gelegen. Es ward im dreizehnten Jahrhunderte von der in der ältern berlinischen Geschichte bekannten Familie der Ryken oder Reichen angelegt. Nachher kam es an den Johanniterorden und hierauf [...] an den Magistrat. Jetzt hat das Amt Mühlenhof die Jurisdiktion. 1737 wurden hier 18 böhmische Familien angesetzt, daher besteht es jetzt aus 2 Dörfern: *Deutsch* und *Böhmisch Ryksdorf*, und hat auch zwei Kirchen. Die Böhmen leben meist von Manufakturen und Gartenbau. Auch ist daselbst eine Anzahl herrenhutischer Familien, welche einen besondern Kirchensaal und einen Prediger haben.

Britz, ein Dorf auf der sächsischen Landstraße, eine starke Meile von Berlin gelegen und des königl. wirkl. Staatsministers Herrn von Hertzberg Exzell. gehörig, hat eine sehr angenehme Lage. Das herrschaftliche Haus liegt an einem See und ist artig gebauet. Der jetzige Besitzer hat durch den berühmten B. Rode darin eine Galerie al fresco und verschiedene andere Zimmer sehr schön malen lassen. [...] Außerdem sind hier die nicht gemeinen ökonomischen Einrichtungen, durch welche der Ertrag der Felder sehr vermehrt worden ist, die wichtigen Verbesserungen der Wiesen und die vortreffliche Viehzucht, welche hauptsächlich durch die Einführung der Futterkräuter, besonders der Luzerne, so vollkommen gemacht worden ist, für echte Kenner der Landwirtschaft sehr merkwürdig. [...]

Johann Heinrich Schröder/
Harry John Penningh,
Ewald Friedrich
Graf von Hertzberg, 1792

Christian Bernhard Rode
nach Friedrich Gottlieb Berger,
Britz, 1780

Vor dem Schlesischen Tore

Treptow, ein Haus im Walde an der Spree, eine Viertelmeile von Berlin, woselbst der Magistratsförster wohnet. Dabei ist ein Wirtshaus, wohin aus Berlin oft Spazierfahrten geschehen, und einige Kolonistenwohnungen.

Köpenick, eine Immediatstadt und königliches Lustschloß im Teltowschen Kreise, zwei Meilen von Berlin an der Spree auf einer Insel. Es gehet dahindurch den Wald eine Allee, und zu Wasser kann man auf der Spree dahin fahren, wo man dann an beiden Ufern eine schöne Aussicht hat.

Der Ort muß wohl älter sein als Berlin, doch ist mir keine ältere Nachricht davon bekannt, als daß Köpenick 1239 vom Erzbischof zu Magdeburg besetzt und dem Markgraf Heinrich von Meißen übergeben, aber 1240 wieder von dem Markgrafen Johann I. und Otto III. erobert worden. 1375 war es, zufolge Kaiser Karls IV. Landbuch, ein kurfürstliches Amt. Darauf ward es von Markgraf Jobst an die von Bieberstein verpfändet. Hans und Ulrich Gebrüder von Bieberstein versetzten es 1381 für 500 Schock böhmischer Groschen dem Rate zu Berlin. Dieser verkaufte 1394 die Stadt und das Schloß zu Köpenick an Heinich Reichenbach für sechstehalb hundert Schock böhmischer Groschen, Pragischer Münze, wobei sich 19 Edelleute als Bürgen verschrieben. [...] 1406 nahm Hans von Quitzow Köpenick weg. Vermutlich ist es unter Kurfürst Friedrich II., als derselbe die Quitzowe ganz demütigte, wieder an den Landesherren gekommen. Das Schloß liegt dicht an der Spree in einer ungemein angenehmen Lage. Schon am Ende des vierzehnten Jahrhunderts findet man eines Schlosses zu Köpenick erwähnt in dem oben angeführten Kaufbriefe von 1394. Im Jahre 1571 starb Kurfürst Joachim II. auf dem Köpenicker

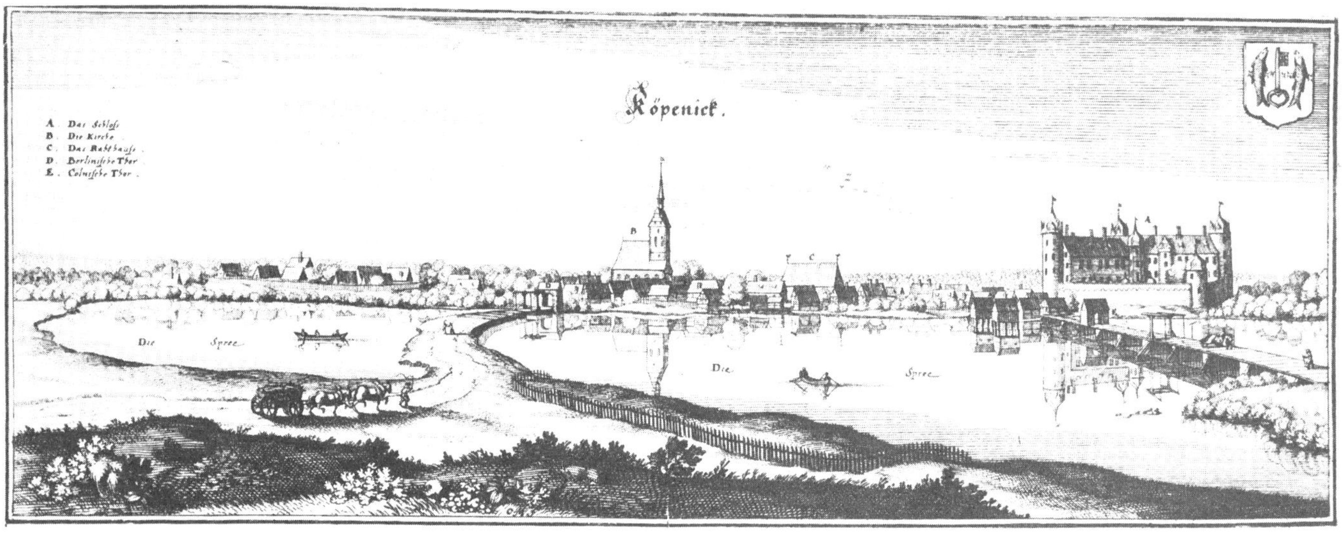

Ansicht von Köpenick

Schlosse. Das Jahr darauf ließ dessen Nachfolger, Kurfürst Johann Georg, an diesem Schlosse durch Hans Räspel bauen und den Saal und das Sommergemach darin von Georg Schmid malen. Kurfürst Friedrich Wilhelm ließ, als das Schloß ganz baufällig geworden war, dasselbe 1659 durchaus reparieren. 1677 schenkte er das ganze Amt nebst dem Schlosse dem Kurprinzen bei dessen erster Vermählung. Das Schloß ward hierauf, laut der Aufschrift 1681, durch Rutger von Langevelt ganz neu aufgebauet. Friedrich III. ließ noch als Kronprinz die Kapelle von Nering bauen und das noch vorhandene Brustbild seiner ersten Gemahlin, Elisabeth Henriette von Hessen-Kassel, über die Kanzel setzen, auch 1688 die Galerie hinzufügen, von welcher damals die Trompeter zur Tafel bliesen und welche nachher zu Wohnzimmern eingerichet worden ist. Im Schloßhofe stehet eine steinerne Statue einer Mannsperson, 6 Fuß 2 Zoll hoch, auf einem Fußgestelle von 11 Fuß 5 Zoll hoch, am linken Fuß ruhet ein Schweinskopf, den die Figur mit der linken Hand hält. Man weiß die Bedeutung dieser Statue nicht und erzählet Legenden davon.

Sonst gehörte zum Schlosse ein großer Garten, welcher aber meist eingegangen ist. Seit 1782, als dem Todesjahre der verwitweten Erbprinzessin von Württemberg, geborene Prinzessin von Brandenburg-Schwedt, steht das Schloß bis auf das Parterre leer, welches letztere der Chef des reitenden Jägerkorps (jetzt Herr Hauptmann von Frankenberg) bewohnt.

Dicht neben dem Schlosse geht eine 624 Fuß lange Brücke über die Spree. Die Stadt ist ziemlich gut gebauet. Außer derselben längs der Spree ist das königliche *Amt Köpenick* und der sogenannte *Kietz*, der aus 31 Wirten bestehet, die sich Fischer und Nachbar und ihre geschlossene Anzahl die Nachbarschaft nennen. In der Stadt ist eine lutherische Kirche. Die 1685 daselbst errichtete französische Kolonie hat, wie die reformierte Gemeine, ihren Gottesdienst in der Schloßkapelle.

Eine Seidenmanufaktur ward 1765 von Hrn. Esaias Villiers in Berlin errichtet. Sie gehört jetzt Hrn. Andreas Simon und Komp. Es werden darin besonders glatte gestreifte und Modentaffete gemacht. Im Jahre 1784 war der Wert der auf 24 Stühlen von 25 Arbeitern gemachten Waren 22 710 Rtlr. Eine Manufaktur von italienischen Milchfloren oder Gazes de Boulogne hat Hr. François Guillermain, der 1784 auf

Karl Benjamin Schwarz, Schloß Köpenick, 1787

18 Stühlen von 19 Arbeitern für 10 132 Rtlr. hat verfertigen lassen. Er hat auch seit kurzem eine Kreppflormanufaktur errichtet. Auch werden viele Etamine und wollene Zeuge verfertiget. Nicht weit von der Stadt sind verschiedene gute Kattun- und Kannefaßbleichen angelegt. König Friedrich Wilhelm ließ einen Brauer und verschiedene Offizianten aus Holland kommen, welche auf königliche Kosten eine große Brauerei anlegten, worin ein Bier, das man Moll nannte, gebrauet und anfänglich stark verfahren ward.

Im Jahre 1774 waren hier 140 Häuser und 1 449 Einwohner ohne den Kietz und die Garnison, welche aus einem Teile des reitenden Jägerkorps bestehet. 1784 war die Zahl der Einwohner vom Zivil 1 336 und vom Militärstande 69, im Jahre 1785 vom Zivil 1 335, vom Militär 59. [...]

Eine Viertelmeile von der Stadt Köpenick, ostwärts oberhalb derselben, liegt der *Miggel- (oder Müggel-) see.* Seine Länge von Osten nach Westen beträgt auf 1 200, seine Breite von Süden nach Norden auf 700 rheinländische Ruten. Die Spree teilt sich bei Rahnsdorf oberhalb des Sees in zwei Arme, wovon sich der nördliche in den See ergießt, mitten durch ihn fließt, sodann nach Köpenick läuft und sich daselbst gleich hinter der Stadt mit dem anderen Arme wieder verbindet. So wie der durchfließende Strom steigt und fällt, so auch der Spiegel des Sees; der Unterschied des Steigens und Fallens beträgt etwa 12 Fuß. Man hält einige Stellen des Sees mit Unrecht für sehr tief, ja für unergründlich, da die größte Tiefe nicht über 30 Fuß beträgt, aber wegen der sehr raschen Wellen ist er bei stürmischem Wetter gefährlich zu befahren. Durch denselben geht die Schiffahrt von und nach Schlesien. Man findet an und auf dem See den Fischaar (Falco aeruginosus), verschiedene Strandvögel und Entenarten, vorzüglich aber in demselben eine sehr große Menge Fische, wovon Hr. Dr. Bloch 23 Arten zählt. Es sind nicht nur die in den hiesigen Landseen gewöhnlichen, sondern auch der größte Teil unserer Flußfische. Der See ernährt dadurch nicht nur die Fischer in dem benachbarten Köpenick und Rahnsdorf, sondern auch die von Schmöckwitz, Wermsdorf und Stralau (Dörfer, die in Entfernung einiger Meilen teils ober-, teils unterhalb des Sees an der Spree liegen). Vorzüglich ist er im Winter, wenn er zugefroren ist, sehr fischreich.

Unterhalb des Sees, zwischen demselben und dem bei Rahnsdorf sich trennenden südlichen Arme der Spree, liegen auf dem Köpenickschen Werder die *Miggelberge,* welche ganz mit Fichten und Eichen bewachsen sind. Diese Anhöhen werden bloß durch das sonst sehr ebene Land merkwürdig. Es sind Sandberge, mit Kiesel, Federstein, Waken (saxa) und mit Geschieben von Schiefer, Jaspis und Basalt vermischt, eigentlich nur zusammengeschlämmte Hügel, obgleich nicht von unbeträchtlicher Höhe, so daß man sie auch in der Entfernung mehrerer Meilen mit bloßen Augen von irgend einiger Anhöhe sehen kann. Sie enthalten gar keine Minern, nicht einmal die sonst um Berlin so häufigen Kalkminern, auch keine hier gleichfalls sonst sehr gemeine Versteinerungen. Auf dem höchsten dieser Berge, worauf 1675, als Friedrich Wilhelm der Große nach seinen Siegen über die Schweden nach Köpenick kam, eine Ehrenpforte aufgebauet wurde, kann man bei klarem Wetter fünf Meilen weit sehen. Besonders hat man von einigen Stellen Aussichten so schön, als man sie in einem flachen Lande haben kann: den Miggelsee zur Rechten, die Spree mit ihren angenehmen Ufern vor sich, Köpenick und die Dörfer des Werders zu seinen Füßen und Berlin, das man ganz übersehen kann, in der Entfernung. Wegen des vielen anwachsenden Holzes werden solcher Stellen aber immer weniger.

Treptow und Stralau, 1793

Die Kolonie *Friedrichshagen* liegt geradeüber an der nördlichen Seite des Sees. Dieses Spinnerdorf besteht aus 50 in gerader Linie gebauten Häusern, jedes zu 2 Familien, und also aus 100 Familien. In der Mitte des Dorfs in einem Viereck stehet das Bethaus, worin die Deutschen und Böhmen ihren Gottesdienst wechselsweise halten. Durch das ganze Dorf läuft eine vortreffliche Maulbeerplantage. Auf dem Schulzengehöfte hat man nach allen Seiten reizende Aussichten. Auf dem Wege zwischen Köpenick und Friedrichshagen liegt *Bellevue*, ein Landhaus des Herrn Geh. Finanzrats Magusch, bestehend aus einem steinernen Gebäude und einem wohlangelegten Garten, worin die verschiedene Höhe des Bodens sehr gut benutzt ist.

Friedrich August Calau, Stralau, 1795

Vor dem Stralauer Tore

Stralau, ein sehr altes Fischerdorf wendischen Ursprunges, wo auch noch verschiedene wendische Gebräuche übriggeblieben sind. Es gehört dem Magistrate in Berlin und liegt im Niederbarnimschen Kreise, eine Viertel Meile von Berlin, dicht an der Spree sehr angenehm. Es sind darin einige Landhäuser mit Gärten von Privatpersonen in Berlin, worunter das Schicklersche das vorzüglichste ist. Von Berlin gehet ein mit Weiden und andern Bäumen bepflanzter Damm. Die Kirche steht neben dem Dorfe auf einer Wiese, welche zwischen der Spree und dem See bei Rummelsburg liegt; sie ist 1464 gebauet.

Bockshagen [Boxhagen], ein dem berlinischen Magistrat gehöriges Vorwerk.

Rummelsburg (ehemals Charlottenhof genannt), eine Meierei und Wirtshaus hinter Stralau an einem mit der Spree verbundenen See. Weiterhin an dem Wege nach Köpenick zwischen Friedrichsfelde und der Spree liegt der Fuchsberg und der Krähenberg, zwei Anhöhen, von welchen man eine gute Aussicht nach Berlin und in die Gegend hat.

Haller von Hallerstein/Martel, Lichtenberg

Vor dem Frankfurter Tore

Lichtenberg, ein dem Magistrat gehöriges, eine Viertel Meile von Berlin im Niederbarnimschen Kreise gelegenes Dorf. Es gehet dahin eine Allee, und es sind daselbst verschiedene angenehme Landhäuser berlinischer Privatpersonen. Darunter ist besonders das Landhaus Sr. Exzellenz des Hrn. Generallieutenants und Gouverneurs v. Möllendorf merkwürdig, worin ein Saal und verschiedene Zimmer von Verona gemalet sind.

Otto Christian Sahler, Lichtenberg

Friedrichsfelde, ein Dorf, wo ein schönes Lustschloß befindlich ist. Es liegt eine kleine Meile von Berlin vor dem Frank-

furter Tore, und man kömmt dahin durch eine schöne, vierfache, von Markgraf Albrecht Friedrich gepflanzte Allee, die noch innerhalb der Stadt anfängt. Unter Kurfürst Friedrich Wilhelm ließ der Generaldirektor der Marine Benjamin Raule sich hier ein Lusthaus nebst Garten bauen, wozu der Magistrat den Anteil eines Gutes, den er daselbst hatte, auf kurfürstlichen Befehl für 2200 Rtlr. verkaufte. Damals hieß das Dorf Rosenfelde. Als Raule hernach 1695 in Ungnade fiel, fiel es, so wie seine übrigen Güter, an Kurfürst Friedrich III., der das Lustschloß behielt und nach demselben das Dorf Friedrichsfelde benannte. König Friedrich Wilhelm schenkte es dem Markgrafen Albrecht Friedrich. Dieser Herr ließ durch Böhme das Schloß 1719 erweitern,

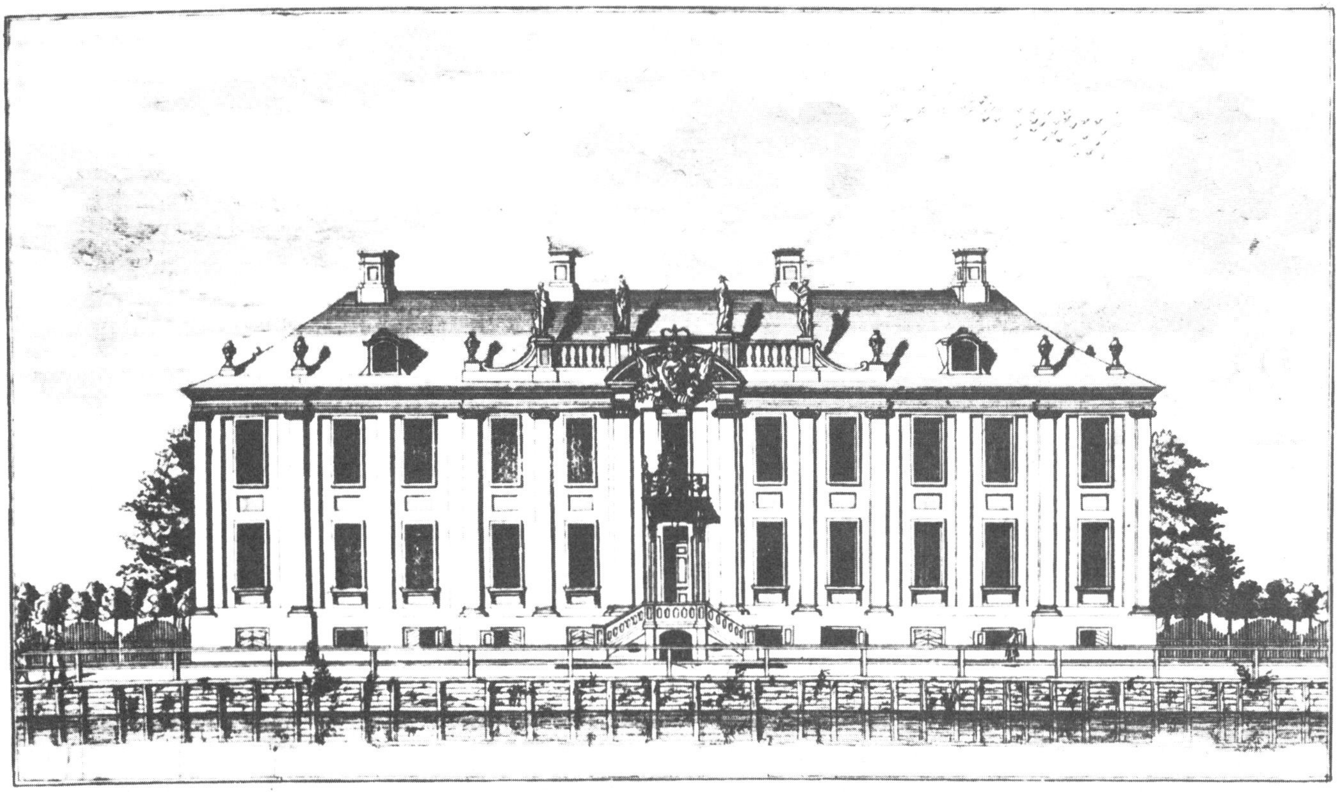

Johann David Schleuen,
Das Schloß Friedrichsfelde,
etwa 1770

denn vorher war nur ein kleines Gebäude, auf jeder Seite mit einem kleinen Altane, da. Nach dem Tode des Markgrafen bekam das Schloß dessen Sohn Markgraf Karl, Heermeister des Johanniterordens, der verschiedene artige Lusthäuser im Garten anlegen ließ. Nach dessen Tode 1762 erhielt es Prinz Ferdinand von Preußen, jetziger Heermeister des Johanniterordens, der den Palast sowohl als den weitläuftigen Garten verschönern ließ.

Im Jahre 1785 kaufte Se. Durchlaucht der regierende Herzog von Kurland dieses *Lustschloß* und hat darin bereits wichtige und geschmackvolle Veränderungen vorgenommen, durch welche das Schloß und der Garten in kurzem zu

Karl Benjamin Schwarz,
Schloß Friedrichsfelde, 1787

den schönsten um Berlin gehören werden. Einige der vorzüglichsten Zimmer will ich näher anzeigen:

Im Erdgeschoß ist der im chinesischen Geschmack marmorierte Entreesaal unverändert geblieben. Alle andern Zimmer unten haben vortreffliche seidene Tapeten aus der Bernhardschen Manufaktur zu Berlin erhalten. Im Zimmer rechts vom chinesischen Saal hängt eine große und drei kleine Landschaften von Philipp Hackert in Rom und zwei Landschaften von Wüest in Zürich. An der Wand den Fenstern gegenüber steht ein schönes lackiertes und mit Bronze verziertes Bureau, welches, so wie die gegenüberstehende Kommode, von Berliner Arbeit ist. Ein Zimmer mit rot und weißem Damast tapeziert. Hier hängen 5 Gemälde von der berühmten Angelika Kauffmann. [...] Das Studierzimmer der Herzogin, grün und gold. [...] Das Schlafzimmer, mit grünem Atlas tapeziert. [...] Im zweiten Geschosse tritt man zuerst in den großen Tanzsaal mit schöner Stukkaturarbeit, mit korinthischen, freistehenden Säulen und Architektur. Zwischen den Hauptpfeilern der mittelsten Fenster stehen die vom Herzog aus Rom hieher gebrachte antike weißmarmorne Büsten von Antonin und Hadrian und gegenüber Vitellius und Galba. Der ganze Saal ist im edelsten schönsten Geschmack von ungemeiner Symmetrie und Proportion. Den 5 Fenstern nach der Gartenseite gegenüber sind außer der Haupteingangstüre 4 große Spiegelfenster, wovon zwei zu Eingängen in Nebenzimmer dienen. Über den drei Türen stehen 3 Basreliefe mit Bachanalien. In den zwei an den Saal stehenden Zimmern sind zwei von Rode sehr schön modellierte Öfen: die Flora und Ceres vorstellend, und sie stehen so, daß bei geöffneten Türen beide Statuen mit zum Saal zu gehören scheinen. Statt der Stühle oder Bänke sind antike Sarkophagen hier. Rechts von diesem Saale sind drei Zimmer mit Plafonds im arabesken Geschmack. [...] Auf dieser Seite ist auch ein Kabinett in Gestalt eines Zeltes von blau und weißem Atlas. Es ist achteckigt; in die vier abgeschnittenen Ecken sind vier kleine Sophas versteckt, die nur alsdann sichtbar werden, wenn sich der Vorhang vor den vier Ecken teilet. Die Seitenwände des Fensters sind mit Spiegeln belegt, die sich in einem stummen Winkel brechen, so daß die äußern Prospekte sich verschiedenemal darin vorstellen und man wirklich in freier Luft zu sein glaubt. Hinter dem Zelte ist ein kleines Kabinett mit Miniaturgemälden, welche der Herzog auf seinen Reisen gesammlet hat, worunter die von Rom in Neapel die vorzüglichsten sind. Links von dem großen Tanzsaal tritt man in ein türkisches Zimmer von karmesin und weißem Atlas aus

Otto Christian Sahler/
Friedrich Wilhelm Schaub,
Hohenschönhausen

der Bernhardschen Manufaktur. [...] Von hier kömmt man in die Bildergalerie, welche immer vermehret wird. [...] Vorzüglich ist die Absicht, eine Sammlung von Gemälden jetztlebender Künstler zu machen. [...] Neben dieser Galerie ist ein kleines Speisezimmer, im arabesken Geschmack gemalt. Der *Park*, welcher sehr große Schönheiten hat, wird durch verschiedene Kanäle und große Alleen durchschnitten. Die Anpflanzung von amerikanischen und andern fremden Hölzern ist sehr beträchtlich, besonders in der linker Hand dem Palaste gelegenen englischen Partie, wo heitere und melancholische, lustige und traurige Gegenden abwechseln. [...]

Vor dem Bernauer Tore

Weißensee, ein Dorf, 1 Meile von Berlin, dem Hrn. von Schenkendorf gehörig. Es ist daselbst ein sehr schöner Garten, dem die angenehme Lage an dem großen See, von dem das Dorf den Namen hat, noch mehr Reiz gibt. In der Kirche am Kanzelpfeiler stehen in Stein halberhabne Figuren, als die Kreuzigung und das Begräbnis Christi, welche Epitaphien der Familie Blankenfelde sind, nebst hinzugefügten Namen und Jahreszahlen von 1516 bis 1552. Rechter Hand des Altars hängt ein Gemälde von der Auferstehung Christi auf Holz, es hat die Jahreszahl 1577; die Figuren sind lebhaft gemalt. In der linken Seitenwand der Kirche steht ein alter Altar, woran Figuren aus Stein gehauen sind, an den Seiten sind Flügel, die man öffnen und zumachen kann, ganz artig für damalige Zeiten gemalt, stark versilbert und vergoldet. Es gehet von Berlin dahin eine Allee bis

Malcho[w], ein Dorf, 1½ Meilen von Berlin. Der Staatsminister Paul von Fuchs bauete daselbst ein artiges Haus und Garten. König Friedrich I. kaufte es nach dessen Tode und hielt sich bisweilen da auf. König Friedrich Wilhelm verlieh es dem Markgrafen Christian Ludwig (dritten Sohn des Großen Kurfürsten von seiner Gemahlin Dorothea), der die Gegend sehr verbesserte und besonders vortreffliche Alleen pflanzen ließ. Nach dessen 1734 erfolgtem Tode ward das Dorf mit Zubehör in ein königliches Amt verwandelt, und das Schloß wird jetzt zur Wohnung des königlichen Amtmanns gebraucht. [...]

Vor dem Prenzlauer Tore

Buchholz oder *Französisch-Buchholz*, ein Dorf, 1½ Meile von Berlin im Niederbarnimschen Kreise, unter das Amt Mühlenbeck gehörig. Hier sind viele französische Bauern und Küchengärtner, welche auch einen französischen Predi-

Daniel Chodowiecki, »Wallfahrt nach Französisch-Buchholz«, 1775 (die Familie des Künstlers)

ger haben und viel gutes Gartengewächse bauen, womit sie Berlin versehen. Es sind hier verschiedene Landhäuser, welche Privatpersonen in Berlin gehören. Rechts stößt dicht an das Dorf ein angenehmer Eichen- und Buchenwald. In demselben ist besonders eine alte Eiche merkwürdig, welche vier Menschen nicht umspannen können, und elf, dicht nebeneinander wie aus einem einzigen Stamme gewachsene große Buchen. Links gehet eine schöne Allee von Kastanien- und Ulmenbäumen nach Niederschönhausen.

Buch, ein Dorf, zwei Meilen von Berlin, dem Hrn. Dompropst von Voß gehörig. In demselben ist eine schöne Kir-

Christian Gottfried Matthes, Pankow, 1774

che, 1726 und 1727 auf Kosten des damaligen Besitzers, des Staatsministers Hrn. von Viereck, von Diterichs gebauet. Der Turm hat eine Kuppel. In der Kirche ist das marmorne Denkmal des gedachten Hrn. von Viereck von Glume. Bei dem herrschaftlichen Hause ist ein schöner Garten.

Joachim Martin Falbe/
Johann Ernst Gericke,
Adam Otto von Viereck, 1760
(im Hintergrund
die Schloßkirche in Buch)

Vor dem Schönhauser Tore

Pankow, ein Dorf an der Panke, 1 Meile von Berlin im Niederbarnimschen Kreise, unter das Amt Niederschönhausen gehörig. Es führt eine Allee dahin, und es sind darin viele Lusthäuser und Gärten von Privatpersonen in Berlin. Kurfürst Johann Cicero, der 1486 zur Regierung kam, hatte hier einen Vogelherd und ein Haus von Fachwerk mit zwei Erkern, welches nachmals verschenkt, abgebrochen und zu Berlin an der Spree hinter der Heiligengeiststraße (in der Gegend der jetzigen neuen Ritterakademie) wieder aufgebauet wurde, wo es 1595 noch stand. Dieser Kurfürst ließ hier auch halbe Märkische Groschen schlagen, die man die Pankowschen Gröschlein nannte.

Die Kirche in Pankow

Schönhausen oder *Niederschönhausen*, ein Dorf unter das zu Blankenburg befindliche Amt Niederschönhausen gehörig, vor welchem ein *Lustschloß* und sehr reizender Garten, der Königin gehörig, lieget, woselbst Ihre Majestät im Sommer zu residieren pflegen. Eine Allee von ungemein schönen hohen Linden und Buchen führet aus dem nahgelegenen Dorfe Pankow dahin. König Friedrich I. kaufte das Dorf Niederschönhausen nebst Pankow und Blankenfelde zu Ende des vorigen Jahrhunderts von einem Hrn. von Grumkau. Das Grumkausche Haus war nur ein Wohnhaus von drei Geschossen, welches in der Mitte der vordern Fronte nach dem Platze zu eingerückt und mit einem Balkon, der auf zwei untermauerten Pfeilern ruhete, versehen war; der Saal ging durch alle drei Geschosse. Eosander bauete 1708 an den Seiten in gerader Linie mit der Fronte nach dem Garten noch zwei kleine, die halbe Tiefe des Schlosses enthaltende Pavillone von einem Geschosse mit niedrigen Dächern nach italienischer Art, mit einem Brustgeländer eingefaßt, worauf kleine Statuen von Kindern standen. Jeder Pavillon war von einer Kammer und zwei Kabinetten. Der Garten ward auch erweitert.

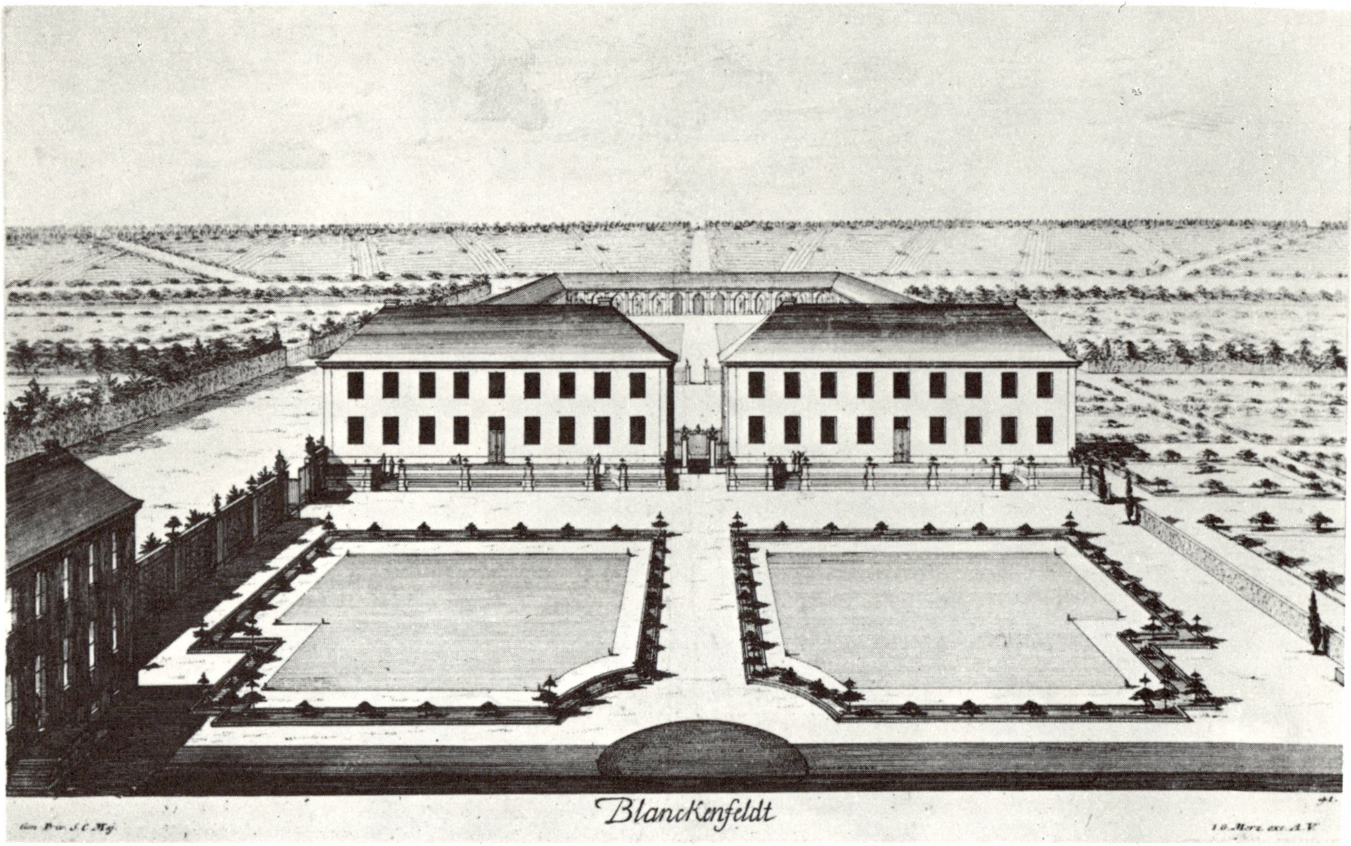

Johann Georg Merz,
Das Vorwerk Blankenfelde,
etwa 1711

Im Jahre 1740 schenkte König Friedrich II. das Schloß Schönhausen mit den dazugehörigen Gebäuden und Garten seiner Gemahlin. Das Gebäude war damals, wegen Mangel der Unterhaltung, sehr verfallen und der Garten sehr verwildert. Aber die Königin setzte das Schloß wieder in bewohnbaren Stand und verbesserte es; und den Garten haben Ihre Majestät sehr vergrößert und ihn mit vieler noch immer fortgesetzten Sorgfalt und Geschmack beinahe ganz neu angelegt, so daß er jetzt zu den angenehmsten Gärten um Berlin gehöret. Das Schloß und dessen vorderster Platz waren teils durch alte Gebäude, teils durch eine Mauer und hohe Umzäunung eingeschlossen, wodurch die Aussicht sehr eingeschränkt ward. Jene wurden weggenommen und anderweits aufgebauet und diese mit niedrigen Staketen verwechselt, wodurch das Schloß an Luft und Aussicht sehr gewann.

Bei dem feindlichen Überfall 1760 ward das Schloß verwüstet und gänzlich geplündert. Da zugleich die von Eosandern gebauten kleinen Pavillone sehr baufällig geworden waren, so ließ sie die Königin 1764 ganz abbrechen und dem Hauptgebäude in der Tiefe und Höhe gleich aufführen, zugleich den Balkon an der vordersten Fronte wegnehmen und die beiden vorspringenden Flügel mittelst einer zwischen selbigen von Grunde aus aufgeführten Mauer zusammen verbinden und in der Fronte gleichmachen. Das Schloß bekam dadurch, anstatt der alten winklichten Form, die Gestalt eines länglichen Vierecks und ward inwendig überaus viel bequemer und wohnbarer. […]

Der *Garten* ist ganz neu geschaffen worden. Der Lustgarten erstreckte sich ehemals in der Tiefe bis an die sogenannte Buchholzsche Allee und war daselbst bis an die große Buchenhecke, welche längs der Allee hinter dem jetzigen Wachthause gehet, und von da bis zum Orangenhause und zu der daranstoßenden Mauer mit einem niedrigen Bretterzaune eingehegt. Die Königin vergrößerte ihn durch Einhegung eines Teils der pankowschen und schönhausenschen Wiesen und Hütungen mit Inbegriff des kleinen Eichenholzes zwischen Schönhausen und Pankow, wogegen die beiden Dorfgemeinden eine reichliche Vergütung erhielten. Alles, was verwildert und eingegangen war, ward aufgeräumt und verbessert. Die beinahe völlig eingegangene Orangerie ward durch Ankauf vieler ansehnlichen großen Bäume wiederhergestellet. Besonders wurden in dem neuen Teile des Gartens eine große Anzahl Alleen und

Susang,
Königin Elisabeth Christine

Johann David Schleuen,
Das Schloß Niederschönhausen
von der Gartenseite

Pflanzungen von inländischen und ausländischen Bäumen angelegt, gegen einige der Hauptalleen Prospekte gemalt, auch in einiger Entfernung hinter dem Garten auf der Wiese ein großer Obelisk aufgeführet und hin und wieder im Eichenholze und in den Büschen Kabinette und kleine Häuser von Birken- und Fichtenrinden angelegt. Das Ganze dieser neuen Anlage ist, bei einer großen Simplizität, von einer anmutsvollen Mannigfaltigkeit. Im ehemaligen Küchengarten, welcher ganz eingegangen und verwildert war, ließ die Königin eine Fasanerie anlegen. Da aber bei dem feindlichen Überfalle 1760 alle Bäume darin waren umgehauen worden, so daß die Fasanen sich nicht mehr darin halten konnten, ward der Platz vollends ausgerodet und wieder zum Küchengarten angelegt. Es wurden darin verschiedene Gewächs- und Treibhäuser erbauet und neben dem einen Gewächshause besondere Zimmer zum Seidenbau bestimmet und mit dem dazugehörigen Geräte versehen. Zu dem letzten Endzwecke war bereits 1743 am Ende der vom Schlosse abgehenden Charlottenburgischen Allee im Walde eine weitläuftige eingehegte Plantage von vielen Maulbeerbäumen gepflanzt worden. In dieser Plantage wurden zugleich allerlei schöne Sorten Obstbäume gepflanzt und, nach der eignen Angabe der Königin, inner-

Karl Benjamin Schwarz,
Das Schloß Niederschönhausen,
1787

halb derselben ein sehr anmutiges Lustwäldchen von allerlei wilden und zum Teil fremden Bäumen angelegt, zwischen welchen drei Weinberge befindlich sind. Die in mannigfaltiger Richtung angelegten Alleen sind nunmehr oben zusammengewachsen und stellen natürliche Bogenlauben vor. Dieses Lustwäldchen ist besonders im Junius, wenn die vielen darin angelegten wilden Rosensträuche und Bäume und die Akazien blühen, äußerst anmutig. [...]

Der Friedrichsgesundbrunnen

Vor dem Rosenthaler Tore

Der Friedrichsgesundbrunnen, eine Viertelmeile von Berlin, wohin eine Allee gepflanzt ist. Die Quelle ist von martialischer Art und wird zum Baden gebraucht. Sie ist in gichtischen und Nervenzufällen heilsam befunden worden. Der sel. Dr. Behm in Berlin hat sie 1768 einfassen lassen und zum Gebrauche tüchtig gemacht. Derselbe hat auch die gehörigen Gebäude für die Brunnen- und Badegäste, nämlich ein Corps de logis, worin ein großer Saal ist, und zwei Seitenflügel mit offnen Bogengängen vor den Häusern zum Spazierengehen nebst einem Garten anlegen lassen. Die sandigte Gegend ist durch Pflanzung vieler Bäume und Alleen auch nach seinem Tode sehr verbessert worden. Es ist daselbst ein Wirtshaus, wo man Erfrischungen haben und speisen kann, daher oft Spazierfahrten von Berlin aus dahin geschehen. Hinter dem Wirtshause liegt eine Papiermühle an der Panke. Jenseit dieses Flüßchens in der *Jungfernheide* ist der Exerzierplatz, wo die Artillerie jährlich ihre Übungen mit Schießen und Bombenwerfen macht. Es sind dazu verschiedene Batterien und Festungswerke aufgeworfen.

Rosenthal, ein Dorf, eine Viertelmeile hinter dem Gesundbrunnen. König Friedrich I. kaufte es von den von Götzen und bauete daselbst ein kleines Lustschloß und Garten. Jetzt ist es ein Amt.

Jean-Baptiste Broebes/
Johann Georg Merz,
Das Lustschloß und der Garten
in Rosenthal, um 1700

Vor dem Hamburger Tore

Der Wedding, ein Vorwerk und Schäferei. Markgraf Otto V. der Lange gab es 1289 der Stadt Berlin zu Lehen. Im Anfange des vorigen Jahrhunderts besaß es der kurfürstliche Geheime Rat Hieronymus Graf Schlick zu Passau. Anjetzt gehöret es dem Besitzer des Friedrichsgesundbrunnens als ein Erbzinsgut.

Vor dem Unterbaume

Die Jungfernheide, ein Wäldchen, welches den Namen davon führet, daß es vor Zeiten dem Nonnen- oder Jungfernkloster in Spandau gehörte. Es erstreckt sich von der Pulvermühle an längs dem Moabiterlande an der Spree und wieder längs der Panke vor dem Wedding und Gesundbrunnen vorbei bis beinahe nach Schönhausen. In diesem Wäldchen stehet hinter der Pulvermühle nahe an der Schonung eine hölzerne Tafel, etwa 2½ Fuß breit und 2¼ Fuß hoch, worauf acht Reime zum Andenken stehen, daß König August II. von Polen den 29. Mai 1728 an dieser Stelle einen Becher Wein auf die Gesundheit König Friedrich Wilhelms von Preußen getrunken und seinem anwesenden Kurprinzen (nachherigen König August III.) eine beständige Freundschaft mit dem königlichen preußischen Hause empfohlen hat, welches der Kurprinz versprach. Durch dieses Wäldchen gehet eine Allee nach

Tegel, ein Dorf, 1½ Meile von Berlin an der Landstraße nach Hamburg im Niederbarnimschen Kreise am Tegelschen See (mit welchem die Havel in Verbindung steht) belegen. In dem dortigen Forstreviere hat der daselbst wohnende königliche Forstrat Herr von Burgsdorff seit 1779 die Anlagen zum Anbau einheimischer und auch derjenigen fremden (besonders nordamerikanischen) Holzarten gemacht, welche in unserm Klima im Freien fortkommen. [...] Seine ganze dortige Baumzucht begreift anjetzt überhaupt 500 Sorten Holzarten und wird beständig vermehrt. Viele fremde Holzarten, welche sich teils durch hohen und schnellen Wuchs, teils durch Brauchbarkeit zu mancherlei Bedürfnissen und wichtigen Manufakturen auszeichnen, teils wegen ihrer Seltenheit sonst nur in botanischen und

Friedrich August Calau/
Christian Peter Jonas Haas,
Tegel

Liebhabergärten einzeln angetroffen werden, sind schon in der Zeit dergestalt in Vermehrung gebracht, daß nicht allein Distrikte damit bepflanzt, sondern auch sehr ansehnliche Vorräte minderer Größe und jüngerer in den Baumschulen bei ihm vorhanden sind, aus welchen aber nichts verkauft, sondern alles entweder zum Holzanbau der Forst oder zur Verschönerung des Tiergartens angewendet, alles aber auf königliche Rechnung betrieben wird.

Dicht neben Tegel ist das *Schlößchen,* ein Landhaus, der Frau Majorin von Humboldt gehörig. Der verstorbene Major von Humboldt nahm dieses Haus, welches ehemals ein Försterhaus war, vom königlichen Forstdepartemente in Erbpacht, bauete das Haus besser aus, legte einen schönen Garten und Weinberg an, deren Lage sehr reizend ist. Auf der anliegenden Kette von Anhöhen, die sämtlich mit Bäumen bepflanzt sind, hat man sehr mannigfaltige Spaziergänge und an vielen Orten sehr reizende Aussichten über den Tegelschen See nach Spandau und den anliegenden Orten. Besonders vorzüglich sind die von einem Lusthäuschen auf einer Anhöhe nahe bei dem Wohnhause und von einem weiter hinliegenden offenen Tempel, worin eine Statue der Diana steht. – Nahe beim Schlößchen an der Landstraße ist ein Wirtshaus, wo man speisen kann, daher oft von Berlin aus hieher Spazierfahrten geschehen. Die Mahlzeiten müssen vorher bestellt werden.

Eine halbe Viertelmeile weiter liegt der Neue Krug oder *Schulzendorf,* dem Hrn. Salzschiffahrtsdirektor Wiesel in Berlin gehörig. Bei dem Wohnhause ist ein angenehmer Garten am Fuße einer Anhöhe.

Johann Heinrich Schröder/
Friedrich Wilhelm Bollinger,
Alexander von Humboldt,
1798

ANHANG

9 *Nikolaus Leutinger:* Topograph. March., S.12.
Arminius (16 v.u.Z. bis 21 u.Z.), Fürst der Cherusker, schlug 9 u.Z. im Teutoburger Wald die römischen Legionen des P. Quinctilius Varus.
Am *11.6.1157* eroberte Albrecht I. der Bär endgültig die Brandenburg und nannte sich nun Markgraf von Brandenburg.
Johann Leonhard Frisch, Teutsch-Lateinisches Wörterbuch, Berlin 1741, Teil 1, S.86.
Johann Peter Süßmilch, Der Königl. Residenz Berlin schnelle Wachsthum und Erbauung, Berlin 1752, S.69.

10 *Wenden:* alte deutsche Bezeichnung u.a. für die pommerschen, polebischen und sorbischen Stämme der Slawen.
Markomannen: germanischer Stamm im Stammesverband der Sueben.
Nomen proprium: Eigenname.
Schriftsteller: im 18.Jh. in der ursprünglichen Bedeutung für jeden Schreibenden (Skribenten).

14 *Helmold* von Bosau, Chronica Slavorum, zit. nach: Die Slawen in Deutschland. Geschichte und Kultur der slawischen Stämme westlich von Oder und Neiße vom 6. bis 12.Jahrhundert. Ein Handbuch. Hrsg. J.Herrmann, Berlin 1974, S.380.
Massow: Malzow, mündet oberhalb von Oranienburg in die Havel.

15 *Peter Hafftitz,* Microchronologicum Marchicum (Hs.).
Tempelherren: Mitglieder des 1119 gegründeten

16 geistlichen Templerordens.
Thelonei libertatem, quam habent illi de Brandenburg et Berlin.
Talent: Pfund (Talentum), höchste Währungseinheit im Mittelalter. Auf 1 Pfund kamen 20 Schillinge oder 240 (im 14.Jh. bereits 480) Pfennige, was 1 Mark entsprach.
1238: Die Urkunde mit der Ersterwähnung von Kölln ist nur als Abschrift vom Februar 1238 erhalten.

17 *Niederlage:* Das landesherrliche Privileg an einzelne Städte zwang durchfahrende fremde Kaufleute, in der mit der Stapelgerechtigkeit versehenen Stadt ihre Waren für einige Zeit anzubieten oder einen Durchgangszoll zu entrichten.

19 *Merkwürdig:* im 18.Jh. in der ursprünglichen Bedeutung von des Merkens würdig, denkwürdig.

20 *Nikolaus,* Propst von Bernau: während des Streites der Fürsten von Sachsen und Bayern um die Herrschaft in der Mark Brandenburg 1325 erschlagen.

21 *Pfründe:* mit einem Kirchenamt dauernd verbundenes Einkommen.
Polizei: im 18.Jh. die Bezeichnung für die Gesamtheit der öffentlichen inneren Verwaltung außer Militär- und Justizsachen.
Nach dem Tode des letzten märkischen Askaniers Heinrich 1320 belehnte Kaiser Karl IV. in dem Kampf um die Mark einen *»Waldemar«.* 1250 ließ er ihn für unecht erklären.

22 *Kippen:* in der ursprünglichen Bedeutung des Münzwägens.
Braugerechtigkeit: das landesherrliche Privileg des Bierbrauens.
Haus Bayern: die Wittelsbacher brandenburgischen Markgrafen Ludwig der Ältere, Ludwig der Römer und Otto der Faule (1323–1373).

23 *Lützelburgisches Haus:* die Luxemburger brandenburgischen Kurfürsten Wenzel, Sigismund, Jobst von Mähren (1373–1411). Sigismund, König von Ungarn, verpfändete 1388 die Mark Brandenburg an seinen Vetter Jobst von Mähren, der sie als bloße Geldquelle ausbeutete.

24 Kaiser Sigismund ernannte den Burggrafen von Nürnberg, Friedrich VI., zu seinem obersten Hauptmann und Verweser in der Mark Brandenburg. 1415 erhielt dieser als *Friedrich I.* die Mark und Kur für sich und seine Erben verbrieft und wurde 1417 damit belehnt.
Indessen: im 18.Jh. in temporaler Bedeutung im Sinne von währenddessen.

25 *Landtag:* Ständeversammlung, in Brandenburg nach der Reformation von Adel und landtagsberechtigten Städten.

26 *Verzeihen:* im 18.Jh. in der Bedeutung von etwas aufgeben, auf etwas verzichten.
Lehne, Lehen: weltliches oder geistliches Gut, das der Lehnsherr dem Lehnsmann (Vasallen) auf Lebenszeit verlieh.
Hauptstädte: die landtagsberechtigten märkischen Städte.

27 *Dreißigjähriger Krieg:* 1618–1648.
Kammergericht: das seit 1540 vereinigte Hof- und Kammergericht zu Kölln, entschied in oberster Instanz.

28 *Gewerk:* Gesamtheit von Handwerksgenossen, Zunft.
Wasserkunst: Wasserwerk.
Unglückliche Regierung: die Regierung Kurfürst Georg Wilhelms im Dreißigjährigen Krieg (bis 1640).
Mansfeldische Armee: Armee des kaiserlichen Söldnerführers Peter Ernst II. Graf von Mansfeld.
Prager Frieden 1635: Friedensschluß zwischen dem Kaiser und Kursachsen, dem sich Brandenburg anschloß. Statt zum erhofften Frieden kam es 1637 zum Krieg mit Schweden, zunächst unter sächsischer Führung, dann an der Seite des Kaisers.
Brandschatzung: Abgabe, die man entrichtete, um

sein Haus und sich im Kriege von der Brandstiftung loszukaufen.

30 *Im Accorde:* nach Übereinkunft.
Defensionssteuer: Kriegssteuer.
Supplik: förmliche Bittschrift.
Assignation: Zuweisung, Geldanweisung.

31 *Servis:* (militärisch) Geldvergütung für besondere Dienste, z. B. Unterbringung von Pferden und Personal.
Fortifikation: Befestigungskunst und -wesen; Befestigungswerk.
Kipper- und Wipperzeit: im Dreißigjährigen Krieg das Beschneiden (Kippen) der Münzen und der Betrug beim Wiegen (Wippen) beim Wechseln der Münzen.
Freihaus: ein von Steuern, Gericht u.a. befreites Haus.

32 *Westfälischer Frieden:* Der in Münster und Osnabrück ausgehandelte Friedensschluß beendete 1648 den Dreißigjährigen Krieg, in dem die Mark Brandenburg besonders gelitten hatte.
Gang: ursprünglich Zwischenraum zwischen zwei Giebelhäusern; schmaler Weg, Gasse.

34 *1655:* In dem Ersten Nordischen Krieg zwischen Schweden und Polen 1655–1660 trat Kurfürst Friedrich Wilhelm an die Seite Schwedens, um die Souveränität Preußens (Ostpreußens, polnisches Lehen) zu gewinnen, dann Polens, um Vorpommern zu erlangen. Der Frieden von Oliva 1660 beendete den Krieg und bestätigte die Souveränität des Herzogtums Preußen, Vorpommern aber blieb in schwedischem Besitz.

35 *Kontribution:* Kriegssteuer, Auflage.
Frieden zu St. Germain: In dem französisch-niederländischen Krieg beteiligte sich Brandenburg 1672/73 und 1674–1679 auf niederländischer Seite. 1675 schlugen die brandenburgischen Truppen bei Fehrbellin die mit Frankreich verbündeten Schweden und eroberten Pommern. Im Frieden von St. Germain 1679 zwischen Frankreich und Schweden einerseits und Brandenburg andererseits mußte sich Kurfürst Friedrich Wilhelm mit dem Vorkriegsstand begnügen.

36 *Akzise:* ab 1684 eine in allen märkischen Städten am Stadttor und bei der Produktion erhobene ständige Verbrauchssteuer.
Visitation: Besichtigung, Untersuchung.
Unförmlich: nicht in ordentliche, gehörige Form gebracht.

37 *Stücke:* Geschütze.

39 *Raveline:* halbmond- und lunettenförmige Schanze vor dem *Kurtine* (Courtine, dem laufenden Mauerstück zwischen Turm und Toren) zwischen zwei *Bastionen* (den aus der Umwallung vorspringenden Teilen) einer Festung.

40 *Privileg:* Vorrecht, Sonderrecht; konkrete Rechtsverleihung.

43 *»Vor dem Rosenthaler Tore, dem Oranienburger Tore* und dem Hamburger Tore ist die sandigste und am wenigsten angenehme Gegend, aber ein aufmerksamer Spaziergänger wird hier mit großem Vergnügen bemerken, wie durch den Fleiß einiger Patrioten seit mehr als fünfzig Jahren der allenthalben waltende ganz unfruchtbare Flugsand durch Weidenzäune und Pflanzungen gehemmet, Alleen angeleget, viele Obstbäume gepflanzt und mit unglaublicher Industrie auf diesem ehmals ganz dürren Boden die schönsten Gartengewächse in größter Vollkommenheit gezogen werden. Diese wichtigen Verbesserungen haben zuerst zween Männer veranlasset, welche dafür den beständigen Dank der Nachwelt verdienen.
Es sind dies: der berühmte und um die Mark überhaupt so verdiente Hr. Prof. Gleditsch und der verstorbene Oberinspektor Habermaaß. Der letzte wagte 1732 zuerst, dem alles überziehenden Flugsande, welcher damals alle umliegende Gärten und Gegenden verderbte und dem niemand Grenzen setzen wollte, einen schmalen Damm entgegenzusetzen, auf welchem Erlen etwas dicht standen. Herr Prof. Gleditsch, als er 1733 nach Berlin kam, riet ihm, allerhand wuchernde Grasarten, deren Wurzeln sich in diesem dürren Sande am besten erhalten, zu wählen und zeigte sie ihm an dem Orte, wo sie wuchsen. Besonders empfahl er ihm, das sogenannte Queckengras (um Berlin Päden genennet) von der um Pankow gelegenen Fläche holen zu lassen.« (F. N.)

44 *König Friedrich II.* trat am 31.5.1740 die Regierung an. Am 16.12.1740 fielen preußische Truppen in die österreichische Provinz Schlesien (1. schlesischer Krieg 1740–1742), im August 1744 in das mit Österreich verbündete Sachsen (2. schlesischer Krieg 1744/45) ein. In dem Frieden von Dresden 1745 erhielt Friedrich II. den Besitz Schlesiens bestätigt.
Vorenthaltener Erbteil: Anfang des 17. Jh. befand sich das schlesische Herzogtum Jägerndorf kurze Zeit im Besitz des Hauses Brandenburg. Friedrich II. nahm 1740 diesen 1620 vom Kaiser eingezogenen Besitztitel u. a. zum Vorwand für den Einfall und die Annexion Schlesiens.

45 *Konterskarpe:* äußere Grabenböschung der Festung.

46 *Krieg von 1756 bis 1763:* Siebenjähriger Krieg.

48 *Kabinettsminister:* Friedrich II. führte die Außen-

politik persönlich (aus dem Kabinett), die Minister des Auswärtigen Departements unterstanden ihm direkt. *1778/79:* bayerischer Erbfolgekrieg zwischen Österreich und Bayern, an dessen Seite Preußen und Sachsen teilnahmen.

57 Die *Gerichtslaube* des ersten Berliner Rathauses baute man nach ihrem Abriß 1871 im Park von Babelsberg wieder auf. Sie gehört zu den durch die Rekonstruktion des Nikolaikirchenviertels neu entstehenden historischen Bauten.
Die Fassade des *Gouverneurshauses* wurde 1963/64 an der Stelle des kriegszerstörten Niederländischen Palais Unter den Linden 11 modifiziert nachgebaut.
Staatsminister: Ressortchef (Minister) im Generaldirektorium, der zentralen Verwaltungseinrichtung in Brandenburg–Preußen.

58 *Generalauditeur:* Auditeur = Militärrichter, Militärjustizbeamter.
Hofrentmeister: Rentmeister = landesherrlicher Beamter.

60 *Hospital zum heiligen Geist:* 1272 erstmals erwähnt. Die erhaltene Kapelle in der Spandauer Straße dient als Mensa der Sektion Wirtschaftswissenschaften der Humboldt-Universität zu Berlin.
Pankowsgasse: »Sie hat diesen Namen, weil daselbst im vorigen Jahrhunderte zwei berühmte Ärzte, Thomas und Johann Pankow, Vater und Sohn, wohnten. Johann Pankow starb 1702.
Sie hieß sonst auch die Berchemsgasse, von dem Eckhause, von der Bischofsstraße linker Hand, welches der Staatsminister Georg von Berchem erbaute.« (F.N.)

61 *Poststraße 4:* Geburtshaus Friedrich Nicolais.
Poststraße 23: Das 1759/60 erbaute spätere Knoblauchhaus hat Nicolai nicht erwähnt.
Nikolaikirche: die älteste Pfarrkirche Berlins, 1264 erstmals erwähnt, ist im zweiten Weltkrieg am 16.6.1944 und im April 1945 zerstört worden. Sie ist bis 1987 wiederaufgebaut worden.

62 *Renovatum:* erneuert.
Haus der Gebrüder Ephraim: Das Ephraimpalais wurde 1935 abgetragen und ist an etwa gleicher Stelle 1985–1987 wiederaufgebaut worden.

63 *Geheimer Rat:* 1604 begründete zentrale kollegiale Behörde in Brandenburg.

64 *Marienkirche:* erhalten gebliebene zweite Stadtkirche Berlins, 1294 erstmals erwähnt.

66 »Die *Judenstraße*, nebst den beiden Judenhöfen, sind daher so benennet, weil von den ältesten Zeiten an die Juden in dieser Gegend gewohnt haben. Als 1572 nach Kurf. Joachims II. Tode der Jude Lippold wegen der fälschlichen Beschuldigung, als ob er den Kurfürsten vergiftet habe, hingerichtet ward, stürmte der Pöbel den Judenhof und die darauf befindliche Synagoge, und die Juden wurden vertrieben.« (F.N.)
»Die *Kalandsbrüderschaften* oder Elendsgilden waren im mittlern Zeitalter sehr gewöhnlich [weit verbreitet] und wurden zur Unterstützung der Hilfsbedürftigen, besonders Reisenden (Elend, Ausland) gestiftet, welches aber hernach in große Mißbräuche ausartete. Der berlinische Kaland ist in der letzten Hälfte des 17. Jahrhunderts gestiftet worden ... Endlich ward ... der Kalandshof ... 1698 dem Rate zu Berlin verkauft, zum Stadtgefängnis angewendet und neu erbauet.« (F.N.)
Geckhol: »(quasi Geck, halt!) heißt eine Straße ohne Ausgang, die man auch einen Kehrwieder, einen Buhrstah (Bauer, steh!) und einen Bullenwinkel nennt.« (F.N.)
Montierungsstücke: Montierung: alles, was zur Ausrüstung eines Soldaten gehört, Pferd, Sattel und Zeug, Kleider, Wehrgehenk, Ober- und Untergewehr u.a.
Jurisdiktion: Rechtsprechung; Gerichtsbarkeit.
Rekognition: gerichtliche Prüfung von Briefen und Urkunden.

68 *Kirche zum grauen Kloster:* Die Kirche und die Schule sind im zweiten Weltkrieg Anfang April 1945 zerstört worden. Die Kirchenruine ist 1963 gesichert worden.
Stifter dieses Klosters: Fundatores huius Monasterii.
Parochialkirche: Die im zweiten Weltkrieg am 24.5.1944 ausgebrannte Kirche ist zum Teil wiederhergestellt.

70 *Houtsches Haus:* Das im zweiten Weltkrieg schwer beschädigte ehemalige Podewilssche Palais ist 1952–1954 im Äußeren in ursprünglicher Gestalt wiederhergestellt worden.

71 *Kriegsrat:* Beamter der Provinzial- und Stadtverwaltungen.

72 *Martis et Minerva Alumnis:* Den Zöglingen des Mars und der Minerva.

74 *Haus der königl. Tabaksadministration:* Das ehemalige Schwerinsche Palais wurde 1937 abgetragen und um mehrere Meter zurückversetzt wieder aufgebaut.
Frieden zu St. Germain: s. die Anm. zu S.35.

76 *Konterskarpe:* s. die Anm. zu S.45.
Säulenlaube: Die Königskolonnaden wurden 1884 abgetragen und 1910 im ehemaligen Botanischen Garten, dem heutigen Kleistpark in Berlin (West), wieder aufgestellt.

78 *Ravelin:* s. die Anm. zu S.39.

82 *Monbijou:* Mein Kleinod.

84 *Seidenmouliniermühle:* durch eine Wassermühle angetriebene Zwirnfabrik.

85 *Velverette:* Velveret, gerippter Baumwollsamt (Manchestersamt).

89 *Treckschuyte:* bedecktes Schiff, von Pferden gezogen, wie es in Holland auf den Kanälen üblich war.
Affinerie: Raffinerie, Metallscheideanstalt.

91 *Begräbnisplatz der Juden:* Der Alte Jüdische Friedhof (angelegt 1672, geschlossen 1827) wurde 1943 auf Befehl der Gestapo verwüstet. Heute Gedenkstätte und Park.
Kirche der Spandauer Vorstadt: Sophienkirche. Kirche und Friedhof sind erhalten.

92 *Neue Schönhauser Straße:* Das wahrscheinlich nach Entwürfen von G.Ch.Unger 1770 errichtete spätbarocke Bürgerhaus Nr.8 wird von Nicolai nicht erwähnt.

95 *Tabaksblei:* ein Bleiblech.
Invalidenhaus: Scharnhorststraße 34/35. Erhalten sind die beiden Seitenflügel des mittleren Ehrenhofs.

96 *Laeso et Invicto Militi:* Dem verwundeten, dennoch unbesiegten Soldaten.

99 *Raveline:* s. die Anm. zu S.39.
Lehmgasse: F.Nicolai besaß in der Lehmgasse 17/18 (später Blumenstraße, heute Neue Blumenstraße) einen Garten von 5 Morgen mit einem Wohnhaus, in dem die Familie im Sommer wohnte.

102 *Augmentation:* Vermehrung.

105 *Bildsäule des Kurfürsten Friedrich Wilhelm des Großen:* Das Reiterdenkmal steht auf dem Ehrenhof des Schlosses Charlottenburg in Berlin (West). Der Marmorsockel mit den originalen Bronzereliefs sowie ein Nachguß des Denkmals befinden sich seit 1896 im Bode-Museum.

110 *Vexierbrunnen:* »Sind in der Hydraulik solche Maschinen mit zwei schiefen Röhren, die halb mit Wasser gefüllt werden. Wenn man nun in die eine von denen Röhren hineinbläset, so springt das Wasser aus der andern, setzet man aber ab, so springt es eben da, wo man hineingeblasen, und man wird naß« (J.H.Zedler, Universallexikon, Leipzig/Halle 1746, Bd.48, Sp.397).

111 *Kanonikat:* Amt eines Kanonikers im Domkapitel.
Elevation: die Erhebung der Hostie und des Kelches während der Messe bei der Wandlung.
Monstranze: ein auf einem Fuß und Schaft ruhendes liturgisches Gefäß, in dem hinter Glas die Hostie sichtbar ist.
Prozession: feierlicher Umzug der Geistlichkeit und des Volkes.

114 *Ringel- und Quintenrennen:* Ringrennen: adlige und ritterliche Übung auf einer Rennbahn anstelle der alten Turniere. Der Reiter stößt im vollen Lauf mit einer Lanze nach einem frei aufgehängten eisernen Ring. Beim Quintenrennen ist mit der Lanze nach einem drehbaren hölzernen Mann mit ausgestrecktem Arm zu stechen.

117 *Hornung:* Februar.

121 *Reitschnecken:* stufenloser Wendelstein, Reitstiege.
Westfälischer Frieden: s. die Anm. zu S.32.
Grüner Hut: der barock verkleidete Rundturm an der östlichen Ecke des ehemaligen Stadtschlosses.

122 *Schwedischer Krieg, Königsbergischer Frieden:* Erster Nordischer Krieg zwischen Schweden und Polen 1655–1660. In dem Vertrag von Königsberg 1656 erkannte Kurfürst Friedrich Wilhelm Schweden statt Polen als Lehnsherrn Preußens an und erhielt das Bistum Ermland.
Olivischer Frieden: s. die Anm. zu S.34.
Während des damaligen Krieges: 2.Raubkrieg Frankreichs im Bündnis mit England und Schweden gegen die Niederlande, Spanien und das Reich. Brandenburg nahm 1672/73 und 1674–1678 an der Seite des Kaisers am Kriege teil. Im Frieden von St.Germain mußte Brandenburg auf die Eroberungen (Vorpommern) verzichten.

124 *Krönung:* Am 18. 1. 1701 krönte sich Kurfürst Friedrich III. in Königsberg zum König Friedrich I. in Preußen.

126 *Junius:* Juni.

127 *Theatrum Europaeum:* 21bändiges deutsches Sammelwerk zur Geschichte 1618–1718, erschienen 1633–1738 in Frankfurt am Main, mit Kupferstichen Matthäus Merians d.Ä.

129 *Konfidenztafel: Konfidenz* = Vertrauen, Konfident = Vertrauter.
Der kurf. Stall: Der barocke Alte Marstall Breite Straße 36/37 ist erhalten. Das benachbarte *Ribbeckhaus* (Nr.35) ist der einzige erhaltene Berliner Renaissancebau. »Man siehet die Jahreszahl und den Namen des Erbauers und seiner Gemahlin C.v. Brösigke jetzt noch über der Tür des alten Hauses.« (F.N.)

130 *Der Krieg mit Frankreich:* s. die Anm. zu S.35.
Montierungsmagazin: zu Montierung s. die Anm. zu S.68.
Staatsminister: s. die Anm. zu S.57.
Stalloffiziant: Offiziant = Unterbeamter.

131 *Dammsches Haus:* Das Haus Breite Straße 11 besaß nach 1824 Wilhelm Ermeler, nach dem es seinen Namen erhielt. Das im zweiten Weltkrieg stark beschädigte Ermelerhaus wurde abgetragen und 1968/69 am Märkischen Ufer 10 wieder errichtet.

132 *Der verräterische Minister von Schwarzenberg:* Der

Günstling Kurfürst Georg Wilhelms, Adam Graf zu Schwarzenberg, betrieb eine Politik der Anlehnung Brandenburgs an den Kaiser.
Köllnische Propstei: das erhaltene sogenannte Galgenhaus Brüderstraße 10.
Dieckowsches Haus: Friedrich Nicolai kaufte das Grundstück und Haus Brüderstraße 13 am 15.9.1787 für 32500 Taler von dem Kaufmann Karl Friedrich Dieckow und richtete darin seine Wohnung und seine Verlagsbuchhandlung ein. 1803 baute ihm Karl Friedrich Zelter das Haus einschließlich der Hofanlage um. Im zweiten Weltkrieg wurde das Hintergebäude zerstört, Vorderhaus und Hofgebäude wurden beschädigt. Diese und der Innenhof sind wiederhergestellt.

133 *1238:* s. die Anm. zu S. 16.

135 *1. schlesischer Krieg:* 1740–1742, s. die Anm. zu S.44.

136 *Serviskommission:* Die unter dem Militärdepartement stehende Kommission »fertigt gegen Ablauf jedes Jahres die Anlagen an, nach welchen ... der Servis (oder das für die Einquartierung der Garnison zu zahlende Geld) sowohl von Eximierten als bürgerlichen Eigentümern, auch Inkoln (oder Mietsleuten) eingehoben wird«. (F.N.)

138 *Nach dem Aufruhre 1448:* s. die Einleitung S.25/26.

140 »*Gracht* oder Graft heißt auf holländisch ein Graben. Dieser Friedrichsgraben ward entweder schon bei der Befestigung oder 1681 bei der Anlage von Neukölln vermutlich unter Memhardts Direktion nach der jetzigen Lage zustande gebracht. Denn vorher waren in dieser Gegend mehrere sumpftige Ausflüsse der Spree.« (F.N.)

141 *Jungfernbrücke:* die heutige Jungfernbrücke entstand 1798.
Parochie: Kirchspiel, Pfarrei, der unterste kirchliche Verwaltungsbezirk mit einer Kirche (Parochialkirche).
Servisrolle: s. die Anm. zu S.31.

144 *Prinz von Preußen:* der jeweilige Kronprinz, bis zum Tode Friedrichs II. 1786 dessen Neffe, der nachfolgende König Friedrich Wilhelm II.
Wusterhausenscher Bär: 1893 in den Köllnischen Park versetzt.

145 *Vorgebirge der guten Hoffnung:* Kap der Guten Hoffnung.
Kämmereipertinenzstück: Pertinenzen = rechtliches Zubehör.
Orbede: eine direkte Steuer.

150 *Alte Jakobstraße, Kirchhof:* Friedrich Nicolai wurde am 11.1.1811 auf dem Luisenstädtischen Kirchhof bestattet. Hier befanden sich u.a. die Gräber von Wilhelm Friedemann Bach und Karl Gottlieb Svarez. Der Kirchhof wurde 1831 geschlossen und 1851 in einen Park umgewandelt. Von den Gräbern ist nichts erhalten, die Kirche im zweiten Weltkrieg zerstört.

153 *Zirkumvallationslinie:* die Berlin im 18. Jh. umschließende Zollmauer. An sie erinnern die Linien- und die Palisadenstraße.

156 *Spitalbrücke:* Eine Nachbildung der südlichen Spittelkolonnade ist 1980 auf der Südseite der Leipziger Straße nahe dem Spittelmarkt errichtet worden.

157 *Refugierte Franzosen:* aus Glaubensgründen geflohene reformierte Franzosen, Réfugiés, Hugenotten.

160 *Palast des Markgrafen Heinrich von Schwedt:* ab 1810/11 Prinzessinnenpalais. Das im zweiten Weltkrieg zerstörte Palais wurde 1963/64 in der äußeren Gestalt des 19. Jh. als Operncafé wiedererrichtet.

161 *Ziese:* eine von den Ständen erhobene Verbrauchssteuer.
Magistratseinlage: »Eine Abgabe von Getränken, welche von Bürgern gebraucht werden.« (F.N.)
Niederlagstraße: »Man nannte den Packhof im Anfange die Niederlage, daher der Namen dieser Straße und der Niederlagewallstraße.« (F.N.)

162 *Palast des Prinzen von Preußen:* Das im 19. Jh. umgebaute ehemalige Kronprinzenpalais brannte im zweiten Weltkrieg aus. Die Ruine wurde abgetragen und das Gebäude in der äußeren Gestalt des 19. Jh. 1968/69 neu errichtet.

163 *Zeughaus:* Das ehemalige Zeughaus, heutige Museum für Deutsche Geschichte ist nach schweren Beschädigungen im zweiten Weltkrieg ab 1949 wiederhergestellt worden. Der reiche Skulpturenschmuck erlitt ebenfalls großen Schaden und wird restauriert oder durch Kopien ersetzt.

164 *Haus der königl. Generalzoll- und Akziseadministration:* Der im 19. Jh. veränderte Bau ist nach der Beseitigung der Kriegsschäden Zentrales Haus der Gesellschaft für Deutsch-Sowjetische Freundschaft.

167 *Pontonierhaus:* Ponton = ein flaches, offenes Fahrzeug aus Holz oder Eisen zur Herstellung von Feldbrücken. Pontoniere = die zum Brückenschlagen bestimmten Regietruppen.
Palast des Prinzen Heinrich: seit 1811 Universität (1949 Humboldt-Universität). Das im zweiten Weltkrieg schwer beschädigte und teilweise ausgebrannte Gebäude wurde wiederhergestellt.
Opernhaus: Das im 19. Jh. umgebaute und im zweiten Weltkrieg am 8./9.4.1941 und erneut am 3.2.1945 zerstörte Gebäude wurde 1952–1955 in weitgehend ursprünglicher äußerer Gestalt wieder aufgebaut.

168 *Fridericus Rex Apollini et Musis:* König Friedrich dem Apoll und den Musen gewidmet.

169 *Königl. Bibliothek:* Das im zweiten Weltkrieg 1945 ausgebrannte Gebäude wurde 1965–1969 in der ursprünglichen äußeren Gestalt wieder aufgebaut.
Nutrimentum Spiritus: Nahrung des Geistes (oder: Spiritus is ooch Nahrung).

170 *Unter den Linden:* »Die erste Anpflanzung einer Allee geschah 1647 auf Kurf. Friedrich Wilhelms Befehl durch die Gärtner Michael Hanff, Hans Drechsler und Jonas Grünberg. Sie bestand aus 1 000 Nuß- und 1 000 Lindenbäumen und ging von der Hundebrücke an, wo die Stadt damals zu Ende war, 250 rheinl. Ruten lang, also etwa bis dahin, wo die jetzige Lindenallee anfängt. Bei der Befestigung und Ziehung des Grabens ward diese Allee abgehauen. Beim Anbau der Dorotheenstadt um 1680 ward die jetzige Lindenallee vom Stalle bis an die Wallgasse vierfach gepflanzt. Die Kurfürstin Dorothea pflanzte die erste Linde selbst. 1688, auf dem Schulzischen Plane, erscheint sie noch vierfach, 1699 aber war sie schon sechsfach. Den äußersten Teil, von der Wallgasse bis an das Viereck, ließ König Friedrich Wilhelm bei Erweiterung der Dorotheenstadt 1737 pflanzen. Man kann von der Höhe der Bäume sehen, wo die neue Anpflanzung angehet. Bei dem hohen Wasser 1771 und 1773 haben die alten Bäume viel gelitten, daher viele ausgingen und 1778 bis 1785 nachgepflanzt wurden.« (F.N.)

172 *Hautelissetapete:* Hautelisse = auf dem Hautelissestuhl verfertigte Gewebe aus Wolle, auch aus Seide und aus beiden gemischt. Die vornehmste Manufaktur war die der Gobelins in Paris.

176 *Bellevue:* Das im zweiten Weltkrieg zerstörte Schloß wurde bis 1959 wieder aufgebaut (gelegen in Berlin [West]).

180 *Steinerner Obelisk:* Eine Nachbildung des Meilenzeigers steht vor der Spittelkolonnade in der Leipziger Straße.

183 *Kollegienhaus:* Das im zweiten Weltkrieg zerstörte, in Berlin (West) gelegene und 1963–1969 in den ursprünglichen Formen wiederhergestellte Gebäude beherbergt das »Berlin-Museum«.

189 *Lawscher Aktienhandel:* Mit den Erträgen einer Bank zur Erschließung der Kolonialgebiete suchte John Law 1716–1720 die zerrütteten französischen Staatsfinanzen zu sanieren. Die Spekulation erwies sich als überhöht. Nach dem Zusammenbruch der Staatsbank setzte eine gewaltige Inflation ein.

194 *Behrenstraße:* »Sie hat den Namen nach dem Ingenieur Behr, welchem nach Nerings Tode der fernere Anbau der Friedrichsstadt aufgetragen wurde.« (F.N.)

199 *Französische Kirche:* die im zweiten Weltkrieg am 7.5.1944 schwer beschädigte Kirche und der am 25.5.1944 ausgebrannte obere Teil des Turms wurden bis 1987 in der äußeren Gestalt des 19. Jh. wieder aufgebaut.
Widerrufung des Edikts von Nantes: 1685 hob der französische König Ludwig XIV. das Edikt von Nantes auf, das 1598 den Hugenotten u. a. volle Religionsfreiheit zugesichert hatte.

202 *Neue Kirche:* Der im zweiten Weltkrieg am 23.11.1943 und am 29./30.1.1945 schwer beschädigte und ausgebrannte Bau (Kirche und Turm) werden wieder aufgebaut.
Künstlich: in der Bedeutung von kunstvoll.

208 *Schreckenberger:* sächsische Silbermünze (Engelgroschen), genannt nach den Silbergruben des Schreckenberges bei Annaberg.
Kontributionsanlage 1572: Auf dem Doppellandtag zu Berlin und Küstrin erklärten sich die Stände zur Übernahme der hohen Staatsschulden bereit.

210 *Wachsbossierer:* Modellierer; Bossierwachs = Masse zum Modellieren.
Kipper- und Wipperzeit: s. die Anm. zu S. 31.
Fortifikation: s. die Anm. zu S. 31.

211 *Die Toten beim Dome:* die im Totenregister des Doms verzeichneten Gestorbenen.
Frieden zu St. Germain: s. die Anm. zu S. 35.

212 *Französische Flüchtlinge:* Nach dem Edikt von Potsdam 1685 kamen Tausende französische Hugenotten nach Brandenburg. »Im Juni 1686 waren schon 100 französische Familien in Berlin und 450 in allen Staaten des Kurfürsten angesetzt, darunter waren die Offiziere und Soldaten und die refugierten Schweizer Familien nicht begriffen.« (F. N.)

213 *Juden:* s. den Abschnitt Die Judenschaft, S. 227 ff.
Akquisition von Stettin: Erwerbung von Stettin. Im Frieden von Stockholm, mit dem Brandenburg-Preußen aus dem Nordischen Krieg gegen Schweden (1700–1721) ausschied, gewann es endgültig Vorpommern, Stettin und die Inseln Usedom und Wollin.

215 *Aufnahme der böhmischen Kolonie:* s. den Abschnitt Die böhmische Kolonie, S. 226 f.
Der folgende verderbliche Krieg: der Siebenjährige Krieg 1756–1763.

216 *Augmentation:* Vermehrung.

217 *Kriegsexerzitien:* Kriegsübungen, Unterrichtung der Soldaten, wie sie mit dem Gewehr umgehen und sich in Ordnung sollen stellen lernen (Zedler).

218 *Evolutionen:* Bewegungen geschlossener Truppenkörper.
Ritter des schwarzen Adlerordens: Der Orden des Schwarzen Adlers war am Tage vor der Krönung

1701 gestiftet worden. Der Schwarze Adlerorden war die höchste preußische Auszeichnung.
Gens d'armes: In dem nach französischem Vorbild gebildeten Kürassierregiment dienten nur Adlige.

222 *Pontonierkorps:* zu Pontonier s. die Anm. zu S.167.
Landmiliz: zum Schutze der Grenze gebildete preußische Truppe unter dem Befehl ausgedienter Offiziere.

223 *Einrollierung:* Aufnahme der jungen Mannschaft in die Regimentslisten im Rahmen abgegrenzter Aushebungsdistrikte, der Kantone.

225 *Waldenser:* 1173/1176 von Waldes gestiftete Genossenschaft. Die religiöse Sekte wurde wiederholt verfolgt. Nach dem bewaffneten Aufstand der Waldenser in Savoyen 1689 wanderten viele auch nach Brandenburg aus.
Wallonen: Wallonische Kirche, die in der Reformationszeit entstandenen französisch reformierten Gemeinden in den nördlichen Provinzen der Niederlande.

226 *Fürstentum Orange:* ehemaliges französisches Fürstentum Oranien im Departement Vaucluse. Wilhelm III., englischer König (gest. 1702), hatte das Fürstentum dem preußischen König vermacht.
In Bedienungen: in Diensten.
Benefizien der Refugierten: diese Personen hatten keinen Anteil an den Wohlfahrtseinrichtungen der franz. Gemeinde (Waisenhaus, Altersheim, Armenunterstützung u.a.).
Zirkular: Schreiben Friedrichs II. vom 17.2.1772 an das Französische Konsistorium anläßlich der Jahrhundertfeier der Berliner französischen Gemeinde, in dem er Schutz und Gnade seiner Vorgänger bestätigte.

227 *Reskript:* Verfügung, Zuschrift.

228 *Stolgebühr:* Gebühr, die dem Pfarrer bei bestimmten Amtshandlungen, bei denen er die Stola trägt, zu entrichten ist.
Prästation: in der Rechtsprechung Leistung, Entrichtung, z. B. einer Schuld.

231 *Polizeisachen:* s. die Anm. zu S.21.
Gens d'armes: s. die Anm. zu S.218.

232 *Große Revue, Spezialrevue:* Revue = Musterung, Besichtigung des felddiensttüchtigen Zustandes der Truppen, verbunden mit Übungen.
Evolution: s. die Anm. zu S.218.
Reveille: Trommel- oder Trompetensignal zum Wecken.

233 *Planteur:* Pflanzer, Gärtner.

235 *Reminiszere:* zweiter Fastensonntag (5.Sonntag vor Ostern).
St.Johannistag: 24.Juni.

236 *Mit Konsens:* mit Zustimmung.
Am Tage Thomae: 7.März.

238 *Adreßkalender:* »Derselbe wird jährlich gedruckt und ist bei Hrn.Hofrat Oesfeld, als Kalenderpächter (in der Leipziger Straße in seinem Hause), zu haben. In demselben findet man die Namen und die Wohnungen der zum königl. Hofe und zu den in Berlin befindlichen Kollegien gehörigen Personen, imgleichen derjenigen, die zu Schulen, Kirchen und andern öffentlichen Anstalten gehören, auch einiger anderer Personen, die nicht in öffentlichen Ämtern stehen, aber dem Publikum zu wissen nötig sind, als Ärzte, Wundärzte, Hebammen, Notarien, Wechsler, Buchhändler, Buchdrucker usw. Da der Adreßkalender dem Fremden gleichsam ein Wegweiser zu denjenigen Personen sein kann, die er zu besuchen nötig hat, so tut er wohl, wenn er sich denselben gleich anfänglich anschafft.« (F.N.)

239 *Ober- und Untergewehr:* Obergewehr: Infanteriegewehr, Lanze, früher auch Hellebarde; Untergewehr: Seitengewehr.

240 *Respizieren:* berücksichtigen, Rücksicht nehmen.

243 *Obern und niedern Gerichte:* Instanzen, beginnend mit den landesherrlichen Untergerichten, bis zu dem Kammergericht als oberster Instanz.
Patrimonium: das väterliche Erbgut, später auch das Vermögen schlechthin.
Rechtes Mannlehen: rechtes Lehen = dasjenige, von dem Ritterdienste geleistet wurden (Gegensatz: unregelmäßiges Lehen).

245 *Zu Johannis und Martini:* 24.Juni und 11.November.

248 *Entrepreneur:* Unternehmer, Manufakturist.

250 *Auf Laetare:* der vierte Fastensonntag und dritte Sonntag vor Ostern.
Auf Philippi Jakobi: 1.Mai.
Acht Tage nach Fronleichnam: Fronleichnam wird am Donnerstag nach dem Trinitatisfest begangen. Trinitatis: der erste Sonntag nach Pfingsten.
Auf Laurentii: 10.August.
Auf Crucis: 14.Dezember.

251 *Auf Allerheiligen:* 1.November.
Generaldirektorium: General-Oberfinanz-, Kriegs- und Domänendirektorium, höchste preußische Behörde im 18.Jh., gegliedert in Departements mit teils territorialer, teils nach Sachgebieten bestimmter Ressortverteilung.

253 *Perpetuelle:* Perpetuel, ein geköpertes oder gemustertes wollenes Zeug (aus Kammgarn gewebt), eine Art der Serge.
Rekognition: Anerkennung der Identität einer Person, einer Sache oder einer Urkunde vor Gericht oder einem Notar.

Schrobbeler: von Schrobber.

254 *Appretiert:* zubereitet, zugerichtet.
Plüser: von Plüsch, hochfloriges Samtgewebe.

257 *Moirmaschine:* Moiré = Gewebe aus Seide, Wolle oder Baumwolle mit eigenartig schillernder Oberfläche.

258 *Zwirnmarly:* Marly = gazeförmiges Gewebe aus Baumwollgarn oder -zwirn.

260 *Zitze:* ein kattunartiges, aus einfachen Baumwollgarnen hergestelltes Baumwollgewebe in Leinwandbindung.
Kattun: ein Baumwollgewebe in Leinwandbindung, aus ungefärbten Baumwollgarnen hergestellt.
Spillen: Spindeln.

261 *Barchent:* dichtes, geköpertes Gewebe aus Baumwolle.
Entrepreneur: s. die Anm. zu S. 248.
Seehandlungsgesellschaft: Die Gesellschaft (1772) »hat das ausschließliche Vorrecht, alle Arten von ausländischen Salzen in die preußischen Häfen der Ostsee einzuführen ... (Sie befindet sich seit 1782) auch in dem ausschließenden Besitz des Salzverkaufs nach Polen, insofern derselbe durch die preußischen Staaten betrieben wird ... Die Gesellschaft schränkt aber ihre Geschäfte nicht bloß auf diese ausschließenden Handlungszweige ein, sondern führt sehr großen und ansehnlichen Handel in allen Arten von Waren, die sie direkte, besonders über See, aus allen auswärtigen Provinzen ziehet und dahin verschickt, nachdem die Konjukturen es mit sich bringen.« (F.N.)
Velverette: Velveret, gerippter Baumwollsamt (Manchestersamt).
Jeannette: Jeanet, Baumwollgewebe aus dreibindigem Gewebe; findet hauptsächlich als Futterstoff Verwendung.

262 *Lahn:* zu einem schmalen, dünnen Bändchen ausgewalzter Gold- und Silberdraht, der in schraubengangförmigen Windungen um einen Seidenfaden herumgeschlungen, zu glänzenden Geweben und Posamenten verarbeitet wird.
Flitter: glänzende, dünne, meist runde Metallstückchen mit einem Loch zum Aufnähen, die zur Verzierung benutzt werden.
Franzen: Fransen.
Debit: Vertrieb; Konzession; ausschließliches Verkaufsrecht monopolisierter Handelsartikel.

263 *Jura piorum corporum:* Stiftungen oder Anstalten, die von Staat, Gemeinden oder auch Privatpersonen zu wohltätigen Zwecken errichtet wurden und die ausdrücklich die Rechte einer juristischen Person erlangt hatten; so auch *pium corpus*.
Fideikommiß: zu treuen Händen; eine rechtliche Einrichtung, wonach eine Vermögensmasse, in der Regel Grundbesitz, geschlossen in der Hand eines Familiengliedes verbleibt.

264 *Kantillenmacher:* Kantille = Metalldraht.
Silberaffininerie: Silberscheideanstalt.
Arkanist: Chemiker, der allein mit den Geheimnissen bestimmter Herstellungsverfahren vertraut war (arcanus = geheim).

266 *Partikulier:* Teilhaber.

271 *Sonntag Trinitatis:* Sonntag nach dem Trinitatisfest (Dreifaltigkeitsfest, am 1. Sonntag nach Pfingsten).

278 *Offizianten:* subalterne Beamten, alle, die in einem Amt stehen.
Domestiken: Diener, die bei Würdenträgern eine Vertrauensstellung innehaben.

279 *Gesindel:* Verkleinerungsform zu Gesinde, im 18. Jh. noch nicht abwertend.

281 *Königl. Sozietät:* königl. Akademie der Wissenschaften.
Der Krieg, der im Anfange dieses Jahrhunderts: der Nordische Krieg 1700–1721 zwischen Schweden und Rußland, Polen–Sachsen sowie Dänemark und später auch Preußen und Hannover.

282 *Miscellanea:* Miscellanea Berolinensia ad inscrimentom scientiarom ex scriptis Societati Regiae Scientiarom exhibitis edita ..., Berlin 1710ff., Schriftenreihe der Akademie der Wissenschaften.
Theatrum anatonicum: Anatomisches Theater, alte Bezeichnung für anatomische Hörsäle.

283 *Kriege von 1741 bis 1744:* der 1. und der 2. schlesische Krieg.
Gelehrte Gesellschaft: Nouvelle Societé Litteraire, 1743.

301 *Spanheimische Bibliothek:* »Die Bibliothek des berühmten Staatsministers und Gelehrten Ezech. Spanheim, welche K. Friedrich I. 1702 für 12 000 Rtlr. kaufte ... Sie ist in neun Hauptklassen geteilt, nämlich 1) Theologie, 2) Rechtsgelahrtheit und Politik, 3) Arzneigelahrtheit, Philosophie und Mathematik, 4) Geschichte, 5) Literatur, Oratoren und Kritiker, 6) Chronologie, Geographie und Genealogie, 7) Antiquitäten, 8) Poeten, 9) Fasciaculi. Sie ist besonders reich an klassischen Schriftstellern und was dazu gehört. Man zählet 9 000 Bände in dieser Bibliothek, die sämtlich in franz. Band gebunden sind.« (F.N.)
Quintus Iciliussche Bibliothek: »Die Bibliothek des gelehrten Obersten Quintus Icilius (dessen Familienname Guichard war), welche K. Friedrich II. 1775 für 12 000 Rtlr. kaufte. Sie enthält vortreffliche Werke im Fache der Antiquitäten, Philologie, Geschichte, Kriegskunst, Geographie, Philosophie, schöne Wissenschaften, Kameralwissenschaften

usw. Sie beträgt an 5 300 Bände, enthält außerdem noch einige Manuskripte und 30 große Bände von Landkarten und Planen.« (F. N.)

303 *Musaeum des Bellori:* die Sammlung des Archäologen und Kunsthistorikers Giovanni Petro Bellori (1615–1696). Seine Sammlung von Altertümern, Zeichnungen und Kupferstichen kam in das königl. Kabinett zu Berlin.

Gemmen: Geschnittene Edel- oder Halbedelsteine.

König von Polen: August II. der Starke, Kurfürst von Sachsen.

305 *Sechsfache Lindenallee:* Unter den Linden.

307 *Planteur:* Pflanzer, Gärtner.

313 *Redoute:* beim Karneval derjenige Ort, wo man maskiert zusammenkommt, um zu tanzen, zu spielen und andere Lustbarkeiten zu treiben.

Cour- und Apartementstage: Cour machen = einem großen Herrn seine Aufwartung machen.

315 *Immediatstadt:* unmittelbar dem König und den höheren Verwaltungsstellen unterstellte Stadt; die Mediatstadt war hingegen den unteren Verwaltungsstellen unterstellt.

316 *Supplizierung:* Bittgesuch, Bitte.

Feindliche Invasion 1760: Vorstoß russischer und österreichischer Truppen in die Mark Brandenburg und nach Berlin, das sie vom 9. bis zum 13.10.1760 besetzten.

321 *Castrum:* Festung.

Terminarie: Terminei-Häuser, in denen sich Mönche aufhielten, die in einem bestimmten Bezirk Almosen einsammelten.

322 *Die vier Städte:* Berlin, Brandenburg, Frankfurt, Prenzlau.

Landreuter: Landreiter = Förster, Bannwarte; berittene Polizeibeamte.

329 *Regalien:* dem Landesherrn vorbehaltene nutzbare Gerechtsame, wie besonders Zoll, Münz- und Marktrecht, Geleitschutz, Stromrecht, Bergrecht, Recht an erblosen Gütern.

Amt Mühlenhof: Steht unter der Kurmärkischen Kammer. Das Amt »hat die Gerichtsbarkeit über den Mühlendamm und die Fischerbrücke, und die daselbst wohnenden Eigentümer und Einwohner stehen unter desselben Gerichtszwange. Es hat ferner die Gerichtsbarkeit über einen Teil des Spreestroms (denn der übrige gehört fürs Hofgericht), über alle in und um Berlin befindliche Mühlen und sieben um Berlin liegende Dörfer und zwei Vorwerker. In gewissen Sachen müssen sich die Fischer, Schiffer, Bäcker und Brauer vor demselben stellen.« (F. N.)

330 *Galerie al fresco:* al fresco = die Kunst, an Wandflächen auf dem noch feuchten, frischen Kalkbewurf (ohne jedes Bindemittel) Monumentalgemälde (Fresken) auszuführen.

Kaiser Karls IV. Landbuch: Kaiser Karl IV., der 1373–1378 im Besitz der Mark Brandenburg war, ließ 1375 die Zustände und Einkünfte statistisch erfassen.

332 *Kietz:* offene, häufig ursprünglich mit Slawen besetzte und mit Rechten und Pflichten an eine deutsche Burg gebundene Siedlung ohne verhuftes Ackerland.

333 *Etamine:* ein sehr dünnes Gazegewebe aus Baumwolle.

343 *Königin:* Elisabeth Christine von Braunschweig-Bevern, 1733 mit König Friedrich II. verheiratet.

347 *Martialisch:* kriegerisch, streitbar.

Münzen, Maße und Gewichte

1 *kölnische Mark Feinsilber*: 21 Gulden (Florin, Fl.) = 14 Reichstaler (Rtlr.) (ab 1750/1764 der preußische Kurantfuß); 1 Taler hatte 24 Groschen, 1 Groschen 12 Pfennige

1 *Fuß*: 31,385 cm

1 *rheinländische* (3 berlinische) *Rute*: 3,766 m

1 *Leipziger Elle*: 57,26 m

1 *große deutsche Meile*: 5 000 Schritt oder etwa 2 Wegstrecken: 7 420,44 m

1 *rheinländische Quadratrute*: 376,29547 m^2

1 *märkischer Morgen*: 25,532 a

1 *Scheffel*: in Brandenburg–Preußen zu 16 Metzen: 54,962 l

1 *Wispel* (Winspel): in Brandenburg–Preußen zu 24 Scheffel: 13,191 hl

FRIEDRICH NICOLAI 1733–1811

Christoph Friedrich Nicolai wurde am 18. März 1733 in Berlin geboren. Sein Vater Christoph Gottlieb Nicolai war ein angesehener Berliner Verlagsbuchhändler, seine Mutter Maria Justina Tochter des Wittenberger Buchhändlers und Ratmannes Samuel Gottfried Zimmermann; beide Eltern waren aus Sachsen gebürtig. Zimmermann hatte 1713 seine Berliner Filiale – neben der Zerbster die weniger einträgliche – an seinen »Handlungsdiener« Nicolai verkauft; einen beträchtlichen Teil der Kaufsumme schrieb er bei der Heirat seiner Tochter ab. [1] Nach dem frühen Tod der Mutter war der Junge viel für sich allein. Von seinen Geschwistern lebten 1738 noch vier Brüder, die aber teils erheblich älter, teils schon außer Haus waren. Den Vater, einen »freundlichen, aber sehr ernsthaft freundlichen«, strengen und sparsamen Mann, sah er wenig, weil dieser sich meistens in der Buchhandlung in der Heiligegeiststraße aufhielt. [2]

Friedrich Nicolai [3] besuchte zunächst das nahe gelegene Joachimsthalsche Gymnasium und danach die Lateinschule des Waisenhauses der erzpietistischen Franckeschen Stiftungen in Halle. Den Ausschlag für den Ortswechsel gab wohl sein Bruder Gottlob Samuel (1725–1768), damals Magister an der dortigen Universität und später Professor für Philosophie in Frankfurt an der Oder, der auf den Jüngsten achten konnte. In Halle lernte Nicolai beten und »nichts als lateinische und griechische Wörter«. Wer nicht gut lateinisch lerne, sei ein deutscher Michel, hieß es. Alle weltlichen Bücher, besonders deutsche, galten als geistige Konterbande.

Nicolai kam wiederholt auf seine Hallenser Erfahrungen zu sprechen. Ende der achtziger Jahre faßte er sie in dem Satz zusammen, daß in der Schule des Waisenhauses »seelenlose Untätigkeit und heuchlerisches Kopfhängen Frömmigkeit hieß, und diese allein, nebst einer sklavischen Unterwürfigkeit unter Inspektoren und Lehrer, war das einzige, das bei den jungen Leuten verdienstlich gefunden ward« [4]. Die Schule erreichte bei Nicolai das Gegenteil dessen, was sie anstrebte: Abneigung gegen den Pietismus und Gleichgültigkeit gegenüber der offenbarten christlichen Religion. Er kam zu der Überzeugung, daß »wahre Religion« mit »gesunder Vernunft übereinstimmen« müsse. [5]

Der Hallenser Mißerfolg veranlaßte Vater Nicolai, 1748 den Sohn nach Berlin zurückzuholen. Hier hatte ein Schüler August Hermann Franckes, der mathematisch und naturwissenschaftlich gebildete Prediger Johann Julius Hekker, eine neue, beispielgebende Schule, die ökonomisch-mathematische Realschule, gegründet. An ihr wurden in deutscher Sprache außer den damals üblichen Fächern auch Arithmetik, Geometrie, Mechanik, Architektur, Zeichnen, Naturlehre unterrichtet. Die Schüler lernten den Produktionsprozeß von verschiedenen Manufakturen kennen, erhielten alle Meisterstücke von Berliner Handwerkern vorgezeigt und befaßten sich mit der Seidenraupenzucht. Im Unterschied zu den anderen höheren Schulen war die Realschule auf die Bedürfnisse künftiger Manufakturunternehmer, Kaufleute und Handwerker zugeschnitten.

Die Realschule zog Schüler aus nah und fern an. Für sie richtete Hecker ein Internat ein, dessen erster Pensionär 1748 Friedrich Nicolai wurde. Der Fünfzehnjährige lernte eine ganz neue Welt kennen. In dem einen Jahr Realschule erfuhr er mehr über die Anfangsgründe wahrer Gelehrsamkeit als vorher in fünf Jahren auf zwei berühmten gelehrten Schulen, bekannte er. Sie weckte in ihm den »Hang zum eifrigen Studieren und zu gelehrten Beschäftigungen«, der ihn sein ganzes Leben nicht mehr verließ. [6]

1749 trat Nicolai in der Messe- und Universitätsstadt Frankfurt (Oder) eine Buchhändlerlehre an. Seine Freizeit nutzte er, Kenntnisse aller Art zu erlangen. Er las griechische und römische Schriftsteller, am liebsten Homer. Er lernte Englisch, was dem Hofmeister und Dichter Johann Joachim Ewald auffiel, dessen Freundschaft er gewann und der ihm die Bekanntschaft mit dem dichtenden preußischen Offizier Ewald Christian von Kleist vermittelte, dem späteren fiktiven Adressaten der »Briefe, die neueste Literatur betreffend« [7]. Aus entliehenen Mitschriften von Vorlesungen Alexander Gottlieb Baumgartens, die der aus Halle berufene Philosoph und Begründer einer wissenschaftlich fundierten Kunsttheorie der Aufklärung, die er Ästhetik nannte, an der Viadrina, der Frankfurter Universität, hielt, erkannte Nicolai den Wert und die Notwendigkeit der Philosophie. Unversehens war »aus dem Buchhändlerlehrling ein Gelehrter geworden« (Hermann Hettner) [8].

Anfang 1752 kehrte der nun Achtzehnjährige nach Berlin zurück. Im Februar starb sein Vater. Der älteste Bruder, Gottfried Wilhelm (1715–1758), führte auf Rechnung der Erben die Buchhandlung weiter, in der Friedrich den ganzen Tag arbeitete und jetzt kaum noch Zeit zum Lesen fand. Er gewann sie erst wieder zurück, als er drei Jahre später aus der Handlung austrat.

In jener Zeit lernte der junge Gelehrte Gotthold Ephraim Lessing kennen, der ihn mit Moses Mendelssohn bekannt machte.

Die Freundschaft begann unter günstigen Umständen. In dem friedlichen Jahrzehnt zwischen dem Zweiten Schlesischen (1744–1745) und dem Siebenjährigen Krieg (1756–1763) suchte der preußische König Friedrich II. das feudalabsolutistische Herrschaftssystem durch Reformen zu stabilisieren, was ihm die Sympathie des Bürgertums einbrachte, das ökonomisch jedoch noch so schwach und als Klasse so unentwickelt war, daß es seinen Aufstieg nur innerhalb des feudalabsolutistischen Gesellschaftssystems und nur mit dessen Hilfe nehmen konnte. Die Publizistik bürgerlicher Intellektueller wie Lessing und Nicolai reflektierte die zeitweilige Klassensymbiose zwischen aufgeklärtem Absolutismus und Bürgertum. Nicolai nahm in den fünfziger und auch noch in den frühen sechziger Jahren eine Haltung zum König ein, die Thomas Höhle für Lessing als die einer »distanzierten Hoffnung oder hoffnungsvollen Distanz« kennzeichnete. [9] Lessing allerdings schritt politisch viel schneller voran als seine Berliner Freunde. Sein gedämpfter Enthusiasmus für das friderizianische Preußen schlug nach desillusionierenden Erfahrungen, besonders wohl während des Siebenjährigen Kriegs, in Ablehnung um, wovon der berühmte Brief an Nicolai vom 25. August 1769 über die »berlinische Freiheit« zeugt: »Lassen Sie einen in Berlin auftreten, der für die Rechte der Untertanen, der gegen Aussaugung und Despotismus seine Stimme erheben wollte, wie es itzt sogar in Frankreich und Dänemark geschieht: und Sie werden bald in Erfahrung haben, welches Land bis auf den heutigen Tag das sklavischste Land von Europa ist.« [10]

Anders als Lessing sah Nicolai, loyaler preußischer Untertan, in Friedrich II. weiterhin einen aufgeklärten Monarchen mit bürgerlichen Tugenden: der König habe »sein Land in Flor gebracht«, »darin die dicke Finsternis des Aberglaubens zerstört« und »zuerst Toleranz in Ausübung gebracht«. Er verteidigte ihn gegen den Vorwurf, »für einen bloßen Soldaten« gehalten zu werden. Vielmehr lobte er dessen »so unermüdetes Streben, alle Künste des Friedens und wohltätige Folgen desselben in seinen Staaten auszubreiten«. [11] Seine Verehrung für Friedrich II. habe Nicolai diesen immer in bestem Licht sehen lassen, spottete Christian Wilhelm Dohm über seinen guten Berliner Bekannten und Verleger. Er habe es nicht ertragen können, »wenn andere zu des Königs Einrichtungen etwa zu tadeln fanden und dessen Charakter minder günstig darstellten«. [12]

✦✦

Im Herbst 1758 starb Nicolais Bruder Gottfried Wilhelm. Der Fünfundzwanzigjährige übernahm ohne Murren, aber auch »ohne Neigung zur Handlung und ohne alle Erfahrung in Direktion eines solchen Geschäftes« [13], dennoch fachlich gut vorbereitet, die schwer verschuldete väterliche Buchhandlung und brachte sie glücklich durch die gefährlichen und krisenreichen Kriegs- und Nachkriegszeiten. Die Buchhandlung befand sich in einem Haus auf der Stechbahn, wo die Familie auch wohnte, und ab 1787 in dem Haus Brüderstraße 13, dem noch heute erhaltenen »Nicolai-Haus«.

Als selbständiger Verleger und Buchhändler konnte Nicolai endlich daran denken, eine Familie zu gründen. Ende 1760 heiratete er die neunzehnjährige Elisabeth Makaria Schaarschmidt, die einzige Tochter des (1747 verstorbenen) Professors für Physiologie und Pathologie am berühmten Berliner Medizinisch-chirurgischen Kollegium, Samuel Schaarschmidt. Das Ehepaar hatte acht Kinder, von denen zur silbernen Hochzeit noch fünf lebten. [14]

Als Verleger begann Nicolai am 4. Januar 1759 mit den »Briefen, die neueste Literatur betreffend«, die »die Augen von ganz Deutschland auf sich richteten« (Johann Gottfried Herder). Idee, Titel und Form stammten von Lessing, der bis zu seiner Übersiedlung 1760 nach Breslau fast sämtliche Beiträge verfaßte.

Die besten Jahre seines Lebens jedoch widmete Nicolai der viel gelobten und viel geschmähten Allgemeinen Deutschen Bibliothek, von der in den 44 Jahren ihres Bestehens 256 (mit Zusätzen und Registern 268) Bände erschienen. Mit der ADB wollte er »eine allgemeine Nachricht von der ganzen neuen deutschen Literatur« geben und dem Leser ermöglichen, diese »wie in einem Gemälde auf einmal zu übersehen« (Vorbericht zum ersten Band, 1765). Sie rezensierte 80 000 Publikationen. Der Herausgeber bewies mit der ADB seine großen organisatorischen Fähigkeiten und sein diplomatisches Geschick. Er gewann im Laufe der Jahrzehnte Hunderte von Aufklärungsschriftstellern für die Mitarbeit, korrespondierte mit ihnen, versandte oder vermittelte die Rezensionsexemplare, las die Manuskripte und redigierte sie, wenn es not tat, lud den Zorn in ihrer Eitelkeit verletzter Buchautoren auf sich – die Rezensenten blieben anonym – und erwarb sich eine allgemeine Literaturkenntnis wie kaum ein anderer.

Nicolai veröffentlichte in seinem Verlag natürlich auch die eigenen Werke. [15] Zu den berühmten Romanen des 18. Jahrhunderts gehörte »Das Leben und die Meinungen des Herrn Magisters Sebaldus Nothanker« (mit sechzehn schönen Kupferstichen des befreundeten Daniel Chodowiecki). Nicolai schrieb den Roman 1773 bis 1776 neben den zeitraubenden und anstrengenden Handlungsgeschäften in der knappen Freizeit. Er wollte die »Verfolgungssucht hartherziger Orthodoxen ... in ihrer Verächtlichkeit« zeigen und forderte »Geistesfreiheit und Toleranz«. [16] Seine Kritik an Mißständen im Feudalismus war scharf und historisch konkret [17], die Wirkung des Romans groß. Es erschienen drei Auflagen mit im 18. Jahrhundert kaum ein zweites Mal erreichten 12 000 Exemplaren; außerdem tauchten leidige Nach- und Raubdrucke auf, und andere Autoren nutzten die Berühmtheit des »Sebaldus« und schrieben Fortsetzungen. Der Roman wurde ins Französische, Niederländische, Dänische, Schwedische und Englische übersetzt.

Nicolai schrieb seine Romane, Aufsätze und Rezensionen und gab seine Zeitschriften heraus, um in die literarischen und philosophischen Kämpfe seiner Zeit einzugreifen. Er tat es mit großer Leidenschaft und Freude an der Polemik.

Der Streit mit dem in den siebziger Jahren aufkommenden Sturm und Drang entzündete sich an Goethes Jugendroman »Die Leiden des jungen Werthers«. Bald nach Erscheinen des Romans schrieb Nicolai in wenigen Tagen einen neuen, »vernünftigen« Schluß. Werther schießt sich mit einer Pistole, die er mit einer Blutblase geladen hatte, vor den Kopf, bleibt am Leben, heiratet Lotten und gelangt zu bürgerlichem Wohlstand und Ansehen (die »Freuden des jungen Werthers und Leiden und Freuden Werthers des Mannes«, 1775). Goethes Roman hatte den Berliner beeindruckt, doch befürchtete er einen Rückschlag der mühsam erreichten aufklärerischen Positionen. Nicht nur das »Werther-Fieber« unter den jugendlichen Lesern, auch die Ausdehnung des Romangeschehens auf scheinbar subjektive Bereiche menschlichen Empfindens, Erlebens und Verhaltens riefen seine Kritik hervor. Er meinte: »1. daß ein Geschäftsmann wie Albert auch edel denken könne und menschenfreundlicher mit seiner Abstraktion als ein solcher junger Brausekopf wie Werther. 2. wollte ich Werthern gern auch in der Ehe zeigen, und daß man mit dem bloßen Brausen und Empfindeln nicht durchkömmt. Kurz, ich wollte die Sache von einer andern Seite darstellen.« [18] Ähnlich dachte Lessing, der am 8. Februar 1775 an Christoph Martin Wieland über Goethes Helden schrieb: »Der Kerl ist ein Genie, aber ein Genie ist ein schlechter Nachbar: sagt Nicolai sehr gut in seinem, wo nicht bessern, doch klügern ›Werther‹.« [19]

Groß waren auch die Meinungsverschiedenheiten zum Volkslied. Nicolai brachte Herder, Goethe und Bürger mit seiner parodierenden Sammlung »Eyn feyner kleyner Almanach vol schönerr echterr liblicherr Volckslieder, lustigerr Reyen vnndt kleglicherr Mordgeschichte …« (1777/78) gegen sich auf.

Noch tiefer wurden die Gegensätze zwischen der Berliner Aufklärung und dem Sturm und Drang im »Spinoza-Streit«. Lessing bekannte sich 1780 zu dem Gesichtspunkt, aus dem Goethe seinen »Prometheus« nahm – zu Spinozas pantheistischer Auffassung der Identität von Gott und Weltall. Als Nicolai und Mendelssohn später davon erfuhren, distanzierten sie sich. Sie waren nicht bereit, über den Deismus hinaus zu einer sich dem Materialismus nähernden Weltanschauung vorzustoßen. Lessing indessen hatte seine antifeudale Weltanschauung konsequent weitergeführt und war so zu einem der wichtigsten Bundesgenossen des Sturm und Drangs geworden.

Für Nicolais guten Ruf noch abträglicher wurden die philosophischen Auseinandersetzungen mit Kant – und damit mit Schiller – und Fichte, seinem Hauptgegner. Nicolai hing der Popularphilosophie an, die eklektisch den Lockeschen Sensualismus und den Deismus englischer Freidenker mit dem Leibniz-Wolffschen Rationalismus verschmolz. [20] Von ihren Positionen aus kritisierte er – nicht immer zu Unrecht – die Kantsche und die Fichtesche Philosophie, an die er als letzten Maßstab den »gesunden Menschenverstand« des Aufklärers anlegte. [21] Nicolai mußte in diesen Kämpfen unterliegen. Das Wort Mephistos: »Am meisten ärgert ihn, sobald wir vorwärts gehn« (Faust, I. V. 4153) galt ihm. Vernichtend waren die Schmähungen Goethes und Schillers in den »Xenien« (1796) [22].

Heinrich Heine hat in seiner Geschichte der Religion und Philosophie in Deutschland eine Rettung Nicolais versucht. Er beurteilte ihn historisch gerecht und wog Verdienst und Irrtum. Nicolai habe sein ganzes Leben lang unablässig für das Wohl des Volkes gewirkt und in der Hauptsache sich nicht geirrt. »Der alte Nicolai suchte in Deutschland dasselbe zu tun, was die französischen Philosophen in Frankreich getan: er suchte die Vergangenheit im Geiste des Volkes zu vernichten; eine löbliche Vorarbeit, ohne welche keine radikale Revolution stattfinden kann. Aber vergebens, er war solcher Arbeit nicht gewachsen. Die alten Ruinen standen noch zu fest, und die Gespenster stiegen daraus hervor und verhöhnten ihn; dann aber wurde er sehr unwirsch und schlug blind drein, und die Zuschauer lachten, wenn ihm die Fledermäuse um die Ohren zischten und sich in seiner wohlgepuderten Perücke verfingen. Auch geschah es wohl zuweilen, daß er Windmühlen für Riesen ansah und dagegen focht. Noch schlimmer aber bekam es ihm, wenn er manchmal wirkliche Riesen für bloße Windmühlen ansah, z. B. einen Wolfgang Goethe … Indessen in der Hauptsache hatte er immer recht.« [23]

✦✦

Heine wies auf den Gleichklang der Bestrebungen Nicolais und der französischen Aufklärer hin. Nicolai erwarb sich große Verdienste um die Verbreitung ihrer Werke in Deutschland, die er in seinem Verlag herausgab und in seinem Buchsortiment führte. Darüber hinaus vermittelte er die französische, englische und deutsche Aufklärungsliteratur unter anderem auch nach Rußland. Hierin hatte Berlin eine lange Tradition. Die Stadt war neben Halle, Leipzig und Göttingen eine der deutschen Hochburgen »deutsch-slawischer Wechselseitigkeit« (Eduard Winter) [24]. Nicolai organisierte mit Hilfe des Rigaer Verlagsbuchhändlers Johann Friedrich Hartknoch, des Verlegers und Freundes Herders, einen regen und umfangreichen Buchaustausch zwischen Berlin und Petersburg, wo zudem die Zarin Katharina II. begeistert seinen »Sebaldus Nothanker« gelesen hatte und ihn nun beauftragte, für sie belletristische und philologische Literatur zusammenzustellen und zu kaufen. Außerdem rezensierte die Allgemeine Deutsche Bibliothek russische Bücher und sorgte für ihr Bekanntwerden im deutschen Sprachgebiet.

Überhaupt war Nicolai, wie die Aufklärer generell, frei von nationaler Überheblichkeit. Er lehnte z. B. die in Deutschland verbreitete anmaßende Verachtung der Slawen ab. In dem Vorwort zu seiner »Beschreibung Berlins« bewies er, welchen bedeutenden Anteil die Slawen an der Vor- und Frühgeschichte Brandenburgs und Berlins hatten, und bemühte sich, den Zusammenhang mit der deutschen feudalen Ostexpansion historisch wahr darzustellen.

Nicolai war kein Lokalpatriot, der etwa in seiner Vaterstadt nur Vorzüge entdeckte und woanders nur Mängel. Ganz im Gegenteil! Zum Beispiel schätzte er sehr die Buchmessestadt Leipzig, »welche schöne Stadt« er als seinen zweiten Wohnsitz betrachtete, denn er verbrachte dort während der Messen in jedem Jahr mehrere Wochen. [25] Er liebte Berlin ohne allen Überschwang, nüchtern und kritisch. Davon zeugt seine »Beschreibung Berlins«, die der Sechsunddreißigjährige 1769 schrieb und die er noch zweimal – 1779 und 1786 – gründlich überarbeitete, weil sie unvermeidlich »doch noch sehr unvollkommen« war. Er habe nicht etwa »beständig gelobt und Komplimente ausgestreut, sondern bloß simpel angezeigt«, weil dem Leser einer Topographie nichts beschwerlicher sei als das fortwährende Lob von alltäglichen Dingen. »Je simpler und kürzer jede Beschreibung sein kann, desto angenehmer und brauchbarer ist sie dem Leser«, meinte er sehr zu Recht. [26]

Nicolai lobte nur ausgesprochene Meisterstücke wie das Berliner Zeughaus, »eines der schönsten Gebäude in Europa«. Er bewunderte Andreas Schlüters Schlußsteine über den Hoffenstern, die sterbende Krieger darstellen, wegen ihrer ergreifenden Schlichtheit und ihres humanistischen Sinngehalts. Die Schlußsteine stehen in Kontrast zu den »von außen mit allen Zeichen der Macht und des Sieges, mit allem, was die Gewalt eines großen Monarchen und der glückliche Erfolg des Krieges Glänzendes haben kann. Inwendig aber zeigte dieser große Mann, in dem einsamen Hofe, von wenigen bemerkt, durch diese beinahe ächzenden Larven von Sterbenden dem betrachtenden Zuschauer, dieser prächtige Palast sei ein Haus des Todes.« Diese uns gerade heute so vertraute »philosophische und moralische Idee« Schlüters wird bestätigt durch die Darstellung der Reue, ein mit Schlangen umwundenes Haupt, über der Hintertür des Zeughauses. [27] »Konnte der Künstler einen mächtigen Fürsten auf eine edlere Art warnen, seine militärische Macht nicht zu mißbrauchen«, rief Nicolai aus. [28]

Der Autor hatte die erste Fassung seiner »Beschreibung« unter dem noch frischen Eindruck des »zwar glorreichen, aber landesverderblichen« Siebenjährigen Krieges [29], der die beteiligten kontinentalen Staaten ausblutete, geschrieben. Das Erlebnis des Kriegselends weckte in ihm eine tiefe Friedenssehnsucht, der er immer von neuem Ausdruck gab – und seine Zeit lieferte wahrlich Anlaß genug.

Zur dritten, endgültigen Fassung des Berlinbuches schrieb Nicolai eine historische Einleitung. Das Interesse für Geschichte erwachte in ihm während seiner Frankfurter Lehre. Aber erst in den siebziger Jahren fand er die Muße, gründliche Geschichtsstudien zu betreiben. Im Jahre 1773 machte er die Bekanntschaft Ewald Friedrich von Hertzbergs. Der preußische Minister unterstützte die Erforschung der vaterländischen, das hieß, der brandenburgischen, und der deutschen Geschichte. Er ermöglichte (1777) Nicolai die Nutzung des Königlichen Archivs, dessen Direktor er jahrelang war, und er bestärkte ihn in der Überzeugung, daß eine jede historische Darstellung aus den Quellen geschöpft werden müsse.

Nicolais Hauptinteresse galt den bürgerlichen Lebensverhältnissen: Wissenschaft und Technik, Kunst und Literatur, Handel und Gewerbe. »Menschen zu beobachten, alles, was menschliche Tätigkeit, Industrie, Scharfsinn, Sitten, Gelehrsamkeit, Religion usw. betrifft«, war für ihn das Wichtigste. [30] Sein auf die materiellen Grundlagen gerichtetes Geschichtsinteresse kann sehr wohl als ein Versuch angesehen werden, »der Geschichtsschreibung eine materialistische Basis zu geben, indem« er »zuerst Geschichte der bürgerlichen Gesellschaft, des Handels und der Industrie« schrieb – um eine Feststellung von Karl Marx und Friedrich Engels über die französischen und englischen Historiker des 18. Jahrhunderts auf Nicolai anzuwenden. [31] Er beteiligte sich am Kampf für den Fortschritt, was im 18. Jahrhundert nur heißen konnte, für den Übergang vom Feudalismus zum Kapitalismus einzutreten. [32] Er faßte diese Idee in den bildhaften Satz: »Die Geschichte trägt der Aufklärung die Fackel voran.« [33]

Nicolais Berlinbeschreibung fußte auf umfangreichen Quellenstudien. Der Autor untersuchte die ökonomischen, sozialen, verfassungsrechtlichen und kulturellen Verhältnisse und verknüpfte die Geschichte Berlins mit der des Territoriums. Es entstand ein Werk, dessen gewissenhafte objektive Untersuchungsmethoden, gründliche, konkrete und nachprüfbare Darstellung und bürgerliche Parteilichkeit es noch heute lesenswert machen. Dem Historiker ist es zudem eine wichtige Quelle der Geschichte Berlins und Brandenburgs in der Zeit des Feudalismus bis zur Epochenzäsur 1789.

Der Leser lernt in dem Buch eine dynamische Metropole

kennen, deren Bevölkerung sich im 18. Jahrhundert versechsfachte. Im Geburtsjahr Nicolais hatte Berlin 63 000 Einwohner, um 1800 aber bereits 172 000 und war damit nächst Wien die bevölkerungsreichste deutsche Stadt. In der Haupt-, Residenz- und Garnisonsstadt befanden sich die zentralen Verwaltungen des Königreichs mit Tausenden Beamten sowie mit 30 000 Soldaten, einem Sechstel der Bevölkerung Berlins. Die vielen bunten Röcke, die mißtrauischen Wachen, die häufigen schrecklichen Bestrafungen von Soldaten, der Drill zeigten, daß man sich in der Hauptstadt des militaristischen Preußens befand.

Daneben entstand im 18. Jahrhundert das andere Berlin: die bürgerliche Gewerbestadt mit zahlreichen Manufakturen und Fabriken, mit einem sich konstituierenden, seiner selbst bewußt werdenden Handels- und Manufakturbürgertum, einer wachen bürgerlichen Intelligenz, mit Zehntausenden ausgepowerten Handwerksgesellen und Arbeitern. Nach dem Siebenjährigen Krieg begann eine von zeitweiligen einschneidenden Depressionen unterbrochene, insgesamt jedoch schnell voranschreitende gewerbliche Entwicklung. Hervorragenden Anteil hatte daran das Textilgewerbe, vor allem die Seiden- und zunehmend die Baumwollproduktion. Berlin wurde die größte deutsche Textilgewerbestadt. Neue Zweige wie die Metallverarbeitung traten hervor. Nächst Leipzig gewann Berlin auch als Buchstadt besonders für den deutschen und europäischen Norden und Osten große Bedeutung. Unter den etwa 25 Berliner Verlagen (nahezu so viele wie in Leipzig) gehörte der Nicolaische zu den führenden.

In allen Gewerbezweigen entstanden nach 1763 forciert kapitalistische Produktionsverhältnisse. Zwangsläufig nahmen die Auseinandersetzungen zwischen Produzenten und Unternehmern auch in Berlin immer größere Dimensionen und neue Formen an. 1758 streikten die Arbeiter in der Wulffschen Kattunfabrik, 1775 die Seidenmanufakturarbeiter, 1783 ging der Kattun- und Manufakturunternehmer Ermeler gerichtlich gegen seine Arbeiter vor, im selben Jahr protestierten die Posamentierer gegen Lohnsenkungen. [34]

Die Arbeiter und Handwerksgesellen wohnten überwiegend in den östlichen und nördlichen Vorstädten, wo Berlin nach einem zeitgenössischen Bericht »ein sehr trauriges Ansehen und sehr niedrige schlechte Häuser (bot), wo die Armut ihr Schild ausgehangen hat – Menschen in den zerlumptesten Kleidern und Kinder halb nackend, die aus den Häusern herauskriechen« [35].

Die wahrscheinlich genaue Kenntnis der Berliner Armenviertel – Nicolai erwähnte in der Berlinbeschreibung das Vogtland vor dem Hamburger Tor –, das Miterleben der Unruhen in der Stadt und die Nachrichten aus England, wo Bourgeoisie und Proletariat bereits in offenem Kampf standen, prägten seine Haltung zu den Arbeitern. Seinen Klassenstandpunkt als Angehöriger des Manufaktur- und Handelsbürgertums hat er nie verleugnet. Mitleid prägte seine Haltung zu den Armen. Almosen lehnte der Protestant als entwürdigend ab, unterstützte jedoch die Armendirektion mit hohen Summen. Die Schuld an dem elenden Leben gab er allerdings den Arbeitern selbst. Sie »überlegen gemeiniglich nicht«, behauptete er, »daß sie ohne den Unternehmer gar keine Arbeit haben würden, weil dessen weit gesuchter Vertrieb ihrer Arbeit nur allein dieselbe veranlaßt«. [36]

++

Bürgerliche Intelligenz und Handels- und Manufakturbürgertum verlangte es zunehmend nach Bildung und Unterhaltung. Diese Bedürfnisse suchte eine im 18. Jahrhundert in die Höhe schnellende Zahl von Zeitungen, Zeitschriften und Büchern zu befriedigen. Besonders nach der Jahrhundertmitte entstanden in vielen Städten Lesegesellschaften – bisher sind etwa 500 nachgewiesen –, deren Mitglieder die für den einzelnen oft zu teuren Publikationen gemeinsam erwarben. Sie erweiterten nicht nur ihre Kenntnisse und Erkenntnisse, sondern sie räsonierten und debattierten auch über das Gelesene und über die Zeitereignisse, das hieß, sie urteilten über sie freimütig nach den Grundsätzen der Vernunft. Die Diskussion setzte man in den Briefen an Gleichgesinnte fort, aber auch in Bädern wie Pyrmont, wo sich im letzten Jahrhundertviertel nord- und nordwestdeutsche bürgerliche Intellektuelle wie Friedrich Nicolai und Justus Möser Jahr für Jahr trafen. Die Lesegesellschaften und besonders die Lesekabinette, desgleichen Organisationen wie die bürgerlich-radikale Deutsche Union und der Illuminatenorden, politisierten die Aufklärung. Sie waren Meilensteine auf dem Wege der Emanzipation des Bürgertums.

Über die Vereinigungen des Berliner Bürgertums im 18. Jahrhundert ist wenig bekannt. Das gilt für die Freimaurerlogen ebenso wie für die bürgerlichen Kränzchen, gelehrten Kaffeehäuser, Klubs und Gesellschaften.

Nicolai gehörte der (Mutter-)Loge der Freimaurer Zu den drei Weltkugeln an, die bereits 1740 errichtet worden war. Er trennte sich Ende der siebziger Jahre von der Freimaurerei, weil er die zunehmend strikte Unterordnung der Mitglieder unter unangreifbar diktierende unbekannte Obere ablehnte und weil er befürchtete, daß unter solchen Bedingungen der aufgelöste Jesuitenorden, die nach seiner Meinung »schändlichste Gesellschaft für das menschliche Geschlecht« [37] und gefährlichste Feindin der Aufklärung, die Freimaurerlogen unterwerfen und sie in ihr Instrument verwandeln könnte.

Nicolai, ein Mann mit einem großen Freundes- und Bekanntenkreis, beteiligte sich an den meisten Berliner Gesellschaften; die frühromantischen Salons mied er. Er nahm an dem 1755 gegründeten gelehrten Kaffeekränzchen teil, in dem man wissenschaftliche Vorträge hörte und besprach [38], und besuchte das gesellige Donnerstagskränzchen, wahrscheinlich mit seiner Frau, denn es waren auch Frauen zugelassen. Lessing führte ihn in den 1749 von dem Schweizer Geistlichen Schultheiß gegründeten Montagsclub [39], das »Hauptquartier« der Berliner Aufklärung (Ludwig Geiger) [40], ein, dessen unbestrittenes Haupt Nicolai seit 1756 und dessen Senior er seit 1797 war. Zu den Mitgliedern gehörten der Dichter Karl Wilhelm Ramler und Lessings Vetter Christlob Mylius, der Philosoph und Mathematiker Johann Georg Sulzer, die Komponisten und Musiker Johann Friedrich Agricola, Johann Joachim Quantz und Johann Friedrich Reichardt, der Schriftsteller Thomas Abbt – dessen berühmte Schrift »Vom Tode für das Vaterland« Nicolai 1761 verlegte –, der Bibliothekar Johann Erich Biester und der Schuldirektor Friedrich Gedike – beide Herausgeber der Berlinischen Monatsschrift –, der Theologe Abraham Teller, der später aufklärungsfeindliche Minister Johann Christoph Wöllner und andere. Auch auswärtige Aufklärer, z.B. der Wiener Joseph von Sonnenfels oder Georg Reinhold Forster, waren Klubgäste.

Die für die Berliner Aufklärung wichtigste Gesellschaft war indes die geheime Mittwochsgesellschaft oder Gesellschaft von Freunden der Aufklärung, wie sie sich insgeheim nannte. Ihr gehörten reformbereite Beamte, bürgerliche Intellektuelle und lediglich zwei Unternehmer, die aber zugleich Gelehrte und Schriftsteller waren – Moses Mendelssohn, Teilhaber der Seidenmanufaktur Gebrüder Bernhard und Komp., und der Verleger Nicolai – an; Mendelssohn war Ehrenmitglied.

Die Mittwochsgesellschaft bestand von 1783 bis 1798. Die Mitglieder lösten die Gesellschaft erst auf, als sie sich nach dem preußischen Edikt gegen die geheimen Gesellschaften nicht unter Polizeiaufsicht stellen wollten. Man erlebte aber schon in den achtziger Jahren kritische Momente, als die reaktionären Rosenkreuzer um Wöllner und Bischoffwerder den preußischen Aufklärern das Leben immer schwerer machten. Die Gesellschaft bot den Mitgliedern die Gelegenheit, ohne Furcht, daß von den manchmal politisch heiklen Gesprächen gegen ihren Willen etwas nach außen dringen könnte, auf Mittel und Wege zu sinnen, wie man mit Hilfe des Staates die preußische Gesellschaft im bürgerlichen Sinne reformieren könne. Friedrich II. glaubten die Freunde der Aufklärung auf ihrer Seite zu haben. Zum Beispiel diskutierte man das vom König initiierte und von den Mitgliedern Carl Gottlieb Svarez und Ernst Ferdinand Klein kodifizierte Allgemeine Landrecht.

Aus Gründen strenger Geheimhaltung war die Mitgliederzahl klein gehalten. Bei der Aufnahme versprach jeder auf seine Ehre: »Vollkommene Toleranz aller Meinungen, selbst derer, die ungereimt scheinen möchten, und keine Art von Anfeindung darüber weder in noch außerhalb der Gesellschaft.« [41] Die Mitglieder trafen sich im Winterhalbjahr zweimal, im Sommerhalbjahr einmal monatlich abends in ihren Wohnungen. Auf den Zusammenkünften hielten jeweils zwei Mitglieder Vorträge (die Reihenfolge wie auch die der Voten, der Wortmeldungen, war durch Nummern festgelegt). Danach zirkulierten unter Regie des Sekretärs Biester die Manuskripte in einer verschlossenen Büchse, zu der ein jedes Mitglied einen Schlüssel besaß. Nach dem Zirkulieren faßte der Autor die Äußerungen zu seinem Vortrag zusammen und kommentierte sie. Man führte einen »freundschaftlichen Gedankenaustausch«, wollte »Begriffe mancher Art sich selbst deutlicher (machen) und einer unparteiischen Prüfung« unterziehen [42]. Nicolai mußte selbst 1806, als er dies über die Mittwochsgesellschaft schrieb, so vorsichtig formulieren, weil er keines der noch lebenden früheren Mitglieder gefährden wollte. Tatsächlich erörterte man auch politisch brisante Themen, die weit über den Rahmen der Meinungsfreiheit in Preußen hinausgingen und Grundfragen des feudalen Gesellschaftssystems berührten. Man prüfte kritisch Gegenstände wie die Religion (die Frage: »ob Gott, wenn er nach Beschaffung und ersten Einrichtung des Weltgebäudes noch immer in alles mitwirkt, was auf unserm Erdball geschiehet, nicht ... eine weniger Haß gehabende und weniger Menschenblut vergießende Religion wie die christliche als allgemein hätte einführen können«), Militär und Militarismus (die sozialen Ursachen der vielen Selbstmorde unter den einfachen Soldaten der Berliner Garnison und ihre Abhilfe), Zensur, Französische Revolution, Besteuerung des Adels, das Kantsche Moralprinzip (Nicolai [43]) und andere. Man war in der Beantwortung der Fragen sich keineswegs immer einig, und es standen radikale Ansichten recht gemäßigten, ja ängstlichen entgegen.

Im Gründungsjahr forderte Johann Karl Wilhelm Möhsen, Leibarzt Friedrichs II. und bedeutender Wissenschaftshistoriker, die Mitglieder der Mittwochsgesellschaft auf, genau zu bestimmen, was Aufklärung sei, und zu untersuchen, »warum die Aufklärung bei unserm Publico noch nicht sehr weit getrieben« sei. Er löste eine folgenreiche, auch praktisch-politische Bereiche, wie Zensur, bürgerliche Preßfreiheit und den Zusammenhang von Aufklärung und Volk, berührende Diskussion aus. Der Oberkonsistorialrat Johann Friedrich Zöllner trug die Diskussion in die Berlinische Monatsschrift. Diese Zeitschrift, gleichsam das Organ der Mittwochsgesellschaft, war »das bedeutsamste Forum, das die deutsche Aufklärung in ihrer letzten und höchsten Phase besaß«. Sie verstand es, »den Kampf auch in die entferntesten Bereiche der Wissenschaft hineinzutragen« (Werner Krauss) [44]. Zöllner also gab im Dezemberheft 1783 das Stichwort, das den Königsberger Philosophen Immanuel Kant zu seinem berühmten Aufsatz »Beantwortung der Frage: Was ist Aufklärung« anregte (Dezemberheft 1784). Im September hatte Mendelssohn bereits seine Antwort veröffentlicht.

In der internen Diskussion wandten sich Nicolai, Mendelssohn, Dohm, Möhsen gegen eine elitäre Beschränkung der Aufklärung auf die Gelehrten und damit gegen eine Ausschließung des Volkes, wie sie neben anderen Klein und Zöllner forderten. Nicolai protestierte überhaupt gegen eine Beschränkung, aufklärerische Gedanken öffentlich zu verbreiten, auf die er als Verleger und Buchhändler aber immer wieder stieß. Schon 1777 hatte er sich gegen die Anschuldigung zu wehren, daß seine Allgemeine Deutsche Bibliothek »publizistische Sätze wider das Interesse des preußischen Hofes behauptete«. Im selben Jahr wurde die ADB in allen königlich-kaiserlichen Erblanden verboten; ein Verbot im ganzen Reich konnte nur verhindert werden, weil das Kabinettsministerium (dessen 2. Minister, Hertzberg, mit Nicolai gut bekannt war und den Aufklärern nahestand) protestierte. [45] (Das Verbot für Preußen erfolgte 1794.) Nicolais diesbezügliche politische Erfahrung lautete, »daß in Absicht auf Preßfreiheit in ganz Deutschland die Unterdrückung im ganzen noch so sehr groß ist, daß man eher von der kleinsten Einschränkung als von der größten Ausdehnung einigen Nachteil für Wahrheit und Glückseligkeit zu befürchten hat« [46].

Der auf öffentliche Wirksamkeit und Wirkung bedachte Berliner Popularphilosoph und Publizist wollte Aufklärung nicht auf einen kleinen Zirkel begrenzen, statt dessen in der Welt mit Mut Vorurteile, Heuchelei und Aberglauben bekämpfen und die Rechte der gesunden Vernunft beständig verteidigen. [47] Wie Nicolai dachte der bayerische Natur- und Kirchenrechtler Adam Weishaupt. Dieser gründete 1776 in Ingolstadt den geheimen Illuminatenorden; 1780 trat ihm Adolph Freiherr von Knigge, einer der Autoren der Allgemeinen Deutschen Bibliothek, bei, etwa zur gleichen Zeit in Berlin Friedrich Nicolai. Ziel der bürgerlich-radikalen Geheimorganisation war es, durch Reformen, die zu gewinnende politisch und wissenschaftlich einflußreiche Männer durchsetzen sollten, die spätfeudale Gesellschaft in einen bürgerlichen Vernunftstaat zu verwandeln. [48]

1784/85 unterdrückte Kurfürst Karl Theodor in Kurbayern den Illuminatenorden und tat damit den ersten Schritt zu der politischen Verfolgung der organisierten Aufklärung durch das alte Regime, das mit nackter Gewalt der existentiellen Krise des Feudalismus begegnen wollte. In Preußen hatte die Reaktion nach dem Tode Friedrichs II. (1786), für die der aufgeklärte Absolutismus ein gewisses Hindernis bildete, die Hände zum Schlag gegen die aufklärerische bürgerliche Opposition frei. Sie verwendete den Begriff Illuminat gegen alle angeblich »die Religion und die Monarchie« umstürzenden Umtriebe, gegen Reformer wie Revolutionäre, was Nicolai mehrmals veranlaßte, die Illuminaten öffentlich in Schutz zu nehmen. [49]

Auf seiner halbjährigen Erholungs- und Bildungsreise 1781 durch Süddeutschland und die Schweiz hatte Nicolai auch Münchner Freimaurer und Illuminaten besucht, unter ihnen den Weltpriester, Kanonikus, Schulrat und Bücherzensurrat Lorenz Westenrieder, der nach dem Urteil Nicolais sich um sein Vaterland (Bayern) »durch Beförderung der Aufklärung vorzüglich verdient gemacht« hatte [50]. Westenrieder führte Nicolai in die zu dem Zeitpunkt noch aufklärerische bayerische Akademie der Wissenschaften ein. Er durfte am 10. Juli 1781 als erster fremder Gelehrter an einer regulären Sitzung teilnehmen, auf der er ob seiner »Verdienste um die schönen Wissenschaften« als dritter Berliner (nach dem Chemiker Franz Karl Achard und dem Mineralogen Karl Abraham Gerhard) in die Akademie (Belletristische Klasse) aufgenommen wurde. [51]

Nicolais Wahl als außerordentliches Mitglied in die Berliner Akademie der Wissenschaften erfolgte 1799, als ordentliches Mitglied 1804. Die Wahl bedeutete für ihn noch einmal eine öffentliche Anerkennung seines aufklärerischen Lebenswerks. »In Unterstützung, in Erforschung der Wahrheit lebt der wissenschaftliche Geist«, bekannte er in seiner Antrittsrede. [52] Gleichfalls 1804 ernannte ihn die Petersburger Akademie der Wissenschaften zu ihrem Korrespondierenden Mitglied.

✦✦

Im Alter mehrten sich Nicolais persönliche Sorgen. Der Tod seiner Frau 1793 stürzte ihn in eine schwere psychische Krise. 1804 verlor er den letzten seiner Söhne. »Wie ich dadurch erschüttert worden«, klagte er seiner langjährigen Freundin Elisa von der Recke, »wird Ihr liebendes Herz selbst fühlen. Ich habe diese ganze Woche in einer Art von Hinbrüten gelebt, welches mir kaum zu den unaufschieblichsten Geschäften Besinnung läßt.« [53] 1805 erblindete er auf dem rechten Auge.

Viel einschneidender noch als die privaten Sorgen und der Ärger in den oft sehr heftigen literarischen und philosophischen Richtungskämpfen waren die Zeitereignisse: die aufklärungsfeindliche Reaktion ab Mitte der achtziger Jahre und die erneut ausbrechenden Kriege – die Interventionskriege gegen das revolutionäre Frankreich, an denen sich Preußen bis 1795 beteiligte, und die Napoleonischen Kriege. In einer Zeit der akuten Krise des Feudalismus gaben der preußische König Friedrich Wilhelm II. und seine Günstlinge den aufgeklärten Absolutismus auf und leiteten eine extrem gegenaufklärerische Politik ein. 1788 löste der König den aufklärungsfreundlichen Minister Karl Abraham von Zedlitz ab und berief als Nachfolger Johann Friedrich Wöllner, der umgehend zwei scharf antiaufklärerische Edikte, das Religionsedikt und das Zensuredikt, erließ. Die Festlegungen lähmten auch die Tätigkeit Nicolais. Am 17. Juni 1794 verbot eine königliche Verfügung die Allgemeine Deutsche Bibliothek unter dem Vorwand, sie sei ein »gefährliches Buch wider die Religion« [54]. (Nicolai hatte die ADB vergeblich vor dem drohenden Verbot zu retten gesucht und sie 1792 an den Hamburger Verleger Karl Ernst Bohn verkauft.) Erfolglos war der Versuch Biesters, die Berlinische Monatsschrift zu retten, die er außerhalb der preußischen Grenzen zunächst in Jena und dann in Dessau drucken ließ; 1796 mußte auch sie ihr Erscheinen einstellen. Die Reaktion erstickte schließlich die Gesellschaft von Freunden der Aufklärung (1798).

Nicolai sah diese Entwicklung im Zusammenhang mit der Reaktion der alten Feudalmächte auf die Französische Revolution, nach der nun »Despotismus und Bigotterie allenthalben aufs heftigste wieder aufs menschliche Geschlecht eindrängen« [55]. Seine Äußerung war auf die Revolution wie auf die Konterrevolution gemünzt. Nicolai war wohl von Anfang an skeptisch in seiner Haltung zur Großen Französischen Revolution, weil er eine gewaltsame, revolutionäre Lösung feudaler Widersprüche nicht wollte.

Er wie überhaupt das Berliner Bürgertum sympathisierten so lange mit der Revolution, wie ein vom Großbürgertum und von dem mit ihm verbundenen Reformadel getragener liberaler Konstitutionalismus herrschte. Die zunehmende Radikalisierung der Revolution wurde auch in Berlin zum Scheidewasser, das die Revolutionsenthusiasten immer schärfer differenzierte. Mit der Errichtung der revolutionär-demokratischen Jakobinerdikatatur 1793 verwandelte sich die Revolution in den Augen der meisten deutschen Bürger endgültig aus einem Ideal in ein Schreckgespenst. »Aus enthusiastischen Anhängern wurden wir erbitterte Feinde der Revolution«, beschrieb Henriette Herz, die Frau des Aufklärungsschriftstellers und Arztes Markus Herz, in dessen Haus auch Nicolai verkehrte, die »ziemlich allgemeine Umkehr« [56]. Nicolai polemisierte gegen die Jakobiner und die Mainzer Republik [57], lief aber nicht zur Konterrevolution über, wie groß auch der Druck wurde. Er blieb seinen aufklärerischen Ideen treu.

Nach dem Basler Frieden 1795 zwischen Preußen und Frankreich beobachtete Nicolai mit wachsender Sorge die Preußen bedrohende Kriegsgefahr. Er war bis zuletzt für die Aufrechterhaltung der Neutralität. Am 9. Oktober 1806 erklärte jedoch Preußen Frankreich den Krieg. Nun überstürzten sich die Ereignisse. Am 14. Oktober schlugen die napoleonischen Truppen die verbündeten Preußen und Sachsen bei Jena und Auerstedt vernichtend, am 25. Oktober zogen die Franzosen in Berlin ein. Das alte Preußen brach schmählich zusammen. Auch für Berlin begannen schwere Jahre.

Nicolai hatte dieses Ende vorausgesehen. Der unselige Entschluß, den Krieg anzufangen, setzte »allemal die ganze Existenz der Monarchie in Gefahr«. Die Kriegsschuld gab er dem bürgerlichen England wie der Kriegspartei im eigenen Lande, den »Tollköpfe(n), welche sich Patrioten nannten und immer Krieg! Krieg! schrien«, und der preußischen Regierung. [58] Sie brachte dieses Elend über Millionen »durch einen unnötigen und aus Leidenschaft angefangenen Krieg, der unmöglich ein gutes Ende nehmen konnte. Jetzt ist das Übel ohne Rettung für die jetzige und künftige Generation« [59], schloß er resignierend seinen Brief vom 4. Dezember 1807 an Elisa von der Recke.

++

Am 8. Januar 1811 starb Friedrich Nicolai in Berlin im 78. Lebensjahr. Er wurde in der Luisenstädtischen Kirche in der Alten Jakobsstraße bestattet. Die Kirche wurde im zweiten Weltkrieg zerstört; das Grab ist nicht erhalten. Die Stadt wandelte schon Mitte des 19. Jahrhunderts den Friedhof in einen Park um.

Die Ausgabe bietet Auszüge aus dem etwa 1300 Seiten starken Werk. Der Auswahl liegt das Exemplar der dritten, völlig umgearbeiteten Auflage, Berlin 1786 zugrunde, das sich im Besitz der Fachabteilung Berlinbibliothek der Berliner Stadtbibliothek befindet. Angestrebt wurde ein repräsentativer Querschnitt. Aufgenommen wurden deshalb außer der umfangreichen Topographie (es fehlen lediglich Teile der Stadtschloßbeschreibung und die Fußnoten) Ausschnitte aus den folgenden Sachabschnitten und die Beschreibungen aller jener Städte und Dörfer, die heute innerhalb der Grenzen der Hauptstadt der DDR und von Berlin (West) liegen.

Da Nicolais Beschreibung Berlins ein Werk der Aufklärungszeit ist, sollten auch die Bilder jener Zeit angehören. Darum war mit der Wende zum 19. Jahrhundert die obere Grenze gezogen. Genutzt werden konnten vor allem die reichen Sammlungen des Märkischen Museums, Kulturhistorisches Museum der Hauptstadt der DDR, und des Stadtarchivs der Hauptstadt der DDR, des weiteren der Handschriftenabteilung/Literaturarchiv der Deutschen Staatsbibliothek, Berlin/DDR, und des Kupferstichkabinetts der Staatlichen Museen Berlin.

Die Orthographie und die Zeichensetzung sind vorsichtig modernisiert, die Schreibweise der Personennamen entspricht der heute üblichen. Der Lautstand blieb unverändert. Streichungen und Hinzufügungen des Herausgebers sind durch [...] kenntlich gemacht.

Berlin, September 1986 *Karlheinz Gerlach*

[1] Vgl. zur Zimmermannschen und zur Nicolaischen Buchhandlung: Deutsche Staatsbibliothek, Berlin/DDR, Ms.Boruss., fol.285, Nachlaß Nicolai; H.Kühne, Die Wege der Nicolaischen Buchhandlung in Wittenberg, in: Marginalien, 44.H., 1971; E.Friedel, Zur Geschichte der Nicolaischen Buchhandlung und des Hauses Brüderstraße 13 in Berlin, Berlin 1891.

[2] Christ.Fr.Nicolai's Bildniss und Selbstbiographie. Hrsg. M.S.Lowe, Berlin 1806, S.7.

[3] Die bisher umfassendste Biographie Nicolais legte H.Möller, Aufklärung in Preußen. Der Verleger, Publizist und Geschichtsschreiber Friedrich Nicolai, Berlin (West) 1974, vor.

[4] L.F.G.v.Göckingk, Friedrich Nicolai's Leben und literarischer Nachlaß, Berlin 1820, S.6.

[5] F.Nicolai, Beschreibung einer Reise durch Deutschland und die Schweiz, im Jahre 1781. Nebst Bemerkungen über Gelehrsamkeit, Industrie, Religion und Sitten, Bd.3, Berlin/Stettin 1784, S.102; vgl. auch E.Nahler, Der Toleranzbegriff bei Friedrich Nicolai und Moses Mendelssohn, Phil.Diss.Leipzig 1962, S.77 f.

[6] F.Nicolai, Über meine gelehrte Bildung, über meine Kenntniß der kritischen Philosophie und meine Schriften dieselben betreffend, und über die Herren Kant, J.B.Erhard und Fichte, Berlin/Stettin 1799, S.13.

[7] Kleist wurde im Siebenjährigen Krieg am 12.8.1759 in der Schlacht bei Kunersdorf schwer verwundet, im Hause von Friedrich Nicolais Bruder, dem Viadrinaprofessor Gottlob Samuel Nicolai gepflegt, wo er am 24.8.1759 starb. Er wurde in Anwesenheit des russischen Stadtkommandanten von Frankfurt, das von russischen Truppen besetzt war, und weiterer russischer Offiziere feierlich beigesetzt (vgl.F.Nicolai, Ehrengedächtniß Herrn Ewald von Kleist, Berlin 1760, S.16–18).

[8] H.Hettner, Geschichte der deutschen Literatur im achtzehnten Jahrhundert, Bd.I, Berlin 1961, S.461.

[9] Th.Höhle, Mehring, Rilla und Entwicklungsprobleme der marxistischen Lessingforschung, in: Weimarer Beiträge, 1980, H.3, S.8 f.; vgl. auch ders., Preußen und die deutsche Literatur und Publizistik, in: Preußen. Legende und Wirklichkeit, Berlin 1983, S.90–92.

[10] G.E.Lessing, Gesammelte Werke. Hrsg. P.Rilla, Bd.9: Briefe, Berlin 1957, S.327.

[11] F.Nicolai am 18.1.1801 an E.v.d.Recke, in: Deutsche Staatsbibliothek, Berlin/DDR, Ms.Boruss., Nachlaß Nicolai, fol.288.

[12] Ch.W.v.Dohm, Denkwürdigkeiten seiner Zeit oder Beiträge zur Geschichte vom letzten Viertel des achtzehnten und vom Anfang des neunzehnten Jahrhunderts 1778 bis 1806, Bd.4, Lemgo/Hannover 1810, S.318.

[13] Christ.Fr.Nicolai's Bildniss, S.21 f.

[14] Samuel Friedrich (1762–1790; verh. mit Julie Klein, der Tochter von E.F.Klein), Carl August (1769–1799), David (1773–1804), Wilhelmine (1767–1803; verh. mit Daniel Friedrich Parthey, dem Erben der Nicolaischen Verlagsbuchhandlung; ihre Kinder Gustav [1798–1872] und Lili [1800–1829] waren Nicolais einzige Enkel; Lilis Tochter Elisabeth Klein [1828–1899] war mit dem Ägyptologen Richard Lepsius verheiratet), Charlotte Makaria (1775–1808) (vgl.Lili Parthey. Tagebücher aus der Berliner Biedermeierzeit. Hrsg. B.Lepsius, Berlin/Leipzig 1926, S.431; G.Ehlers, Richard Lepsius. Ein Lebensbericht, Leipzig 1885, S.263, 268).

[15] M.-L.Spieckermann, Bibliographie der Werke Friedrich Nicolais, in: Friedrich Nicolai. Essays zum 250.Geburtstag. Hrsg. B.Fabian, Berlin (West) 1983, verzeichnet 259 Publikationen.

[16] Christ.Fr.Nicolai's Bildniss, S.32 f.

[17] Vgl. Geschichte der deutschen Literatur von den Anfängen bis zur Gegenwart. Bd.6: Vom Ausgang des 17.Jahrhunderts bis 1789, Berlin 1979, S.678.

[18] Göckingk, Friedrich Nicolai's Leben, S.52 f.

[19] Lessing, Gesammelte Werke. Bd.9, S.630.

[20] Vgl. Philosophisches Wörterbuch. Bd.1. Hrsg. G.Klaus/M.Buhr, Leipzig 1970, S.149 (Stichwort Aufklärung).

[21] Vgl. M.Fontius, Nicolai – homme des lumières Berlinoises, S.71, in: Les Lumières en Hongrie, en Europe Centrale et en Europe Orientale. Actes du Cinquiéme Colloque Mátrafüred 24–28 octobre 1981. Société Hongroise d'étude du XVIIIe siècle. Colloques sur les lumières en Hongrie. Budapest/Paris 1984, S.67–72.

[22] Vgl. die Zusammenstellung zeitgenössischer Schmähungen in: Ch.F.Nicolai, Vertraute Briefe von Adelheid B. an ihre Freundin Julie S. Ein Roman. Freuden des jungen Werthers. Eine Parodie. Hrsg. G.de Bruyn, Berlin 1982, S.195 ff.

[23] H.Heine, Zur Geschichte der Religion und Philosophie in Deutschland, in: Werke und Briefe in zehn Bänden. Hrsg. H.Kaufmann, Bd.5, Berlin 1980, S.245.

[24] Vgl. hierzu Wegbereiter der deutsch-slawischen Wechselseitigkeit. Mit Unterstützung zahlreicher Freunde der deutsch-slawischen Wechselseitigkeit hrsg. von E.Winter/G.Jarosch, Berlin 1983, Vorwort.

[25] Nicolai, Beschreibung einer Reise, Bd. 1, Berlin/Stettin 1783, S. 57.
[26] Ebenda, Bd. 5, Berlin/Stettin 1785, S. 501, 339.
[27] F. Nicolai, Beschreibung der Königlichen Residenzstädte Berlin und Potsdam; aller daselbst befindlicher Merkwürdigkeiten und der umliegenden Gegend, Berlin 1786, 3., völlig umgearbeitete Auflage, S. 914.
[28] Nicolai, Beschreibung einer Reise, Bd. 7, Berlin/Stettin 1786, S. 14.
[29] F. Nicolais Einleitung, S. 46 dieser Ausgabe.
[30] Nicolai, Beschreibung einer Reise, Bd. 1, S. 87.
[31] K. Marx/F. Engels, Die deutsche Ideologie, in: K. Marx/F. Engels, Werke, Bd 3, Berlin 1962, S. 28.
[32] J. Streisand, Geschichtliches Denken von der deutschen Frühaufklärung bis zur Klassik, Berlin 1964, S. 84.
[33] F. Nicolai, Anekdoten von König Friedrich dem Zweyten von Preußen und von einigen Personen, die um Ihn waren, nebst einigen Zweifeln und Berichtigungen über schon gedruckte Anekdoten, Berlin 1787, S. 334.
[34] Vgl. Berlin. 800 Jahre Geschichte in Wort und Bild, Hrsg. R. Bauer/E. Hühns, Berlin 1980, S. 96–100.
[35] (Knüppeln), Charakteristik von Berlin. Stimme eines Kosmopoliten in der Wüsten, (Philadelphia) 1785, zit. nach: Berliner Leben. 1648–1806. Erinnerungen und Berichte. Hrsg. R. Glatzer, Berlin 1956, S. 208, 345.
[36] Nicolai, Beschreibung einer Reise, Bd. 9, Berlin/Stettin 1795, S. 59 f.
[37] Ebenda, Bd. 3, S. 885.
[38] Nicolai, Über meine gelehrte Bildung, S. 44.
[39] Vgl. M. v. Oesfeld, Zur Geschichte des Berliner Montags-Klubs. Ein Beitrag zur preußischen Kulturgeschichte des vorigen Jahrhunderts, in: Zeitschrift für Preußische Geschichte und Landeskunde, 1879, S. 328 ff.
[40] Vgl. L. Geiger, Berlin. 1688–1840. Geschichte des geistigen Lebens der preußischen Hauptstadt, Bd. II, Berlin 1895, S. 199.
[41] Deutsche Staatsbibliothek, Berlin/DDR, Ms. Boruss., fol. 443, Nachlaß Möhsen, S. 1.
[42] Christ. Fr. Nicolai's Bildniss, S. 53.
[43] F. Nicolai, Ist Kants Moralprinzip bey der Ausübung wirklich in allen Fällen hinreichend, wo uns die bisherigen Systeme zuweilen verlassen wollen? in: Deutsche Monatsschrift, 1796, S. 177 ff.
[44] W. Krauss, Über die Konstellation der Aufklärung in Deutschland, in: Sinn und Form, 1961, S. 231.
[45] Vgl. F. Nicolai, Vorrede zur Neuen Allgemeinen Deutschen Bibliothek, Bd. CV, S. XI–XIII.
[46] Deutsche Staatsbibliothek, Berlin/DDR, Ms. Boruss., fol. 443, S. 126.
[47] Nicolai, Über meine gelehrte Bildung, S. 144.
[48] J. Rachold in dem von ihm hrsg. Bd.: Die Illuminaten. Quellen und Texte zur Aufklärungsideologie des Illuminatenordens (1776–1785), Berlin 1984, S. 11 f.
[49] Vgl. F. Nicolai, Über den Gebrauch der falschen Haare und Perrucken in alten und neuern Zeiten. Eine Historische Untersuchung, Berlin/Stettin 1801, S. V.
[50] Nicolai, Beschreibung einer Reise, Bd. 5, S. 680.
[51] Vgl. L. Hammermayer, Geschichte der Bayerischen Akademie der Wissenschaften. 1759–1807, Bd. 2, München 1983, S. 228 f.
[52] Deutsche Staatsbibliothek, Berlin/DDR, Ms. Boruss., fol. 289, Nachlaß Nicolai.
[53] Nicolai am 24. 9. 1806 an E. v. d. Recke in: ebenda fol. 288.
[54] Vgl. Nicolai, Vorrede zur NADB, Bd. CV, S. XXIV f., XIV.
[55] Nicolai am 6. 7. 1806 an E. v. d. Recke, s. Anm. 53.
[56] Henriette Herz in Erinnerungen, Briefen und Zeugnissen. Hrsg. R. Schmitz, Leipzig/Weimar 1984, S. 157.
[57] Vgl. F. Nicolai, Leben und Meinungen Sempronius Gundibert's eines deutschen Philosophen, Berlin/Stettin 1798, S. 234 ff.
[58] Nicolai am 15. 9. 1807 an E. v. d. Recke, s. Anm. 53.
[59] Nicolai am 4. 12. 1807 an E. v. d. Recke, ebenda.

Achteck, jetzt Leipziger Platz
Adlerstraße, besteht nicht mehr
Alte Friedrichsstraße, besteht nicht mehr
Alte Jakobsstraße
Alte Leipziger Straße, besteht nicht mehr
Alte Schönhauser Straße
Alte Schützenstraße, besteht nicht mehr
Alter Domplatz, im Marx-Engels-Platz aufgegangen
Am Festungsgraben
Am Königsgraben, besteht nicht mehr
Am Kornmagazin, besteht nicht mehr
Am Kupfergraben
Am Packhof, jetzt Teil der Werderstraße
Am Wilhelmsplatz, jetzt Teil der Mohrenstraße
Am Zeughaus
An den Werderschen Mühlen, im Marx-Engels-Platz aufgegangen
An der Fischerbrücke, besteht nicht mehr
An der Friedrichsgracht, besteht nicht mehr
An der Gertrauden- oder Spreegassenbrücke, jetzt Friedrichsgracht
An der Jägerbrücke, jetzt Teil der Otto-Nuschke-Straße
An der Königsmauer, besteht nicht mehr
An der Konterskarpe, jetzt Alexanderstraße
An der Köpenicker Brücke, jetzt Teil der Neuen Roßstraße
An der Langen Brücke am Wasser, jetzt Teil der Straße Spreeufer
An der Schleuse, besteht nicht mehr
An der Spitalbrücke, jetzt Teil der Leipziger Straße
An der Stralauer Brücke, jetzt Teil der Stralauer Straße
Auf der Konterskarpe am Stelzenkrug, im Alexanderplatz aufgegangen

Behrenstraße
Berchemgasse, s. Pankowgasse
Bernauer Straße, jetzt etwa ein Teil der neuangelegten Hans-Beimler-Straße
Bernhardsgasse, jetzt Teil der Tucholskystraße
Bischofsstraße, besteht nicht mehr
Bollengasse, jetzt Teil der Poststraße
Bullenwinkel
Bullenwinkel, jetzt Straße der Pariser Kommune
Brandenburger Tor
Breite Straße
Brüderstraße, führt jetzt von der Scharrenstraße zur Neumannsgasse
Büttel- oder Bödelgasse, s. Heidereutergasse
Burgstraße, jetzt zwischen der Kleinen Präsidentenstraße und Friedrichsbrücke und in rechtem Winkel dazu bis zur Spandauer Straße

Charitéstraße, jetzt Alexanderufer
Charlottenstraße, jetzt von der Clara-Zetkin-Straße bis zur Zimmerstraße; in Berlin (West) von der Grenze bis zur Besselstraße

Dönhoffscher Platz, besteht nicht mehr
Dragonerstraße, jetzt Max-Beer-Straße
Dresdner Straße, ein Teil der Dresdener Straße besteht noch und kreuzt die Heinrich-Heine-Straße; in Berlin (West) führt die Dresdener Straße von der Grenze bis zur Skalitzer Straße
Durchgänge, bestehen nicht mehr

Eiergasse

Falkoniergasse
Fischerstraße, besteht nicht mehr
Flathosgasse, jetzt Teil der Ziegelstraße
Französische Straße, jetzt zwischen Glinkastraße und Werderschem Markt
Friedrichsstädtischer Markt, jetzt Platz der Akademie
Friedrichstraße

Gang nach dem Schlachthaus, jetzt Bunsenstraße
Gasse an der Aufschwemme, jetzt Teil der Inselstraße
Geckhol, besteht nicht mehr
Gertraudenstraße
Gipsgasse, jetzt Gipsstraße
Gollnowsgasse, besteht nicht mehr
Große Frankfurter Straße, jetzt verändert ein Teil der Karl-Marx-Allee
Große Hamburger Straße
Große Jägerstraße, besteht nicht mehr
Große Kirchgasse, besteht nicht mehr
Große Präsidentenstraße
Grüner Weg, besteht nicht mehr
Grünstraße, besteht nicht mehr

Haakischer Markt, jetzt Hackescher Markt
Hasenhegergasse, jetzt Feilnerstraße in Berlin (West)
Heidereutergasse, besteht nicht mehr
Heidereutergasse, jetzt Joachimstraße
Heiligegeiststraße, besteht nicht mehr
Hinter dem Gießhaus
Hinter dem Observatorium, jetzt Teil der Clara-Zetkin-Straße
Hinter dem Zeughaus
Hinter der Katholischen Kirche
Hinter der Stralauer Mauer, jetzt Waisenstraße
Hirtengasse, jetzt Hirtenstraße
Hoher Steinweg, besteht nicht mehr
Holzgartenstraße, besteht nicht mehr
Holzmarktgäßchen, besteht nicht mehr
Holzmarktstraße, führt jetzt bis zur Andreasstraße
Holzstraße, besteht nicht mehr
Hospitalstraße, jetzt Auguststraße

Jägerstraße, jetzt Otto-Nuschke-Str.
Jakobsstraße, s. Lange Scheunengasse
Jerusalemsstraße, jetzt Jerusalemer Straße

Judengasse, besteht nicht mehr
Judenstraße, jetzt Jüdenstraße
Junkerstraße

Kalandsgasse oder Klandersgasse, besteht nicht mehr
Kalkscheunenquergasse, jetzt Kalkscheunenstraße
Kalkscheunenstraße, s. Ziegelstraße
Kanonierstraße, jetzt Glinkastraße, führt bis Unter den Linden
Kasarmenstraße, jetzt ein Teil der Ebertstraße
Katzenstieg, jetzt Georgenstraße
Kirchgasse, jetzt Teil der Sebastianstraße
Kirchgassen, bestehen nicht mehr
Kirchhofsgasse, jetzt Sophienstraße
Kirchhofstraße, jetzt Johannisstraße
Kirchstraße, jetzt Neustädtische Kirchstraße
Kleine Frankfurter Straße, besteht nicht mehr
Kleine Gasse, jetzt Kleine Auguststraße
Kleine Hamburger Straße
Kleine Jägerstraße
Kleine Kirchgasse, besteht nicht mehr
Kleine Präsidentenstraße
Kleine Scheunengassen, bestehen nicht mehr
Kleine Scheunenquergasse, besteht nicht mehr
Kleine Wallgasse oder Rosmarinsgasse, jetzt Rosmarinstraße
Kleine Wallstraße, jetzt Schadowstraße
Klosterstraße, jetzt von der Grunerstraße bis zum Rolandufer
Kochstraße
Kommandantenstraße, jetzt Neue Promenade
Königsstraße, jetzt Rathausstraße; der Teil zwischen Rathausbrücke und Spandauer Straße heißt Marx-Engels-Forum
Köpenicker Straße; der Teil ab Bethaniendamm liegt in Berlin (West)
Koppensgasse, jetzt Koppenstraße, führt bis zur Friedenstraße
Krausenstraße, führt jetzt bis zur Beuthstraße
Krautsgasse, jetzt Krautstraße zwischen Holzmarkt- und Neue Blumenstraße
Kreuzgasse, jetzt Kreuzstraße
Krögel oder Krewel, besteht nicht mehr
Kronengasse, jetzt ein Teil der Parochialstraße
Kronenstraße
Kurstraße
Kurze Scheunengasse, jetzt Bartelstraße
Kurze Straße, besteht nicht mehr

Landsberger Querstraße, besteht nicht mehr
Landsberger Straße, jetzt verändert Leninallee bis Leninplatz
Lange Gasse, jetzt Lange Straße
Lange Scheunengasse, ein Teil besteht noch als Kleine Alexanderstraße
Lappstraße, besteht nicht mehr
Laufgasse, jetzt Gormannstraße, führt bis zur Zehdenicker Straße
Lehmgasse, später Blumenstraße, jetzt verändert Blumen- und Neue Blumenstraße
Leipziger Straße, führt jetzt bis zum Spittelmarkt
Letzte Straße, jetzt Clara-Zetkin-Straße, führt von der Ebertstraße bis zum Am Kupfergraben
Liezmannsgasse, besteht nicht mehr
Lindenstraße, jetzt vom Spittelmarkt bis zur Zimmerstraße; in Berlin (West) von der Grenze bis Zossener Brücke
Linienstraße, führt jetzt von der Friedrich- bis zur Weydingerstraße
Lustgarten, jetzt Teil des Marx-Engels-Platzes

Magazinstraße
Markgrafenstraße, jetzt Wilhelm-Külz-Straße, führt bis zur Zimmerstraße
Marktstraße, jetzt Werderstraße
Mauerstraße
Mittelstraße
Mittelstraße, jetzt Teil der Johannes-Dieckmann-Straße
Mohrenstraße, führt jetzt von der Otto-Grotewohl-Straße bis zum Hausvogteiplatz
Molkenmarkt
Mudrichsgasse, jetzt Wadzeckstraße
Mühlendamm, führt jetzt bis zur Spandauer Straße
Mühlenstraße
Mulacksgasse, jetzt Mulackstraße
Münzstraße, führt jetzt bis zur Karl-Liebknecht-Straße

Nagelgasse, besteht nicht mehr
Nagelgasse, jetzt Steinstraße
Neue Friedrichsstraße, jetzt Littenstraße von der Grunerstraße bis Rolandufer
Neue Grünstraße
Neue Jakobstraße
Neue Kirchgasse, besteht nicht mehr
Neue Kommandantenstraße, jetzt Kommandantenstraße
Neue Packhofstraße, jetzt Teil der Bodestraße
Neue Rosenthaler Straße, jetzt Kleine Rosenthaler Straße
Neue Roßstraße
Neue Schönhauser Straße
Neue Schützenstraße, jetzt verändert Teil der Mollstraße
Neuer Markt, besteht nicht mehr
Neukölln, s. Wallstraße
Neukölln am Wasser, jetzt Märkisches Ufer
Neumannsgasse
Niederlagewallstraße, besteht nicht mehr
Niederlagstraße
Niederwallstraße
Nikolaikirchhof, jetzt Nikolaikirchplatz

Oberwallstraße
Oberwasserstraße
Orangengasse, jetzt Teil der Oranienstraße in Berlin (West)
Oranienburger Straße

Paddengasse, besteht nicht mehr
Pankowsgasse, besteht nicht mehr
Papenstraße, besteht nicht mehr
Petersiliengasse, s. Rittergasse

Platz am Opernhaus, jetzt Bebelplatz und ein Teil der Straße Unter den Linden
Platz am Zeughaus, jetzt Teil der Straße Unter den Linden
Platz an der Hausvoigtei, jetzt Hausvogteiplatz
Platz an der Petrikirche, jetzt Petriplatz
Platz bei Monbijou, jetzt Monbijouplatz
Platz vor dem Neuen Packhof, besteht nicht mehr
Poststraße
Prenzlauer Straße, jetzt Teil der Karl-Liebknecht-Straße
Propstgasse, jetzt Propststraße und führt bis Spreeufer

Quarré, jetzt Pariser Platz
Querstraße, jetzt Teil der Friedrichstraße

Reezengasse, besteht nicht mehr
Rittergasse, besteht nicht mehr
Ricksdorfer Straße, s. Dresdener Straße
Rondell (Rondeel), jetzt Mehringplatz in Berlin (West)
Rosengasse, jetzt verändert Lichtenberger Straße
Rosenquergasse, jetzt Kleine Markusstraße
Rosenstraße, führt jetzt von der Straße An der Spandauer Brücke bis zur Rückseite der Karl-Liebknecht-Straße
Rosenstraße, besteht nicht mehr
Rosenthaler Straße
Rosmaringasse, jetzt Rosmarinstraße
Roßstraße, jetzt Fischerinsel

Sandgasse, besteht nicht mehr
Schäfergasse, s. Triftgasse
Scharrenstraße
Schendelgasse
Schießgasse, jetzt Keibelstraße, führt bis zur Mollstraße
Schiffbauerdamm
Schillingsgasse, jetzt Teil der Schillingstraße
Schloßfreiheit, aufgegangen im Marx-Engels-Platz
Schloßplatz, aufgegangen im Marx-Engels-Platz
Schmelzensgasse, s. Schillingsgasse
Schönweidegasse, s. Schendelgasse
Schornsteinfegergasse, besteht nicht mehr
Schustergasse, besteht nicht mehr
Schützenstraße, jetzt Reinhold-Huhn-Straße
Siebergasse, besteht nicht mehr
Siropsgasse, jetzt Teil der Wallstraße
Spandauer Straße
Spitalmarkt, jetzt Spittelmarkt
Spreegasse, jetzt Sperlingsgasse
Stallgasse, jetzt etwa Hegelplatz
Stallschreibergasse, jetzt Stallschreiberstraße
Stallstraße, jetzt Teil der Charlottenstraße
Stechbahn, aufgegangen im Marx-Engels-Platz
Stralauer Straße, führt jetzt bis zur Alexanderstraße

Taubenstraße, jetzt Johannes-Dieckmann-Straße
Totengasse, jetzt Teil der Kommandantenstraße in Berlin (West)
Totengasse, s. Neue Rosenthaler Straße
Triftgasse, jetzt Annenstraße

Unter den Linden, führt jetzt vom Pariser Platz bis zur Marx-Engels-Brücke
Unterwasserstraße

Verlorne Straße, jetzt Almstadtstraße
Viereck, s. Quarré

Wallstraße
Wassergasse, jetzt Tucholskystraße
Wassergasse, zwischen Inselstraße und Köllnischem Park
Wassergasse, dann Rungestraße
Waßmannsgasse, besteht nicht mehr
Weidendamm
Weinmeistergasse, jetzt Weinmeisterstraße
Werderischer Markt, jetzt Werderscher Markt
Wilhelmsplatz, besteht nicht mehr
Wilhelmsstraße, jetzt Otto-Grotewohl-Straße; der Teil der Wilhelmsstraße in Berlin (West) heißt Wilhelmstraße
Wursthof, besteht nicht mehr
Wüste Gasse, jetzt Rückerstraße

Ziegelstraße, s. Kalkscheunenstraße
Zimmerstraße

Leider konnten nicht alle von Nicolai erwähnten Namen aufgeklärt werden. In solchen Fällen wird nur der Name genannt. Kursiv gesetzte Zahlen beziehen sich auf die Abbildungen.